德语文学长篇小说

阅读与理解

李昌珂 编

图书在版编目（CIP）数据

德语文学长篇小说 / 李昌珂编 .—北京：北京大学出版社，2010.1
（21世纪德语系列教材）
ISBN 978-7-301-16184-5

Ⅰ. 德… Ⅱ. 李… Ⅲ. 德语 - 阅读教学 - 高等学校 - 教材 Ⅳ. H339.4

中国版本图书馆CIP数据核字（2009）第 222018 号

书　　　　名：德语文学长篇小说（阅读与理解）
著作责任者：李昌珂　编
责 任 编 辑：初艳红
标 准 书 号：ISBN 978-7-301-16184-5/I · 2164
出 版 发 行：北京大学出版社
地　　　　址：北京市海淀区成府路 205 号　100871
网　　　　址：http://www.pup.cn
电　　　　话：邮购部 62752015　发行部 62750672　编辑部 62759634　出版部 62754962
电 子 邮 箱：alice1979pku@pku.edu.org
印　刷　者：北京虎彩文化传播有限公司
经　销　者：新华书店
　　　　　　787 毫米×1092 毫米　16 开本　15.75 印张　325 千字
　　　　　　2010 年 1 月第 1 版　2018 年 9 月第 3 次印刷
定　　　价：39.00 元

未经许可，不得以任何方式复制或抄袭本书之部分或全部内容。
版权所有，侵权必究　举报电话：010-62752024
　　　　　　　　　　电子邮箱：fd@pup.pku.edu.cn

编者前言

　　高年级德语专业课程设置，一个首要目标是继续巩固、扩大、提高、加强和深化学生们的外语水平与能力。如何实现这一目标，种种教学法的理论和思考中在方法上说到底只有一个，那就是引导学生去多读、多练、多写、多看。语言能力从来都是一个由俭而丰的"收藏"和"传承"的长期积淀过程，不是一朝一夕就能一蹴而就的。"读书破万卷，下笔如有神"这个经典性的前人总结，告诉我们的核心经验也就是"多读"是训练语言能力的基础。许多作家就有这样的经历，开始只是对作品阅读感兴趣，读得多了，积累了语感，然后就开始了自己写作，最终成为"语言大师"。实际中大家也都有这样的体会：在非母语的环境下要想学好外语，别无其他，就得"多读"，每天都要阅读外文，越多越好，越深入越有成效，以扎扎实实的阅读来耳濡目染、潜移默化地日积月累外语上的知识和修养，坚持不懈地达到韩愈之所说："博观而约取，厚积而薄发。"

　　阅读和多读，原则上说读什么都行，德语报纸、杂志、书籍、文章，或者在今天这个网络时代自然也包括"读屏"和"读图"。但更好是要有或者说不能够缺少文学阅读。这是因为文学阅读与语言教育之间有一种相谐相生的关系，这是一个国内国外的普遍共识。中外教育学家都十分强调文学阅读。五四前后我国教育就曾出现过文学教育与语言教育相互配合的局面；1918年胡适提出的"国语的文学，文学的国语"口号，把"国语"和"文学"紧密结合在了一起。德国当代著名外语教育学家哈·魏因里希（Harald Weinrich）教授，甚至还提出在外国人学德语的教学课上"从第一周起就要使用文学"，阐述说"只有文学才能使得语言课让人能够忍受"。魏因里希教授的主张听起来或许让人觉得有些极端，实则极富创见，其中包含着一个基本的事实：文学作品形式多样、生动鲜活、趣味盎然，有故事、有情节、有人物、有性格、有矛盾、有冲突、有意象、有情怀……一言以蔽之，以其自身的审美可以消解语言课的程式化、模式化的机械、单调、乏味、枯燥，以其自身的精彩更比其他文本能够激发阅读兴趣和热情，甚至让人读不释手，"苦读"变成"乐读"。

　　一旦"乐读"，便有可能形成"风声雨声读书声声声入耳"的天人合一读书境界或精神召唤，便有可能心性和谐地进入文本，与文本融为一体，通过眼睛和心灵对文字的反复触摸而自然而然地生成对语言文字的敏锐力、感觉力。从"乐读"的通道进入文本，对于丰富词汇，形成流畅的语感，把握贯通的文气，驾驭多彩的语言和达到更深层次的语言理解将产生的作用不言自明。

　　也许，有不同意见说文学里的语言与生活中的语言迥然有别，非信笔所之、信口所说，而是讲究结构、照应、点缀、修饰、布局，总之不是外语水平所要提高的"口语"或者"书面语言"。其实，一部文学作品的内容可以包罗万象，涉及社会生活的林林总总方方面面，里面的人物对话比起通常教科书中编排的情景对话来，其"口语"程度可能更为"口语"，即更为真实和再现生活，里面的"书面语言"比起教科书中的通常来说，可能更为"书面"，因为是作家假文学人物之手的精雕细琢、字斟句酌。

就确定学的是文学语言，学会在世界话语之林用另一套话语来表达自己又有什么不妥？"言而无文，行之不远。"与所学语言国家人员交往，讲一口的"口语"，给对方的印象顶多是认为你外语学得好，说得流利，表达得当，仅此而已。但是，如果我们的外语语言能够机巧自然，灵动舒展，带些"文学性"，譬如含典用故，妙语珠连，恰到好处地掉上几个"书袋子"，则能给对方一个肃然起敬的震撼，深感你是个有水平、有修养、很深厚、有内涵的交流伙伴，的确不愧是个"德语语言文学"专业的大学毕业生。

最主要的，是文学除了对于语言能力和素养培养的"工具性"之外，文学还是"人学"，是知识、文化、哲理的载体，充满了对自然、社会、人生、自我、人类的关爱与思考，具有丰富深邃的人文精神内涵。文学修养因此本来就是大学生知识修养的重要组成部分。

外国文学对于培养我国学生综合素质的教育功能，已由从事外国文学教学的我国教学工作者们总结出了许多。概括起来体现在"感知人生"、"明达事理"、"提高境界"、"培养眼光"、"启迪智慧"几个方面，即有助于引导学生从外国文学优秀作品中汲取高尚情操和正确伦理价值观，有助于培育学生的审美趣味、审美容受力和审美辨别力，有助于扩大学生观察和认识人类历史、社会视野，有助于让学生更多地了解外国人对世界和生活的诠释，从而体悟新的思维方式，发展思维能力，理解现代文明的复杂性，把对现实价值的关注与对全人类的终极关怀精神结合起来，将自己的精神境界和品格提高到一个新的广阔层面。

因此，2006年最新修订的我国《高等学校德语专业德语本科教学大纲》，又一次明确了德语文学课在高年级德语专业课程设置中的不可或缺。

本教材根据从2003年起在北京大学德语专业本科生四年级开设的每学年第二学期"德语文学长篇小说"这门课程的提纲和实践编写。所选材的课文，皆摘自1945年后德语当代文学一些著名作家之代表性作品或者名篇，皆是宽泛意义上的长篇小说。

1945年以来的德语当代文学，距离我们的时代和生活不远，表现的题材和内容相对而言对于我们不陌生，容易与我们的思想和经验形成一定的连接，是选材于这个时间段德语文学的主要原因。长篇小说在任何国别文学中都是重点，不涉及它文学课就很难完善；而在我国的德语专业教学中迄今还尚无一部专门的德语长篇小说教材。选择长篇小说，在这里还主要因为其自身的一个特点，即它们是"一个森林，一个海洋"（何其芳语），里面语言所表达和表现的林林总总和方方面面之多样和广泛，从纯粹学习语言和提高德语水平的角度来说，是任何一种"人工"设置情景而对此编排的教材都无法与之比肩。本教材之

编者前言

所以选材于所选择的这些小说作品，并非因为它们或许从一定的方面反映了二战后德语文学发展的一些潮流和走向，而是因为它们站在了社会的、历史的、思想的、哲学的高度鸟瞰社会和生活，放映了西方人/德语国家人的精神诉求、价值取向、理想追寻、审美趣味或者他们的历史、文化、政治、国情、当前之种种，从而符合本课程的设置目标：继续提高和深化学生的德语能力，拓展他们的德语语言文学学识和对所学语言国的认识了解，增强本学科的语言文学专业内涵，将外语学习从传统的记忆和模仿模式向思考和研究的方向转换。

所选择的作品因其小说的篇幅，自然不可能全部进入教材，只能摘选其中的或内容上或语言上具有特点和相对独立性的章节或片段，以期"抛砖引玉"，引导和激励同学们去课外阅读全篇。

编写上，本教材以所选作家为中心，构成共22个结构单元。各单元之间以各作家之第一部所选作品的发表年代先后为排序顺序；没有通常意义上的循序渐进、由浅入深的阶梯性。各篇单元的开头部分均是对该作家的一个简单扼要介绍，第二部分是所摘选的该作家作品中的章节或片段，是本教材的课文文本，第三部分是结尾部分，由所编写的课堂练习组成。

一个单元里有数篇课文的，课文与课文之间均无正、副课文之分；授课教师可以根据学期的学时安排或课程的教学情况自行取舍作家或课文。课文文本绝大部分保持了原文里的文字风貌，即使是它们看上去是语法规范上"错误的"德语；本教材只是对其中的极个别地方按照今天的新的德语正字法作了一定改变。对课文里出现的一些知识性内容或者名词、概念等，凡属于对课文阅读理解上必要的，本教材以脚注的形式添加了注释；对原文里原有的注释，以"*"号作了标示。课文里出现的对学生可能陌生的德语词汇和成语、俚语、惯用语表等，则未作注解，而是将这个教学空间留给了授课教师的课堂讲解或者同学们的课外查阅、课前准备。所设计的练习题不要求学生具有很多德语文学知识，而更多是要"书读百遍，其义自见"方式般的细读文本和反复思索；教师也完全可以根据班上情况采用其他练习方法。在北京大学的教学实践表明，对教材中的每一个作家和每一部作品，让同学们分组作一个课堂报告，是一个发挥学生学习主动性和互动性的很好方式。

本教材适用于德语专业本科生四年级精读课、文学课或者非文学方向的硕士研究生文学阅读课。

对梁晶晶和胡蔚同事对本教材的编写提供的宝贵的技术上的支持和帮助，谨在此表示衷心的感谢。

李昌珂
2009年9月于北京

Inhaltsverzeichnis

Alfred Andersch	Die Kirschen der Freiheit	1
	Sansibar oder der letzte Grund	7
Wolfgang Koeppen	Tauben im Gras	12
	Das Treibhaus	15
	Der Tod in Rom	20
Martin Walser	Ehen in Philippsburg	27
	Halbzeit	31
Heinrich Böll	Und sagte kein einziges Wort	37
	Ansichten eines Clowns	40
	Gruppenbild mit Dame	46
	Die verlorene Ehre der Katharina Blum	51
Günter Grass	Die Blechtrommel	54
	Katz und Maus	65
	Die Rättin	68
	Mein Jahrhundert	71
Siegfried Lenz	Deutschstunde	74
Christa Wolf	Der geteilte Himmel	87
	Nachdenken über Christa T.	91
	Kindheitsmuster	95
Erika Runge	Bottroper Protokolle	100
Max von der Grün	Irrlicht und Feuer	106

Günter Wallraff	Industriereportagen	118
	Ganz unten	134
Jurek Becker	Jakob der Lügner	143
Botho Strauss	Die Widmung	149
	Paare, Passanten	153
Monika Maron	Flugasche	156
Erwin Strittmatter	Der Laden	164
Patrik Süskind	Das Parfüm	170
Elfriede Jelinek	Die Liebhaberinnen	179
	Die Klavierspielerin	185
Zoë Jenny	Das Blütenstaubzimmer	193
Bernhard Schlink	Der Vorleser	200
Ingo Schulze	Simple Storys	208
Arno Geiger	Es geht uns gut	219
Thomas Brussig	Am kürzeren Ende der Sonnenallee	226
Daniel Kehlmann	Die Vermessung der Welt	235

Alfred Andersch

Am 4. Februar 1914 wurde Alfred Andersch als Sohn eines Offiziers in München geboren. Er besuchte das humanistische Gymnasium und erlernte den Beruf des Buchhändlers. Seiner Schulzeit setzt er in seinem letzten Roman »Der Vater eines Mörders« (1980) ein Denkmal. Politisch betätigte er sich, der er sich 1929 der kommunistischen Partei angeschlossen hatte, als kommunistischer Jugendleiter und wurde 1933 für ein halbes Jahr im Konzentrationslager Dachau inhaftiert. Im 2. Weltkrieg wurde er zur Wehrmacht eingezogen, aus der er 1944 in Süditalien desertierte. Dieses Erlebnis verarbeitet er sechs Jahre später in dem 1952 erschienenen Erinnerungs- und Bekenntnisbuch »Die Kirschen der Freiheit«, das ihm den so lang ersehnten Durchbruch als Erzähler sicherte.

Nach dem Kriegsende war Andersch als Redakteur bei verschiedenen Zeitungen und Rundfunkanstalten tätig und gehörte als Schriftsteller der „Gruppe 47" an. Er schrieb Erzählungen, Essays, autobiographische Prosa, Hörspiele, Reiseberichte und Romane. In seinen Romanen und Hörspielen setzt er sich mit der Zeit des Nationalsozialismus auseinander. Auch in seinem 1957 erschienen Roman »Sansibar oder der letzte Grund«, der das bekannteste Buch von ihm wird, wird diese Zeit aufgearbeitet. Zentrales Thema seiner Bücher ist die Freiheitssehnsucht der Menschen. Zeit seines Lebens blieb Andersch ein engagierter, zeitkritischer Erzähler.

Die Kirschen der Freiheit
(Auszug)

[...]

Rechts zog sich ein Abhang in die Tiefe eines Tales, dessen Sohle man nicht einsehen konnte. Ich schritt ihn suchend ein Stück hinab, bis ich eine Capanna[1] fand, die von der Straße aus nicht mehr gesehen werden konnte. Nachdem ich das Fahrrad in einem Kornfeld versteckt hatte, setzte ich mich vor den Eingang der Strohhütte. Es war nun fast ganz dunkel
5 geworden. Ich aß Keks und Schokolade und trank Wasser aus der Feldflasche. Die Szenerie, in die ich blickte, war einsam und erhaben, mit dem riesigen dunklen Wolkenhimmel, der über dem wilden Bergland hing. Die Täler und Berge erstreckten sich meilenweit bis zum westlichen Horizont, in dem ein gelbes Glosen lange nicht sterben wollte. Es wetterleuchtete manchmal.

---

1. Hütte, Gartenhaus *(ital.)*

10   Die Capanna war nichts als ein unmittelbar auf die Erde gesetztes Strohdach. Nachher lag ich dicht unter den schiefen Wänden wie in einem Zelt. Den Ausgang hatte ich mit einer Zeltbahn verhängt. Seltsamerweise schlief ich sogar ein paar Stunden.

Ich erwachte, als es schon ziemlich hell war, von einem schlurfenden Geräusch, wie es Pferdehufe im Gras verursachen. Als ich hinausblickte, sah ich einen Zivilisten den Abhang
15 herabkommen, einen jungen italienischen Bauern, der ein mageres Pferd am Halfter führte. Er hatte schwarze Hosen und ein schmutziges Hemd an und trug einen zerbeulten alten Hut mit breiter Krempe auf dem Kopf. Als er mich sah, erschrak er zuerst, aber dann wurden seine Augen in dem dunklen Gesicht neugierig und kalt. Ich ging auf ihn zu und fragte ihn, ob er wisse, wo die Front sei. Er wusste ihren genauen Verlauf nicht; übrigens war meine Frage
20 dumm, denn in jenen Tagen gab es keine Front. Sehr erfahrene Soldaten versichern mir überdies, dass es in diesem Kriege überhaupt niemals und nirgends etwas gegeben habe, was man als >Front< bezeichnen könne, nicht einmal in Russland.

Ich brachte den Italiener dazu, mir den südlichen Horizont zu erklären, und er wies mich auf eine sehr entfernt auf einem Hügel liegende Gebäudegruppe hin. Dies sei das Kloster San
25 Elmo. Kloster ist nicht schlecht, dachte ich, Klöster sind Zufluchtsorte, wenn die Mönche darin Christen sind. Vielleicht nehmen sie mich ein paar Tage auf und verstecken mich, falls die Amerikaner nicht schnell genug vorwärtskommen. Aber sehr sicher war ich mir nicht; vielleicht war die katholische Kirche nur eine großangelegte Verwaltung, wahrscheinlich hatten die Mönche ihre genauen Vorschriften, in denen die Aufnahme eines Deserteurs nicht
30 vorgesehen war. Denn damit hätten sie ja für eine der beiden kriegführenden Mächte Partei ergriffen. Möglich immerhin, dass sie für den Flüchtling Partei nahmen, der sich zwischen den Mächten herumschlug. Wie dem auch sei, das Kloster lag geographisch ziemlich günstig, in südwestlicher Richtung, also etwas westlich der Straße, auf der sich der Bewegungskrieg entfalten musste und die ich deshalb nicht benutzen durfte. Meine taktische Aufgabe bestand
35 darin, mich den Amerikanern nicht frontal, sondern von der Flanke her zu nähern. Ich beschloss also, mich den ganzen Tag über des Hauses der Mönche als Landmarke zu bedienen.

Ich zeigte dem Italiener mein Fahrrad und schenkte es ihm. Sachgemäß, schnell und gierig schob er es noch tiefer in das Korn. In diesem Augenblick schlug die Bombe ein. Sie schlug direkt auf die fünfzig Meter entfernte Straße aus heiterem Himmel ein, ohne dass wir
40 sie kommen hörten, ohne dass wir das Brummen eines Flugzeuges vernommen hätten. Wir hatten nicht einmal Zeit, uns hinzuwerfen, als uns der Brockenregen überschüttete, sondern wir blieben sprachlos stehen, während das Pferd wild herumraste. Darnach[1] war es wieder vollständig still, kein Flugzeuggeräusch war zu vernehmen, nichts umgab uns als das völlig durchsichtige, tauglitzernde Schweigen der Frühe. Mit einem gemurmelten »Addio«[2] und
45 »Buon viaggio«[3] trennten wir uns, ich stieg ins Tal hinab, das mich endgültig von der Straße des Krieges trennte, während er einen Weg auf halber Hanghöhe einschlug, nach Norden,

---

1. alternative Schreibung von „danach"
2. auf Wiedersehen *(ital.)*
3. Gute Reise *(ital.)*

nach Vejano[1], woher ich gekommen war.

In dem Tal sah ich wieder helle, zerschrundete Felsen. Die Gegend war sehr wild, ich sah nur seiten ein bebautes Feld, das ganze Land bestand aus wildem Busch- und Graswuchs mit einzelnen Bäumen dazwischen, die ihre doldenartigen Kronen über die Hügel breiteten.

An jenem Morgen des 6. Juni 1944 zitterte die Atmosphäre in verhaltener Erregung. Hätte ich damals gewusst, was ich heute weiß, so wäre mir die Stille nicht so unerklärlich gewesen; ich hätte die Ursache des Zauberbanns erraten, der den Krieg zwischen dem Tyrrhenischen[2] und dem Ligurischen[3] Meer in seine Fänge schlug. An diesem Tage legte der italienische Krieg sein Ohr auf die Erde, um auf den normannischen Krieg zu horchen. Stummes Gehör, vernahm er das Rauschen von Schiffsbügen, die nächtliche Wasser durchpflügten, und den Herzschlag von dreihundertfünfzigtausend Männern, die an Land gingen, den Donner von fünfundzwanzigtausend Flügen zwischen einer Insel und einem Festland, und den schmetternden Tod von zehntausend Tonnen Explosivstoff, den die Fliegenden auf die Erde schleuderten. Auch der Herzschlag derer wurde gehört, die sich zur Flucht wandten, und der feine atlantische Nachtregen, durch den sie flüchteten. Da war kein Mond mehr, ihnen das Haar zu kämmen, nur Nacht und Nässe und die Blitze, in denen der Tod kam, und nicht einmal der Staubfahnentriumph blieb ihnen, sogar der mondbleich dahinwehende Staubfahnentriumph blieb der Westarmee[4], der geschlagenen, versagt.

Während ich in der Capanna schlief, hatte sich die Entscheidung des Krieges vollzogen. Das Schicksal der Massen vollendete sich, als ich mich von ihm für die Dauer eines Tages löste.

Aber es ist unmöglich, sich für länger als einen Tag aus dem Schicksal der Massen zu befreien. Ich greife meiner Erzählung einen Augenblick vor, indem ich berichte, wie ich ihnen ein paar Tage später wieder gehörte, als ich, Teil einer langen Reihe Gefangener, auf eines der Lastautos kletterte, die vor dem Lager auf uns warteten. Die Fahrer waren Neger. Sie ließen die hinteren Planken der Autos herunter und riefen »Come on«. Zwei Negerposten kletterten zu uns herauf, setzten sich auf die wieder geschlossenen Planken und legten die Karabiner vor sich auf die Knie. Dann fuhren die Trucks los.

Die Straßen, auf denen sie fuhren, waren holperig, und das Gelände war ganz verwüstet. Am Eingang des Friedhofs warteten viele Negersoldaten auf uns. Ein weißer Offizier überwachte die Ausgabe der Spaten, Schaufeln und Pickel. Wir wurden in Arbeitskommandos eingeteilt und verstreuten uns gruppenweise im Gelände. Über dem Friedhofeingang hing süßlicher Leichengeruch. Wir begannen, Gräber auszuheben. Die Kalkerde war trocken und hart. Sie rutschte in Schollen von den silbern glänzenden Spaten. In der schrecklichen Hitze wurden Wasserkanister herumgereicht, aber das Wasser schmeckte nach dem Chlor, mit dem es desinfiziert worden war, dem Chlor, mit dem man auch die Leichen bestreut hatte, und

---

1. ital. Kleinstadt nördlich von Rom
2. Teil des Mittelmeers und liegt westlich von Italien zwischen dem Festland, Sardinien und Sizilien
3. Teil des Mittelmeeres zwischen den Inseln Korsika und Elba im Süden und der Rivieraküste von Norditalien und Monaco im Norden
4. in Frankreich stationierter Truppenteil der Deutschen Armee

angewidert setzte man den Becher nach wenigen Schlucken ab. Wenn wir die Arbeit unterbrachen und aufblickten, sahen wir die hölzernen Kreuze rings um uns, in riesigen quadratischen Feldern. Als wir eine Reihe Gruben ausgehoben hatten, wurden wir zum Füllen der Säcke geführt.

Wir bekamen Gummihandschuhe und hohe Gummistiefel, damit wir uns nicht infizierten. Von einem Sackstapel nahmen wir lange weiße Leinensäcke und warfen sie uns über die Schultern. Die Leichen lagen in langen Reihen auf einer Fläche in der Mitte des Friedhofes. Von ferne waren es nur unförmige, klumpige, mit Chlor bestreute Massen. Auf diesem Friedhof sammelte man die Toten, die man auf dem Schlachtfeld von Nettuno[1] fand. Viele von ihnen hatten schon wochenlang herumgelegen. Sie waren blauschwarz geworden und in den Zustand der Gärung übergegangen. Sie stanken entsetzlich. Einige, die noch nicht so lange tot waren, zeigten noch hellere Haut in den Gesichtern und unter den Fetzen ihrer Kleidung. Manchen fehlten die Arme oder die Beine oder auch die Köpfe, denn sie hatten im Feuer der Land- und Schiffsartillerie gelegen. Die Fliegen sammelten sich um sie in schwärzlichen Trauben. Die steigende Sonne löste die Leichenstarre immer mehr und machte die Körper weich und gallertartig. Wir stopften die schwammigen Massen in die Säcke. Dann trugen wir die Säcke auf Bahren zu den Gräbern und warfen sie in die Gruben. Sie schlugen klatschend unten auf.

So also sah das Schicksal aus, das der Krieg für die Massen bereithielt. Eine genau bestimmbare Entwicklungslinie führte bis zu den Leichenhekatomben von Nettuno, Omaha Beach[2] und Stalingrad; man konnte sie der Geschichte aus der Hand lesen. Sie hatte an jenem Morgen begonnen, als der lange Hans Bertsch[3] blutüberströmt an die Theke des ›Volkartshof‹[4] taumelte und sein Blick durch uns hindurchging und sich an den Fenstern brach, hinter denen sich die Dämmerung durch die Straßen der Jahre wand.

Die Symphonie der Unmenschlichkeit hatte in sein Gesicht die Akkorde ihres Anfangs geschlagen. Es hat keinen Sinn, das Datum früher anzusetzen; alles, was vorher gewesen war, war ein Ende gewesen. Eine Epoche war zu Ende gegangen, als mein Vater auf der Straße der Geschichte zusammenbrach, als er sterbend das lutherische Passionslied[5] sang. Die, die nach dem alten deutschen Konservativen kamen[6], begannen etwas ganz Neues: sie dachten nicht mehr an das Antlitz eines Gottes[7], als sie die Häupter der Menschen mit Blut und Wunden krönten. Auch ich wäre auf jenem Friedhof bei Nettuno begraben worden, hätte ich an diesem Fluchtmorgen ein paar Meter näher an der Straße gestanden, auf der die Bombe einschlug. Doch bleibt dem Zufall nur ein geringer Spielraum; wohl kann er entscheiden, ob er den Menschen in die Gefangenschaft oder den Tod entsenden will - im Massen-Schicksal muss

---

1. Dorf an der ital. Küste in der Nähe von Neapel
2. Strand an der Normandieküste
3. eine Person im ersten Teil des Romans
4. ein Lokal, wo Hans Bertsch und seine Genossen trafen.
5. ein protestantisches Lied, das das Leiden und den Tod von Jesus Christus beschreibt.
6. gemeint sind die Nationalsozialisten.
7. Anspielung auf das bekannte Passionslied „O Haupt voll Blut und Wunden"; Text von Paul Gerhardt (1607—1676)

er ihn belassen. Auch kann er nichts daran ändern, dass der Mensch immer wieder versuchen wird, das Schicksal zu wenden, besonders wenn es ihm scheinbar keine andere Wahl lässt als die zwischen Tod und Gefangenschaft. Aber man ist nicht frei, während man gegen das Schicksal kämpft. Man ist überhaupt niemals frei außer in den Augenblicken, in denen man sich aus dem Schicksal herausfallen lässt. Von solchen Augenblicken wird man manchmal überrumpelt. Als der Italiener und ich beim Einschlag der Bombe überrascht stehen blieben, anstatt uns niederzuwerfen, kam die Freiheit in der Erwartung der Splitter, die sich in unsere Schläfen bohren würden, auf uns zu. Nachher würden wir tot sein, mit unseren Gesichtern in ein Stück Wiese vergraben. Aber vor den Splittern noch wäre die Sekunde, in der wir uns Gott und dem Nichts anheimgaben, in uns eingedrungen.

Aus dem Nu der Freiheit - ich wiederhole: niemals kann Freiheit in unserem Leben länger dauern als ein paar Atemzüge lang, aber für sie leben wir -, aus ihm allein gewinnen wir die Härte des Bewusstseins, die sich gegen das Schicksal wendet und neues Schicksal setzt. Als die europäische Kunst den Weg des Willens gegen das Fatum der Geschichte zu Ende gegangen war, ließen sich Picasso[1] und Apollinaire[2] in die Freiheit fallen. Noch von ihrem Rauch umschwelt, tauchten sie wieder auf, metallisch leuchtende Tafeln[3] in den Händen: sie hatten die Kunst gerettet und das Geschick gewendet.

Die Kunst und der Kampf des Menschen gegen das Schicksal vollziehen sich in Akten der absoluten, verantwortungslosen, Gott und dem Nichts sich anheimgebenden Freiheit. Ich habe diese Vermutung bestätigt gefunden, als ich, Jahre später, das größte Kunstwerk sah, das mir seit dem Ende des Krieges begegnet ist, den Film >Fahrraddiebe< des italienischen Regisseurs Vittorio de Sica[4]. Jeder kennt die Fabel: einem armen italienischen Arbeiter wird sein Fahrrad gestohlen, und die Jagd danach, es wiederzuerlangen, endet bei einem armseligen, missglückenden Versuch des Bestohlenen, sein soziales Problem dadurch zu lösen, dass er selbst ein Fahrrad stiehlt. Zwischen den Phasen des Handlungsablaufs ereignet sich im Gesicht des Menschen, den de Sica dazu von der Straße aufgelesen hat, das Wunder der Freiheit, in die er zuletzt hin abtaucht, als er, ein Gescheiterter, im Strom des Massenschicksals verschwindet. Es ereignet sich besonders dann, wenn er, seine Gehetztheit vergessend, sich seinem kleinen ernsten Sohn zuwendet, der ihn begleitet und führt. So lebt in der geschnittenen Schärfe der italienischen Stadtlandschaft das Wunder von Traum und Spiel, in einer Photographie, die mich an die Fresken[5] Signorellis[6] in Orvieto[7] erinnerte, an die Trompete Louis Armstrongs[8], an die Sprache Ernest Hemingways, wenn er den Stierkampf oder einen Markt in Venedig schildert, an die mit rosafarbenem Staub überpuderten Ruinen von Grosseto[9] nach

---

1. spanischer Maler (1881—1973), Begründer des „Kubismus"
2. französischer Avantgarde Dichter (1880—1918)
3. Anspielung auf die biblische Geschichte Moses, der von Gott die „Gesetzestafeln" mit den „zehn Geboten" erhalten hatte, die den wichtigsten Regelkanon für Juden und Christen darstellen.
4. ital. Regisseur und Schauspieler (1902—1974); „Fahrraddiebe" wurde 1949 gedreht.
5. Wandmalerei
6. ital. Maler (ca. 1450—1535)
7. Bergstadt in Zentralitalien nördlich von Rom
8. amerikanischer Jazzmusiker (1901—1971)
9. Stadt an degr ital. Westküste

150 einem Bombenangriff.

»Buon viaggio« also wünschte mir der junge Italiener, der - ich erinnere mich jetzt - aussah wie der Held de Sicas in jenem Film, und ich begann meinen Marsch durch die Wildnis. Hinab ins Flusstal, die zerzackten Felsen, die Hügel mit den Bäumen. Auf meiner Karte trug das Gebiet die Bezeichnung ›Campagna diserta‹[1]. ›Diserta‹, dachte ich, der gleiche Wortstamm wie ›desert‹[2], die Wüste, also das richtige Gebiet für Deserteure. Deserteure sind Leute, die sich selbst in die Wüste schicken.

Meine Wüste war sehr schön. Zu meinen Füßen wuchsen Teppiche von gelben und violetten Blumen. Der Duft von Thymian und Lavendel strich mit dem Wind, der auch die goldrot prunkenden Falter trug, über die Hügel und verfing sich in den hellblauen Blüten des Rosmarinstrauches und den großen gelben Schmetterlingsblüten der Mastixpistazien. Die Sonne stand groß und golden und vom Wind umspielt rund um den hellen Schatten, den eine Pinie auf die Thymianheide warf. Wieder öffneten sich Talgründe mit Felsen und kalkweißen, ausgetrockneten Flussläufen, an deren Ufer das Macchien-Gebüsch silbergrün starrte und schwieg. Ich stieg in die Täler hinab und hatte große Mühe, mir einen Pfad durch die Macchia zu bahnen. Der Schweiß brach mir aus allen Poren. Oft musste ich das Seitengewehr zu Hilfe nehmen, um die dichten, zähen Gebüsch-Urwälder zu durchdringen, in denen die grün und silbern und lehmbraun sich windenden Schlangen und Eidechsen wohnten. Aber droben, auf den Höhen der tuskischen Campagna[3], traf ich wieder den kühlenden Wind, und ich legte mich auf die Blumen, und aß, wenn ich Hunger hatte, und sah auf den Kompass und die Karte und suchte mit dem Blick den südlichen Horizont ab, an dem manchmal, und näher jetzt, das Kloster zu sehen war.

Aber fern im Osten standen die Berge des Apennin[4], hoch und edel im wildnishaften Glanz, und einsam wuchs weit noch vor ihnen, umlagert vom Heer der Höhen und Hügel, sonnentriefend und den Wind wie eine Fahne entfaltend, der Soracte[5], ritterlich und vulkanisch und tot, erhaben tot in der Melancholie dieses wilden, gestorbenen Landes, das wie jede Wildnis am Ende der Welt lag, am Ende des Lebens, und dort, wo unser Stern tot unter dem riesigen, leeren Himmel des Nichts hängt.

Am Spätnachmittag geriet ich an den Rand eines mächtigen Weizenfeldes, das sanft in ein Tal hinabfloss. Hinter den Bäumen am anderen Talrand konnte ich Häuser sehen, und ich vernahm das Geräusch rollender Panzer, ein helleres, gleichmäßigeres Geräusch, als ich es von den deutschen Panzern kannte. Ich hörte das klirrende Gejohl der Raupenketten. Die Töne klangen fern in der rötlichen Neigung des westlichen Lichtes. Darauf tat ich etwas kolossal Pathetisches - aber ich tat's -, indem ich meinen Karabiner nahm und unter die hohe Flut des Getreides warf. Ich löste die Patronentaschen und das Seitengewehr vom Koppel und ergriff den Stahlhelm und warf alles dem Karabiner nach. Dann ging ich durch das Feld

---

1. verlassenes Land *(ital.)*
2. Wüste *(franz.)*
3. die Landschaft der Toskana (Region in Italien)
4. auch die Apenninen, ein ital. Gebirgszug
5. ein vulkanischer Berg

weiter. Unten geriet ich noch einmal in die Macchia. Ich schlug mich durch, das dichte Dorngestrüpp zerkratzte mein Gesicht; es war ein schweres Stück Arbeit. Keuchend stieg ich nach oben.

In der Mulde des jenseitigen Talhangs fand ich einen wilden Kirschbaum, an dem die reifen Früchte glasig und hellrot hingen. Das Gras rings um den Baum war sanft und abendlich grün. Ich griff nach einem Zweig und begann von den Kirschen zu pflücken. Die Mulde war wie ein Zimmer; das Rollen der Panzer klang nur gedämpft herein. Sie sollen warten, dachte ich. Ich habe Zeit. Mir gehört die Zeit, solange ich diese Kirschen esse. Ich taufte meine Kirschen: ciliege[1] diserte, die verlassenen Kirschen, die Deserteurs-Kirschen, die wilden Wüstenkirschen meiner Freiheit. Ich aß ein paar Hände voll. Sie schmeckten frisch und herb.
(Aus: Alfred Andersch, *Die Kirschen der Freiheit. Ein Bericht.* Diogenes Verlag 1971, S. 119—130.)

Arbeitsaufgaben:

1. Warum befindet sich der Ich-Erzähler auf dem Bergland? Warum nimmt er das Kloster San Elmo als seine Landmarke?
2. Warum wohl wird der italienische Krieg personifiziert (Zeile 54—60)?
3. Was wissen Sie über den 6. Juni 1944 in der Weltgeschichte?
4. Unter dem Einfluss des französischen Philosophen Jean Paul Sartre (1905—1980) orientierte sich Alfred Andersch an Denkmodellen des Existentialismus. Informieren Sie sich über das existentialistische Konzept von Jean Paul Sartre.
5. An welchen Stellen wird deutlich, dass Andersch das Geschehen existentialistisch deutet? Erläutern Sie diese existentialistische Auffassung.
6. Wo weicht der Autor im Text vom chronologischen Erzählverlauf ab und stellt zwei unterschiedlich gestaltete Kriegsszenen nebeneinander? Vergleichen Sie die beiden Szenen und geben Sie die Intention des Autors an, wie Sie sie sehen.
7. Warum wohl führt der Ich-Erzähler große Namen wie Picasso oder Apollinaire an?
8. Was assoziieren Sie mit der Überschrift »Wildnis«, die der hier vorgestellte Textauszug im Roman trägt? Wie passt sie zum Text?
9. Ist der Satz »Sie schmeckten frisch und herb« (Zeile 195) Ihrer Meinung nach zweideutig?
10. Stellen Sie sich vor, Sie wären der junge italienische Bauer im Text, und halten in einem Brief an einen Bekannten fest, was Sie an dem Tag erlebt haben.

Sansibar oder der letzte Grund
(Auszug)

[...]
Auf der Westfront der Georgenkirche[2] lag die späte Nachmittagssonne des kalten Him-

---
1. die Kirsche *(ital)*
2. eine nach dem heiligen Georg benannte Kirche

mels. Gregor ging, das Rad schiebend, im Schatten der Häuser auf der anderen Seite des Platzes. Das war keine Kirchenfront, dachte Gregor, das war die Front einer riesigen uralten Ziegelscheune. Er vermied es, in das lehmrote Licht zu treten, das von der Scheune ausging.
5 Die Weite des Platzes vor der Kirche und das Licht darauf störten ihn; nicht das Hauptportal, dachte er, alle Häuser um den Platz würden einen Mann beobachten, der auf das Hauptportal zuginge. Dabei war der Platz keine Bühne, Es war eine Tenne. Es war schon lange auf ihm kein Korn mehr gedroschen worden. Feierlich lag er im toten herbstlichen Nachmittagslicht vor der geschlossenen roten Wand, der Wand aus rostigen Steinen, der verrosteten Wand,
10 die nie mehr in zwei großen Flügeln auseinanderklappen würde, um die Erntewagen einzulassen. Ob die Scheunen, die wir für unsere Ernte bauen, auch einmal so verlassen daliegen werden, dachte Gregor. Als er um die Kirche herumging, fand er auf der Südseite, in einem toten Winkel, der höchstens von zwei oder drei Häusern aus eingesehen werden konnte, ein anderes Portal. Er lehnte sein Fahrrad gegen eines der Häuser; auf einem Messingschild, das
15 neben der Tür angebracht war, las er: Pfarramt St. Georg. Gut, dachte er. Und dann dachte er: so weit ist es also schon gekommen mit uns, dass wir unter den Fenstern eines Pfarrhauses aufatmen. Er ging hinüber zur Kirche und die paar Stufen zum Portal hinauf: der eine der beiden Flügel öffnete sich, als er dagegen drückte.

Er befand sich im südlichen Querschiff, und er ging rasch zur Vierung vor, um nachzuse-
20 hen, ob der Verbindungsmann aus Rerik schon da war. Die Kirche war vollständig leer. In diesem Augenblick schlug es vom Turm vier Uhr; die Glockentöne füllten die ganze Kirche mit ihrem bronzenen Geschmetter, aber den letzten schnitt die Stille wie mit einem Messer ab. Ich bin pünktlich, dachte Gregor, hoffentlich lässt mich der Genosse nicht warten.

Ein Mann, offenbar der Küster[1], kam aus der Sakristei und machte sich am Hochaltar zu
25 schaffen. Gregor begann in der Kirche umher zu gehen, als wolle er sie besichtigen. Nach einer Weile verschwand der Küster wieder in der Sakristei. Im Gegensatz zum Außenbau war das Innere der Kirche weiß gestrichen. Die Oberfläche der weißen Wände und Pfeiler war nicht glatt, sondern bewegt und rau, da und dort vom Alter grau oder gelb geworden, besonders dort, wo sich Risse zeigten. Das Weiß ist lebendig, dachte Gregor, aber für wen lebt
30 es? Für die Leere. Für die Einsamkeit. Draußen ist die Drohung, dachte er, dann kommt die rote Scheunenwand, dann kommt das Weiß, und was kommt dann? Die Leere. Das Nichts. Kein Heiligtum. Diese Kirche ist zwar ein guter Treff, aber sie ist kein Heiligtum, das Schutz gewährt. Mach dir nichts vor, sagte Gregor zu sich, nur weil du weißt, dass die Kirche nicht den Anderen gehört, - du kannst hier genauso verhaftet werden wie überall. Die Kirche war
35 ein wunderbarer weißer, lebendiger Mantel. Es war seltsam, dass der Mantel ihn wärmte, - ja, sehr seltsam war das, und Gregor nahm sich vor, darüber nachzudenken, wenn er einmal Zeit haben würde, nach der Flucht vielleicht, nach der Flucht von den Fahnen[2], - aber dass die Kirche mehr wäre als ein Mantel, darüber machte sich Gregor keine Illusionen. Sie konnte

---

1. Jemand, der in der Kirche arbeitet, aber kein Priester ist.
2. Gregor ist Kommunist und muss deshalb vor den Nazis flüchten; mit den Fahnen sind die nationalsozialistischen Fahnen gemeint.

vielleicht vor Kälte schützen, aber nicht vor dem Tod. In einer Kapelle im südlichen Seitenschiff hing eine verwitterte goldene Fahne. Unter ihr kniete ein Mann und betete. Der Mann
hatte das übliche wehrhafte und fromme Gesicht: eine strenge spitze Nase, einen gekräusel-
ten Vollbart, tote Augen. Aber der strenge Mann, der graue Marmormann, der ein König aus
Schweden[1] war, würde sich niemals erheben, um mit seinem Schwert Gregor zur Seite zu
stehen. Es gab keine Könige aus Schweden mehr, die über die See fuhren, um die Freiheit
des Glaubens zu schützen; oder wenn es sie gab, so kamen sie zu spät. Und das Gold der
Fahne über dem König war nicht das Gold des Schildes von Tarasovka[2]: es war fast schwarz
geworden und würde sich in Staub auflösen, wenn man es berührte.

Gregor hatte Angst. Der Genosse aus Rerik ist immer noch nicht da, dachte er. Entweder
ist er unzuverlässig, oder es ist etwas geschehen. Gregor hatte immer Angst, wenn er sich an
einem Treffpunkt befand. Auf den Fahrten von einem Treff zum anderen hatte er auch Angst,
aber nicht so viel wie am Treffpunkt selbst. Am Treffpunkt selbst gab es immer einen Moment, in dem er am liebsten davongelaufen wäre.

Er ging wieder zur Vierung vor. Ich gebe ihm noch fünf Minuten Zeit, dachte er, dann gehe
ich. Er ertappte sich dabei, dass er dachte: am besten wäre es, wenn er gar nicht käme. Dann
hätte ich meinen letzten Auftrag schon hinter mir. Schluss, dachte er, es muss Schluss sein.
Ich spiele nicht mehr mit. Es war sein glücklichster und sein endgültiger Gedanke: ich steige
aus. Er empfand keine Gewissensbisse dabei. Ich habe genug für die Partei getan, dachte er.
Ich habe mir noch diese letzte Reise als Prüfung auferlegt. Die Reise ist beendet. Ich kann
gehen. Ich gehe natürlich, weil ich Angst habe, dachte er unerbittlich. Aber ich gehe auch,
weil ich anders leben will. Ich will nicht Angst haben, weil ich Aufträge ausführen muss, an
die ich... Er fügte nicht hinzu: nicht mehr glaube. Er dachte: wenn es überhaupt noch Aufträge gibt, dann sind die Aufträge der Partei die einzigen, an die zu glauben sich noch lohnt.
Wie aber, wenn es eine Welt ganz ohne Aufträge geben sollte? Eine ungeheurere Ahnung
stieg in ihm auf: konnte man ohne einen Auftrag leben?

Von der Decke des südlichen Querschiffs, durch das Gregor hereingekommen war, hing
ein Schiffsmodell, eine große, braun und weiß gestrichene Dreimastbark. Gregor betrachtete
sie, an einen Pfeiler der Vierung gelehnt. Er verstand nichts von Schiffen, aber er stellte sich
vor, dass mit einem solchen Schiff jener König über das Meer gekommen sein müsse. Dunkel
und mit Träumen beladen hing die Bark unter dem weißen, in der Dämmerung immer grauer
werdenden Gewölbe, sie hatte die Segel gerefft, aber Gregor stellte sich vor, dass sie im Hafen von Rerik lag, dass sie auf ihn wartete, um sogleich, wenn er an Bord gegangen war, ihre
Segel zu entfalten. Tücher der Freiheit, in deren Geknatter sie auf die hohe See hinausfuhr,
bis zu jenem Punkt, an dem ihre Masten, ihre von Segeln klirrenden Masten endgültig höher
waren als die Türme von Rerik, die kleinen, winzigen und endlich in der Ferne der Knecht-
schaft versinkenden Türme von Rerik.

---

1. gemeint ist König Gustav Adolf II von Schweden (1594—1632). Gustav Adolf unterstützte die Protestanten während des 30-Jährigen Krieges und starb selbst in der Schlacht bei Lützen am 16. November 1632.
2. Gregor war in der Sowjetunion ausgebildet worden und nahm an einer militärischen Übung bei der Stadt Tarasovka teil. Das goldene Schild von Tarasovkaist für Gregor das Schwarze Meer.

Der Genosse aus Rerik blieb immer noch aus. Wenn er nicht kam, so gab es keine Genossen in Rerik mehr. Dann war Rerik für die Partei nur noch ein aufgegebenes und vergessenes Außenwerk, zurückgefallen in das hallende Schweigen seiner Plätze und Türme. Konnte man von hier fliehen? War der tote Punkt der Ort, von dem aus man sein Leben ändern konnte? Auf einmal wünschte sich Gregor brennend, der Mann aus Rerik möge doch kommen. Selbst an einem toten Punkt musste es noch einen Lebendigen geben, der half. Er würde nicht helfen wollen. Gregor würde vorsichtig vorgehen müssen. Die Partei in Rerik würde einen Instrukteur des Zentralkomitees nicht unter ihren Augen desertieren lassen. Dann wurde er sich der Anwesenheit der Figur bewusst. Sie saß klein auf einem niedrigen Sockel aus Metall, zu Füßen des Pfeilers schräg gegenüber. Sie war aus Holz geschnitzt, das nicht hell und nicht dunkel war, sondern einfach braun. Gregor näherte sich ihr. Die Figur stellte einen jungen Mann dar, der in einem Buch las, das auf seinen Knien lag. Der junge Mann trug ein langes Gewand, ein Mönchsgewand, nein, ein Gewand, das noch einfacher war als das eines Mönchs: einen langen Kittel. Unter dem Kittel kamen seine nackten Füße hervor. Seine beiden Arme hingen herab. Auch seine Haare hingen herab, glatt, zu beiden Seiten der Stirn, die Ohren und die Schläfen verdeckend. Seine Augenbrauen mündeten wie Blätter in den Stamm der geraden Nase, die einen tiefen Schatten auf seine rechte Gesichtshälfte warf. Sein Mund war nicht zu klein und nicht zu groß; er war genau richtig, und ohne Anstrengung geschlossen. Auch die Augen schienen auf den ersten Blick geschlossen, aber sie waren es nicht, der junge Mann schlief nicht, er hatte nur die Angewohnheit, die Augendeckel fast zu schließen, während er las. Die Spalten, die seine sehr großen Augendeckel gerade noch frei ließen, waren geschwungen, zwei großzügige und ernste Kurven, in den Augenwinkeln so unmerklich gekrümmt, dass auch Witz in ihnen nistete. Sein Gesicht war ein fast reines Oval, in ein Kinn ausmündend, das fein, aber nicht schwach, sondern gelassen den Mund trug. Sein Körper unter dem Kittel musste mager sein, mager und zart; er durfte offenbar den jungen Mann beim Lesen nicht stören.

Das sind ja wir, dachte Gregor. Er beugte sich herab zu dem jungen Mann, der, kaum einen halben Meter groß, auf seinem niedrigen Sockel saß, und sah ihm ins Gesicht. Genauso sind wir in der Lenin-Akademie[1] gesessen und genauso haben wir gelesen, gelesen, gelesen. Vielleicht haben wir die Arme dabei aufgestützt, vielleicht haben wir Papirossi[2] dabei geraucht – obwohl es nicht erwünscht war –, vielleicht haben wir manchmal aufgeblickt, – aber wir haben den Glockenturm Iwan Weliki vor dem Fenster nicht gesehen, ich schwöre es, dachte Gregor, so versunken waren wir. So versunken wie er. Er ist wir. Wie alt ist er? So alt wie wir waren, als wir genauso lasen. Achtzehn, höchstens achtzehn. Gregor bückte sich tiefer, um dem jungen Mann gänzlich ins Gesicht sehen zu können. Er trägt unser Gesicht, dachte er, das Gesicht unserer Jugend, das Gesicht der Jugend, die ausgewählt ist, die Texte zu lesen, auf die es ankommt. Aber dann bemerkte er auf einmal, dass der junge Mann ganz anders war. Er war gar nicht versunken. Er war nicht einmal an die Lektüre hingegeben. Was

---

1. eine Hochschule in Moskau, an der Gregor studiert hat.
2. eine Art russische Zigarette

tat er eigentlich? Er las ganz einfach. Er las aufmerksam. Er las genau. Er las sogar in höchster Konzentration. Aber er las kritisch. Er sah aus, als wisse er in jedem Moment, was er da lese. Seine Arme hingen herab, aber sie schienen bereit, jeden Augenblick einen Finger auf den Text zu führen, der zeigen würde: das ist nicht wahr. Das glaube ich nicht. Er ist anders, dachte Gregor, er ist ganz anders. Er ist leichter, als wir waren, vogelgleicher. Er sieht aus wie einer, der jederzeit das Buch zuklappen kann und aufstehen, um etwas ganz anderes zu tun.

Liest er denn nicht einen seiner heiligen Texte, dachte Gregor. Ist er denn nicht wie ein junger Mönch? Kann man das: ein junger Mönch sein und sich nicht von den Texten überwältigen lassen? Die Kutte nehmen und trotzdem frei bleiben? Nach den Regeln leben, ohne den Geist zu binden?

Gregor richtete sich auf. Er war verwirrt. Er beobachtete den jungen Mann, der weiterlas, als sei nichts geschehen. Es war aber etwas geschehen, dachte Gregor. Ich habe einen gesehen, der ohne Auftrag lebt. Einen, der lesen kann und dennoch aufstehen und fortgehen. Er blickte mit einer Art von Neid auf die Figur.

In diesem Augenblick hörte er das Geräusch der Portaltür und Schritte. Er wendete sich um. Er sah einen Mann, der seine Schiffermütze erst abnahm, als er bereits ein paar Schritte in die Kirche herein getan hatte.

[…]

(Aus: Alfred Andersch, *Sansibar oder der letzte Grund.* Diogenes Verlag, 1970, S. 38—44.)

Arbeitsaufgaben:

1. Im Textauszug wird die Kirche von Gregor als »ein guter Treff« (Zeile 32) bezeichnet. Wie können Sie sich das erklären?
2. Suchen Sie Textpassagen, die Gregors psychische Verfassung darstellen.
3. Wie verstehen Sie den Satz: »aber den letzten schnitt die Stille wie mit einem Messer ab« (Zeile 22)?
4. Im Mittelpunkt des Textes steht die kleine Holzfigur. Welche Wirkung hat sie auf Gregor?
5. Wodurch entsteht diese Wirkung?
6. Gregor wünscht sich ein Leben ohne fremden Auftrag. Ist es Ihrer Meinung nach möglich?
7. Selbstverwirklichung hieß für Alfred Andersch Emanzipation notfalls auch durch Fahnenflucht. Entwerfen Sie ein Streitgespräch darüber.
8. Informieren Sie sich über den Künstler Ernst Barlach (1870—1938), dessen Holzfigur »Der lesende Klosterschüler« eine wichtige Rolle in unserem Roman spielt. Erläutern Sie, warum er im 3. Reich als Vertreter „entarteter Kunst" verfemt wurde.

Wolfgang Koeppen

Wolfgang Koeppen wurde am 23. Juni 1906 in der Stadt Greifswald als uneheliches Kind geboren. Er wächst allein bei seiner Mutter auf, studierte Theaterwissenschaft, Literatur und Philosophie in Greifswald, Hamburg, Berlin und Würzburg, reiste nach Italien und Frankreich, war lange in Holland, arbeitete als Journalist, Dramaturg, Schauspieler, Filmautor und lebte als Schriftsteller in München, wo er am 15. März 1996 in einem Pflegeheim starb.

Sein Werk umfasst Erzählungen, Reiseberichte und vor allem Romane. Seine drei großen Romane »Tauben im Gras« (1951), »Das Treibhaus« (1953) und »Der Tod in Rom« (1954) machen ihn als unerbittlichen Kritiker restaurativer Tendenzen berühmt und auch heftig umstritten. Obwohl das Echo auf diese Bücher bei den Kritikern und beim Lesepublikum der frühen Bundesrepublik zuerst ablehnend-reserviert ausfiel, zählen sie heute zu den wichtigsten der gesamten deutschen Nachkriegsliteratur und vermitteln auch heute noch zwar ein kritisches, doch auch sehr feinfühliges und genaues Stimmungsbild des jungen Deutschlands.

Tauben im Gras
(Auszug)

Flieger waren über der Stadt, unheilkündende Vögel. Der Lärm der Motoren war Donner, war Hagel, war Sturm. Sturm, Hagel und Donner, täglich und nächtlich, Anflug und Abflug, Übungen des Todes, ein hohles Getöse, ein Beben, ein Erinnern in den Ruinen. Noch waren die Bombenschächte der Flugzeuge leer. Die Auguren lächelten. Niemand blickte zum Him-
5 mel auf.
Öl aus den Adern der Erde, Steinöl, Quallenblut, Fett der Saurier, Panzer der Echsen, das Grün der Farnwälder, die Riesenschachtelhalme, versunkene Natur, Zeit vor dem Menschen, vergrabenes Erbe, von Zwergen[1] bewacht, geizig, zauberkundig und böse, die Sagen, die Märchen, der Teufelsschatz: er wurde ans Licht geholt, er wurde dienstbar gemacht. Was
10 schrieben die Zeitungen? Krieg um Öl, Verschärfung im Konflikt, der Volkswille, das Öl den Eingeborenen, die Flotte ohne Öl, Anschlag auf die Pipeline, Truppen schützen Bohrtürme, Schah heiratet, Intrigen um den Pfauenthron, die Russen im Hintergrund, Flugzeugträger im Persischen Golf. Das Öl hielt die Flieger am Himmel, es hielt die Presse in Atem, es

---

1. Gemeint sind die Kobolde, die im dt. Volksglauben Erd- und Hausgeister sind.

ängstigte die Menschen und trieb mit schwächeren Detonationen die leichten Motorräder
der Zeitungsfahrer. Mit klammen Händen, missmutig, fluchend, windgeschüttelt, regennass, bierdumpf, tabakverheizt, unausgeschlafen, alpgequält, auf der Haut noch den Hauch des Nachtgenossen, des Lebensgefährten, Reißen in der Schulter, Rheuma im Knie, empfingen die Händler die druckfrische Ware. Das Frühjahr war kalt. Das Neueste wärmte nicht. Spannung, Konflikt, man lebte im Spannungsfeld, östliche Welt, westliche Welt, man lebte an der Nahtstelle, vielleicht an der Bruchstelle, die Zeit war kostbar, sie war eine Atempause auf dem Schlachtfeld, und man hatte noch nicht richtig Atem geholt, wieder wurde gerüstet, die Rüstung verteuerte das Leben, die Rüstung schränkte die Freude ein, hier und dort horteten sie Pulver, den Erdball in die Luft zu sprengen, Atomversuche in Neu-Mexiko, Atomfabriken im Ural, sie bohrten Sprengkammern in das notdürftig geflickte Gemäuer der Brücken, sie redeten von Aufbau und bereiteten den Abbruch vor, sie ließen weiter zerbrechen, was schon angebrochen war: Deutschland war in zwei Teile gebrochen. Das Zeitungspapier roch nach heißgelaufenen Maschinen, nach Unglücksbotschaften, gewaltsamem Tod, falschen Urteilen, zynischen Bankrotten, nach Lüge, Ketten und Schmutz. Die Blätter klebten verschmiert aneinander, als nässten sie Angst. Die Schlagzeilen schrien: Eisenhower inspiziert in Bundesrepublik, Wehrbeitrag gefordert, Adenauer gegen Neutralisierung, Konferenz in Sackgasse, Vertriebene klagen an, Millionen Zwangsarbeiter, Deutschland größtes Infanteriepotential. Die Illustrierten lebten von den Erinnerungen der Flieger und Feldherren, den Beichten der strammen Mitläufer, den Memoiren der Tapferen, der Aufrechten, Unschuldigen, Überraschten, Übertölpelten. Über Kragen mit Eichenlaub und Kreuzen blickten sie grimmig von den Wänden der Kioske. Waren sie Akquisiteure der Blätter, oder warben sie ein Heer? Die Flieger, die am Himmel rumorten, waren die Flieger der andern.

Der Erzherzog wurde angekleidet, er wurde hergestellt. Hier ein Orden, da ein Band, ein Kreuz, ein strahlender Stern, Fangschnüre des Schicksals, Ketten der Macht, die schimmernden Epauletten, die silberne Schärpe, das Goldene Vlies, Orden del Toison de oro[1], Aureum Vellus[2], das Lammfell auf dem Feuerstein, zum Lob und Ruhm des Erlösers, der Jungfrau Maria und des heiligen Andreas wie zum Schutz und zur Förderung des christlichen Glaubens und der heiligen Kirche, zur Tugend und Vermehrung guter Sitte gestiftet. Alexander schwitzte. Übelkeit quälte ihn. Das Blech, der Tannenbaumzauber, der gestickte Uniformkragen, alles schnürte und engte ihn ein. Der Garderobier fummelte zu seinen Füßen. Er legte dem Erzherzog die Sporen an. Was war der Garderobier vor den blankgewichsten Schaftstiefeln des Erzherzogs? Eine Ameise, eine Ameise im Staub. Das elektrische Licht in der Umkleidekabine, diesem Holzverschlag, den man Alexander anzubieten wagte, kämpfte mit der Morgendämmerung. Was war es wieder für ein Morgen! Alexanders Gesicht war käsig unter der Schminke; es war ein Gesicht wie geronnene Milch. Schnäpse und Wein und entbehrter Schlaf gärten und gifteten in Alexanders Blut; sie klopften ihm von innen den Schädel. Man

---

1. das Goldenene Vlies *(span.)*
2. das Goldenene Vlies *(lat.)*

hatte Alexander in aller Frühe hierhergeholt. Die Gewaltige lag noch im Bett. Messalina, seine Frau, das Lustross, wie man sie in den Bars nannte. Alexander liebte sein Weib; wenn er an seine Liebe zu Messalina dachte, war die Ehe, die er mit ihr führte, schön. Messalina schlief, aufgeschwemmt das Gesicht, die Augentusche verwischt, die Lider wie von Faustschlägen getroffen, die grobporige Haut, ein Droschenkutscherteint, vom Trunk verwüstet. Welche Persönlichkeit! Alexander beugte sich vor der Persönlichkeit. Er sank in die Knie, beugte sich über die schlafende Gorgo, küsste den verqueren Mund, atmete den Trunk, der nun wie ein reines Spiritusdestillat durch die Lippen drang: »Was ist? Gehst du? Lass mich! Oh. mir ist schlecht! « Das war es, was er an ihr hatte. Auf dem Weg zum Badezimmer trat sein Fuß in Scherben. Auf dem Sofa schlief Alfredo, die Malerin, klein, zerzaust, hingesunken, niedlich. Erschöpfung und Enttäuschung im Gesicht. Krähenfüße um die geschlossenen Augen, mitleiderregend. Alfredo war amüsant, wenn sie wach war, eine schnell verbrennende Fackel; sie sprühte, witzelte, erzählte, girrte, scharfzüngig, erstaunlich. Der einzige Mensch, über den man lachen konnte. Wie nannten die Mexikaner die Lesbierinnen? Es war was wie Maisfladen, Tortilleras, wohl ein flacher gedörrter Kuchen. Alexander hatte es vergessen. Schade! Er hätte es anbringen können. Im Badezimmer stand das Mädchen, das er aufgegabelt, das er mit seinem Ruhm angelockt hatte, mit dieser schiefen Visage, die jedermann kannte. Schlagzeilen der Filmblätter: *Alexander spielt den Erzherzog, der deutsche Superfilm, der Erzherzog und die Fischerin*, die hatte er gefischt, aufgefischt, abgetischt. Wie hieß sie noch? Susanne! Susanne im Bade. Sie war schon angezogen. Billiges Konfektionskleid. Strich mit Seife über die Laufmasche im Strumpf. Hatte sich mit dem Guerlain seiner Frau begossen. War missmutig. Maulig. Das waren sie nachher immer. »Na, gut bekommen? « Er wusste nicht, was er sagen sollte. Eigentlich war er verlegen. »Dreckskerl!« Das war es. Sie wollten ihn. Alexander, der große Liebhaber! Hatte sich was! Er musste sich duschen. Das Auto hupte unten wie verrückt. Die waren auf ihn angewiesen. Was zog denn noch? Er zog noch. *Alexander, die Liebe des Erzherzogs*. Die Leute hatten die Nase voll; sie hatten genug von der Zeit, genug von den Trümmern; die Leute wollten nicht ihre Sorgen, nicht ihre Furcht, nicht ihren Alltag, sie wollten nicht ihr Elend gespiegelt sehen. Alexander streifte den Schlafanzug ab. Das Mädchen Susanne sah neugierig, enttäuscht und böse auf alles, was an Alexander schlapp war. Er dachte ›schau dir es an, erzähl, was du willst, sie glauben es dir nicht, ich bin ihr Idol‹. Er prustete. Der kalte Strahl der Dusche schlug seine schlaffe Haut wie eine Peitsche. Schon wieder hupten sie unten. Die hatten es eilig, sie brauchten ihren Erzherzog. In der Wohnung schrie ein Kind, Hillegonda, Alexanders kleines Mädchen. Das Kind schrie »Emmi!« Rief das Kind um Hilfe? Angst, Verzweiflung, Verlassenheit lag in dem Kinderschrei. Alexander dachte ›ich müsste mich um sie kümmern, ich müsste Zeit haben, sie sieht blass aus‹. Er rief: »Hille, bist du schon auf? « Warum war sie so früh schon auf? Er prustete die Frage ins Handtuch. Die Frage erstickte im Handtuch. Die Stimme des Kindes schwieg, oder sie ging unter im wütenden Hupen des wartenden Wagens. Alexander fuhr ins Atelier. Er wurde angekleidet. Er wurde gestiefelt und gespornt. Er stand vor der Kamera.

Alle Scheinwerfer leuchteten auf. Die Orden glitzerten im Licht der Tausendkerzenbirnen. Das Idol spreizte sich. Man drehte den Erzherzog *Eine deutsche Superproduktion*.

[...]

(Aus: Wolfgang Koeppen, *Tauben im Gras*. Suhrkamp Verlag 1980, S. 9—12.)

Arbeitsaufgaben:

I. für Teil I (bis Zeile 36)
1. Beschreiben Sie die Sprache des Textauszugs und führen Sie an, welche sprachlichen Auffälligkeiten Sie feststellen können.
2. Welche Atmosphäre skizziert der 1. Abschnitt? Wie wird sie im 2. Abschnitt intensiviert?
3. Wie stehen der Beginn des 1. Abschnitts (Zeile 1) und der Schluss des 2. Abschnitts (Zeile 35) zueinander? Was ist ihre Funktion?
4. Warum nennt Wolfgang Koeppen das Erdöl »Teufelsschatz« (Zeile 9)?
5. Was sagen die Zeitungsschlagzeilen in Zeilen 10—14 aus?
6. Mit seiner Behandlung der Thematik „Erdöl" ist Wolfgang Koeppen zu Beginn der 50er-Jahre seiner Zeit weit voraus. Diskutieren Sie darüber (Sie können dazu auch den Text auf Seite 71 lesen).

II. für Teil II (ab Zeile 37)
1. Worum geht es in diesem Textteil?
2. Was ist mit dem Ausdruck gemeint, der Erzherzog wird »hergestellt« (Zeile 37)?
3. Wie verstehen Sie die Stelle: »Schnäpse und Wein und entbehrter Schlaf gärten und gifteten in Alexanders Blut; sie klopften ihm von innen den Schädel« (Zeile 50—51)?
4. Warum dreht man einen Film über den Erzherzog?
5. Welche Rolle spielt das Mädchen Susanne? Welche Rolle spielt das Kind Hillegonda?
6. Warum ist der letzte Satz des Textteils in kursiv? (Zeile 91).
7. Koeppens Roman trägt den Buchtitel »Tauben im Gras«. Erklären Sie die Metapher und diskutieren Sie, wie dieser Titel zum Inhalt des hier gegebenen Textteils passt.

Das Treibhaus
(Auszug)

[...]

Und wenn er nicht wieder gewählt wurde? Ihm graute vor der Ochsentour[1] der Wahlschlacht. Immer mehr scheute er Versammlungen, die hässliche Weite der Säle, den Zwang, durch das Mikrophon sprechen zu müssen, die Groteske, die eigene Stimme in allen Winkeln verzerrt aus den Lautsprechern bullern zu hören, ein hohlklingendes und für Keetenheuve
5 schmerzlich hohnvolles Echo aus einem Dunst von Schweiß, Bier und Tabak. Als Redner überzeugte er nicht. Die Menge ahnte, er zweifele, und das verzieh sie ihm nicht. Sie ver-

---
1. ein anstrengender Wahlkampf mit vielen kräftezehrenden Wahlveranstaltungen

missten bei Keetenheuves Auftritt das Schauspiel des Fanatikers, die echte oder die gemimte Wut, das berechnete Toben, den Schaum vor dem Maul des Redners, die gewohnte patriotische Schmiere, die sie kannten und immer wieder haben wollten. Konnte Keetenheuve ein Protagonist des Parteioptimismus sein, konnte er die Kohlköpfe im abgesteckten Beet der Parteilinie nach der Sonne des Programms ausrichten? Phrasen sprangen vielen wie quakende Frösche vom Mund; aber Keetenheuve grauste es vor Fröschen.

Er wollte wieder gewählt werden. Gewiss, das wollten sie alle. Aber Keetenheuve wollte wieder gewählt werden, weil er sich für einen der wenigen hielt, die ihr Mandat noch als eine Anwaltschaft gegen die Macht auffassten. Aber was war dazu zu sagen? Sollte er die Hoffnung malen, den alten Silberstreifen aufziehen, der vor jeder Wahl aus der Kiste geholt wird wie der Baumschmuck zu Weihnachten (die Partei verlangte es), die Hoffnung, dass alles besser wird, diese Fata Morgana für Einfältige, die sich nach jedem Plebiszit in Rauch auflöst, als wären die Stimmzettel in des Hephaistos[1] Esse geworfen? Doch konnte er es sich leisten, sich nicht anzupreisen? War er eine gesuchte Ware, ein Star des politischen Kientopps[2]? Die Wähler kannten ihn nicht. Er tat, was er tun konnte, aber das meiste tat er in den Ausschüssen, nicht im Plenum, und die Arbeit der Ausschüsse geschah geheim und nicht vor den Augen der Nation. Korodin von der anderen Partei, sein Gegner im Ausschuss für Petitionen, nannte Keetenheuve einen Menschenrechtsromantiker, der Verfolgte suchte, Geknechtete, um ihnen die Ketten abzunehmen, Leute, denen Unrecht widerfahren, Keetenheuve war immer auf der Seite der Armen und der Sonderfälle, er stand den Unorganisierten bei und nie den Kirchen und Kartellen, doch auch den Parteien nicht, nicht unbedingt selbst der eigenen Partei, und das verstimmte die Parteifreunde, und manchmal schien es Keetenheuve, als ob Korodin, sein Gegner, ihn am Ende noch besser verstand als die Fraktion, mit der er sich verbunden hatte.

Keetenheuve lag ausgestreckt und gerade unter dem Bettuch. Bis zum Kinn zugedeckt, sah er wie eine Mumie des alten Ägyptens aus. Im Abteil stagnierte Museumsluft. War Keetenheuve ein Museumsstück?

Er hielt sich für ein Lamm. Aber er wollte vor den Wölfen nicht weichen. Diesmal nicht. Fatal war, dass er faul war; faul, auch wenn er sechzehn Stunden am Tage arbeitete, und das nicht schlecht. Er war faul, weil er ungläubig, zweifelnd, verzweifelt, skeptisch war, und sein eifriges und aufrichtiges Vertreten der Menschenrechte war nur noch ein letzter eigensinnig spielerischer Rest von Oppositionslust und Staatswiderstand. Ihm war das Rückgrat gebrochen, und die Wölfe würden es nicht schwer haben, ihm alles wieder zu entreißen.

[...]

Keetenheuve trat in den Gang hinaus. Viele Wege führten zur Hauptstadt. Auf vielen Wegen wurde zur Macht und zur Pfründe gereist.

Sie kamen alle, Abgeordnete, Politiker, Beamte, Journalisten, Parteibüffel und Parteigründer, die Interessenvertreter im Dutzend, die Syndiken, die Werbeleiter, die Jobber, die Beste-

---

1. griechischer Gott des Feuers und der Schmiede
2. Berlinerisch für „Kino"

45 cher und die Bestochenen, Fuchs, Wolf und Schaf der Geheimdienste, Nachrichtenbringer und Nachrichtenerfinder, all die Dunkelmänner, die Zwielichtigen, die Bündlerischen, die Partisanwahnsinnigen, alle, die Geld haben wollten, die genialen Filmer *zu Heidelberg am Rhein auf der Heide in der Badewanne für Deutschland am Drachenstein,* die Schnorrer, Schwindler, Quengler, Stellenjäger, auch Michael Kohlhaas[1] saß im Zug und Goldmacher
50 Cagliostro[2], Femomörder Hagen[3] witterte ins Morgenrot, Krimhild[4] hatte Rentenansprüche, das Geschmeiß der Lobby lugte und horchte, Generäle noch im Anzug von Lodenfrey[5] marschierten zur Wiederverwendung auf, viele Ratten, viele gehetzte Hunde und viele gerupfte Vögel, sie hatten ihre Frauen besucht, ihre Frauen geliebt, ihre Frauen getötet, sie hatten ihre Kinder in den Eisladen geführt, sie hatten dem Fußballspiel zugesehen, sie waren im
55 Messgewand dem Priester zur Hand gegangen, sie hatten Diakondienste geleistet, sie waren von ihren Auftraggebern gescholten worden, von ihren Hintermännern angetrieben, sie hatten einen Plan entworfen, eine Marschroute aufgestellt, sie wollten ein Ding drehen, sie machten einen zweiten Plan, sie hatten am Gesetz gearbeitet, in ihrem Wahlkreis gesprochen, sie wollten oben bleiben, an der Macht bleiben, beim Geld bleiben, sie strebten der Hauptstadt
60 zu, der Hauptstadt der Kleinstadt, über die sie witzelten, und sie begriffen nicht das Wort des Dichters, dass die innerste Hauptstadt jedes Reiches nicht hinter Erdwällen liegt und sich nicht erstürmen lässt.

Freie Bahn dem Volksvertreter, Spott aus dem billigsten Ramschladen, schon zu des Kaisers Zeit mit Bart verkauft *ein Leutnant und zehn Mann Deutschland erwache*[6] an die Latrine
65 *geschrieben,* man sah vor lauter Bart den Witz nicht mehr. Was meinte das Volk, und wer war das eigentlich, das Volk, wer war es im Zug, wer auf der Straße, wer auf den Bahnhöfen, war es die Frau, die nun in Remagen die Betten ins Fenster legte, Geburtsbetten Kopulationsbetten Sterbebetten, Granatsplitter hatten das Haus getroffen, war es die Magd mit dem Melkeimer, die zum Stall wankte, so früh schon auf so früh schon müde, war er, Keetenheu-
70 ve, das Volk? Er sträubte sich gegen den simplifizierenden Plural. Was sagte das schon, das Volk, war es eine Herde, zu scheren, zu scheuchen, zu leiten, setzte es sich aus Gruppen zusammen, die je nach Bedarf und nach der Sprechweise der Planer einzusetzen waren, in die Schlacht zu werfen, ins Grab zu treiben, der deutsche Junge im Einsatz, das deutsche Mädchen im Einsatz, oder waren Millionen von Einzelnen das Volk, Wesen ein jedes für sich, die
75 für sich dachten, die selber dachten, die sich von einander fort dachten, auseinander dachten, zu Gott hin dachten, zum Nichts hin oder in den Irrsinn hinein, die nicht zu lenken, nicht zu regieren, nicht einzusetzen, nicht zu scheren waren? Keetenheuve wäre es lieber gewesen. Er gehörte einer Partei an, die auf die Mehrheit setzte. Was meinte also das Volk? Das Volk

---

1. Hauptheld in der gleichnamigen Novelle von Heinrich von Kleist (1777—1811)
2. ein Betrüger, Alchemist und Freimaurer, der an den europäischen Herrscherhöfen des 18. Jahrhunderts auftrat. Cagliostro behauptete unter anderem, dass er Gold machen könne.
3. ein Krieger aus dem „Nibelungenlied"
4. Frau des ermordeten Siegfrieds im „Nibelungenlied"
5. Marke für Herrenmode
6. der Titel eines bekannten Nationalsozialistischen Liedes

arbeitete, das Volk bezahlte den Staat, das Volk wollte vom Staat leben, das Volk schimpfte,
80 das Volk frettete sich so durch.

Es sprach wenig von seinen Deputierten. Das Volk war nicht so artig wie das Volk im Schullesebuch. Es fasste den Abschnitt Staatsbürgerkunde anders auf als die Verfasser. Das Volk war neidisch. Es neidete den Abgeordneten den Titel, den Sitz, die Immunität, die Diäten, den Freifahrschein. Würde des Parlaments ? Gelächter in den Schenken, Gelächter auf
85 den Gassen. Die Lautsprecher hatten das Parlament in den Stuben des Volkes entwürdigt, zu lange, zu willig war die Volksvertretung ein Gesangverein gewesen, ein einfältiger Chor zum Solo des Diktators. Das Ansehen der Demokratie war gering. Sie begeisterte nicht. Und das Ansehen der Diktatur? Das Volk schwieg. Schwieg es in weiterwirkender Furcht? Schwieg es in anhänglicher Liebe? Die Geschworenen sprachen die Männer der Diktatur von jeder
90 Anklage frei[1].

Und Keetenheuve? Er diente der Restauration und reiste im Nibelungenexpress.

[...]

Zum erstenmal stand Keetenheuve auf der Galerie des Plenarsaals und sah die ungepolsterten, die dem Volk und der Presse vorbehaltenen Sitze. Unten war alles Gestühl schön grün
95 aufgeplustert, selbst die Kommunisten durften sich der grünen Bequemlichkeit des Polsters erfreuen. Der Saal war leer. Ein leeres großes Klassenzimmer mit aufgeräumten Schülerpulten. Der Katheder des Herrn Lehrers war erhöht, wie es sich gehörte. Der Kanzler-Kanzlist erwähnte das Bemerkenswerte. Er sagte, der Saal habe tausend Meter Neonröhren. Schwerhörige Abgeordnete, sagte der Kanzler-Führer, könnten sich einer Kopfhöranlage bedienen.
100 Ein Witzkopf wollte wissen, ob man den Kopfhörer auf Musik schalten konnte. Der Kanzler-Cicerone[2] überhörte den Zwischenruf mit überlegener Ruhe. Er deutete auf die Abstimmungstüren des Hauses und erwähnte die Gepflogenheit des Hammelsprunges[3]. Keetenheuve hätte hier mit einer Anekdote zur Unterhaltung der Gäste beitragen können, mit einer reizenden kleinen Anekdote aus dem Leben eines Parlamentariers. Keetenheuve, der Hammel, war
105 einmal falsch gesprungen. Das heißt, er wusste nicht, ob er falsch gesprungen war, ihm waren auf einmal Zweifel gekommen, und er war durch die Ja-Tür gehüpft, während seine Fraktion sich zum Nein entschlossen hatte. Die Koalition hatte ihm applaudiert. Sie irrte sich. Korodin hatte den ersten Erfolg seines Bekehrungswahns gesehen. Er irrte sich. Im Fraktionszimmer hatte man Keetenheuve erregt gerügt. Auch dort irrten sie sich. Keetenheuve hatte die
110 Frage, über die abgestimmt wurde, ziemlich belanglos gefunden und nach der Intuition des Augenblicks gehandelt, ein Jasager und kein Neinsager, der einer unwichtigen Regierungsvorlage zustimmte. Warum sollte die Regierung nicht in manchen Fragen recht haben? Es

---

1. In den „Nürnberger Prozessen" wurden von 1945—1949 Kriegsverbrecher und wichtige Entscheidungsträger des Naziregimes angeklagt. Vor dem Hintergrund des sich anbahnenden „Kalten Krieges" verlief ein Großteil dieser Prozesse äußerst milde und viele Kriegsverbrecher wurden freigesprochen.
2. Marcus Tullius Cicero (106-43 v.u.Z.), römischer Redner, Jurist, Politiker und Philosoph, sprichwörtlich der berühmteste Redner Roms.
3. eine Form der parlamentarischen Abstimmung im deutschen Bundestag. Die Abgeordneten verlassen für den Hammelsprung den Saal und betreten durch drei Türen wieder, die für „Ja", „Nein" oder „Stimmenthaltung" stehen.

schien ihm töricht, das zu verneinen und eine Opposition der Starrköpfigkeit zu treiben oder der politischen Grundsatztreue, was genau dasselbe war. Keetenheuve sah Schulbuben unten sitzen, Bauernbuben, Quadratschädel, zänkisch und gottergeben, zänkisch und aufmuckend, zänkisch und trägen Verstandes, und unter ihnen ein paar Streber. »Quasselbude[1]«, sagte ein Besucher. Keetenheuve sah ihn an. Der Besucher war der üble Typ des Bierbanknationalisten, der sich mit Wollust von einem Diktator knechten ließ, wenn er nur selbst ein paar Stiefel bekam, um nach unten zu treten. Keetenheuve sah ihn an. In die Fresse, dachte er. »Na, meinen Sie etwa nicht?« sagte der Mann und blickte Keetenheuve herausfordernd an. Keetenheuve hätte erwidern können: Ich weiß nichts besseres, selbst dieses Parlament ist das kleinere Übel. Er sagte aber: »Halten Sie hier Ihr verfluchtes Maul!« Das Gesicht des Mannes lief rot an, dann wurde er unsicher und kuschte feige. Er drückte sich von Keetenheuve weg. Wenn er den Abgeordneten Keetenheuve erkannt hätte, würde er denken: Ich merk' Sie mir, Sie stehen auf der Liste, am Tage X, im Sumpf und auf der Heide. Aber niemand kannte Keetenheuve, und der Kanzler-Kanzlist führte seine Schar wieder ins Freie.

Die Journalisten arbeiteten in zwei Baracken. Die Baracken lagen langhingestreckt und einstöckig, dem Bundeshaus gegenüber; sie sahen von außen wie Militärbauten aus, wie eine für Kriegsdauer (und Kriege dauern lange) errichtete Unterkunft der Stäbe und der Verwaltung eines neuen Truppenübungsplatzes. Innen aber war in jedem Stockwerk ein Mittelgang, der an den Korridor eines Schiffes erinnerte, nicht gerade an das Luxusdeck, aber doch an die Touristenklasse, wo links und rechts des Ganges Kabine an Kabine geschichtet wurde, und das Geklapper der Schreibmaschinen, das Ticken der Fernschreiber, das unaufhörliche Schrillen der Telephone gab die Vorstellung, dass hinter den Zimmern der Redaktionen die erregte See war mit Möwengekreisch und Dampfersirenen, und so waren die Pressebaracken zwei Kähne, die von den Wogen der Zeit getragen, geschaukelt und erschüttert wurden. Wie Flut und Ebbe liefen über einen Tannenholztisch am Eingang die »Mitteilungen an die Presse«, blasse und verwischte Informationen auf billigem Papier, die dort achtlos hingeworfen wurden von den gemächlichen Boten der vielen Regierungsstellen, die sich mit den Anpreisungen des Tuns der Ämter, mit der Unterrichtung der Öffentlichkeit, mit der Bundespropaganda, der Verhüllung, Vernebelung und Verschweigung von Ereignissen, der Beschwichtigung, den Dementis von Lügen und Wahrheiten beschäftigten und zuweilen gar ins Horn der Entrüstung bliesen. Das Auswärtige Amt gibt bekannt, das Bundesministerium für den Marshallplan gibt bekannt, das Bundesministerium für Finanzen, das Statistische Bundesamt, Post und Bundesbahn, die Besatzungsämter, der Polizeiminister, die Justiz, sie alle gaben viel oder wenig bekannt, waren redselig oder schweigsam, zeigten die Zähne oder ein ernstes besorgtes Gesicht, und einige hatten auch ein Lächeln für die Öffentlichkeit, das aufmunternde Lächeln einer zugänglichen Schönen. Das Bundespresseamt gab bekannt, dass an der Behauptung einer Oppositionspartei, eine Regierungspartei habe den französischen Geheimdienst um Wahlhilfe gebeten, kein wahres Wort sei. Hier war man nun ernstlich böse, man drohte, den Staatsanwalt zu bemühen, denn der Wahlfonds, die Parteigelder waren tabu,

---

1. So nannten die Nazis das Parlament.

ein immer heikles Kapitel; man brauchte Geld wie jedermann, und wo sollte es herkommen, wenn nicht von reichen Freunden. Korodin hatte reiche Freunde, aber wie das bei Wohlhabenden Sitte ist, sie waren geizig (Korodin verstand es) und wollten für ihr Geld etwas haben.

155

[...]

(Aus: Wolfgang Koeppen, *Das Treibhaus*. Scherz & Goverts Verlag 1953, S. 29—31, 39—42, 62—65.)

Arbeitsaufgaben:

1. Wie wird der Oppositionsabgeordnete Keetenheuve charakterisiert? Wie erscheint er Ihnen?
2. Welches Gefühl drückt er aus mit der Äußerung, dass »Korodin, sein Gegner, ihn am Ende noch besser verstand als die Fraktion, mit der er sich verbunden hatte« (Zeile 28—30)?
3. Erläutern Sie den Satz: »Er war faul, weil er ungläubig, zweifelnd, verzweifelt, skeptisch war« (Zeile 36).
4. Interpretieren Sie die Stelle: »Viele Wege führten zur Hauptstadt. Auf vielen Wegen wurde zur Macht und zur Pfründe gereist« (Zeile 41—42). Wie passen sie in dieser Abfolge zueinander und wo liegt die Pointe?
5. Was assoziieren Sie mit der Bezeichnung »Kanzler-Cicerone« (Zeile 101)?
6. Interpretieren Sie den Satz: »Ich merk' Sie mir, Sie stehen auf der Liste, am Tage X, im Sumpf und auf der Heide » (Zeile 124—125).
7. Kennzeichnen Sie die Intention des letzten Abschnittes (Zeile 126—155).
8. Welchen Eindruck vom gesellschaftlichen und politischen Klima der frühen Jahre der Bundesrepublik vermittelt der Textauszug?
9. Nennen Sie einige sprachliche Merkmale (Sprachebene, Satzbau, Wortwahl) und deuten Sie deren Funktion.

Der Tod in Rom

(Auszug)

[...]

Es war Zeit, er musste hinübergehen, jetzt hatte er sich angesagt, es war die verabredete Stunde, sie erwarteten ihn, und da wollte er nicht, er zögerte, er fürchtete sich. Er Judejahn, ängstigte sich, und was war sein Leib- und Lebensspruch? »Ich weiß nicht, was Furcht ist! « Die Phrase hatte viele verschlungen, sie hatten ins Gras gebissen, die andern natürlich, er
5 hatte befohlen, sie waren bei sinnlosen Angriffen gefallen, hatten, um einem irrsinnigen Ehrbegriff zu genügen, von vornherein verlorene Stellungen gehalten, hatten sie bis zum letzten Mann gehalten, wie Judejahn dann brustgeschwellt seinem Führer meldete, und wer sich fürchtete, hing, baumelte an Bäumen und Laternen, schaukelte mit dem Prangerschild um den zugeschnürten Hals »ich war zu feige mein Vaterland zu verteidigen« im kalten Wind der
10 Toten. Wessen Vaterland war zu verteidigen? Judejahns? Judejahns Zwingreich und Marschverband, sie waren in die Hölle zu wünschen, man hing nicht nur, man wurde auch geköpft,

man wurde gemartert, erschossen, starb hinter Mauern und vor Wällen, der Feind zielte, natürlich, der Feind schoss auch, aber hier sandte der Kamerad die Kugel, einen bessern findst du nit, hier raste der Volksgenosse, der verehrte und hochgepriesene, und der junge Verurteilte konnte sich's zu spät überlegen, wer nun Feind war und wer Kamerad war; Judejahn sprach väterlich »meine Jungens« und Judejahn sprach ordinär latrinenschnäuzig »killt die Sau«, immer war er volksnah und immer ein Prachtkerl, humorgesegnet, alter Fememörder von Landsberg, Blutprofoß der schwarzen Heerlager auf Mecklenburgs Gütern, Totenkopf am Stahlhelm, doch selbst sie, die alten Götter, hatten Verrat gepflogen, Erhardt, der Kapitän, tafelte mit Literaten und Hirnscheißern, und Roßbach zog mit milchwangigen Knaben durchs Land, führte Mysterienspiele auf zu der Schulmeister und Pfaffen Freude, aber er, Judejahn, er war den rechten Weg gegangen, stur und immer geradeaus, den Weg zu Führer und Reich und vielen Ehren.

Er schritt durch das Zimmer, wanderte über den weichen Teppich, die Wände waren stoffbespannt, Seide schirmte die Lichter der Ampeln, auf dem Damast des Bettes lag Benito, der räudige Kater, schaute Judejahn an, blinzelnd, höhnisch, wollte wohl knurren »du lebst noch« und blickte dann angeekelt auf die gebratene Leber zu Füßen des Bettes auf silbernem Tablett. Warum hatte er das Biest hergebracht? War Magie im Spiel? Judejahn sah nie Gespenster. Er war bloß ein sentimentaler Hund, konnte es nicht mit ansehen, hatte sich geärgert, dass so ein Staatstier geneckt wurde. Benito! Diese Rotznasen! Judejahn wohnte in der Via[1] Veneto, er wohnte in einem Botschafter- und Minister-Hotel, in einem Atlantikpaktgeneralsquartier, einem US-Steelpräsidentenhaus, in einem Farbenaufsichtsratsheim, einer Filmbrüstepreisausstellung, Hochstapler und Kokotten hatten hier ihre Käfige, was für Vögel kamen nicht nach Rom, modische Bärte aller Schnitte und Schneidertaillen mit einer Hand zu umspannen, märchenteure Kostüme, man konnte die Mädchen in der Taille erwürgen, doch griff man fester nach festem Busen und festem Popo, spürte das lockende erregende wippende Fleisch unter der Nylonhaut, den schmalen Reizgürtel, der straff über Bauch und Schenkel zum Schleiergespinst der Strumpfe hinunterstieg, — Kardinäle wohnten nicht im Haus.

Er hatte seine blaue Brille abgenommen. Wässerige Augen, blau-weiß zerronnen. War es leichtsinnig von ihm, hier zu wohnen? Da musste er lachen. Erstens war er im Recht und war immer im Recht gewesen, und zweitens, wie wehte denn der Wind: vergeben und vergessen. Es war ein Scherz von Judejahn, und Judejahn scherzte gern, gerade in diesem Hotel abgestiegen zu sein, wenn auch mit einem Pass, in dem sein Name nicht sein Name und sein Geburtsland nicht sein Geburtsland war, aber das Dokument war im übrigen echt, war diplomatisch visiert, er war wer, Judejahn, war immer wer gewesen und war es wieder. Er konnte es sich leisten, hier zu hausen und die Erinnerung an seine großen Tage zu genießen: unter diesem Dach hatte er residiert, von hier hatte er Botschaften in den Palazzo Venezia geschickt, in der Halle des Hauses hatte er befohlen, die Geiseln zu erschießen.

Was sollte er anziehen? Er war gut in Schale, er besaß Anzüge von geschickten arabischen Schneidern aus englischem Geweb gebaut, er war weltmännisch geworden, parfümierte sich

---

1. Weg, Straße *(lat.)*

sogar, bevor er ins Bordell ging, Kraft abzustoßen, das hatte er von den Scheichs gelernt, aber in jedem Tuch blieb er unverkennbar der alte Judejahn, ein infantiler Typ, ein düsterer Knabenheld, der nicht vergessen konnte, dass sein Vater, ein Volksschullehrer, ihn geprügelt hatte, weil er nichts lernen wollte. Vielleicht den dunklen Anzug? Man musste das Wiederse-
55 hen feierlich gestalten. Aber es war wohl nicht angebracht, sich in diesem Fall zu parfümieren. Man stank nicht nach Moschus, wo er hinging. Man verbarg den Bock. Die deutschen Bürger hatten sich wiedergefunden. Waren wieder feine Leute. Ob man ihm ansah, wo er herkam? All die Blutwege und jetzt, das letzte Bild, die Hitze, die Dürre, den Sand?

Er kam von den Schakalen. Nachts heulten sie. Fremde Sterne leuchteten am Himmel. Was
60 gingen sie ihn an? Sie waren Richtungszeichen über der Geländekarte. Sonst sah er sie nicht. Er hörte auch die Schakale nicht. Er schlief. Er schlief ruhig, friedlich, traumlos. Er fiel jeden Abend in den Schlaf wie ein Stein in den tiefen Brunnen. Kein Alb, kein Gewissen drückte ihn, kein Gerippe erschien ihm. Erst die Reveille weckte den Schläfer. Das war vertraute willkommene Musik. Aus der Wüste wehte Sturm. Der Ton des Horns flatterte und starb. Der
65 Hornist war ein schlapper Hund; er war auf Vordermann zu bringen. Sand prasselte gegen die Wand der Baracke. Judejahn erhob sich vom schmalen Feldbett. Er liebte das harte Lager. Er liebte die getünchte Kammer mit dem Schrank aus Eisenblech, dem Klapptisch, dem Waschgestell, den angerosteten klappernden Kannen und Schüsseln. Er hätte in der Königsstadt in einer Villa hausen können, Chefausbilder, Heeresreorganisator, gesuchter hochbezahlter
70 Fachmann, der er war. Aber er liebte die Kaserne. Sie verlieh ihm Selbstbewusstsein, sie allein gab ihm Sicherheit. Die Kaserne war Heimat, sie war Kameradschaft, sie war Halt und Ordnung. In Wahrheit hielten ihn Phrasen zusammen, die Phrasen eines Pennälers. Wem war Judejahn Kamerad? Er liebte den Blick in die Wüste. Es war nicht ihre Unendlichkeit, die ihn anzog, es war ihre Kahlheit. Die Wüste war für Judejahn ein großer Exerzierplatz, sie
75 war die Front, ein fortwährender prickelnder Reiz, der einen mannbar erhielt. In der Königsstadt hätten ihn leichtsohlige Diener umhuscht, er hätte warmbäuchige Mädchen beschlafen, sich in Schößen verloren, er hätte, ein Pascha[1], in gewürztem Wasser baden können. Er seifte sich aber im Camp ein, schrubbte sich die Haut mit der Wurzelbürste rot, rasierte sich mit dem alten deutschen Apparat, den er in der Hosentasche von der Weidendammer Brücke
80 bis in die Wüste gebracht hatte. Er fühlte sich wohl. Er dachte: wie eine gesengte Wildsau. Er hatte gute Witterung. Er hörte Männergeräusch, Waschgeplätscher, Kübelklimpern, Pfiffe, Zoten, Flüche, Kommandos, Stiefelscharren, Türenschlagen. Er roch den Kasernenmief aus Gefangenschaft, Knechtung, Lederfett, Waffenöl, scharfer Seife, süßer Pomade, saurem Schweiß, Kaffee, heißem Aluminiumgeschirr und Urin. Es war der Geruch der Angst; aber
85 Judejahn wusste nicht, dass es der Geruch der Angst war. Er kannte ja die Furcht nicht. Er prahlte es seinem Spiegelbild vor; nackt, dickwanstig stand er vor dem fliegenschmutzverdreckten Glas. Er schnallte um. Hierin war er alte Schule. Überdies drückte der Gürtel den Bauch zurück, und der Arsch war wie aufgehängt. Trick alter Generale. Judejahn trat in den Gang hinaus. Menschen schnellten gegen die Wand, machten sich flach, ergebene Schatten.

---

1. Titel der obersten Offiziere und Beamten im Osmanischen Reich.

Er sah sie nicht. Er drängte ins Freie. Die Sonne schwebte blutrot, wie vom Sandsturm getragen. Judejahn schritt die Front ab. Sturm zerrte am Khaki der Uniformen. Sand schnitt wie scharfe Glassplitter ins Fleisch und peitschte wie Hagel gegen die Panzer. Judejahn belustigte der Anblick. Die Parade der Wüstensöhne! Er schaute sie an. Was er sah, waren Mandelaugen, dunkle, glänzende, verräterische, war braune Haut, waren gesengte Gesichter, Mohrenvisagen, Semitennasen. Seine Männer! Seine Männer waren tot. Sie lagen unter Gras, unter Schnee, unter Stein und Sand, sie ruhten am Polarkreis, in Frankreich, in Italien, auf Kreta, am Kaukasus, und einige lagen in Kisten unterm Zuchthaushof. Seine Männer! Nun waren es diese hier. Judejahn hatte wenig Sinn für die Ironie des Schicksals. Er schritt den alten Frontabnahmetrott und schaute ihnen streng und fest in die Mandelaugen, die glänzenden, die verräterischen, die träumenden. Judejahn sah keinen Vorwurf in diesen Augen. Er las keine Anklagen. Judejahn hatte diesen Männern die Sanftmut genommen, die Sanftmut der Kreatur. Er hatte ihnen den Stolz genommen, das natürliche Selbstgefühl der männlichen Haremskinder. Er hatte sie gebrochen, indem er sie eines lehrte: Gehorchen. Er hatte sie gut geschliffen, auch das nach alter Schule. Nun standen sie aufrecht und ausgerichtet wie Zinnsoldaten vor ihm, und ihre Seele war tot. Sie waren Soldaten. Sie waren Menschenmaterial. Sie waren einsatzbereit und konnten verheizt werden. Judejahn hatte seine Zeit nicht vergeudet. Er hatte seine Brotherren nicht enttäuscht. Wo Judejahn befahl, war Preußens alte Gloria, und wo Judejahn hinkam, war sein Großdeutschland. Der Sand der Wüste war noch immer der Sand der Mark. Judejahn war verjagt, aber er war nicht entwurzelt; er trug sein Deutschland, an dem die Welt noch immer genesen mochte, in seinem Herzen. Der Flaggenmast reckte sich hoch in den Sturm, er reckte sich einsam gegen die sandverschleierte Sonne, er reckte sich hoch und einsam in das gottlose Nichts. Es wurde kommandiert. Schreie schlugen wie elektrische Kontakte durch die Soldaten. Sie strafften sich noch straffer, und die Fahne ging wieder einmal hoch! Welch herrliches Symbol der Sinnlosigkeit! Auf grünem Tuch leuchtete nun rot der Morgenstern. Hier konnte man noch Ladenhüter verkaufen, Nationalstaattrug, Mark der Treue und Feindschaft den Israelis, diesen immer nützlichen Brüdern, denen Judejahn auch heute wieder Geld, Ansehen und Stellung verdankte.

Der dunkle Anzug war auch nicht der richtige. Judejahn sah wie ein fetter Konfirmand aus, und es erboste ihn, wie er nun daran dachte, dass sein Vater, der Volksschullehrer, ihn gezwungen hatte, so brav gekleidet zum Altar des Herrn zu schreiten. Das war neunzehnhundertfünfzehn gewesen, er wollte ins Feld, von der Schule fort, aber man nahm den kleinen Gottlieb nicht, und dann hatte er sich gerächt, das Notabitur warf man ihm neunzehnhundertsiebzehn nach, und er kam zum Offizierskurs, nicht ins Feld, und dann wurde er Leutnant, nicht im Feld, aber dann pfiffen doch noch Kugeln um Judejahn, Freikorpskrieg[1], Annaberg-

---

1. Freikorps ist eine Freiwilligen-Gruppe für die Dauer eines Krieges oder für bestimmte Kampfaufgaben. Nach dem 1. Weltkrieg kämpften die deutschen Freikorps im Grenzschutz und bei den inneren Unruhen, ohne immer von der damaligen Regierung anerkannt und unterstützt zu werden.

125 schlachten[1], Spartakuskämpfe[2], Kapptage[3], Ruhrmaquis und schließlich die Genickschusspatrouille im Femewald. Das war seine Boheme, das war seine Jugend, und schön ist die Jugend, sagte das Lied, und sie kam nicht wieder. In Hitlers Dienst wurde Judejahn bürgerlich, arrivierte, setzte Speck an, trug hohe Titel, heiratete und verschwägerte sich mit dem Märzveilchen, dem immerhin Kappwaffenbruder, dem Nutznießer und Karriereschleicher,
130 dem Oberpräsidenten und Oberbürgermeister, dem Führergeldverwalter und Spruchkammermitläufer und jetzt wieder Obenauf, altes vom Volk wiedergewähltes Stadtoberhaupt, streng demokratisch wieder eingesetzt, das verstand sich bei dem von selbst, mit dem also verschwägerte er sich, mit Friedrich Wilhelm Pfaffrath, den er für ein Arschloch hielt und dem er sich in einer schwachen Stunde brieflich zu erkennen gegeben hatte, sie sollten
135 nicht weinen, denn er sei gut im Kraut; und dann hatte er in dieses idiotische Wiedersehen in Rom gewilligt. Der Schwager schrieb, er wollt's ihm richten. Was wohl? Die Heimkehr, die Entsühnung, die Begnadigung und schließlich ein Pöstchen? Gab mächtig an der Mann. Wollte Judejahn denn heimkehren? Brauchte er den Schein der Entsühnung, die Freiheit der Begnadigung? Er war frei; hier lag die Liste seiner Geschäfte. Er hatte Waffen zu kaufen,
140 Panzer, Kanonen, Flugzeuge, Restbestände, für das kommende große Morden schon unrationell gewordene Maschinen, aber für den kleinen Wüstenkrieg, für Putsch und Aufstand noch schön verwendbar. Judejahn war bei Banken akkreditiert, er war bevollmächtigt. Er hatte mit Waffenschiebern aus beiden Hemisphären zu handeln. Er hatte alte Kameraden anzuwerben. Er saß im Spiel. Es machte ihm Spaß. Was galt da die Familie? Eine Kackergesellschaft.
145 Man musste hart sein. Aber Eva war ihm treu gewesen, eine treue deutsche Frau, das Musterexemplar, für das man vorgab zu leben und zu kämpfen; und manchmal glaubte man daran. Er fürchtete sich. Er fürchtete sich vor Eva, der ungeschminkten und haargeknoteten, dem Frauenschaftsweib, der Endsieggläubigen; sie war in Ordnung, gewiss, aber nichts zog ihn zu ihr. Überdies war sie wohl abgekämpft. Und sein Sohn? Eine sonderbare Ratte. Was verbarg
150 sich hinter der unglaublichen Maskerade? In Briefen wurden Wandlungen angedeutet. Er konnte sie nicht fassen. Er breitete einen Stadtplan von Rom wie eine Generalstabskarte vor sich aus. Er musste die Via Ludovisi hinuntergehen, dann die Spanische Treppe, von deren Höhe er mit einem Geschütz die Stadt beherrschen würde, ja und dann in die Via Condotti, zu dem spießbürgerlichen Hotel, in dem sie alle untergekrochen waren und auf ihn warte-
155 ten. Natürlich hatte er auch dort wohnen sollen, im von Deutschen bevorzugten Haus, wie es die Reiseführer nannten, in Heimatenge und Familiendunst, und Friedrich Wilhelm Pfaffrath, der allzeit vernünftige Vertreter vernünftiger und durchsetzbarer nationaler Ansprüche, Pfaffrath, der es wieder geschafft hatte und sich vielleicht gar als der Klügere fühlte, weil er wieder an der Krippe saß und bereit war zu neuem deutschem Aufstieg, Schwager Pfaffrath,

---

1. Am 21. 5. 1921 wurde der Annaberg in Oberschlesien durch ein deutsches Freikorps im Kampf gegen polnische Aufständische erstürmt.

2. Kämpfe gegen den revolutionären Spartakusbund, der unter Führung von Karl Liebknecht und Rosa Luxemburg 1917 entstand.

3. Gemeint ist der rechtsradikale Umsturzversuch unter Führung des preußischen Politikers Wolfgang Kapp und des Generals v. Lüttwitz. Die diesem unterstehende Marinebrigade besetzte in der Nacht zum 13. 3. 1920 Berlin. Kapp erklärte die nach

160 Oberbürgermeister und angesehener Bundesbürger, hatte ihn wohl unter Dach und Schutz nehmen wollen, ihn, den vermeintlich Gejagten, so hatte er es sich wohl ausgemalt, den Umhergetriebenen wollte er an die Brust ziehen, und ausdrücklich vergeben sei das angerichtete Ungemach, Fragebogenangst und Spruchkammerwäsche. Was husten würde Judejahn ihm, er war zu weit gereist für dieses Idyll, der Tote oder Totgesagte, der Zertrümmerte von Berlin,
165 der Vermisste des großen Aufräumens, der in Nürnberg Verurteilte, in contumaciam[1] und von Zweifels wegen, versteht sich, denn der Hohe Gerichtshof, der über Schicksal, Verhängnis, Menschenlos und blindes Walten der Geschichte urteilte und selber im Irrgarten der Historie taumelte, nicht eine Justitia mit verbundenen Augen, sondern eine Blinde Kuh spielende Törin, die, da sie Recht auf rechtlosem Grund sprach, mitgegangen mitgefangen und mit ver-
170 sunken war im Morast des morallosen Geschehens, der Hohe Gerichtshof hatte keinen Zeugen für Judejahns Tod und keinen für sein irdisches Fortbestehen beigebracht, und so hatte der Hohe Richter über den vor aller Welt als Scheusal angeklagten Judejahn, sorgsam, falls der Unhold im Verborgenen atme, den Stab gebrochen, das Todeslos ausgeworfen, in Abwesenheit, wie gesagt, was klug und glücklich war, der Verworfene entkam klug und glücklich
175 dem Strick, mit dem man in jenen Tagen allzu voreilig umging, und für das Gericht war am Ende, dass Judejahn nicht gehängt war, ein klug und glücklich vermiedener Fehler, denn Judejahn war als Scheusal zur Wiederverwendung vorgemerkt, und Krieg ist ein böses Handwerk. Der Oberbürgermeister war wahrscheinlich mit eigenem Wagen nach Rom gereist, zu einem Mercedes reichte es wohl wieder, oder die Stadt stellte das Vehikel zur schönen Fahrt,
180 Italien Land der Sehnsucht Land der Deutschen, und Pfaffrath, der Deutsche, hatte seinen ledergebundenen Goethe im Bücherschrank, und die Steuerkommentare, die neben dem Weimarer standen, einem verdächtigen Burschen, aus Weimar kam nie Gutes, las er genau, und jedenfalls ärgerte es Judejahn, dass er sich den Schwager schon wieder im Fett vorstellen musste, - war doch Verrat, hundsföttischer Verrat, der Kerl hätte krepieren sollen. Aber auch
185 Judejahn konnte mit einem Wagen aufwarten, so war es nicht, dass er zu Fuß gehen musste, nein, er ging freiwillig, er wollte zu Fuß hinüber wandern, zu Fuß ins bürgerliche Leben pilgern, das war hier wohl angemessen, angebracht in der Situation und der Stadt, er wollte Zeit gewinnen, und Rom, hieß es doch, Rom, wo die Pfaffen sich niedergelassen hatten und in den Straßen die Priesterröcke wimmelten, Rom, hieß es, sei eine schöne Stadt, auch Judejahn
190 konnte sie sich einmal ansehen, das hatte er bisher versäumt, er hatte hier nur repräsentiert, er hatte hier nur befohlen, er hatte hier gewütet, jetzt konnte er Rom zu Fuß durchstreifen, konnte mitnehmen, was die Stadt bot an Klimagunst, an Geschichtsstätten, an raffinierten Huren und reicher Tafel. Warum sollte er es sich versagen? Er war lange in der Wüste gewesen, und Rom stand noch und lag nicht in Trümmern. Ewig nannte man Rom. Das waren
195 Pfaffen und Professoren, die so schwärmten. Judejahn zeigte sein Mordgesicht. Er wusste es besser. Er hatte viele Städte verschwinden sehen.

[...]

(Aus: Wolfgang Koeppen, *Der Tod in Rom*. Scherz & Goverts Verlag 1954, S. 25—36.)

---

1. in Abwesenheit des Angeklagten (lat.)

Arbeitsaufgaben:

1. Welchen spontanen Eindruck haben Sie vom Text? Entdecken Sie Wörter, die nicht zum allgemeinen Wortschatz der deutschen Hoch- und Schriftsprache gehören?
2. Aus welcher Perspektive wird erzählt?
3. Was erfährt man über Judejahn? Wo ist er untergetaucht? Was macht er dort? Was macht er in Rom? Warum ist er diesmal nach Rom gekommen?
4. Welche Formulierungen sind charakteristisch für ihn?
5. Welche Darstellungsmittel nutzt der Autor, um Gedanken und inneren Zustand Judejahns wiederzugeben?
6. Wie ist die Stelle zu verstehen: »Judejahns Zwingreich und Marschverband, sie waren in die Hölle zu wünschen« (Zeile 10—11)?
7. Notieren Sie in einer Tabelle Fragen sowie „Antworten" im Textauszug und bewerten Sie diese.
8. Erläutern Sie, was der Satz »Judejahn zeigte sein Mordgesicht« (Zeile 195) für Koeppens Charakterisierung Judejahns bedeutet.
9. Welche Anzeichen von Kritik an der jungen Bundesrepublik Deutschland finden Sie?
10. Informieren Sie sich über die so genannten Nürnberger Prozesse.

Martin Walser

Martin Walser wurde 1927 in Wasserburg am Bodensee geboren, studierte in Tübingen Literaturwissenschaft, Philosophie und Geschichte und promovierte 1951 zum Dr. phil. und war in der Funkregie des Südwestfunks tätig. Seine dichterische Tätigkeit begann unter dem Einfluss Kafkas, über dessen Formprobleme er dissertierte. Er lebt heute am Bodensee als freier Schriftsteller.
Walser schrieb u.a. die Theaterstücke »Eiche und Angora« (1962), »Der schwarze Schwan« (1964) und »Die Zimmerschlacht« (1967) sowie die Romane »Ehen in Philippsburg« (1957), »Halbzeit (1960), »Das Einhorn« (1966), »Ein fliehendes Pferd« (1978), »Die Brandung« (1985), »Ein springender Brunnen« (1998), »Der Lebenslauf der Liebe« (2001) und »Der Tod eines Kritikers« (2002). 1981 erhielt er den Georg-Büchner-Preis, 1998 den „Friedenspreis des Deutschen Buchhandels".

Ehen in Philippsburg
(Auszug)

[...]

Hans war froh, diese erste Begegnung mit der Praxis hinter sich zu haben, als er zum Presse-Tee fuhr. Der Redakteur der »programmpress« musste seinen Kollegen von der Tagespresse doch wenigstens ein bisschen praktische Einsicht voraushaben.

Der Pförtner im Funkhaus hatte von allen Lächeln, die er bis jetzt in Philippsburg gesehen
5 hatte, das freundlichste. Er saß hinter seiner Glasscheibe wie in der Badewanne. Hans sagte nur: »Presse-Tee«, da sagte der Pförtner sofort: »Dritter Stock, Empfangssaal.«

Der Messeraum einer Weltraumstation. Gewellte Wände, die Decke eine große S-Bewegung, mehrfarbig, das Licht wuchs überall heraus. Die Formen der Tische schienen ihre Entstehung der Explosion eines Onyxfelsens zu verdanken, lediglich in der Dicke der Tischplat-
10 ten hatte man sich phantasielos mit einem einzigen Maß begnügt. Die Beine dagegen waren verschieden dick und gleißten auch in den krassesten Mustern und Farben. Die Aschenbecher schienen erstarrte Tiefseetierchen zu sein. Die Sessel mussten teils von Gynäkologen, teils von Karosseriebauern, bestimmt aber von Exhibitionisten entworfen worden sein. Die Bezüge waren in den ernsten Farben alter Kirchenfenster gehalten. Der Bodenbelag war so, dass
15 man versucht war, die Schuhe auszuziehen. Die anderen Pressekollegen waren wahrscheinlich schon so oft hier empfangen worden, dass sie nicht mehr erschreckt werden konnten. Ob

sie einander alle kannten? Ob außer ihm vielleicht noch ein Neuer dabei war? Er hätte sich vorstellen sollen. War Dr. Abuse nicht da, der Pressechef? Doch, da stand er, natürlich ein Glas in der Hand. Wenn der ihn vorgestellt hätte! Aber sich, seinen Namen und seine Hand zwanzig bis dreißig Herren anzubieten, die herumstanden, in der einen Hand das Glas, in der anderen die Zigarre oder Zigarette, wie hätten sie ihm die Hand geben sollen? Der Eintritt des Intendanten enthob ihn dieser Sorgen. Ein lilafarbener Anzug flatterte heute um seine hagere Gestalt. Hinter seinen ausgreifenden Schritten trippelten zwei winzige Sekretärinnen her; sie schleppten Papier und ganze Bündel neuer Bleistifte mit sich. Der Intendant selbst war flankiert von zwei jungen Herren, deren Haare auf die Kopfhaut gemalt zu sein schienen, so glatt lagen sie an. Als sich alles gesetzt hatte, stellte sich heraus, dass der Intendant, seine zwei Herren, der fröhliche Pressechef und Programmdirektor Relow, der heute einen gletscherfarbenen Anzug trug, am größten Tisch an der Stirnseite des Saales Platz genommen hatten. Schräg hinter ihnen die Sekretärinnen, die jetzt ihre Bleistiftspitzen in Millimeterhöhe über dem Papier hielten und mit gesenkten Köpfen wie Hundertmeterläuferinnen auf den Startschuss warteten.

Früher, dachte Hans, wäre der Intendant bestimmt Erzbischof geworden.

Der Intendant begann: er hätte es vor seinem Gewissen nicht verantworten können, wenn er nicht regelmäßig den Herrn von der Presse, die gleichzeitig Vertreter und Bildner der öffentlichen Meinung seien, Einblick gegeben hätte in seine Pläne; er messe dieser heutigen Sitzung, was sage er, Sitzung, davon habe er sonst mehr als genug, Sitzung, das sei der Tod der künstlerischen und publizistischen Arbeit, nein dies sei für ihn keine Sitzung, sondern ein freundschaftliches Treffen mit den Herren, die ihn in der Zeit seiner Tätigkeit, in all diesen schweren und schönen Jahren begleitet und gefördert, ja, gefördert hätten, und da sei er wieder beim Anfang: dieser heutigen Zusammenkunft messe er eine besondere Bedeutung bei, weil es gelte, Bilanz zu ziehen, Abrechnung zu halten über Verlust und Gewinn; ob er nun wieder einziehe in dieses Haus nach der Wahl oder nicht, darauf komme es am wenigsten an, aber die Rechnung müsse gemacht werden, Ordnung müsse sein in einem so großen Haus, und die Öffentlichkeit, deren Gelder hier verbraucht würden, habe ein Recht darauf, Einblick zu erhalten in alles.

Es war eine bewegende Rede. Und das nasale Filter gab die melancholisch-seriöse Färbung, die heute mehr am Platze war denn je. Alles wurde für die Öffentlichkeit getan, auf alles hatte die Öffentlichkeit Anspruch, die Öffentlichkeit war es, für die die Geschäfte geführt worden waren, das Interesse der Öffentlichkeit war sein Leitstern gewesen und würde sein Leitstern sein ... Die Öffentlichkeit? Wer ist das bloß, dachte Hans, spricht er von ihr nicht wie von einer teuren Toten, deren Nachlass er zu verwalten hat, zu verteidigen auch gegen allerlei Erbschleicher?! Ja, die Öffentlichkeit musste gestorben sein, es musste Streit gegeben haben unter ihren Erben, Streit schon darüber, was ihr Interesse sei, was ihr eigentlicher letzter Wille, Streit auch darüber, wer von sich behaupten dürfe, ihr Sachwalter zu sein und ein ganz waghalsiger Streit darüber, ob man ihren Äußerungen wirklich trauen dürfe, ob man wirklich alle ihre Wünsche zu erfüllen habe, da sie ja, gestehen wir's uns doch ein, manchmal recht belächelnswerte Wünsche geäußert habe. Um so wichtiger sei es aber, das echte Interesse der Öffentlichkeit zu erkennen und zu wahren, ihr wohlverstandenes Interesse! So ist es immer, dachte Hans, wenn reiche, aber recht schrullige oder simple alte Damen sterben. Wer weiß, was sie eigentlich wollten? Und haben sie denn überhaupt etwas gewollt?

Der Intendant hatte seinen Statistiker mitgebracht, es war einer der glatten jungen Herren, der hatte die schwerdurchschaubare Dame Öffentlichkeit auf Herz und Nieren und auf noch viel mehr geprüft und konnte Kolonnen von Zahlen aufmarschieren lassen, mit denen man alles beweisen konnte, was der Intendant für beweisenswert hielt. Der zweite junge Herr, sein persönlicher Referent, ein Soziologe, trug nach dieser statistischen Diagnose vor, was der Herr Intendant als Therapeut geleistet hatte.

Darauf las der Statistiker wieder Zahlen vor, die bewiesen, dass der Intendant den wahren Willen der Dame Öffentlichkeit tatsächlich erkannt hatte, dass er ihre Klagen gehört und richtig eingeschätzt hatte und dass er dann auch die einzig wirksamen Besserungsmethoden angewandt hatte. Die Öffentlichkeit selbst - das machten die Zahlen deutlich - hatte es ihm dankbar bestätigt. Aber nicht als ihr Sklave habe er gehandelt, sondern nach eigenster Einsicht und Verantwortung.

Wunderbar, dachte Hans. Ein unangreifbarer Bericht. Eine Diskussion erhob sich. Hans dachte, was gibt es denn da noch zu reden? Der Intendant ist ein kluger Mann. Viel klüger als ich. Er hat die alte Dame Öffentlichkeit, die nie recht wusste, was sie wollte, mit List und Klugheit behandelt, also gebt ihm doch euren Segen. Aber der Saal war voller Zweifler und Nörgler. Ob das Funkhaus nicht doch im Leeren treibe! Ob die Herren hier nicht doch allmählich spürten, dass sie von ihren Hörern nichts wüssten? ...

Der Intendant gab alles zu und widerlegte alles. Ein prachtvoller Mann. Sobald einer etwas gegen seine Ansichten sagte, rief er: »D'accord[1]! Völlig d'accord, aber ...« und dann sagte er das Gegenteil.

Die Presseleute hörten offensichtlich nicht gerne zu. Sie waren allem Anschein nach nicht hergekommen, um etwas zu erfahren, sondern um ihren bis an den Rand vollen Redekropf auszuleeren. Es gab bedächtige Herren unter ihnen, die die Sätze langsam aus dem Mund streichen ließen, endlose Sätze, die im Raum herumhingen wie Rauchfahnen bei Windstille; diese Redner wurden wahrscheinlich nur deswegen nicht unterbrochen, weil ihnen schon lange keiner mehr zuhörte. Endeten sie dann, so dauerte es einige Zeit, bis man bemerkte, dass die Stimme endgültig versiegt war. Allein der Intendant hörte diesen Reden noch aufmerksam zu, aufmerksam und geduldig und geradezu aufmunternd dem Redner zulächelnd; wenn der dann vielleicht bemerkte, dass alle anderen nicht mehr zuhörten, dass nur noch der ihn mit Aufmerksamkeit honorierte, den er gerade anzugreifen im Begriffe war, dann wurde er wahrscheinlich milder und milder. Der Intendant fasste schließlich das zähe Gewoge von Sätzen rasch zusammen. Bei seinen Entgegnungen benützte er Wendungen aus dem Wortschatz seines Vorredners, mischte überraschende Fremdworte wie Blumen dazwischen, bog alles ein bisschen zurecht, tat aber so, als zitiere er: man hatte den Eindruck, als umarmten sich zwei Reden, während die Redner selbst ganz ruhig sitzen bleiben konnten.

---

1. einverstanden *(franz.)*

Programmdirektor Knut Relow sagte während all dieser Diskussionen nicht ein einziges Wort. Er saß bewegungslos wie eine Schaufensterpuppe, die einen Anzug zur Geltung zu bringen hat. Sein Kopf war fast immer von Rauchwolken eingehüllt, und wenn die sich lichteten, sah man ein Gesicht, das deutlich zeigte, wie schnell alle Probleme gelöst gewesen wären, wenn sich dieser Mund auch nur ein einziges Mal geöffnet hätte. Wenn er sich aber öffnete, dann nicht zum Sprechen, sondern um Rauch zu entlassen; manchmal stieß er diesen Rauch aus dem fischartig starr aufgeklappten Mund mit der Zunge so jäh heraus, dass sich Rauchringe bildeten, die langsam durch den Raum schlingerten und schwebten, sich endlich auf einen der Tische niederließen und dort zähe auf der Platte hin und her wogten (einem sterbenden Reptil gleich, das sich von der Erde wegkrümmt), bis sie sich schließlich doch auflösen mussten. Herr Relow sah diesen Agonien[1] interessiert zu. Es gelang ihm auch einige Male, mit seinen kunstvollen Rauchringen die Augen fast aller Anwesenden von dem unentwegt weitersprechenden Intendanten abzuziehen.

Hans schrieb über diesen Presse-Tee einen Bericht, der von Herrn Volkmann um die Hälfte gekürzt wurde. Alles, was Hans zugunsten des Intendanten eingefallen war, wurde gestrichen. Zu seinem Erstaunen las Hans auch in der Tagespresse, deren Vertreter er bei dem Presse-Tee noch kennengelernt hatte, fast nur negative Kommentare über die Tätigkeit dieses Intendanten. War am Ende des Empfangs nicht der Intendant Sieger geblieben? Hatten nicht seine Argumente das Feld behauptet? Alle Fragen hatte er beantwortet, alle Einwände widerlegt, die Journalisten hatten es selbst zugegeben, und dann waren sie heimgegangen und hatten ihre Einwände, als wäre nicht darüber gesprochen worden, zu Artikeln gegen Dr. ten Bergen ausgewalzt. Dieser Intendant schien wirklich verloren zu sein. Hans sah ihn reden, sah ihn Besuche machen, reden und reden, Zahlenkolonnen marschierten aus seinem Mund heraus und direkt in die freundlichen oder gelangweilten Gesichter seiner Zuhörer hinein; er konnte alles auswendig, was für ihn sprach, er hatte Belege, er meinte es gut, er appellierte, versprach, bog seinen Graukopf tief auf seine Brust, er schmeichelte, beschwor die Vergangenheit und die Zukunft herauf, wurde wahrscheinlich allmählich unruhiger, die Termine häuften sich, das winzige Kalenderchen wurde strapaziert wie noch nie, sein Chauffeur kam nicht mehr zum Schlafen, die Bleistifte seiner Sekretärinnen zitterten, und die glatten Gesichter seiner zwei jungen Ordonnanzen mussten in diesen Tagen zusehends verfallen, vielleicht musste sogar Dr. Abuse auf seinen halbstündlich notwendigen Drink verzichten in der wachsenden Erregung vor dem Tag der Wahl. Und dann war es soweit: die Räte wählten - und Dr. ten Bergen fiel durch. Mit einer großen Mehrheit von Stimmen wurde Professor Mirkenreuth von der Technischen Hochschule zum Intendanten gewählt.

»Sehen Sie«, sagte Herr Volkmann, »wir hätten uns blamiert, wenn wir ten Bergen gelobt hätten. Und jetzt müssen Sie als erster ein Interview mit Professor Mirkenreuth machen. «

[...]

(Aus: Martin Walser, *Ehen in Philippsburg,* Suhrkamp Verlag, 1957, S. 137—144.)

---

1. Todeskampf *(griech.)*

Arbeitsaufgaben:

1. Wer erzählt die Handlung? Aus welcher Perspektive wird berichtet?
2. Warum wird der Messeraum ausführlich beschrieben? Welche Wirkung hat die Schilderung auf Sie?
3. Wie verstehen Sie die Stelle: »lediglich in der Dicke der Tischplatten hatte man sich phantasielos mit einem einzigen Maß begnügt« (Zeile 9—10)?
4. Im Abschnitt 6 wird die Rede des Intendanten in indirekter Rede wiedergegeben, im Abschnitt 7 aber in direkter Rede. Was soll dieser Formwechsel bewirken? Handelt es sich bei dem Satz »Um so wichtiger sei es aber ... « (Zeile 57) um eine indirekt wiedergegebene Äußerung des Intendanten?
5. Aus welchem Grund wird die Öffentlichkeit mit „alten Damen" verglichen?
6. Der Intendant hat anscheinend eine gute Pressekonferenz gegeben. Warum schreibt die Presse, Ihrer Meinung nach, dennoch fast nur negativ über seine Tätigkeit?
7. Interpretieren Sie den letzten Abschnitt (Zeile 110—132).
8. In der westlichen Welt nennt man die Massenmedien die „vierte Gewalt" im Staat. Nehmen Sie dazu aufgrund des Textauszugs Stellung.

Halbzeit
(Auszug)

[...]

Verargen, als wäre mir ein Geschäft danebengegangen, stapfte ich die Parierstraße hinauf. Lissa ging an den kugeligen Schatten der Lindenbäume entlang. Immer auf der Grenze. Mit einer Schulter in der Sonne, mit der anderen im Schatten. Schwitzte natürlich, weil sie fast rennen musste, um alle die Kurven auszugehen. Wenn der Schatten auf ein Auto fiel, ging sie
5 ganz auf die Straße hinaus, um das Auto herum, als habe sie ein Gelübde abgelegt, nie in ihrem Leben den Schatten einer Linde im Juni zu durchqueren. Ihr Gesicht war auf die Schattengrenze am Boden konzentriert wie die Schnauze des Bluthundes auf die Spur. Wenn die Sinnlosigkeit mit den Jahren nur andere Formen annähme? Wichtig war es ihr auch mit ihrem Gerenne. Wenn ich sie zwänge, neben mir quer durch den Schatten zu gehen, würde sie
10 heulen, das Gesicht verzerren und mir wieder einmal den Kernsatz ihrer bisherigen Lebenserfahrung ins Gesicht schleudern: nie darf man, was man will. Das konnte ich zurückgeben: geh' mit einer Tochter durch die Straßen, und auf allen Schildern steht: für Väter verboten. In Lissas Alter hatte ich schon keinen Vater mehr, dem ich was verbieten, der mir was verbieten konnte, das besorgte der Onkel und Erzieher von Beruf, Studienrat Dr. Gallus Kristlein, der
15 aus mir etwas machen wollte, worauf man stolz sein konnte. Eigenartig, einen Vater zu haben, der nicht älter wird, weil er schon tot ist. Den eigenen Vater allmählich einholen. Älter werden als er. Der Vater, jünger als Du, bleibt zurück, unfertig, ein bisschen lächerlich wie alle jüngeren Männer. Sein Leben nur noch eine Erzählung, die seine Frau unzählige Male wiederholt und dabei immer mehr abschleift, abnutzt, eine Abnutzung, die wie beim Kiesel-
20 stein am Strand zu einer Stilisierung führte, die ich annehmen musste, obwohl ich spürte,

dass dieses Leben mehr enthalten haben muss als die traurig-schöne Fabel, die im Munde meiner Mutter immer mehr zu einer von keinem Orchester mehr begleiteten Melodie wurde, ohne Harmonien, spannungslos melancholisch wie ein Englisch Horn-Solo. Der Großvater wurde ein Bilderbuchgroßvater, der zweispännig zum Bahnhof fuhr mit seinem schnellen Landauer[1], obwohl doch für den leichten Wagen auch ein Pferd genügt hätte. Mit langsamen Schritten, wie ein Priester dem Hochaltar entgegengeht, war er immer auf die Waggons zugegangen. Die Dorfbewohner hinter ihm, eine träge Bauernmasse, die ehrfürchtig dem Mann zuschaute, der einer der ihren gewesen war und jetzt doch Waggons aus dem Ausland bezog. Mit ernstem Gesicht tappte der Großvater dann um die Waggons herum. Die Zuschauer mussten das für eine für das Gelingen dieses Geschäfts unabdingbare Verrichtung gehalten haben. Als sie die Hoffnung schon aufgegeben haben mochten, dass die Waggons an diesem Tag noch geöffnet werden könnten, da endlich trat der Großvater auf eine der plombierten Türen zu, hob eine Hand hinauf, machte alle Erwartungen noch einmal zunichte, indem er sich ganz ruhig umwandte, die rechte Hand über die Augen hob, als suche er in der Menge der von der Morgensonne bestrahlten Bauerngesichter das Gesicht eines Freundes, als könne er es nicht über sich bringen, die Türen schon zu öffnen, wenn er jetzt entdecke, dass dieser Freund noch fehle, ließ die Hand wieder fallen, bemerkte mit wohlwollendem, aber auch ein bisschen verächtlichem Lächeln noch den Zollbeamten, der sich mit dicken Bündeln Papiers stets eng hinter ihn drängte, um allen zu beweisen, dass er ganz zu meinem Großvater, nicht aber zum Dorf gehöre, schließlich langte er wieder hinauf und zerbrach ruhig, aber mit viel Kraft, die Plombe mit bloßen Händen und warf sie wie absichtslos hinter sich, obwohl er wahrscheinlich wusste, wie sehnlich die Schulbuben auf das Stückchen Blei warteten. Und so von Waggon zu Waggon. Dann erst die Öffnung der Türen. Aber zuvor drehte sich der Großvater noch einmal um. Genoss die glühenden gierigen Blicke der Bauern. Und als sei es immerhin möglich, dass das arme Volk jetzt die Waggons mit Gewalt zu plündern beabsichtige, fuhr er plötzlich scharf mit der Rechten durch die Luft, sofort stießen seine Knechte mit ihren Karren rücksichtslos durch die Menge hindurch und begannen auszuladen und alles heim in die Speicher zu fahren. Der Alte stand dabei und sah allem zu. Erst am Abend setzte er sich wieder auf seinen Rennwagen und ließ heimgaloppieren. Mein Vater war mit einem hellgrünen Fordlastwagen zum Bahnhof gefahren, und dieser Lastwagen, ein sehr frühes Modell, musste oft angeschoben werden. Mitunter schlug er meinem Vater, der ihn ankurbeln wollte, mit der zurückspringenden Kurbel so heftig auf die Hand, dass mein Vater aufschrie und sich zuerst die Hand verbinden lassen musste, bevor weitergearbeitet werden konnte. Die Zoll- und Bahnbeamten wurden ihm gegenüber frech, zogen ihn an der Schulter herum und wiesen auf mangelhafte Angaben, auf tarifliche Unstimmigkeiten und Strafgebühren hin, obwohl doch mein Vater, im Gegensatz zum Großvater, die Sprachen der Länder, mit denen er Handel trieb, ausgezeichnet beherrschte, da er in jenen Ländern die Kaufmannslehre hinter sich gebracht hatte, in Genua, in London, in Marseille und in Brüssel. Und welch ein Schüler soll mein Vater gewesen sein! Die Lehrer waren an den Tagen nach Klassenarbeiten oft gera-

---

1. viersitziger Wagen mit nach vorn und hinten vollkommen zusammenlegbarem Verdeck

dewegs von der Tür auf ihn zugekommen, die von ihm beschriebenen Bogen steil in den Händen. Mit ernsten und feierlich-feuchten Augen hatten sie ihm diese überreicht und gesagt, dass sie verzichtet hätten, ihm eine Note zu geben, da er alle anderen so weit übertreffe, dass innerhalb des gebräuchlichen Notensystems einfach kein Platz sei für solche Leistungen. Sogar ich bekam noch Wareneingangsbücher und Bilanzen zu sehen, leuchtend von seiner großen runden Schrift, mit den überschwenglichen, aber immer ganz klaren Variationen des gebräuchlichen Alphabets. Und trotzdem kamen Datteln aus Marseille, wenn er Sardinen bestellt hatte, und die Zigarren aus Lausanne waren feucht und blieben liegen. Wenn meine Mutter den rasanten Niedergang des Geschäftes unter den Händen meines Vaters schilderte, dann führte sie immer seine glänzenden Schulzeugnisse und seine herrliche Handschrift an, um mir zu beweisen, wie unverständlich, wie rätselhaft die dann folgende Pleite gewesen sei. Ja, seine Handschrift ist sein wahres Denkmal geworden. Wenn in Ramsegg in der Restauration[1], in der Krone[2] oder auf dem Kirchplatz jemand etwas Gutes über meinen Vater sagen wollte, wenn bei Kristleinschen Familienversammlungen einer alles aufzählte, was die Kristleins auf dieser Welt geleistet haben, dann war immer die Handschrift meines Vaters dabei. Jede Zeile war ein in strenger Kiellinie segelndes Geschwader[3], dicht am Wind fahrend, in schönster Lage, die jedes Boot der Übermacht des Windes abtrotzte; die großen Buchstaben und die mit Oberlängen waren die bis zum Zerreißen geschwellten Segel dieser Flotten, gerade noch gehalten von den scharfen Kielen der Unterlängen. Geschrieben wurden die Briefe meines Vaters für Empfänger, die nur mit der linken Hand nach einem Brief greifen. Einen Brief, der von ihm kam, so mag mein Vater befürchtet haben, werden die Empfänger noch unachtsamer aufreißen als sie es sonst schon tun. Dabei zerstören sie das Schriftbild zum ersten Mal. Dann werfen sie auf einem Weg, der ihnen viel wichtiger ist als der Absender dieses Briefes, einen einzigen Blick auf die Zeilen, die sie stirnrunzelnd und rasch am Gesicht vorbeischwenken. Gerade dagegen glaubte sich mein Vater mit seiner Schrift gewappnet. Wenn nicht jeder Buchstabe das Auge des Lesenden in den nächsten Buchstaben hineinreißt, so scheint er gefürchtet zu haben, muss der Empfänger diesen Brief und den nächsten und alle folgenden von sich werfen und das Geschreibsel mit kleinen, aber schnell zustoßenden Absätzen auf dem Boden zertrampeln. Aber so deutlich und mitreißend auch seine Zeilen vorwärtsdrängten, so hoch diese Schrift auch heute noch im Ansehen der Ramsegger steht, zu seinen Lebzeiten hat sie ihm, wie manche andere Kunst ihrem Künstler, recht wenig eingetragen, da auch schon die frühen Jahrzehnte dieses Jahrhunderts, zumindest außerhalb von Ramsegg, das Schönschreiben keineswegs mehr so hoch bewerteten wie das einmal früher, aber eben vielleicht doch sehr viel früher, der Fall gewesen sein mag. So musste mein Vater bald, wenn er nicht in den Dienst einer Konkurrenzfirma treten wollte, als Angestellter seines Bruders Arthur arbeiten. Dieser Arthur hatte, obwohl er seine Schulbildung nicht mit der meines Vaters vergleichen durfte, vom Großvater alle Vollmachten bekommen. Er war ein gelernter Zimmermann und fühlte sich im Umgang mit feinen Importwaren nicht wohl, des-

---

1. hier: Gastwirtschaft
2. hier: der Name einer Gaststätte
3. Verband von Schiffen

halb liquidierte er im günstigsten Augenblick den Handel mit Datteln, Zigarren, Sardinen und stellte, weil er das aus dem Effeff verstand, auf Holzhandel und Holzverarbeitung um. Das aber habe mein Vater nicht ertragen, er sei ausgetreten, um Reisender zu werden.

Am Samstagabend kam er heim und berechnete die Provisionen, die die Woche eingebracht hatte. Und wenn die Mutter fragte, ob man bald wieder ein eigenes Geschäft eröffne, sagte er: warum denn? nichts Schöneres als Uhren zu verkaufen, die einem nicht gehören. Kein Risiko, sagte er. Verkauft man, so ist gut verdient, verkauft man nicht, so ist nichts verloren. So sei es auch bei den Speisefetten und Schmiermitteln. Zum Teil verderbliche Ware, und trotzdem kein Risiko. Die Mutter sagte, sie habe keinen Reisenden zum Mann haben wollen. Er sei Kommissionär, sagte mein Vater und schaute der Mutter mit hochgerecktem Kinn in die Augen.

Dann erzählte er von den Geschäften der vergangenen Woche. Er stützte dabei seine Ellbogen auf den Tisch und lehnte die schmalen weißen Hände mit den Fingerspitzen zu einem steilen Dach zusammen. Trotz allem sei es nicht ganz einfach, das nötige Geld zu verdienen, trotz der angesehenen Firma, trotz der ausgezeichneten Artikel, die er vertrete, trotz der Beredsamkeit, die man ihm ganz gewiss nicht abstreiten könne, trotz des guten Auftretens, an dem es bei ihm am wenigsten fehle, verglichen mit der Flegelhaftigkeit anderer Vertreter, trotz all dieser Vorzüge, die er für sich buchen könne - er sagte immer buchen, als sei das bares Geld, was er eben aufgezählt hatte -, trotzdem müsse er oft stundenlang herumrennen, bis er einen Auftrag notieren könne. An vielen Häusern klopfe er erst gar nicht an, weil er das gleich sehe, wo gar keine Aussichten seien, ein Geschäft zu machen. Das sei wohl einer seiner größten Vorzüge, dass er einen Blick für Häuser habe, in denen kein Geschäft zu machen sei. Dadurch bewahre er sich vor mancher Enttäuschung. Leider seien das viele Häuser, die auf den ersten Blick verrieten, dass es gar keinen Sinn habe, in sie einzudringen. Ein Dorf von gut hundertzwanzig Häusern schrumpfte unter seinem erfahrenen Blick schon gleich auf zwanzig bis fünfundzwanzig Häuser zusammen. Von diesen aber sei etwa die Hälfte ein glattes Geschäft, jawohl ein glattes Geschäft. In diesen zehn, zwölf Häusern wohnten Leute, die sich erst gar nicht mit ihm unterhielten, die ließen ihn eintreten, nickten mit dem Kopf und er notierte den Auftrag. Man wisse nicht, ob diese Leute eine Gegenwehr von Anfang an für hoffnungslos hielten, oder ob sie aus anderen Gründen nicht mit einem Vertreter sprechen wollten. Es seien zwar immer nur kleine Aufträge, die man in solchen Häusern notiere. Übrigens seien das Häuser, die meistens eine ausgetretene Sandsteintreppe hätten. Ohne Geländer. Und Flurwände, von denen die Farbe abgehe. Violett. Wahrscheinlich das beim Baumspritzen übriggebliebene Kupfervitriol. In den großen Häusern mit schmiedeeisernen Treppengeländern und misstrauischen Hofhunden, die einen von der Straße bis zum Tisch schnuppernd eskortierten und dann wie Wachtposten neben einem stehen blieben, in diesen Häusern höre man ihn oft lange an, beruhige ihm zuliebe immer wieder den Hund, der einfach nicht zuhören könne, warte, ohne die Nase zu rümpfen, bis er von selbst aufgehört habe zu sprechen, sei auch dann noch ein paar Sekunden still. Er selbst senke dann seinen Kopf in den Musterkoffer, als überzeuge er sich selbst noch einmal davon, dass er nicht zuviel gesagt habe, als er seine Ware gelobt hatte. Auch dazu lasse man ihm unendlich lange Zeit, und wenn er dann wieder aufschaue, weil in dem kleinen Koffer einfach nichts mehr zu überprüfen sei, bescheide man ihm sehr höflich, man sei von allem, was er gesagt habe, vollkommen überzeugt, er möge doch ein anderes Mal wiederkommen.

Ein solches Haus sieht mich nie wieder, sagte mein Vater dann, glättete sein Gesicht mit seinen beiden langen Händen, indem er zwei-, dreimal von den Augen an abwärts darüber hinstrich. Dann nehme man den Musterkoffer und mache sich auf ins nächste Dorf. Und das sei eigentlich das Schönste bei diesem Beruf. Denn, um es ehrlich zu sagen, man hasse das ganze Dorf, das man gerade von Tür zu Tür durchschnüffelt habe. Sei endlich die letzte Tür hinter einem zugefallen, oder die vorletzte, oder noch nicht einmal die, denn meistens halte man das gar nicht durch, dass man alle Türen, die man aufs Korn genommen habe, auch wirklich öffne, dafür gebe es nun einmal auf der Welt keine Kraft, ja dann breche man also plötzlich aus dem Dorf aus wie ein Gefangener aus dem Zuchthaus, renne die Dorfstraße noch vollends hinab, lasse die Kinder und die Köter hinter sich herjohlen und die dummen Weiber dazu, denn dieses Dorf, das schwöre man sich während dieses Laufes hoch und heilig und atemlos, dieses Dorf sieht einen nie wieder, und wenn die Bewohner nach Uhren und Speisefett die Hände ringen sollten, in dieses Dorf nie wieder. So renne und renne man bis zum letzten Haus und noch zehn Meter weiter, und dann sei es kein Wunder, dass man in die Wiese falle vor Erschöpfung. Ob da nun gerade Heu, Schnee, Mist oder Apfel lägen, sei in diesem Augenblick völlig gleichgültig. Am besten allerdings sei es schon, wenn Schnee die Wiese decke oder Mist, dann erlaube nämlich jeder Bauer, dass man liegen bleibe, bis man sich erholt habe, bis man den Musterkoffer wieder in die schmerzenden Finger nehme und gewissermaßen fröhlich den Angriff auf das nächste Dorf beginne. Wunderbar der Weg. Man überlegt, was man aus den eben gemachten Erfahrungen lernen müsse, sagt sich aber gleich, dass da gar nichts zu lernen sei, weil ein solches Dorf doch sicher kein zweites Mal auf dieser Erde anzutreffen sei. Also ein ganz neuer Anfang. Schon das Rot der Dächer scheint diesmal viel freundlicher herüber. Dieses Dorf bringt Glück, ruft man, streicht sich die Haare aus der Stirn, schwenkt den Musterkoffer durch die Luft wie Kinder am letzten Schultag die Ranzen, verfällt in einen Trab und rennt schließlich so schnell, dass man atemlos durch die erste Haustür tritt. Aber dann kann es passieren, dass man nicht mehr zu Ende spricht, so nervös sei man jetzt diesen regungslosen Zuhörern gegenüber geworden. Man erinnerte sich an die höflichen Zuhörer früherer Dörfer, unterbricht plötzlich mitten in einem groß angelegten Satz, weil man -vielleicht diesmal zu unrecht - ein böses Ende voraussieht, packt den Musterkoffer und die Wettermütze, schreit den verdutzten Leuten einen Gruß ins Gesicht und wirft die Türe hinter sich zu. Eine Stunde später bereut man alles und kehrt mit lächerlichen Entschuldigungen zurück. Notiert zwar keinen Auftrag, lässt sich aber demütigen.

Undsoweiter - undsoweiter.

So beschränkt die Legende von meines Vaters Erdendasein ist, so endlos wird sie von meiner Mutter wiedergegeben. Es muss schon eine schlimme Zeit für Vertreter gewesen sein, damals Ende der Zwanzigerjahre. Der Unterschied zu den Hausierern war wohl nicht immer sehr groß; fahrendes Volk, Hafnersleute, Bettler und Zigeuner klopften täglich an die gleichen Türen, verwünschten den Bauern das Vieh, fesselten Hirtenbuben an die Bäume und

180 molken die Kühe leer, und wenn die Bauern noch voller Wut gegen die Vagierenden waren, kam auch noch ein Reisender daher. Allerdings muss mein Vater ein besonders unfähiger und schwärmerischer Handelsmann gewesen sein. Zu Fuß von Dorf zu Dorf, Jubel auf dem Weg, falsche schöne Ideen im Kopf, eine Art Wandervogel mit dem Musterkoffer. Er war ein guter Schüler gewesen, und wie alle guten Schüler einer deutschen Schule, glaubte er wahrschein-
185 lich, es müsse immer so weiter gehen. Und wenn es dann nicht so weitergeht, sind die guten Schüler erstaunt. Auf einmal bleiben die herrlichen Zensuren aus, auf einmal genügt es nicht mehr, sein Sprüchlein herzusagen, da muss doch Betrug im Spiele sein. Natürlich ist es nicht die Schule, die betrog, sondern die Welt. Ungerechtigkeit, Schwindel, schreien die guten Schüler, und schließlich beißen sie verbittert an der Brotrinde herum, die ihnen ein ehemals
190 so schlechter Mitschüler reicht. Zuhause im Familienkreis und unter ihresgleichen erzählen sie für den Rest ihres Lebens, dass ihr jetziger Brotgeber den Akkusativ mit Infinitiv nie begriffen habe, dass er, nach der Winkelsumme des Dreiecks befragt, gesagt habe, dreihundertsechzig Grad, ha ha ha, und Vergnügen habe er in einem Aufsatz mit f geschrieben, ha ha ha ha, und sowas beschäftige heute siebenunddreißig Menschen. Auch mein Vater war so ein
195 verbitterter Gymnasiast geworden, der außer seiner Schule nie mehr etwas zu einem guten Ende gebracht hat, nicht einmal sein Leben, das er mit achtunddreißig sozusagen freiwillig beendete. Einmal hat er sein Handelsglück auch in der Stadt versucht, wohl in der Annahme, dass hier seine guten Manieren auf mehr Verständnis treffen würden. Er hat darüber sogar Aufzeichnungen gemacht, in ein Schulheft, in seiner so berühmten Handschrift, aber auch
200 das ist leider nur ein kurzes Fragment geblieben, wie alles bei ihm, sogar sein Leben.

[...]

(Aus: Martin Walser, *Halbzeit*, Suhrkamp Verlag, 1960, S. 69—79.)

Arbeitsaufgaben:

1. In welcher Beziehung stehen der Ich-Erzähler und Lissa zueinander? Warum wird zunächst so viel von ihr erzählt?
2. Charakterisieren Sie den Großvater in wenigen Worten.
3. Der Satz in Zeilen 31—42 ist der längste von allen. Was bewirkt er?
4. Wie schränkt der Ich-Erzähler die Legende des Vaters von vornherein ein?
5. An welcher Textstelle und aus welchem Grund wechselt der Erzähler in einen rühmenden Tonfall, und wie wird dies ausgedrückt?
6. Weshalb kommt es zur falschen Einschätzung des Vaters (Zeile 164—172)?
7. Im letzten Abschnitt wird aus der Sicht des Ich-Erzählers über den Vater berichtet. Welchen Unterschied können Sie hier feststellen im Vergleich zur Erzählung seitens der Mutter?
8. Der 1. Abschnitt ist sehr lang. Gliedern Sie ihn in 5 sinnvolle Unterabschnitte und geben Sie jedem eine Überschrift.
9. „Halbzeit" ist der Titel des Romans, dem der Textauszug entnommen ist. Finden Sie einen anderen Titel, der dem hier gegebenen Textauszug besser gerecht wird.
10. Erklären Sie das Wort „Vertreter".
11. Haben Sie schon einmal einen Vertreter an Ihrer Tür erlebt?

Heinrich Böll

Böll wurde 1917 in Köln geboren und wuchs dort auf. Er entstammt einem freiheitlich gesinnten Elternhaus. Die Atmosphäre eines toleranten und humanen Katholizismus bedeutete für ihn ein Gegengewicht zur nationalsozialistischen Erziehung. Nach dem Abitur im Jahr 1937 begann Böll eine Lehre im Buchhandel. Sein Studium der Germanistik wurde unterbrochen, weil er von 1939 bis 1945 als Soldat am Krieg teilnehmen musste.
Nach 1945 kehrte er in das vom Krieg zerstörte Köln zurück und studierte als Werkstudent Germanistik. In dieser Zeit nahm er das Schreiben wieder auf. Die ersten Arbeiten blieben unveröffentlicht - sie waren im Keller des Kölner Hauses verbrannt. Was den Schriftsteller bewegte, hat er in seinem Essay »Über mich selbst« (1958) formuliert: *„Schreiben wollte ich schon immer, versuchte es schon früh, fand aber die Worte erst später."*
Ab 1951 arbeitete Böll als freier Schriftsteller. In vielen seiner Erzählungen steht die Unmenschlichkeit des Krieges im Mittelpunkt. In seinen Reden, Aufsätzen und Erzählungen wendet sich Böll gegen die Menschen, die vortäuschen, christlich zu handeln, in Wirklichkeit aber egoistisch sind und sogar Gewalt anwenden, wenn es ihnen nützlich zu sein scheint. Der Autor bekennt sich immer wieder zu den Unterdrückten und Armen. Mit seinen Büchern hat Böll als mutiger Zeitkritiker weltweite Beachtung gefunden und gehört heute zu den erfolgreichsten Schriftstellern der Gegenwart. 1972 wurde ihm der Nobelpreis für Literatur verliehen.

Und sagte kein einziges Wort
(Auszug)

[...]

Es dämmerte gerade, als ich den Bahnhof verließ, und die Straßen waren noch leer. Sie liefen schräg an einem Häuserblock vorbei, dessen Fassade mit hässlichen Putzstellen ausgeflickt war. Es war kalt, und auf dem Bahnhofsvorplatz standen fröstelnd ein paar Taxichauffeure: sie hatten die Hände tief in die Manteltaschen vergraben, und diese vier oder fünf
5 blassen Gesichter unter blauen Schirmmützen wandten sich mir für einen Augenblick zu; sie bewegten sich gleichmäßig wie Puppen, die an der Schnur gezogen werden. Nur einen Augenblick, dann schnappten die Gesichter in ihre alte Position zurück, dem Ausgang des Bahnhofs zugewandt.
Nicht einmal Huren waren um diese Zeit auf den Straßen, und als ich mich langsam um-

10 wandte, sah ich, wie der große Zeiger der Bahnhofsuhr langsam auf die Neun rutschte: es war viertel vor sechs. Ich ging in die Straße hinein, die rechts an dem großen Gebäude vorbeiführt, und blickte aufmerksam in die Schaukästen: irgendwo musste doch ein Cafe oder eine Kneipe offen sein, oder eine von diesen Buden, gegen die ich zwar einen Abscheu habe, die mir aber lieber sind als die Wartesäle mit ihrem lauen Kaffee um diese Zeit und der flau-
15 en aufgewärmten Bouillon , die nach Kaserne schmeckt. Ich klappte den Mantelkragen hoch, legte sorgfältig die Ecken ineinander und klopfte den schwärzlichen losen Dreck von Hose und Mantel ab.

 Am Abend vorher hatte ich mehr getrunken als sonst, und nachts gegen eins war ich in den Bahnhof gegangen zu Max, der mir manchmal Unterschlupf gewährt. Max ist in der Gepäck-
20 aufbewahrung beschäftigt - ich kenne ihn vom Krieg her - und in der Gepäckaufbewahrung gibt es einen großen Heizkörper mitten im Raum, um ihn herum eine Holzverschalung, die eine Sitzbank trägt. Dort ruhen sich alle aus, die in der untersten Etage des Bahnhofs beschäftigt sind: Gepäckträger, Leute von der Aufbewahrung und die Aufzugführer. Die Verschalung steht weit genug ab, dass ich hineinkriechen kann, und unten ist eine breite Stelle, dort ist
25 es dunkel und warm, und ich fühle Ruhe, wenn ich dort liege, habe Frieden im Herzen, der Schnaps kreist in meinen Adern, das dumpfe Grollen der ein- und ausfahrenden Züge, das Bumsen der Gepäckkarren oben, das Surren der Aufzüge - Geräusche, die mir im Dunkeln noch dunkler erscheinen, schläfern mich schnell ein.

 Manchmal auch weine ich dort unten, wenn mir Käte einfällt und die Kinder, ich weine,
30 wissend, dass die Tränen eines Säufers nicht zählen, kein Gewicht haben - und ich spüre etwas, das ich nicht Gewissensbisse, sondern einfach Schmerz nennen möchte. Ich habe schon vor dem Kriege getrunken, aber das scheint man vergessen zu haben, und mein tiefer moralischer Stand wird mit einer gewissen Milde betrachtet, weil man von mir sagen kann: Er ist im Krieg gewesen.
35 Ich säuberte mich, so sorgfältig ich konnte, vor dem Schaufensterspiegel eines Cafés, und der Spiegel warf meine zarte kleine Gestalt unzählige Male nach hinten wie in eine imaginäre Kegelbahn, in der Sahnetorten und schokoladenüberzogene Florentiner neben mir her purzelten: so sah ich mich selbst dort, ein winziges Männchen, das verloren dahinrollte zwischen Gebäck, mit wirren Bewegungen die Haare zurecht streichend, an der Hose zupfend.
40 Ich schlenderte langsam weiter an Zigarren- und Blumenläden vorbei, vorbei an Textilgeschäften, in deren Fenstern mich die Puppen mit ihrem falschen Optimismus anstarrten. Dann zweigte rechts eine Straße ab, die fast nur aus Holzbuden zu bestehen schien. An der Straßenecke hing ein großes weißes Transparent mit der Aufschrift: Wir heißen euch willkommen, Drogisten!
45 Die Buden waren in die Trümmer hinein gebaut, hockten unten zwischen ausgebrannten und eingestürzten Fassaden - aber auch die Buden waren Zigarren- und Textilgeschäfte, Zeitungsstände, und als ich endlich an eine Imbissstube kam, war sie geschlossen. Ich rappelte an der Klinke, wandte mich um und sah endlich Licht. Ich ging über die Straße auf das Licht zu und sah, dass es in einer Kirche leuchtete. Das hohe gotische Fenster war notdürftig mit
50 rohen Steinen ausgeflickt, und mitten in dem hässlichen Mauerwerk war ein kleiner, gelblich

gestrichener Fensterflügel eingeklemmt, der von einem Badezimmer stammen musste. In den vier kleinen Scheiben stand ein schwaches gelbliches Licht. Ich blieb stehen und dachte einen Augenblick nach: es war nicht wahrscheinlich, aber vielleicht war es drinnen warm. Ich stieg defekte Stufen hinauf. Die Tür schien heil geblieben zu sein; sie war mit Leder gepol-
55 stert. In der Kirche war es nicht warm. Ich nahm die Mütze ab, schlich langsam nach vorne zwischen den Bänken hindurch und sah endlich in dem zurechtgeflickten Seitenschiff Kerzen brennen. Ich ging weiter, obwohl ich festgestellt hatte, dass es drinnen noch kälter war als draußen: es zog. Es zog aus allen Ecken. Die Wände waren zum Teil nicht einmal mit Steinen ausgeflickt, sie bestanden aus Kunststoffplatten, die man einfach aneinandergestellt hat-
60 te, die Klebemasse quoll aus ihnen heraus, die Platten begannen sich in einzelne Schichten aufzulösen und zu werfen. Schmutzige Schwellungen troffen von Feuchtigkeit, und ich blieb zögernd an einer Säule stehen.

Zwischen zwei Fenstern an einem Steintisch stand der Priester in weißem Gewand zwischen den beiden Kerzen. Er betete mit erhobenen Händen, und obwohl ich nur den Rücken
65 des Priesters sah, merkte ich, dass ihn fror. Einen Augenblick lang schien es, als sei der Priester allein mit dem aufgeschlagenen Messbuch, seinen blassen erhobenen Händen und dem frierenden Rücken. Aber in der matten Dunkelheit unterhalb der flackernden Kerzen erkannte ich jetzt den blonden Kopf eines Mädchens, das sich innig nach vorne geneigt hatte, so weit nach vorne, dass ihr lose hängendes Haar sich auf dem Rücken in zwei gleichmäßige Sträh-
70 nen teilte. Neben ihr kniete ein Junge, der sich dauernd hin und her wandte, und am Profil, obwohl es dämmerig war, erkannte ich die geschwollenen Lider, den offenen Mund des Blöden, die rötlichen entzündeten Lider, die dicken Backen, den seltsam nach oben verschobenen Mund; und in den kurzen Augenblicken, in denen die Augen geschlossen waren, lag ein überraschender und aufreizender Zug von Verachtung über diesem blöden Kindergesicht.
75 Der Priester wandte sich jetzt, ein eckiger und blasser Bauer, seine Augen bewegten sich zu der Säule hin, an der ich stand, bevor er die erhobenen Hände zusammenlegte, sie wieder auseinanderfaltete und etwas murmelte. Dann wandte er sich um, beugte sich über den Steintisch, drehte sich mit einer plötzlichen Wendung und erteilte mit einer fast lächerlichen Feierlichkeit den Segen über das Mädchen und den blöden Jungen. Merkwürdig, obwohl
80 ich in der Kirche war, fühlte ich mich nicht eingeschlossen. Der Priester wandte sich wieder zum Altar, setzte seine Mütze auf, nahm jetzt den Kelch und pustete die rechte der beiden Kerzen aus. Er ging langsam zum Hauptaltar hinunter, beugte dort die Knie und verschwand in der tiefen Dunkelheit der Kirche. Ich sah ihn nicht mehr, hörte nur die Angeln einer Tür kreischen. Dann sah ich das Mädchen für einen Augenblick im Licht: ein sehr sanftes Profil
85 und eine einfache Innigkeit, als sie aufstand, niederkniete und die Stufen emporstieg, um die linke Kerze auszublasen. Sie stand in diesem sanften gelben Licht, und ich sah, dass sie wirklich schön war; schmal und groß mit einem klaren Gesicht, und es war nichts Törichtes daran, wie sie den Mund spitzte und blies. Dann fiel Dunkelheit über sie und den Jungen, und ich sah sie erst wieder, als sie in das graue Licht trat, das aus dem eingemauerten kleinen
90 Fenster oben fiel. Und wieder berührte mich die Haltung ihres Kopfes, die Bewegung ihres Nackens, als sie an mir vorbeiging, mich mit einem kurzen Blick prüfend und sehr ruhig an-

sah und hinausging. Sie war schön, und ich ging ihr nach. An der Tür beugte sie noch einmal die Knie, puffte die Tür auf und zog den Blöden hinter sich her.

Ich ging ihr nach. Sie ging in entgegengesetzter Richtung zum Bahnhof in die öde Straße
95 hinein, die nur aus Buden und Trümmern bestand, und ich sah, dass sie sich ein paarmal umblickte.

[...]

(Aus: Heinrich Böll, *Und sagte kein einziges Wort*. Verlag Kiepenheuer & Witsch, 1953, S. 35—40.)

Arbeitsaufgaben:

1. Untersuchen Sie die Wörter, mit denen Nacht, Kälte, Straße, Imbissstuben ... und Kirche beschrieben werden, auf ihren Gehalt.
2. Welche Atmosphäre lastet auf dieser Landschaft?
3. Erläutern Sie den Satz: »mein tiefer moralischer Stand wird mit einer gewissen Milde betrachtet« (Zeile 32—33).
4. Wieso ist der Optimismus der Puppen in den Fenstern »falsch« (Zeile 41)?
5. Warum ist der Ich-Erzähler in die Kirche gegangen? Was empfindet er dort? Warum wird er in der Kirche vom Priester nicht wahrgenommen?
6. Was könnte mit dem „Licht" gemeint sein, wenn man es als Metapher auffasst?
7. Der Ich-Erzähler sieht im Schaufensterspiegel sein Bild. Schreiben Sie einen inneren Monolog, den er in diesem Moment führen könnte.
8. Informieren Sie sich über die Wohnungsnot der Deutschen in den frühen 50er-Jahren der Bundesrepublik.

Ansichten eines Clowns
(Auszug)

[...]

Es war schon dunkel, als ich in Bonn ankam, ich zwang mich, meine Ankunft nicht mit der Automatik ablaufen zu lassen zu lassen, die sich in fünfjährigem Unterwegssein herausgebildet hat: Bahnsteigtreppe runter, Bahnsteigtreppe rauft, Reisetasche abstellen, Fahrkarte aus der Manteltasche nehmen, Reisetasche aufnehmen, Fahrkarte abgeben, zum Zeitungsstand,
5 Abendzeitungen kaufen, nach draußen gehen und ein Taxi heranwinken. Fünf Jahre lang bin ich fast jeden Tag irgendwo abgefahren und irgendwo angekommen, ich ging morgens Bahnhofstreppen rauf und runter und nachmittags Bahnhofstreppen runter und rauf, winkte Taxis heran, suchte in meinen Rocktaschen nach Geld, den Fahrer zu bezahlen, kaufte Abendzeitungen an Kiosken und genoss in einer Ecke meines Bewusstseins die exakt einstudierte Läs-
10 sigkeit dieser Automatik. Seitdem Marie mich verlassen hat, um Züpfner, diesen Katholiken, zu heiraten, ist der Ablauf noch mechanischer geworden, ohne an Lässigkeit zu verlieren. Für die Entfernung vom Bahnhof zum Hotel, vom Hotel zum Bahnhof gibt es ein Maß: den Taxameter. Zwei Mark, drei Mark, vier Mark fünfzig vom Bahnhof entfernt. Seitdem Marie weg ist, bin ich manchmal aus dem Rhythmus geraten, habe Hotel und Bahnhof miteinander

verwechselt, nervös an der Portierloge nach meiner Fahrkarte gesucht oder den Beamten an der Sperre nach meiner Zimmernummer gefragt, irgend etwas, das Schicksal heißen mag, ließ mir wohl meinen Beruf und meine Situation in Erinnerung bringen. Ich bin ein Clown, offizielle Berufsbezeichnung: Komiker, keiner Kirche steuerpflichtig, siebenundzwanzig Jahre alt, und eine meiner Nummern heißt: Ankunft und Abfahrt, eine (fast zu) lange Pantomime, bei der der Zuschauer bis zuletzt Ankunft und Abfahrt verwechselt; da ich diese Nummer meistens im Zug noch einmal durchgehe (sie besteht aus mehr als sechshundert Abläufen, deren Choreographie[1] ich natürlich im Kopf haben muss), liegt es nahe, dass ich hin und wieder meiner eigenen Phantasie erliege: in ein Hotel stürze, nach der Abfahrtstafel ausschaue, diese auch entdecke, eine Treppe hinauf- oder hinunterrenne, um meinen Zug nicht zu versäumen, während ich doch nur auf mein Zimmer zu gehen und mich auf die Vorstellung vorzubereiten brauche. Zum Glück kennt man mich in den meisten Hotels; innerhalb von fünf Jahren ergibt sich ein Rhythmus mit weniger Variationsmöglichkeiten, als man gemeinhin annehmen mag - und außerdem sorgt mein Agent, der meine Eigenheiten kennt, für eine gewisse Regungslosigkeit. Was er »die Sensibilität der Künstlerseele« nennt, wird voll respektiert, und eine »Aura des Wohlbefindens« umgibt mich, sobald ich auf meinem Zimmer bin: Blumen in einer hübschen Vase, kaum habe ich den Mantel abgeworfen, die Schuhe (ich hasse Schuhe) in die Ecke geknallt, bringt mir ein hübsches Zimmermädchen Kaffee und Kognak, lässt mir ein Bad einlaufen, das mit grünen Ingredienzien wohlriechend und beruhigend gemacht wird. In der Badewanne lese ich Zeitungen, lauter unseriöse, bis zu sechs, mindestens aber drei, und singe mit mäßig lauter Stimme ausschließlich Liturgisches[2]: Choräle[3], Hymnen, Sequenzen, die mir noch aus der Schulzeit in Erinnerung sind. Meine Eltern, strenggläubige Protestanten, huldigten der Nachkriegsmode konfessioneller Versöhnlichkeit und schickten mich auf eine katholische Schule. Ich selbst bin nicht religiös, nicht einmal kirchlich, und bediene mich der liturgischen Texte und Melodien aus therapeutischen Gründen: sie helfen mir am besten über die beiden Leiden hinweg, mit denen ich von Natur belastet bin: Melancholie und Kopfschmerz. Seitdem Marie zu den Katholiken übergelaufen ist (obwohl Marie selbst katholisch ist, erscheint mir diese Bezeichnung angebracht), steigert sich die Heftigkeit dieser beiden Leiden, und selbst das *Tantum ergo*[4] oder die Lauretanische Litanei[5], bisher meine Favoriten in der Schmerzbekämpfung, helfen kaum noch. Es gibt ein vorübergehend wirksames Mittel: Alkohol -, es gäbe eine dauerhafte Heilung: Marie; Marie hat mich verlassen. Ein Clown, der ans Saufen kommt, steigt rascher ab, als ein betrunkener Dachdecker stürzt.

Wenn ich betrunken bin, führe ich bei meinen Auftritten Bewegungen, die nur durch Genauigkeit gerechtfertigt sind, ungenau aus und verfalle in den peinlichsten Fehler, der einem Clown unterlaufen kann: ich lache über meine eigenen Einfälle. Eine fürchterliche Erniedrigung. Solange ich nüchtern bin, steigert sich die Angst vor dem Auftritt bis zu dem Augen-

---

1. Tanzgestaltung *(griech.)*
2. von Liturgie: Gottesdienstordnung *(griech.)*
3. Kirchenlieder
4. von Liturgie: Gottesdienstordnung *(griech.)*
5. ein im katholischen Gottesdienst verwendetes Bittgebet *(griech.)*

blick, wo ich die Bühne betrete (meistens musste ich auf die Bühne gestoßen werden), und was manche Kritiker »diese nachdenkliche, kritische Heiterkeit« nannten, »hinter der man das Herz schlagen hört«, war nichts anderes als eine verzweifelte Kälte, mit der ich mich zur Marionette machte; schlimm übrigens, wenn der Faden riss und ich auf mich selbst zurückfiel. Wahrscheinlich existieren Mönche im Zustand der Kontemplation ähnlich; Marie schleppte immer viel mystische Literatur mit sich herum, und ich erinnere mich, dass die Worte »leer« und nichts« häufig darin vorkamen.

Seit drei Wochen war ich meistens betrunken und mit trügerischer Zuversicht auf die Bühne gegangen, und die Folgen zeigten sich rascher als bei einem säumigen Schüler, der sich bis zum Zeugnisempfang noch Illusionen machen kann; ein halbes Jahr ist eine lange Zeit zum Träumen. Ich hatte schon nach drei Wochen keine Blumen mehr auf dem Zimmer, in der Mitte des zweiten Monats schon kein Zimmer mit Bad mehr, und Anfang des dritten Monats betrug die Entfernung vom Bahnhof schon sieben Mark, während die Gage auf ein Drittel geschmolzen war. Kein Kognak mehr, sondern Korn, keine Varietés[1] mehr: merkwürdige Vereine, die in dunklen Sälen tagten, wo ich auf einer Bühne mit miserabler Beleuchtung auftrat, wo ich nicht einmal mehr ungenaue Bewegungen, sondern bloß noch Faxen machte, über die sich Dienstjubilare von Bahn, Post, Zoll, katholische Hausfrauen oder evangelische Krankenschwestern amüsierten, biertrinkende Bundeswehroffiziere, deren Lehrgangsabschluss ich verschönte, nicht recht wussten, ob sie lachen durften oder nicht, wenn ich die Reste meiner Nummer ›Verteidigungsrat‹ vorführte, und gestern, in Bochum, vor Jugendlichen, rutschte ich mitten in einer Chaplin-Imitation aus und kam nicht wieder auf die Beine. Es gab nicht einmal Pfiffe, nur ein mitleidiges Geraune, und ich humpelte, als endlich der Vorhang über mich fiel, rasch weg, raffte meine Klamotten zusammen und fuhr, ohne mich abzuschminken, in meine Pension, wo es eine fürchterliche Keiferei gab, weil meine Wirtin sich weigerte, mir mit Geld für das Taxi auszuhelfen. Ich konnte den knurrigen Taxifahrer nur beruhigen, indem ich ihm meinen elektrischen Rasierapparat nicht als Pfand, sondern als Bezahlung übergab. Er war noch nett genug, mir eine angebrochene Packung Zigaretten und zwei Mark bar herauszugeben. Ich legte mich angezogen auf mein ungemachtes Bett, trank den Rest aus meiner Flasche und fühlte mich zum ersten Mal seit Monaten vollkommen frei von Melancholie und Kopfschmerzen. Ich lag auf dem Bett in einem Zustand, den ich mir manchmal für das Ende meiner Tage erhoffe: betrunken und wie in der Gosse. Ich hätte mein Hemd hergegeben für einen Schnaps, nur die komplizierten Verhandlungen, die der Tausch erfordert hätte, hielten mich von diesem Geschäft ab. Ich schlief großartig, tief und mit Träumen, in denen der schwere Bühnenvorhang als ein weiches, dickes Leichentuch über mich fiel wie eine dunkle Wohltat, und doch spürte ich durch Schlaf und Traum hindurch schon die Angst vor dem Erwachen: die Schminke noch auf dem Gesicht, das rechte Knie geschwollen, ein mieses Frühstück auf Kunststofftablett und neben der Kaffeekanne ein Telegramm meines Agenten: »Koblenz und Mainz haben abgesagt Stop Anrufe abends Bonn. Zohnerer.« Dann ein Anruf vom Veranstalter, durch den ich jetzt erst erfuhr, dass er dem christlichen Bildungs-

---

1. Bühne für artistische, tänzerische und musikalische Darbietung

90 werk vorstand. »Kostert«, sagte er am Telefon, auf eine subalterne Weise eisig, »wir müssen die Honorarfrage noch klären, Herr Schnier.« — »Bitte«, sagte ich, »dem steht nichts im Wege.«
[...]

95 In Bonn verlief immer alles anders; dort bin ich nie aufgetreten, dort wohne ich, und das herangewinkte Taxi brachte mich nie in ein Hotel, sondern in meine Wohnung. Ich müsste sagen: uns, Marie und mich. Kein Pförtner im Haus, den ich mit einem Bahnbeamten verwechseln könnte, und doch ist diese Wohnung, in der ich nur drei bis vier Wochen im Jahr verbringe, mir fremder als jedes Hotel. Ich musste mich zurückhalten, um vor dem Bahnhof
100 in Bonn nicht ein Taxi heranzuwinken: diese Geste war so gut einstudiert, dass sie mich fast in Verlegenheit gebracht hätte. Ich hatte noch eine einzige Mark in der Tasche. Ich blieb auf der Freitreppe stehen und vergewisserte mich meiner Schlüssel: zur Haustür, zur Wohnungstür, zum Schreibtisch; im Schreibtisch würde ich finden: die Fahrradschlüssel. Schon lange denke ich an eine Schlüsselpantomime: Ich denke an ein ganzes Bündel von Schlüsseln aus
105 Eis, die während der Nummer dahinschmelzen.

Kein Geld für ein Taxi; und ich hätte zum ersten Mal im Leben wirklich eins gebraucht: mein Knie war geschwollen, und ich humpelte mühsam quer über den Bahnhofsvorplatz in die Poststraße hinein; zwei Minuten nur vom Bahnhof bis zu unserer Wohnung, sie kamen mir endlos vor. Ich lehnte mich gegen einen Zigarettenautomaten und warf einen Blick auf
110 das Haus, in dem mein Großvater mir eine Wohnung geschenkt hat; elegant ineinander geschachtelte Appartements mit dezent getönten Balkonverkleidungen; fünf Stockwerke, fünf verschiedene Farbtöne für die Balkonverkleidungen; im fünften Stock, wo alle Verkleidungen rostfarben sind, wohne ich.

War es eine Nummer, die ich vorführte? Den Schlüssel ins Haustürschloss stecken, ohne
115 Erstaunen hinnehmen, dass er nicht schmolz, die Aufzugtür öffnen, auf die Fünf drücken: ein sanftes Geräusch trug mich nach oben; durchs schmale Aufzugfenster in den jeweiligen Flurabschnitt, über diesen hinweg durchs jeweilige Flurfenster blicken: ein Denkmalrücken, der Platz, die Kirche, angestrahlt; schwarzer Schnitt, die Betondecke und wieder, in leicht verschobener Optik: der Rücken, Platz, Kirche, angestrahlt: dreimal, beim vierten Mal nur noch
120 Platz und Kirche. Etagentürschlüssel ins Schloss stecken, ohne Erstaunen hinnehmen, dass auch die sich öffnete.

Alles rostfarben in meiner Wohnung: Türen, Verkleidungen, eingebaute Schränke; eine Frau im rostroten Morgenmantel auf der schwarzen Couch hätte gut gepasst; wahrscheinlich wäre eine solche zu haben, nur: ich leide nicht nur an Melancholie, Kopfschmerzen, Indo-
125 lenz[1] und der mystischen Fähigkeit, durchs Telefon Gerüche wahrzunehmen, mein fürchterlichstes Leiden ist die Anlage zur Monogamie; es gibt nur eine Frau, mit der ich alles tun kann, was Männer mit Frauen tun: Marie, und seitdem sie von mir weggegangen ist, lebe ich, wie ein Mönch leben sollte; nur: ich bin kein Mönch. Ich hatte mir überlegt, ob ich aufs

---
1. ohne Schmerz, unempfindlich gegen Schmerz

Land fahren und in meiner alten Schule einen der Patres um Rat fragen sollte, aber alle diese Burschen halten den Menschen für ein polygames Wesen (aus diesem Grund verteidigen sie so heftig die Einehe), ich muss ihnen wie ein Monstrum vorkommen, und ihr Rat wird nichts weiter sein als ein versteckter Hinweis auf die Gefilde, in denen, wie sie glauben, die Liebe käuflich ist. Bei Christen bin ich noch auf Überraschungen gefasst, wie bei Kostert etwa, dem es tatsächlich gelang, mich in Erstaunen zu versetzen[1], aber bei Katholiken überrascht mich nichts mehr. Ich habe dem Katholizismus große Sympathien entgegengebracht, sogar noch, als Marie mich vor vier Jahren zum ersten Mal mit in diesen »Kreis fortschrittlicher Katholiken« nahm; es lag ihr daran, mir intelligente Katholiken vorzuführen, und natürlich hatte sie den Hintergedanken, ich könnte eines Tages konvertieren[2] (diesen Hintergedanken haben alle Katholiken). Schon die ersten Augenblicke in diesem Kreis waren fürchterlich. Ich war damals in einer sehr schwierigen Phase meiner Entwicklung als Clown, noch keine zweiundzwanzig alt und trainierte den ganzen Tag. Ich hatte mich auf diesen Abend sehr gefreut, war todmüde und erwartete eine Art fröhlicher Zusammenkunft, mit viel gutem Wein, gutem Essen, vielleicht Tanz (es ging uns dreckig, und wir konnten uns weder Wein noch gutes Essen leisten); stattdessen gab es schlechten Wein, und es wurde ungefähr so, wie ich mir ein Oberseminar für Soziologie bei einem langweiligen Professor vorstelle. Nicht nur anstrengend, sondern auf eine überflüssige und unnatürliche Weise anstrengend. Zuerst beteten sie miteinander, und ich wusste die ganze Zeit über nicht, wohin mit meinen Händen und meinem Gesicht; ich denke, in eine solche Situation sollte man einen Ungläubigen nicht bringen. Sie beteten auch nicht einfach ein Vater Unser oder ein Ave-Maria (das wäre schon peinlich genug gewesen, protestantisch erzogen, bin ich bedient mit jeglicher Art privater Beterei), nein, es war irgendein von Kinkel[3] verfasster Text, sehr programmatisch »und bitten wir Dich, uns zu befähigen, dem Überkommenen wie dem Fortschreitenden in gleicher Weise gerecht zu werden« und so weiter, und dann erst ging man zum »Thema des Abends« über »Armut in der Gesellschaft, in der wir leben«. Es wurde einer der peinlichsten Abende meines Lebens. Ich kann einfach nicht glauben, dass religiöse Gespräche so anstrengend sein müssen. Ich weiß: an diese Religion zu glauben ist schwer. Auferstehung des Fleisches und ein ewiges Leben. Oft hatte Marie mir aus der Bibel vorgelesen. Es muss schwer sein, das alles zu glauben. Ich habe später sogar Kierkegaard[4] gelesen (eine nützliche Lektüre für einen werdenden Clown), es war schwer, aber nicht anstrengend. Ich weiß nicht, ob es Leute gibt, die sich nach Picasso oder Klee[5] Tischdeckchen sticken. Mir kam es an diesem Abend so vor, als häkelten sich diese fortschrittlichen Katholiken aus Thomas von Aquin[6], Franz von Assisi[7], Bonaventura[8] und

---

1. Anspielung auf den telefonischen Disput wegen Honorarfragen mit dem Veranstalter Kostert in vorausgehenden Stellen des Romans
2. hier: übertreten zu einem anderen Glauben
3. Kopf des Kreises fortschrittlicher Katholiken
4. dän. Theologe u. Philosoph (1813—1855)
5. Paul Klee, dt. Maler u. Graphiker (1879—1940)
6. Philosoph u. Theologe des Mittelalters (1225—1274)
7. Ordensstifter (1181—1226)
8. Kirchenlehrer und Erneuerer des Franziskanerordens (1221—1274)

Leo[1] XIII. Lendenschurze zurecht, die natürlich ihre Blöße nicht deckten, denn es war keiner anwesend (außer mir), der nicht mindestens seine fünfzehn hundert Mark im Monat verdiente. Es war ihnen selbst so peinlich, dass sie später zynisch und snobistisch wurden, außer
165 Züpfner, den die ganze Geschichte so quälte, dass er mich um eine Zigarette bat. Es war die erste Zigarette seines Lebens, und er paffte sie unbeholfen vor sich hin, ich merkte ihm an, er war froh, dass der Qualm sein Gesicht verhüllte. Mir war elend, Maries wegen, die blass und zitternd da saß, als Kinkel die Anekdote von dem Mann erzählte, der fünfhundert Mark im Monat verdiente, sich gut damit einzurichten verstand, dann tausend verdiente und merkte,
170 dass es schwieriger wurde, der geradezu in große Schwierigkeiten geriet, als er zweitausend verdiente, schließlich, als er dreitausend erreicht hatte, merkte, dass er wieder ganz gut zurechtkam, und seine Erfahrungen zu der Weisheit formulierte: »Bis fünfhundert im Monat geht's ganz gut, aber zwischen fünfhundert und dreitausend das nackte Elend.« Kinkel merkte nicht einmal, was er anrichtete: er quatschte, seine dicke Zigarre rauchend, das Weinglas
175 an den Mund hebend, Käsestangen fressend, mit einer olympischen Heiterkeit vor sich hin, bis sogar Prälat Sommerwild, der geistliche Berater des Kreises, anfing, unruhig zu werden, und ihn auf ein anderes Thema brachte. Ich glaube, er brachte das Stichwort Reaktion auf und hatte damit Kinkel an der Angel. Der biss sofort an, wurde wütend und hörte mitten in seinem Vortrag darüber, dass ein Auto für zwölftausend Mark billiger sei als eins für viertau-
180 sendfünfhundert, auf, und sogar seine Frau, die ihn in peinlicher Kritiklosigkeit anhimmelt, atmete auf.
[...]

(Aus: Heinrich Böll, *Ansichten eines Clowns,* Deutscher Taschenbuch Verlag, 2000, 7—19.)

Arbeitsaufgaben:

I. für Teil I (bis Zeile 92)
 1. Welchen Eindruck haben Sie vom Clown? Welche Eigenschaften werden ihm zugesprochen?
 2. Beschreiben Sie Herrn Schnier, den Ich-Erzähler, den Clown. Welchen Kummer hat er?
 3. Wie ist die Stelle zu verstehen: »Fünf Jahre lang bin ich fast jeden Tag irgendwo abgefahren und irgendwo angekommen« (Zeile 5—6)?
 4. Erklären Sie die folgenden Wörter:
  a) Sensibilität b) Sequenzen c) konfessionelle Versöhnlichkeit d) Kontemplation
 5. Erklären Sie die Redewendung: »Ein Clown, der ans Saufen kommt, steigt rascher ab, als ein betrunkener Dachdecker stürzt.« (Zeile 44—45)
 6. Kostert ruft bei bei Schnier an und will mit ihm über die Honorarfrage sprechen. Was wird Ihrer Meinung nach passieren?
 7. Charlie Chaplin sagte einmal: „Clownsein ist eine Sache, über die man verzweifeln kann." Nehmen Sie dazu unter Bezug auf den Textteil Stellung.

II. für Teil II (ab Zeile 94)
 1. Wie deuten Sie die Stelle in Zeilen 159—161: »als häkelten sich diese ... nicht deckten«?

---
1. byzantinische Kaiser; L. XIII, bedeutender Gelehrter u. Politiker (1878—1903)

2. Wie fühlt sich Schnier im »Kreis fortschrittlicher Katholiken«?
3. An welcher Stelle steigert sich sein Unbehagen bis zum Höhepunkt?
4. Deuten Sie fünf besonders bezeichnende Stellen des Textteils.
5. Warum lässt Böll drei kurze Abschnitte mit einem langen wechseln?
6. Versetzten Sie sich in Marie und verfassen Sie eine Tagebuchnotiz.
7. Informieren Sie sich über den Roman und überlegen Sie, warum Heinrich Böll wohl einen Clown zum Protagonisten gemacht hat?

Gruppenbild mit Dame
(Auszug)

Weibliche Trägerin der Handlung in der ersten Abteilung ist eine Frau von achtundvierzig Jahren, Deutsche; sie ist 1,71 groß, wiegt 68,8 kg (in Hauskleidung), liegt also nur etwa 300-400 Gramm unter dem Idealgewicht; sie hat zwischen Dunkelblau und Schwarz changierende Augen, leicht ergrautes, sehr dichtes blondes Haar, das lose herabhängt; glatt, hel-
5 martig umgibt es ihren Kopf. Die Frau heißt Leni Pfeiffer, ist eine geborene Gruyten, sie hat zweiunddreißig Jahre lang, mit Unterbrechungen versteht sich, jenem merkwürdigen Prozess unterlegen, den man den Arbeitsprozess nennt: fünf Jahre lang als ungelernte Hilfskraft im Büro ihres Vaters, siebenundzwanzig Jahre als ungelernte Gärtnereiarbeiterin. Da sie ein erhebliches immobiles Vermögen, ein solides Mietshaus in der Neustadt, das heute gut und
10 gerne vierhunderttausend Mark wert wäre, unter inflationistischen Umständen leichtfertig weggegeben hat, ist sie ziemlich mittellos, seitdem sie ihre Arbeit unbegründet und ohne krank oder alt genug zu sein, aufgegeben hat. Da sie im Jahre 1941 einmal drei Tage lang mit einem Berufsunteroffizier der Deutschen Wehrmacht verheiratet war, bezieht sie eine Kriegerwitwenrente, deren Aufbesserung durch eine Sozialrente noch aussteht. Man kann wohl
15 sagen, dass es Leni im Augenblick -nicht nur in finanzieller Hinsicht - ziemlich dreckig geht, besonders seitdem ihr geliebter Sohn im Gefängnis sitzt.

Würde Leni ihr Haar kürzer schneiden, es noch ein wenig grauer färben, sie sähe wie eine gut erhaltene Vierzigerin aus; so wie sie ihr Haar jetzt trägt, ist die Differenz zwischen der jugendlichen Haartracht und ihrem nicht mehr ganz so jugendlichen Gesicht zu groß, und man
20 schätzt sie auf Ende vierzig; das ist ihr wahres Alter, und doch begibt sie sich einer Chance, die sie wahrnehmen sollte, sie wirkt wie eine verblühte Blondine, die - was keineswegs zutrifft -einen losen Lebenswandel führt oder sucht. Leni ist eine der ganz seltenen Frauen ihres Alters, die es sich leisten könnte, einen Minirock zu tragen: ihre Beine und Schenkel zeigen weder Äderung noch Erschlaffung. Doch Leni hält sich an eine Rocklänge, die ungefähr im
25 Jahr 1942 Mode war, das liegt zum größten Teil daran, dass sie immer noch ihre alten Röcke trägt, Jacken und Blusen bevorzugt, weil ihr angesichts ihrer Brust (mit einer gewissen Berechtigung) Pullover zu aufdringlich erscheinen. Was ihre Mäntel und Schuhe betrifft, so lebt sie immer noch von den sehr guten und sehr gut erhaltenen Beständen, die sie in ihrer Jugend, als ihre Eltern vorübergehend wohlhabend waren, erwerben konnte. Kräftig genopp-

ter Tweed, grau-rosa, grün-blau, schwarz-weiß, himmelblau (uni), und falls sie eine Kopfbedeckung für angebracht hält, bedient sie sich eines Kopftuchs; ihre Schuhe sind solche, wie man sie -wenn man entsprechend bei Kasse war - in den Jahren 1935-39 als »Unverwüstliche« kaufen konnte.

Da Leni im Augenblick ohne ständigen männlichen Schutz oder Rat in der Welt steht, unterliegt sie, was ihre Haartracht betrifft, einer Dauertäuschung; an der ist ihr Spiegel schuld, ein alter Spiegel aus dem Jahr 1894, der zu Lenis Unglück zwei Weltkriege überdauert hat. Leni betritt nie einen Frisiersalon, nie einen reich bespiegelten Supermarkt, sie tätigt ihre Einkäufe in einem Einzelhandelsgeschäft, das soeben davorsteht, dem Strukturwandel zu erliegen; so ist sie einzig und allein auf diesen Spiegel angewiesen, von dem schon ihre Großmutter Gerta Barkel geb. Holm sagte, er schmeichle nun doch zu arg; Leni benutzt den Spiegel sehr oft. Lenis Haartracht ist einer der Anlässe für Lenis Kummer, und Leni ahnt den Zusammenhang nicht. Was sie mit voller Wucht zu spüren bekommt, ist die sich stetig steigernde Abfälligkeit ihrer Umwelt, im Haus und in der Nachbarschaft. Leni hat in den vergangenen Monaten viel Männerbesuch gehabt: Abgesandte von Kreditinstituten, die ihr, da sie auf Briefe nicht reagierte, letzte und allerletzte Mahnungen überbrachten; Gerichtsvollzieher; Anwaltsboten; schließlich die Sendboten von Gerichtsvollziehern, die Gepfändetes abholten; und da Leni außerdem drei möblierte Zimmer, die gelegentlich die Mieter wechseln, vermietet, kamen natürlich auch jüngere männliche Zimmersuchende. Manche dieser männlichen Besucher sind zudringlich geworden - ohne Erfolg selbstverständlich; jeder weiß, wie gerade die erfolglos Zudringlichen mit den Erfolgen ihrer Zudringlichkeit prahlen, so wird jeder ahnen, wie rasch Lenis Ruf ruiniert war.

*

Der Verf. hat keineswegs Einblick in Lenis gesamtes Leibes-, Seelen- und Liebesleben, doch ist alles, aber auch alles getan worden, um über Leni das zu bekommen, was man sachliche Information nennt (die Auskunftspersonen werden an entsprechender Stelle sogar namhaft gemacht werden!), und was hier berichtet wird, kann mit an Sicherheit grenzender Wahrscheinlichkeit als zutreffend bezeichnet werden. Leni ist schweigsam und verschwiegen - und da hier nun einmal zwei nichtkörperliche Eigenschaften aufgezählt werden, seien zwei weitere hinzugefügt: Leni ist nicht verbitten, und sie ist reuelos, sie bereut nicht einmal, dass sie den Tod ihres ersten Mannes nie betrauert hat. Lenis Reuelosigkeit ist so total, dass jegliches »mehr« oder »weniger«, auf ihre Reuefähigkeit bezogen, unangebracht wäre; sie weiß wahrscheinlich einfach nicht, was Reue ist; in diesem - und in anderen Punkten - muss ihre religiöse Erziehung missglückt sein oder als missglückt bezeichnet werden, wahrscheinlich zu Lenis Vorteil.

Was aus den Aussagen der Auskunftspersonen eindeutig hervorgeht: Leni versteht die Welt nicht mehr, sie zweifelt daran, ob sie sie je verstanden hat; sie begreift die Feindschaft der Umwelt nicht, begreift nicht, warum die Leute so böse auf sie und mit ihr sind; sie hat nichts Böses getan, auch ihnen nicht; neuerdings, wenn sie notgedrungen zu den notwendigsten Einkäufen ihre Wohnung verlässt, wird offen über sie gelacht, Ausdrücke wie »mieses Stück« oder »ausgediente Matratze« gehören noch zu den harmloseren. Es tauchen sogar

Beschimpfungen wieder auf, deren Anlass fast dreißig Jahre zurückliegt: Kommunistenhure, Russenliebchen. Leni reagiert auf Anpöbeleien nicht. Dass »Schlampe« hinter ihr hergemunkelt wird, gehört für sie zum Alltag. Man hält sie für unempfindlich oder gar empfindungslos; beides trifft nicht zu, nach zuverlässigen Zeugenaussagen (Zeugin: Marja van Doorn) sitzt
75 sie stundenlang in ihrer Wohnung und weint, ihre Bindehautsäcke und ihre Tränendrüsenkanäle sind erheblich in Tätigkeit. Sogar die Kinder in der Nachbarschaft, mit denen sie bisher auf freundschaftlichem Fuß stand, werden gegen sie aufgehetzt und rufen ihr Worte nach, die weder sie noch Leni so recht verstehen. Dabei kann hier nach ausführlichen und ausgiebigen, aber auch die letzte und allerletzte Quelle über Leni erschöpfenden Zeugenaussagen festge-
80 stellt werden, dass Leni in ihrem bisherigen Leben mit an Sicherheit grenzender Wahrscheinlichkeit im ganzen wahrscheinlich zwei dutzendmal einem Mann beigewohnt hat: zweimal dem ihr später angetrauten Alois Pfeiffer (einmal vor, einmal während der Ehe, die insgesamt drei Tage gedauert hat) und die restlichen Male einem zweiten Mann, den sie sogar geheiratet hätte, wenn die Zeitumstände es erlaubt hätten. Wenige Minuten, nachdem es Leni erlaubt
85 wird, unmittelbar in die Handlung einzutreten (das wird noch eine Weile dauern), wird sie zum ersten Mal das getan haben, was man einen Fehltritt nennen könnte: sie wird einen türkischen Arbeiter erhört haben, der sie kniefällig in einer ihr unverständlichen Sprache um ihre Gunst bitten wird, und sie wird ihn - das als Vorgabe - nur deshalb erhören, weil sie es nicht erträgt, dass irgend jemand vor ihr kniet (dass sie selbst unfähig ist zu knien, gehört zu
90 den vorauszusetzenden Eigenschaften). Es sollte vielleicht noch hinzugefügt werden, dass Leni Vollwaise ist, einige peinliche angeheiratete Verwandte hat, andere, weniger peinliche, nicht angeheiratete, sondern direkte, auf dem Land, und einen Sohn, der fünfundzwanzig Jahre alt ist, ihren Mädchennamen trägt und zur Zeit in einem Gefängnis einsitzt. Ein körperliches Merkmal mag noch wichtig, auch für die Beurteilung männlicher Zudringlichkeit
95 von Bedeutung sein. Leni hat die fast unverwüstliche Brust einer Frau, die zärtlich geliebt worden ist und auf deren Brust Gedichte geschrieben worden sind. Die Umwelt möchte Leni am liebsten ab- oder wegschaffen; es wird sogar hinter ihr hergerufen: »Ab mit dir« oder »Weg mit dir«, und es ist nachgewiesen, dass man hin und wieder nach Vergasung verlangt, der Wunsch danach ist verbürgt, ob die Möglichkeit dazu bestünde, ist dem Verf. unbekannt;
100 hinzufügen kann er nur noch, dass der Wunsch heftig geäußert wird.

Zu Lenis Lebensgewohnheiten müssen noch ein paar Einzelheiten geliefert werden; sie isst gern, aber mäßig; ihre Hauptmahlzeit ist das Frühstück, zu dem sie unbedingt zwei knackfrische Brötchen, ein frisches, weichgekochtes Ei, ein wenig Butter, einen oder zwei Esslöffel Marmelade (genauer gesagt: Pflaumenmus von der Sorte, die anderswo unter Powidl bekannt
105 ist) braucht, starken Kaffee, den sie mit heißer Milch mischt, sehr wenig Zucker; an der Mahlzeit, die Mittagessen heißt, ist sie wenig interessiert: Suppe und ein kleiner Nachtisch genügen ihr; abends dann isst sie kalt, ein wenig Brot, zwei-drei Scheiben, ein wenig Salat, Wurst und Fleisch, wenn ihre Mittel es erlauben. Den größten Wert legt Leni auf die frischen Brötchen, die sie sich nicht bringen lässt, sondern eigenhändig aussucht, nicht, indem sie sie
110 betastet, nur, indem sie deren Farbe begutachtet; nichts - an Speisen jedenfalls nichts - ist ihr so verhasst wie laffe Brötchen. Der Brötchen wegen und weil das Frühstück ihr tägliches

Feiertagsmahl ist, begibt sie sich sogar morgens unter Menschen, nimmt Beschimpfungen, mieses Gerede, Anpöbeleien in Kauf.

Zum Punkt Rauchen ist zu sagen: Leni raucht seit ihrem siebzehnten Lebensjahr, norma-
115 lerweise acht Zigaretten, keinesfalls mehr, meistens weniger; während des Krieges verzich-
tete sie vorübergehend aufs Rauchen, um jemandem, den sie liebte (nicht ihrem Mann!), die
Zigaretten zuzustecken. Leni gehört zu den Menschen, die hin und wieder ein Gläschen Wein
mögen, nie mehr als eine halbe Flasche trinken und je nach Wetterlage sich einen Schnaps, je
nach Stimmungs- und Finanzlage einen Sherry genehmigen. Sonstige Mitteilungen: Leni hat
120 den Führerschein seit 1939 (mit Sondergenehmigung erhalten, die näheren Umstände werden
noch erklärt), aber schon seit 1943 kein Auto mehr zur Verfügung. Sie fuhr gern Auto, fast
leidenschaftlich.

Leni wohnt immer noch in dem Haus, in dem sie geboren ist. Das Stadtviertel ist aufgrund
nicht zu eruierender Zufälle von Bomben verschont worden, jedenfalls ziemlich verschont
125 worden; es wurde nur zu 35 % zerstört, war also vom Schicksal begünstigt. Kürzlich ist Leni
etwas widerfahren, das sie sogar gesprächig gemacht hat, sie hat es bei nächster Gelegenheit
ihrer besten Freundin, ihrer Hauptvertrauten, die auch die Hauptzeugin des Verf. ist, brüh-
warm erzählt, mit erregter Stimme: morgens, als sie beim Brötchenholen die Straße überquerte, hat ihr rechter Fuß eine kleine Unebenheit auf dem Straßenpflaster wiedererkannt, die
130 er - der rechte Fuß - vor vierzig Jahren, als Leni dort mit anderen Mädchen Hüpfen spielte,
zum letztenmal erfasst hatte; es handelt sich um eine winzige Bruchstelle an einem Basalt-
pflasterstein, der schon, als die Straße angelegt wurde, etwa im Jahr 1894, vom Pflasterer
abgeschlagen worden sein muss. Lenis Fuß gab die Mitteilung sofort an ihren Hirnstamm
weiter, jener vermittelte diesen Eindruck an sämtliche Sensibilitätsorgane und Gefühlszen-
135 tren, und da Leni eine ungeheuer sinnliche Person ist, der sich alles, aber auch alles sofort ins
Erotische umsetzt, erlebte sie vor Entzücken, Wehmut, Erinnerung, totaler Erregtheit jenen
Vorgang, der - womit dort allerdings etwas anderes gemeint ist - in theologischen Lexika als
»absolute Seinserfüllung« bezeichnet werden könnte; der von plumpen Erotologen und se-
xotheologischen Dogmatikern, auf eine peinliche Weise reduziert, mit Orgasmus bezeichnet
140 wird.

*

Bevor der Eindruck entsteht, Leni sei vereinsamt, müssen alle jene aufgezählt werden, die
ihre Freunde sind, von denen die meisten mit ihr durch dünn, zwei mit ihr durch dick und
dünn gegangen sind. Lenis Einsamkeit beruht lediglich auf ihrer Schweigsamkeit und Ver-
145 schwiegenheit; man könnte sie sogar als wortkarg bezeichnen; tatsächlich »geht« sie nur sehr
selten »aus sich heraus«, nicht einmal ihren ältesten Freundinnen Margret Schlömer geb.
Zeist und Lotte Hoyser geb. Berntgen gegenüber, die noch zu Leni hielten, als es am aller-
dicksten kam. Margret ist so alt wie Leni, verwitwet wie Leni, doch könnte dieser Ausdruck
Missverständnisse hervorrufen. Margret hats ziemlich mit Männern getrieben, aus Gründen,
150 die noch benannt werden, nie aus Berechnung, gelegentlich allerdings - wenn es ihr allzu
dreckig ging - gegen Honorar, und doch könnte man Margret am besten charakterisieren,
wenn man feststellt, dass ihre einzige berechnete erotische Beziehung zu dem Mann bestand,

den sie als Achtzehnjährige geheiratet hat; damals auch machte sie die einzige nachweisbare hurenhafte Bemerkung, indem sie zu Leni sagte (es war im Jahr 1940): »Ich hab mir nen rei-
155 chen Knopp geangelt, der unbedingt mit mir vor den Traualtar will.« Margret liegt zur Zeit im Krankenhaus, in einer Isolierstation, sie ist auf schlimme Weise wahrscheinlich unheilbar geschlechtskrank; sie bezeichnet sich selbst als »total hinüber« - ihr gesamter endokriner[1] Haushalt ist gestört; man kann nur durch eine Glasplatte geschützt mit ihr sprechen, und sie ist dankbar für jede mitgebrachte Schachtel Zigaretten und jede kleine Portion Schnaps, und
160 wäre es auch nur der kleinste im Handel erhältliche und mit dem billigsten Schnaps nachgefüllte Flachmann. Margrets endokriner Haushalt ist so durcheinander, dass sie »sich nicht wundern würde, wenn plötzlich statt Tränen Urin aus meinen Augen käme«. Sie ist für jede Art von Betäubungsmittel dankbar, würde auch Opium, Morphium, Haschisch annehmen.

Das Krankenhaus liegt vor der Stadt, im Grünen, ist bungalowartig angelegt. Um Zutritt
165 zu Margret zu erlangen, musste der Verf. zu verschiedenen verwerflichen Mitteln greifen: Bestechung, Hochstapelei in Tateinheit mit Amtsanmaßung (er gab sich als Dozent für Prostitutionssoziologie und -psychologie aus!).

Es muss hier als Vorschuss auf die Auskünfte über Margret hinzugefügt werden, dass sie »an sich« eine weit weniger sinnliche Person ist als Leni; Margrets Verderben war nicht ihr
170 eigenes Begehren nach Liebesfreuden, ihr Verderben war die Tatsache, dass von ihr so viel Freuden begehrt wurden, die sie zu spenden von Natur begabt war; es wird darüber noch berichtet werden müssen. Jedenfalls: Leni leidet, Margret leidet.

[...]

(Aus: Heinrich Böll, *Gruppenbild mit Dame*. Kiepenheuer & Witsch Verlag, 1971, S. 7—13.)

Arbeitsaufgaben:

1. Welche Informationen liefert Ihnen der Titel des Romans?
2. Was erfahren Sie in den drei längeren Teilen des Textauszugs über Leni und andere Personen? Worum wird es möglicherweise in diesem Roman gehen? Was für eine Geschichte erwarten Sie?
3. In welcher Zeit denken Sie spielt die Geschichte? Finden Sie im Textauszug Hinweise, die Ihre Meinung belegen.
4. Wie ist die Aussage zu verstehen, dass der Spiegel »zu Lenis Unglück zwei Weltkriege überdauert hat« (Zeile 36)?
5. Warum werden manche männliche Zimmersuchende zudringlich?
6. Erklären Sie den Ausdruck »Abfälligkeit« (Zeile 43) im Textzusammenhang.
7. Wie reagiert Leni auf die Anfeindungen, die sie in ihrem näheren Umfeld erfährt? Trägt sie durch ihr Verhalten eine Schuld daran?
8. Welche politische Einstellung dominiert in Lenis Umfeld?
9. Was weiß der Verf. über die Gedanken und Gefühle von Leni? In welchem Verhältnis wird er zu dem von ihm Verfassten weiter stehen?
10. Welche Gedanken kommen Ihnen, wenn Sie erfahren, dass Frau Margret Schlömer zu Lenis ältesten Freundinnen zählt?

---

1. nach innen gerichtet (*griech.*)

Heinrich Böll

Die verlorene Ehre der Katharina Blum
(Auszug)

[...]

Als er Freitag früh gegen halb zehn mürrisch zum Frühstück erschien, hielt Trude ihm schon die ZEITUNG entgegen. Katharina auf der Titelseite. Riesenfoto, Riesenlettern. *RÄUBERLIEBCHEN KATHARINA BLUM VERWEIGERT AUSSAGE ÜBER HERRENBESUCHE. Der seit eineinhalb Jahren gesuchte Bandit und Mörder Ludwig Götten hätte gestern verhaftet werden können, hätte nicht seine Geliebte, die Hausangestellte Katharina Blum, seine Spuren verwischt und seine Flucht gedeckt. Die Polizei vermutet, dass die Blum schon seit längerer Zeit in die Verschwörung verwickelt ist. (Weiteres siehe auf der Rückseite unter dem Titel:* HERRENBESUCHE.)

Dort auf der Rückseite las er dann, dass die ZEITUNG aus seiner Äußerung, Katharina sei klug und kühl, »eiskalt und berechnend« gemacht hatte und aus seiner generellen Äußerung über Kriminalität, dass sie »durchaus eines Verbrechens fähig sei«.

Der Pfarrer von Gemmelsbroich hatte ausgesagt: „Der traue ich alles zu. Der Vater war ein verkappter Kommunist und ihre Mutter, die ich aus Barmherzigkeit eine Zeitlang als Putzhilfe beschäftigte, hat Messwein gestohlen und in der Sakristei mit ihren Liebhabern Orgien gefeiert."

„Die Blum erhielt seit zwei Jahren regelmäßig Herrenbesuch. War ihre Wohnung ein Konspirationszentrum, ein Bandentreff, ein Waffenumschlagplatz? Wie kam die erst siebenundzwanzigjährige Hausangestellte an eine Eigentumswohnung im Werte von schätzungsweise 110000 Mark? War sie an der Beute aus den Bankraubüberfällen beteiligt? Polizei ermittelt weiter. Staatsanwaltschaft arbeitet auf Hochtouren. Morgen mehr. DIE ZEITUNG BLEIBT WIE IMMER AM BALL! Sämtliche Hintergrundinformationen in der morgigen Wochenendausgabe."

[...]

Letzten Endes bleibt da doch noch etwas halbwegs Erfreuliches mitzuteilen: Katharina erzählte Blorna den Tathergang, erzählte ihm auch, wie sie die sieben oder sechseinhalb Stunden zwischen dem Mord und ihrem Eintreffen bei Moeding verbracht hatte. Man ist in der glücklichen Lage, diese Schilderung wörtlich zu zitieren, da Katharina alles schriftlich niederlegte und Blorna zur Verwendung beim Prozess überließ.

»In das Journalistenlokal bin ich nur gegangen, um ihn mir mal anzuschauen. Ich wollte wissen, wie solch ein Mensch aussieht, was er für Gebärden hat, wie er spricht, trinkt, tanzt — *dieser* Mensch, der mein Leben zerstört hat. Ja, ich bin vorher in Konrads Wohnung gegangen und habe mir die Pistole geholt, und ich habe sie sogar selbst geladen. Das hatte ich mir genau zeigen lassen, als wir damals im Wald geschossen haben. Ich wartete in dem Lokal eineinhalb bis zwei Stunden, aber er kam nicht. Ich hatte mir vorgenommen, wenn er zu widerlich wäre, gar nicht zu dem Interview zu gehen, und hätte ich ihn vorher gesehen, wäre ich auch nicht hingegangen. Aber er kam ja nicht in die Kneipe. Um den Belästigungen zu entgehen, habe ich den Wirt, er heißt Kraffluhn, Peter, und ich kenne ihn von meinen Nebenbeschäftigungen her, wo er manchmal als Oberkellner aushilft — ich habe ihn gebeten, mich beim Ausschank hinter der Theke helfen zu lassen. Peter wusste natürlich, was in der ZEITUNG über mich gelaufen war, er hatte mir versprochen, mir ein Zeichen zu geben, wenn Tötges auftauchen sollte. Ein paarmal, weil ja nun Karneval war, habe ich mich auch zum Tanz auffordern lassen, aber als Tötges nicht kam, wurde ich doch sehr nervös, denn ich wollte nicht unvorbereitet mit ihm zusammentreffen. Nun, um zwölf bin ich dann nach Hause gefahren, und es war mir scheußlich in der verschmierten und verdreckten Wohnung. Ich habe nur ein paar Minuten warten müssen, bis es klingelte, gerade Zeit genug, die Pistole zu entsichern und griffbereit in meiner Handtasche zu platzieren. Ja und dann klingelte es, und er stand schon vor der Tür, als ich aufmachte, und ich hatte doch gedacht, er hätte unten geklingelt, und ich hätte noch ein paar Minuten Zeit, aber er war schon mit dem Aufzug raufgefahren, und da stand er vor mir, und ich war erschrocken. Nun, ich sah sofort, welch ein Schwein er war, ein richtiges Schwein. Und dazu hübsch. Was man so hübsch nennt. Nun, Sie haben ja die Fotos gesehen. Er sagte >Na, Blümchen, was machen wir zwei denn jetzt?< Ich sagte kein Wort, wich ins Wohnzimmer zurück, und er kam mir nach und sagte: >Was guckst du mich denn so entgeistert an, mein Blümelein - ich schlage vor, dass wir jetzt erst einmal bumsen.< Nun, inzwischen war ich bei meiner Handtasche, und er ging mir an die Kledage, und ich dachte: >Bumsen, meinetwegen<, und ich hab die Pistole rausgenommen und sofort auf ihn geschossen. Zweimal, dreimal, viermal. Ich weiß nicht mehr genau. Wie oft, das können Sie ja in dem Polizeibericht nachlesen. Ja, nun müssen Sie nicht glauben, dass es was Neues für mich war, dass ein Mann mir an die Kledage wollte — wenn Sie von Ihrem vierzehnten Lebensjahr an, und schon früher, in Haushalten arbeiten, sind Sie was gewohnt. Aber dieser Kerl -und dann >Bumsen<, und ich dachte: Gut, jetzt bumst's. Natürlich hatte er damit nicht gerechnet, und er guckte mich noch ,ne halbe Sekunde oder so erstaunt an, so wie im Kino, wenn einer plötzlich aus heiterem Himmel erschossen wird. Dann fiel er um, und ich glaube, dass er tot war. Ich habe die Pistole neben ihn geschmissen und bin raus, mit dem Aufzug runter, und zurück in die Kneipe, und Peter war erstaunt, denn ich war kaum eine halbe Stunde weg gewesen. Ich habe dann weiter an der Theke gearbeitet, habe nicht mehr getanzt, und die ganze Zeit über dachte ich >Es ist wohl doch nicht wahr<, ich wusste aber, dass es wahr war. Und Peter kam manchmal zu mir und sagte: Der kommt heute nicht, dein Kumpel da, und ich sagte: Sieht ganz so aus. Und tat gleichgültig. Bis vier habe ich Schnäpse ausgeschenkt und Bier gezapft und Sektflaschen geöffnet und Rollmöpse serviert. Dann bin ich gegangen, ohne mich von Peter zu verabschieden, bin erst in eine Kirche nebenan, hab da vielleicht eine halbe Stunde gesessen und an meine Mutter gedacht, an dieses verfluchte, elende Leben, das sie gehabt hat, und auch an meinen Vater, der immer, immer nörgelte, immer, und auf Staat und Kirche, Behörden und Beamte, Offiziere und alles schimpfte, aber wenn er mal mit einem von denen zu tun hatte, dann ist er gekrochen, hat fast gewinselt vor Unterwürfigkeit. Und an meinen Mann, Brettloh, an diesen miesen Dreck, den er diesem Tötges erzählt hatte, an meinen Bruder natürlich, der ewig und ewig hinter meinem Geld her war, wenn ich nur ein paar Mark verdient hatte, und sie mir abknöpfte für irgendeinen Blödsinn, Kleider oder Motorräder oder Spielsalons, und natürlich auch an den Pfarrer, der mich in der Schule immer »unser rötliches Kathrinchen« genannt hat, und ich wusste gar

nicht, was er meinte, und die ganze Klasse lachte, weil ich dann wirklich rot wurde. Ja. Und
80 natürlich auch an Ludwig. Dann bin ich aus der Kirche raus und ins nächstbeste Kino, und
wieder raus aus dem Kino, und wieder in eine Kirche, weil das an diesem Karnevalssonntag der einzige Ort war, wo man ein bisschen Ruhe fand. Ich dachte natürlich auch an den Erschossenen da in meiner Wohnung. Ohne Reue, ohne Bedauern. Er wollte doch bumsen, und ich habe gebumst, oder? Und einen Augenblick lang dachte ich, es wäre der Kerl, der
85 mich nachts angerufen hat und der auch die arme Else dauernd belästigt hat. Ich dachte, das ist doch die Stimme, und ich wollte ihn noch ein bisschen quatschen lassen, um es herauszukriegen, aber was hätte mir das genutzt? Und dann hatte ich plötzlich Lust auf einen starken Kaffee und bin zum Café Bekering gegangen, nicht ins Lokal, sondern in die Küche, weil ich Käthe Bekering, die Frau des Besitzers, von der Haushaltsschule her kenne. Käthe war sehr
90 nett zu mir, obwohl sie ziemlich viel zu tun hatte. Sie hat mir eine Tasse von ihrem eigenen Kaffee gegeben, den sie ganz nach Omas Art noch richtig auf den gemahlenen Kaffee aufschüttet. Aber dann fing sie auch mit dem Kram aus der ZEITUNG an, nett, aber doch auf eine Weise, als glaubte sie wenigstens ein bisschen davon — und wie sollen die Leute denn auch wissen, dass das alles gelogen ist. Ich habe ihr zur erklären versucht, aber sie hat nicht
95 verstanden, sondern nur mit den Augen gezwinkert und gesagt: ›Und du liebst also diesen Kerl wirklich«, und ich habe gesagt ›Ja‹. Und dann habe ich mich für den Kaffee bedankt, hab mir draußen ein Taxi genommen und bin zu diesem Moeding gefahren, der damals so nett zu mir war. «

[…]

(Aus: Heinrich Böll, *Die verlorene Ehre der Katharina Blum,* Deutscher Taschenbuch Verlag, 1981, S. 32—35.)

Arbeitsaufgaben:

1. Informieren Sie sich über den Autor und die Erzählung und deren Entstehungsgeschichte. Was bedeutet die „Zeitung" für Heinrich Böll?
2. Welche Vorstellung von Zeitungen haben Sie?
3. Welche Art von Journalismus kritisiert Heinrich Böll im hier vorliegenden Textauszug?
4. Welche charakteristischen Merkmale der Boulevardpresse werden in den journalistischen Beiträgen deutlich, die der Autor in den Erzähltext (Zeilen 2—8, 11—21) mit einfließen lässt?
5. Versetzen Sie sich in Katharina Blum, die im Lokal eineinhalb bis zwei Stunden auf Tötges wartet (Zeile 33), und versuchen Sie ihre Gedanken in Form eines inneren Monologs wiederzugeben.
6. Wie wird Tötges charakterisiert? Welches seiner Worte beleidigt die empfindsame Katharina besonders und ist daher zur Sprache gewordene Gewalt?
7. Katharina Blum erschießt den verantwortlichen Redakteur, um ihre Ehre wiederherzustellen. Diskutieren Sie die Frage, ob ihre Gewalttat dadurch legitimiert ist.
8. Mitte der 70er-Jahre des vergangenen Jahrhunderts interpretierte der Literaturkritiker Marcel Reich-Ranicki Bölls Erzählung wie folgt: »Das Individuum als Opfer der Massenblätter und somit auch Opfer der Gesellschaft, die solche Blätter duldet, - unzählige Male hat man sich mit dieser Frage befasst. « Diskutieren Sie diese Ansicht in Bezug auf den Textauszug.

Günter Grass

Grünter Grass wurde im Jahr 1927 als Sohn einer kaschubiesch-slawischen Mutter und eines protestantischen Vaters geboren. Mit 10 Jahren wurde er Mitglied des Jungvolks, mit 14 der Hitler-Jugend, mit 15 Luftwaffenhelfer und mit 17 Jahren Panzerschütze an der Ostfront. All diese Erfahrungen verarbeitete er in seinem ersten Roman »Die Blechtrommel« (1959), mit dessen Erscheinen er auch international bekannt wurde und sein Leben sich durch den Ruhm schlagartig veränderte, und in der Novelle »Katz und Maus« (1961) sowie in dem Roman »Hundejahre« (1963), in den Werken dieser sog. „Danziger Trilogie". Die Einberufung zum Kriegsdienst beendete seinen Besuch des Gymnasiums; Grass absolvierte nach der Entlassung aus amerikanischer Gefangenschaft eine Steinmetzlehre, studierte Graphik und Bildhauerei in Düsseldorf und Berlin und lebte hierauf als Bildhauer, Graphiker und Schriftsteller in Paris.

1956 erschien der erste Gedichtband mit Zeichnungen. 1960 kehrte er nach Berlin zurück. Er unterstützte die Politik der SPD und nahm von 1961-1972 aktiv an ihrem Wahlkampf teil, ohne ihr anzugehören. Seine Werke dieser Zeit, »Die Plebejer proben den Aufstand« (1965), »Örtlich betäubt« (1969) und »Aus dem Tagebuch einer Schnecke« (1972), sind von Erfahrungen dieses politischen Engagements geprägt. 1972 zog er sich aus der Öffentlichkeit nach Holstein zurück. Seine Haltung ist seit den 80er Jahren von tiefer Skepsis bestimmt, wie sie seine Romane »Der Butt« (1977), »Kopfgeburten« (1979) und »Die Rättin« (1986) verdeutlichen.

1999 erhielt Grass den Nobelpreis. Weitere Werke sind: »Unkenrufe« (1992), »Ein weites Feld « (1995), »Mein Jahrhundert« (1999), »Im Krebsgang« (2002) und »Beim Häuten der Zwiebel« (2006).

Die Blechtrommel
(Auszug)

[...]

Ich schlief in einem Wäschekorb voller Briefe, die nach Lodz, Lublin, Lwow, Torun, Krakow und Czestochowa hinwollten, die von Lodz, Lublin, Lemberg, Thorn, Krakau und Tschenstochau herkamen. Ich träumte aber weder von der Matka Boska Czestochowska noch von der schwarzen Madonna, knabberte weder träumend an Marszalek Pilsudskis in Krakau
5 aufbewahrtem Herzen noch an jenen Lebkuchen, die die Stadt Thorn so berühmt gemacht haben. Nicht einmal von meiner immer noch nicht reparierten Trommel träumte ich. Traum-

los auf Briefen in rollbarem Wäschekorb liegend, vernahm Oskar nichts von jenem Wispern, Zischeln, Plaudern, von jenen Indiskretionen, die angeblich laut werden sollen, wenn viele Briefe auf einem Haufen liegen. Mir sagten die Briefe kein Wörtchen, ich hatte keine Post
10 zu erwarten, niemand durfte in mir einen Empfänger oder gar Absender sehen. Selbstherrlich schlief ich mit eingezogener Antenne auf einem Berg Post, der nachrichtenträchtig die Welt hätte bedeuten können.

So weckte mich verständlicherweise nicht jener Brief, den irgendein Pan Lech Milewczyk aus Warschau seiner Nichte in Danzig-Schidlitz schrieb, ein Brief also, alarmierend genug,
15 um eine tausendjährige Schildkröte wecken zu können; mich weckte entweder nahes Maschinengewehrfeuer oder die fernen, nachgrollenden Salven aus den Doppeltürmen der Linienschiffe im Freihafen.

Das schreibt sich so leicht hin: Maschinengewehre, Doppeltürme. Hätte es nicht auch ein Platzregen, Hagelschauer, der Aufmarsch eines spätsommerlichen Gewitters, ähnlich jenem
20 Gewitter anlässlich meiner Geburt, sein können? Ich war zu verschlafen, derlei Spekulationen nicht mächtig und folgerte, noch die Geräusche im Ohr bewahrend, treffend und wie alle Verschlafenen die Situation direkt beim Namen nennend: Jetzt schießen sie!

Kaum aus dem Wäschekorb geklettert, noch unsicher in den Sandalen stehend, besorgte Oskar sich um das Wohl seiner empfindlichen Trommel. Mit beiden Händen grub er jenem
25 Korb, der seinen Schlaf beherbergt hatte, ein Loch in den zwar locker, aber verschachtelt geschichteten Briefen, ging jedoch nicht brutal vor, indem er zerriss, knickte und gar entwertete; nein, vorsichtig löste ich die miteinander verfilzte Post, trug jeder der zumeist violetten, mit dem »Poczta Polska« Stempel bedachten Briefe, sogar Postkarten Sorge, gab acht, dass sich kein Kuvert öffnete; denn selbst angesichts unabwendbarer, alles ändernder Ereignisse
30 sollte das Postgeheimnis immer gewahrt bleiben.

Im selben Maße wie das Maschinengewehrfeuer zunahm, weitete sich der Trichter in jenem Wäschekorb voller Briefe. Endlich ließ ich es genug sein, bettete meine todkranke Trommel in dem frisch aufgeworfenen Lager, bedeckte sie dicht, nicht nur dreifach, nein, zehn- bis zwanzigfach auf ähnliche Art verzahnt mit den Umschlägen, wie Maurer Ziegel fü-
35 gen, wenn es gilt, eine stabile Wand zu errichten.

Kaum hatte ich diese Vorsichtsmaßnahme, von der ich mir Splitter- und Kugelschutz für mein Blech erhoffen durfte, beendet, als an der Fassade, die das Postgebäude zum Heveliusplatz hin begrenzte, etwa in Höhe der Schalterhalle die erste Panzerabwehrgranate detonierte. Die Polnische Post, ein massiver Ziegelbau, durfte getrost eine Anzahl dieser Einschläge hin-
40 nehmen, ohne befürchten zu müssen, dass es den Leuten der Heimwehr gelänge, kurzes Spiel zu machen, schnell eine Bresche zu schlagen, breit genug für einen frontalen, oft exerzierten Sturmangriff.

Ich verließ meinen sicheren, fensterlosen, von drei Büroräumen und dem Korridor der ersten Etage eingeschlossenen Lagerraum für Briefsendungen, um nach Jan Bronski zu
45 schauen. Wenn ich nach meinem mutmaßlichen Vater Jan Ausschau hielt, suchte ich selbstverständlich und fast mit noch größerer Begierde den invaliden Hausmeister Kobyella. War ich doch am Vorabend mit der Straßenbahn, auf mein Abendessen verzichtend, in die Stadt,

zum Heveliusplatz und hinein in jenes mir sonst gleichgültige Postgebäude gekommen, um meine Trommel reparieren zu lassen. Wenn ich also den Hausmeister nicht rechtzeitig, das heißt, vor dem mit Sicherheit zu erwartenden Sturmangriff fand, war an eine sorgfältige Befestigung meines haltlosen Bleches kaum noch zu denken.

Oskar suchte also den Jan und meinte den Kobyella. Mehrmals durchmaß er mit auf der Brust gekreuzten Armen den langen gefliesten Korridor, blieb aber mit seinem Schritt alleine. Zwar unterschied er einzelne, sicher vom Postgebäude aus abgegebene Gewehrschüsse von der anhaltenden Munitionsvergeudung der Heimwehrleute, aber die sparsamen Schützen mussten in ihren Büroräumen die Poststempel gegen jene anderen, gleichfalls stempelnden Instrumente ausgetauscht haben. Im Korridor stand, lag oder hielt sich keine Bereitschaft für einen eventuellen Gegenangriff bereit. Da patrouillierte nur Oskar, war wehrlos und ohne Trommel dem Geschichte machenden Introitus einer viel zu frühen Morgenstunde ausgesetzt, die allenfalls Blei, aber kein Gold im Munde trug.

Auch in den Büroräumen zum Posthof hin fand ich keine Menschenseele. Leichtsinn, stellte ich fest. Man hätte das Gebäude auch in Richtung Schneidemühlengasse sichern müssen. Das dort liegende Polizeirevier, durch einen bloßen Bretterzaun vom Posthof und der Paketrampe getrennt, bildete eine so günstige Angriffsposition, wie sie nur noch im Bilderbuch zu finden sein mag. Ich klapperte die Büroräume, den Raum für eingeschriebene Sendungen, den Raum der Geldbriefträger, die Lohnkasse, die Telegrammannahme ab: Da lagen sie. Hinter Panzerplatten und Sandsäcken, hinter umgestürzten Büromöbeln lagen sie, stockend, fast sparsam schießend.

In den meisten Räumen hatten schon einige Fensterscheiben Bekanntschaft mit den Maschinengewehren der Heimwehr gemacht. Flüchtig besah ich mir den Schaden und stellte mit jenem Fensterglas Vergleiche an, das unter dem Eindruck meiner diamantenen Stimme in ruhig, tief atmenden Friedenszeiten zusammengebrochen war. Nun, wenn man von mir einen Beitrag zur Verteidigung der Polnischen Post forderte, wenn etwa jener kleine, drahtige Doktor Michon nicht als postalischer, sondern als militärischer Direktor der Post an mich heranträte, um mich vereidigend in Polens Dienste zu nehmen, an meiner Stimme sollte es nicht fehlen: Für Polen und Polens wildblühende und dennoch immer wieder Früchte tragende Wirtschaft hätte ich gerne die Scheiben aller gegenüberliegenden Häuser am Heveliusplatz, die Verglasung der Häuser am Rähm, die gläserne Flucht an der Schneidemühlengasse, inklusive Polizeirevier, und fernwirkender als je zuvor, die schöngeputzten Fensterscheiben des Altstädtischen Grabens und der Rittergasse binnen Minuten zu schwarzen, Zugluft fördernden Löchern gemacht. Das hätte Verwirrung unter den Leuten der Heimwehr, auch unter den zuguckenden Bürgern gestiftet. Das hätte den Effekt mehrerer schwerer Maschinengewehre ersetzt, das hätte schon zu Anfang des Krieges an Wunderwaffen glauben lassen, das hätte dennoch nicht die Polnische Post gerettet.

Oskar kam nicht zum Einsatz. Jener Doktor Michon mit dem polnischen Stahlhelm auf dem Direktorenkopf vereidigte mich nicht, sondern gab mir, als ich die Treppe zur Schalterhalle hinunter hastete, ihm zwischen die Beine lief, eine schmerzhafte Ohrfeige, um gleich nach dem Schlag, laut und polnisch fluchend, abermals seinen Verteidigungsgeschäften nachzugehen. Mir blieb nichts anderes übrig, als den Schlag hinzunehmen. Die Leute, mithin auch der Doktor Michon, der schließlich die Verantwortung trug, waren aufgeregt, fürchteten sich und konnten als entschuldigt gelten.

Die Uhr in der Schalterhalle sagte mir, dass es zwanzig nach vier war. Als es einundzwanzig nach vier war, konnte ich annehmen, dass die ersten Kampfhandlungen dem Uhrwerk keinen Schaden zugefügt hatten. Sie ging, und ich wusste nicht, ob ich diesen Gleichmut der Zeit als schlechtes oder gutes Zeichen werten sollte.

Jedenfalls blieb ich vorerst in der Schalterhalle, suchte Jan und Kobyella, ging dem Doktor Michon aus dem Wege, fand weder den Onkel noch den Hausmeister, stellte Schäden an der Verglasung der Halle fest, auch Sprünge und hässliche Lücken im Putz neben dem Hauptportal und durfte Zeuge sein, als man die ersten zwei Verwundeten herbeitrug. Der eine, ein älterer Herr mit immer noch sorgfältig gescheiteltem Grauhaar, sprach ständig und erregt, während man den Streifschuss an seinem rechten Oberarm verband. Kaum hatte man die leichte Wunde weiß eingewickelt, wollte er aufspringen, nach seinem Gewehr greifen und sich abermals hinter die wohl doch nicht kugelsicheren Sandsäcke werfen. Wie gut, dass ein leichter, durch starken Blutverlust verursachter Schwächeanfall ihn wieder zu Boden zwang und ihm jene Ruhe befahl, ohne die ein älterer Herr kurz nach einer Verwundung nicht zu Kräften kommt. Zudem gab ihm der kleine, nervige Fünfziger, der einen Stahlhelm trug, aber aus zivilem Brusttäschchen das Dreieck eines Kavaliertaschentuches hervorlugen ließ, dieser Herr mit den noblen Bewegungen eines beamteten Ritters, der Doktor war und Michon hieß, der Jan Bronski am Vorabend streng ins Verhör genommen hatte, gab dem älteren blessierten Herrn den Befehl, im Namen Polens Ruhe zu bewahren.

Der zweite Verwundete lag schwer atmend auf einem Strohsack und zeigte kein Verlangen mehr nach den Sandsäcken. In regelmäßigen Abständen schrie er laut und ohne Scham, weil er einen Bauchschuss hatte.

Gerade wollte Oskar noch einmal die Reihe der Männer hinter den Sandsäcken inspizieren, um endlich auf seine Leute zu treffen, da ließen zwei fast gleichzeitige Granateinschläge über und neben dem Hauptportal die Schalterhalle klirren. Die Schränke, die man vor das Portal gerückt hatte, sprangen auf und gaben Stöße gehefteter Akten frei, die dann auch richtig aufflatterten, den ordentlichen Halt verloren, um auf den Fliesen landend und gleitend Zettel zu berühren und zu decken, die sie im Sinne einer sachgemäßen Buchhaltung nie hätten kennenlernen dürfen. Unnütz zu sagen, dass restliches Fensterglas splitterte, dass größere und kleinere Felder Putz von den Wänden und von der Decke fielen. Man schleppte einen weiteren Verwundeten durch Gips- und Kalkwolken in die Mitte des Raumes, dann jedoch, auf Befehl des Stahlhelmes Doktor Michon, die Treppe hinauf ins erste Stockwerk.

Oskar folgte den Männern mit dem von Stufe zu Stufe aufstöhnenden Postbeamten, ohne dass ihn jemand zurückrief, zur Rede stellte oder gar, wie es kurz zuvor der Michon für nötig befunden hatte, mit grober Männerhand ohrfeigte. Allerdings gab er sich auch Mühe, keinem der Erwachsenen zwischen die Postverteidigerbeine zu laufen.

Als ich hinter den langsam die Treppe bewältigenden Männern das erste Stockwerk erreichte, bestätigte sich meine Ahnung: Man brachte den Verwundeten in jenen fensterlosen

130　und deshalb sicheren Lagerraum für Briefsendungen, den ich eigentlich für mich reserviert hatte. Auch glaubte man, da es an Matratzen mangelte, in den Briefkörben zwar zu kurze, aber immerhin weiche Unterlagen für die Blessierten zu finden. Schon bereute ich, meine Trommel in einem dieser rollbaren Wäschekörbe voller unbestellbarer Post eingemietet zu haben. Würde das Blut dieser aufgerissenen, durchlöcherten Briefträger und Schalterbeam-
135　ten nicht durch die zehn oder zwanzig Papierlagen hindurchsickern und meinem Blech eine Farbe geben, die es bisher nur als Lackanstrich gekannt hatte? Was hatte meine Trommel mit dem Blute Polens gemeinsam! Mochten sie ihre Akten und Löschblätter mit dem Saft färben! Mochten sie doch das Blau aus ihren Tintenfässern stürzen und mit Rot nachfüllen! Mochten sie doch ihre Taschentücher, weißen gestärkten Hemden zur gutpolnischen Hälfte röten!
140　Schließlich ging es um Polen und nicht um meine Trommel! Wenn es ihnen schon darauf ankam, dass Polen, wenn verloren, dann weißrot verloren gehe, musste dann meine Trommel, verdächtig genug durch den frischen Anstrich, gleichfalls verloren gehen?

　　Langsam setzte sich in mir der Gedanke fest: Es geht gar nicht um Polen, es geht um mein verbogenes Blech. Jan hatte mich in die Post gelockt, um den Beamten, denen Polen als Fa-
145　nal nicht ausreichte, ein zündendes Feldzeichen zu bringen. Nachts, während ich in dem rollbaren Briefkorb schlief, doch weder rollte noch träumte, hatten es sich die wachenden Postbeamten wie eine Parole zugeflüstert: Eine sterbende Kindertrommel hat bei uns Zuflucht gesucht. Wir sind Polen, wir müssen sie schützen, zumal England und Frankreich einen Garantievertrag mit uns abgeschlossen haben.

150　Während mir derlei unnütz abstrakte Überlegungen vor der halboffenen Tür des Lagerraumes für Briefsendungen die Handlungsfreiheit beschränkten, wurde im Posthof erstmals Maschinengewehrfeuer laut. Wie von mir vorausgesagt, wagte die Heimwehr ihren ersten Angriff vom Polizeirevier aus, an der Schneidemühlengasse. Kurz darauf hob es uns allen die Füße: Es war denen von der Heimwehr gelungen, die Tür zum Paketraum oberhalb der Ver-
155　laderampe für die Postautos in die Luft zu sprengen. Gleich darauf waren sie im Paketraum, dann in der Paketannahme, die Tür zum Korridor, der zur Schalterhalle führte, stand schon offen.

　　Die Männer, die den Verwundeten hochgeschleppt und in jenem Briefkorb gebettet hatten, der meine Trommel barg, stürzten davon, andere folgten ihnen. Dem Lärm nach schloss ich,
160　man kämpfe im Korridor des Parterre, dann in der Paketannahme. Die Heimwehr musste sich zurückziehen.

　　Zögernd erst, doch dann bewusster, betrat Oskar den Lagerraum für die Briefe. Der Verwundete hatte ein gelbgraues Gesicht, zeigte die Zähne und arbeitete mit den Augäpfeln hinter geschlossenen Lidern. Fädenziehendes Blut spuckte er. Da ihm der Kopf jedoch über den
165　Rand des Briefkorbes hing, bestand wenig Gefahr, dass er die Postsendungen besudelte. Oskar musste sich auf die Zehenspitzen stellen, um in den Korb langen zu können. Das Gesäß des Mannes wuchtete genau dort, wo seine Trommel begraben lag. Es gelang Oskar, erst vorsichtig, auf den Mann und die Briefe Rücksicht nehmend, dann kräftiger ziehend, schließlich reißend und fetzend mehrere Dutzend Umschläge unter dem Stöhnenden hervorzuklauben.

170　Heute möchte ich sagen, ich spürte schon den Rand meiner Trommel, da stürmten Männer die Treppe hoch, den Korridor entlang. Sie kamen zurück, hatten die Heimwehr aus dem Paketraum vertrieben, waren vorerst Sieger; ich hörte sie lachen.

Hinter einem der Briefkörbe versteckt, wartete ich nahe der Tür, bis die Männer bei dem Verwundeten waren. Zuerst laut redend und gestikulierend, dann leise fluchend, verbanden sie ihn.

In Höhe der Schalterhalle schlugen zwei Panzerabwehrgranaten ein - abermals zwei, dann Stille. Die Salven der Linienschiffe im Freihafen, der Westerplatte gegenüber, rollten fern, gutmütig brummend und gleichmäßig - man gewöhnte sich daran.

Ohne von den Männern bei dem Verwundeten bemerkt zu werden, verdrückte ich mich aus dem Lagerraum für Briefsendungen, ließ meine Trommel im Stich und machte mich abermals auf die Suche nach Jan, meinem mutmaßlichen Vater und Onkel, auch nach dem Hausmeister Kobyella.

In der zweiten Etage befand sich die Dienstwohnung des Oberpostsekretärs Naczalnik, der seine Familie rechtzeitig nach Bromberg oder Warschau geschickt haben mochte. Zuerst suchte ich einige Magazinräume zur Posthofseite ab und fand dann Jan und den Kobyella im Kinderzimmer der Naczalnikschen Dienstwohnung.

Ein freundlicher heller Raum mit lustiger, leider an einigen Stellen durch verirrte Gewehrkugeln verletzter Tapete. Hinter zwei Fenster hätte man sich in friedlichen Zeiten stellen können, hätte den Heveliusplatz beobachtend, seinen Spaß gehabt. Ein noch unverletztes Schaukelpferd, diverse Bälle, eine Ritterburg voller umgestürzter Bleisoldaten zu Fuß und zu Pferde, ein aufgeklappter Pappkarton voller Eisenbahnschienen und Güterwagenminiaturen, mehrere mehr oder weniger mitgenommene Puppen, Puppenstuben, in denen Unordnung herrschte, kurz, ein Überangebot an Spielzeug verriet, dass der Oberpostsekretär Naczalnik Vater zweier reichlich verwöhnter Kinder, eines Jungen und eines Mädchens, sein musste. Wie gut, dass die Gören nach Warschau evakuiert worden waren, dass mir eine Begegnung mit ähnlichem Geschwisterpaar, wie ich es von den Bronskis her kannte, erspart blieb. Mit leichter Schadenfreude stellte ich mir vor, wie es dem Bengel des Oberpostsekretärs leid getan haben mochte, von seinem Kinderparadies voller Bleisoldaten Abschied nehmen zu müssen. Vielleicht hatte er sich einige Ulanen in die Hosentasche gesteckt, um späterhin, bei den Kämpfen um die Festung Modlin, die polnische Kavallerie verstärken zu können.

Oskar redet zuviel von Bleisoldaten und kann sich dennoch nicht an dem Geständnis vorbeidrücken: Auf dem obersten Tablar eines Gestelles für Spielzeug, Bilderbücher und Gesellschaftsspiele reihten sich Musikinstrumente in kleinem Format. Eine honiggelbe Trompete stand tonlos neben einem, den Kampfhandlungen gehorchenden, das heißt, bei jedem Granateneinschlag bimmelnden Glockenspiel. Rechts außen zog sich schief und buntbemalt eine Ziehharmonika in die Länge. Die Eltern waren überspannt genug gewesen, ihrem Nachwuchs eine richtige kleine Geige mit vier richtigen Geigensaiten zu schenken. Neben der Geige stand, ihr weißes unbeschädigtes Rund zeigend, durch einige Bauklötze blockiert, so am Davonrollen gehindert, eine - man mag es nicht glauben wollen -weißrot gelackte Blechtrommel.

Ich versuchte erst gar nicht, die Trommel mit eigener Kraft vom Gestell herunterzuziehen.

Oskar war sich seiner beschränkten Reichweite bewusst und erlaubte sich in Fällen, da seine Gnomenhaftigkeit in Hilflosigkeit überschlug, Erwachsene um Gefälligkeiten anzugehen.

Jan Bronski und Kobyella lagen hinter Sandsäcken, die die unteren Drittel der bis zum
215 Fußboden reichenden Fenster füllten. Jan gehörte das linke Fenster. Kobyella hatte rechts seinen Platz. Sofort begriff ich, dass der Hausmeister jetzt kaum die Zeit fände, meine Trommel, die unter dem Blut spuckenden Verwundeten lag und sicherlich mehr und mehr zusammengedrückt wurde, hervorzuziehen und zu reparieren; denn der Kobyella war vollauf beschäftigt: In regelmäßigen Abständen schoss er mit seinem Gewehr durch eine im Sand-
220 sackwall ausgesparte Lücke über den Heveliusplatz in Richtung Ecke Schneidemühlengasse, wo kurz vor der Radaunebrücke ein Pak-Geschütz Stellung bezogen hatte.

Jan lag zusammengekauert, hielt den Kopf verborgen und zitterte. Ich erkannte ihn nur an seinem eleganten, nun jedoch mit Kalk und Sand bestäubten, dunkelgrauen Anzug. Die Schnürsenkel seines rechten, gleichfalls grauen Schuhes hatten sich gelöst. Ich bückte mich
225 und band sie ihm zur Schleife. Als ich die Schleife anzog, zuckte Jan, schob sein viel zu blaues Augenpaar über den linken Ärmel und starrte mich unbegreiflich blau und wässrig an. Obgleich er, wie Oskar sich flüchtig prüfend überzeugte, nicht verwundet war, weinte er lautlos. Jan Bronski hatte Angst. Ich ignorierte sein Geflenne, wies auf die Blechtrommel des evakuierten Naczalnikschen Sohnes und forderte Jan mit deutlichen Bewegungen auf, bei
230 aller Vorsicht und den toten Winkel des Kinderzimmers nutzend, sich an das Gestell heran-zumachen, mir das Blech herunterzulangen. Mein Onkel verstand mich nicht. Mein mutmaß-licher Vater begriff mich nicht. Der Geliebte meiner armen Mama war mit seiner Angst so beschäftigt und ausgefüllt, dass meine ihn um Hilfe angehenden Gesten allenfalls geeignet waren, seine Angst zu steigern. Oskar hätte ihn anschreien mögen, musste aber befürchten,
235 vom Kobyella, der nur auf sein Gewehr zu hören schien, entdeckt zu werden.

So legte ich mich links neben Jan hinter die Sandsäcke, drückte mich an ihn, um einen Teil meiner mir geläufigen Gleichmut auf den unglücklichen Onkel und mutmaßlichen Vater zu übertragen. Bald darauf wollte er mir auch etwas ruhiger vorkommen.

Es gelang meinem regelmäßig betonten Atem, seinem Puls eine ungefähre Regelmäßigkeit
240 zu empfehlen. Als ich dann, allerdings viel zu früh, Jan ein zweites Mal auf die Blechtrom-mel des Naczalnik Junior aufmerksam machte, indem ich seinen Kopf zwar langsam und sanft, schließlich bestimmt in Richtung des mit Spielzeug überladenen Holzgestelles zu dre-hen versuchte, verstand mich Jan abermals nicht. Angst besetzte ihn von unten nach oben, flutete von oben nach unten zurück, fand unten, vielleicht wegen der Schuhsohlen mit Einla-
245 gen, so starken Widerstand, dass die Angst sich Luft machen wollte, aber zurückprallte, über Magen, Milz und Leber flüchtend in seinem armen Kopf dergestalt Platz nahm, dass ihm die Blauaugen vorquollen und verzwickte Äderchen im Weiß zeigten, die Oskar am Augapfel seines mutmaßlichen Vaters wahrzunehmen zuvor nicht Gelegenheit gefunden hatte.

Es kostete mich Mühe und Zeit, die Augäpfel des Onkels zurückzutreiben, seinem Herzen
250 einigen Anstand beizubringen. All mein Fleiß im Dienste der Ästhetik war jedoch umsonst, als die Leute von der Heimwehr zum erstenmal die mittlere Feldhaubitze einsetzten und in direktem Beschuss, durchs Rohr visierend, den Eisenzaun vor dem Postgebäude flach legten,

indem sie einen Ziegelpfeiler nach dem anderen mit bewundernswerter Genauigkeit, ein hohes Ausbildungsniveau verratend, ins Knie schlugen und zum endgültigen, das Eisengitter
255 mitreißenden Kniefall zwangen. Mein armer Onkel Jan erlebte jeden Sturz der fünfzehn bis zwanzig Pfeiler mit Herz und Seele und so leidenschaftlich betroffen mit, als stieße man nicht nur Sockel in den Staub, sondern hätte mit den Sockeln auch auf den Sockeln stehende imaginäre, dem Onkel vertraute und lebensnotwendige Götterbilder gestürzt.

Nur so lässt sich erklären, dass Jan jeden Treffer der Haubitze mit schrillem Schrei quit-
260 tierte, der, wäre er nur bewusster und gezielter geformt gewesen, gleich meinem glastötenden Schrei die Tugend eines scheibenschneidenden Diamanten gehabt hätte. Zwar schrie Jan inbrünstig, aber doch planlos und erreichte schließlich nur, dass der Kobyella seinen knochigen, invaliden Hausmeisterkörper zu uns herüberwarf, seinen mageren, wimpernlosen Vogelkopf hob und wässrig graue Pupillen über unserer Notgemeinschaft bewegte. Er
265 schüttelte Jan. Jan wimmerte. Er öffnete ihm das Hemd, suchte hastig Jans Körper nach einer Verwundung ab - fast hätte ich lachen müssen -, drehte ihn dann, als sich auch nicht die geringste Verletzung finden ließ, auf den Rücken, packte Jans Kinnlade, verschob die, ließ sie knacken, zwang Jans blauen Bronski-blick, das wässrig graue Flackern der Kobyellalichter auszuhalten, fluchte ihm polnisch und Speichel sprühend ins Gesicht und warf ihm schließ-
270 lich jenes Gewehr zu, welches Jan vor seiner extra für ihn ausgesparten Schießscharte bisher unbenutzt hatte liegen lassen; denn die Flinte war nicht einmal entsichert. Der Gewehrkolben schlug trocken gegen seine linke Kniescheibe. Der kurze und nach all den seelischen * Schmerzen erstmals körperliche Schmerz schien ihm gut zu tun, denn er fasste das Gewehr, wollte erschrecken, als er die Kälte der Metallteile in den Fingern und gleich darauf im Blut
275 hatte, kroch dann jedoch, vom Kobyella halb fluchend, halb zuredend angefeuert, auf seine Schießscharte zu.

Mein mutmaßlicher Vater hatte eine solch genaue und bei all seiner weich üppigen Phantasie realistische Vorstellung vom Krieg, dass es ihm schwer fiel, ja, unmöglich war, aus mangelnder Einbildungskraft mutig zu sein. Ohne dass er sein Schussfeld durch die ihm zu-
280 gewiesene Schießscharte wahrgenommen und ein lohnendes Ziel suchend abgetastet hätte, schoss er, das Gewehr schräg, weit von sich und über die Dächer der Häuser am Heveliusplatz richtend, schnell und blindlings ballernd sein Magazin leer, um sich abermals und mit ledigen Händen hinter den Sandsäcken zu verkriechen. Jener um Nachsicht bittende Blick, den Jan dem Hausmeister aus seinem Versteck zuwarf, las sich wie das schmollend verlege-
285 ne Schuldbekenntnis eines Schülers ab, der seine Aufgaben nicht gemacht hatte. Kobyella klappte mehrmals mit dem Unterkiefer, lachte dann laut, wie unaufhörlich, brach beängstigend plötzlich das Gelächter ab und trat Bronski, der ja als Postsekretär sein Vorgesetzter war, drei- oder viermal gegen das Schienbein, holte schon aus, wollte Jan seinen unförmigen Schnürschuh in die Seite knallen, ließ aber, als Maschinengewehrfeuer die restlichen oberen
290 Scheiben des Kinderzimmers abzählte und die Decke aufrauhte, den orthopädischen Schuh sinken, warf sich hinter sein Gewehr und gab mürrisch und hastig, als wollte er die mit Jan verlorene Zeit einholen, Schuss auf Schuss ab - was alles dem Munitionsverbrauch während des zweiten Weltkrieges zuzuzählen ist.

Hatte der Hausmeister mich nicht bemerkt? Er, der sonst so streng und unnahbar sein konnte, wie nur Kriegsinvaliden einen gewissen respektvollen Abstand herausfordern können, ließ mich in dieser windigen Bude, deren Luft bleihaltig war. Dachte Kobyella etwa: Das ist ein Kinderzimmer, folglich darf Oskar hier bleiben und während der Gefechtspausen spielen?

Ich weiß nicht, wie lange wir so lagen: ich zwischen Jan und der linken Zimmerwand, wir beide hinter den Sandsäcken, Kobyella hinter seinem Gewehr, für zwei schießend. Etwa gegen zehn Uhr ebbte das Feuer ab. So still wurde es, dass ich Fliegen brummen hörte, Stimmen und Kommandos vom Heveliusplatz her vernahm und der dumpf grollenden Arbeit der Linienschiffe im Hafenbecken zeitweilig Gehör schenkte. Ein heiterer bis wolkiger Septembertag, die Sonne pinselte Altgold, hauchdünn alles, empfindlich und dennoch schwerhörig. Es stand in den nächsten Tagen mein fünfzehnter Geburtstag bevor. Und ich wünschte mir, wie jedes Jahr im September, eine Blechtrommel, nichts Geringeres als eine Blechtrommel; auf alle Schätze dieser Welt verzichtend, richtete sich mein Sinnen nur und unverrückbar auf eine Trommel aus weißrot gelacktem Blech.

Jan rührte sich nicht. Kobyella schnaufte so gleichmäßig, dass Oskar schon annahm, er schlafe, nehme die kurze Kampfpause zum Anlass für ein Nickerchen, weil schließlich alle Menschen, selbst Helden dann und wann eines erfrischenden Nickerchens bedürfen. Nur ich war hellwach und mit aller Unerbittlichkeit meines Alters auf das Blech aus. Nicht etwa, dass mir erst jetzt, während zunehmender Stille und absterbendem Gebrumm einer vom Sommer ermüdeten Fliege, die Blechtrommel des jungen Naczalnik wieder in den Sinn gekommen wäre. Oskar hatte sie auch während des Gefechtes, umtobt vom Kampflärm, nicht aus dem Auge gelassen. Jetzt aber wollte sich mir jene Gelegenheit zeigen, die zu versäumen mir jeder Gedanke verbot.

Oskar erhob sich langsam, bewegte sich leise, Glasscherben ausweichend, dennoch zielstrebig auf das Holzgestell mit dem Spielzeug zu, türmte in Gedanken aus einem Kinderstühlchen mit draufgestelltem Baukasten schon ein Podest, das hoch und sicher genug gewesen wäre, ihn zum Besitzer einer funkelnagelneuen Blechtrommel zu machen, da holte mich Kobyellas Stimme und gleich darauf des Hausmeisters trockener Griff ein. Verzweifelt wies ich auf die so nahe Trommel. Kobyella zerrte mich zurück. Mit beiden Armen verlangte ich nach dem Blech. Der Invalide zögerte schon, wollte schon hochlangen, mich glücklich machen, da griff Maschinengewehrfeuer ins Kinderzimmer, vor dem Portal detonierten Panzerabwehrgranaten; Kobyella schleuderte mich in die Ecke zu Jan Bronski, goss sich wieder hinter sein Gewehr und lud schon zum zweitenmal durch, als ich noch immer mit den Augen bei der Blechtrommel war.

Da lag Oskar, und Jan Bronski, mein süßer blauäugiger Onkel, hob nicht einmal die Nase, als mich der Vogelkopf mit dem Klumpfuß und dem „wasserblick ohne Wimpernwuchs kurz vor dem Ziel beiseite, in jene Ecke hinter die Sandsäcke wischte. Nicht etwa, dass Oskar weinte! Wut vermehrte sich in mir. Fette, weißbläuliche, augenlose Maden vervielfältigten sich, suchten nach einem lohnenden Kadaver: Was ging mich Polen an! Was war das, Polen? Die hatten doch ihre Kavallerie! Sollten sie reiten! Die küssten den Damen die Hände und

335 merkten immer zu spät, dass sie nicht einer Dame die müden Finger, sondern einer Feldhaubitze ungeschminkte Mündung geküsst hatten. Und da entlud sie sich schon, die Jungfrau aus dem Geschlecht der Krupp. Da schnalzte sie mit den Lippen, imitierte schlecht und doch echt Schlachtgeräusche, wie sie in Wochenschauen zu hören sind, pfefferte ungenießbare Knallbonbons gegen das Hauptportal der Post, wollte die Bresche schlagen und schlug die B re-
340 sche und wollte durch die aufgerissene Schalterhalle hindurch das Treppenhaus anknabbern, damit keiner mehr rauf, keiner runter konnte. Und ihr Gefolge hinter den Maschinengewehren, auch die in den eleganten Panzerspähwagen, die so hübsche Namen wie »Ostmark« und »Sudetenland« draufgepinselt trugen, die konnten nicht genug bekommen, fuhren ratternd, gepanzert und spähend vor der Post auf und ab: zwei junge bildungsbeflissene Damen, die
345 ein Schloss besichtigen wollten, aber das Schloss hatte noch geschlossen. Das steigerte die Ungeduld der verwöhnten, immer Einlass begehrenden Schonen und zwang sie, Blicke, bleigraue, durchdringliche Blicke vom selben Kaliber in alle einsehbaren Gemächer des Schlosses zu werfen, damit es den Kastellanen heiß, kalt und eng werde.

Gerade rollte der eine Panzerspähwagen - ich glaube es war die »Ostmark« - von der Rit-
350 tergasse kommend wieder auf die Post zu, da schob Jan, mein seit geraumer Zeit wie lebloser Onkel, sein rechtes Bein gegen die Schießscharte, hob es in der Hoffnung, ein Spähwagen erspähe es, beschieße es; oder es erbarme sich ein verirrtes Geschoß, streife seine Wade oder Hacke und füge ihm jene Verletzung zu, die dem Soldaten den übertrieben gehumpelten Rückzug gestattet.

355 Es mochte diese Beinstellung dem Jan Bronski auf die Dauer anstrengend sein. Er musste sie von Zeit zu Zeit aufgeben. Erst als er sich auf den Rücken drehte, fand er, das Bein mit beiden Händen in der Kniekehle stützend, Kraft genug, um Wade und Hacke andauernder und mit mehr Aussicht auf Erfolg den streunenden und gezielten Geschossen anzubieten.

So groß mein Verständnis für Jan war und heute noch ist, begriff ich doch die Wut des
360 Kobyella, als jener seinen Vorgesetzten, den Postsekretär Bronski, in solch jämmerlicher und verzweifelter Haltung sah. Mit einem Sprung war der Hausmeister hoch., mit dem zweiten bei uns, über uns, packte schon zu, fasste Jans Stoff und mit dem Stoff Jan, hob das Bündel, schmetterte es zurück, hatte es wieder im Griff, ließ den Stoff krachen, schlug links, hielt rechts, holte rechts aus, ließ links fallen, erwischte noch rechts im Fluge und wollte mit links
365 und rechts gleichzeitig die große Faust machen, die dann zum großen Schlag losschicken, Jan Bronski, meinen Onkel, Oskars mutmaßlichen Vater treffen - da klirrte es, wie vielleicht Engel zur Ehre Gottes klirren, da sang es, wie im Radio der Äther singt, da traf, es nicht den Bronski, da traf es Kobyella, da hatte sich eine Granate einen Riesenspaß erlaubt, da lachten Ziegel sich zu Splitt, Scherben zu Staub, Putz wurde Mehl, Holz fand sein Beil, da hüpfte das
370 ganze komische Kinderzimmer auf einem Bein, da platzten die Käthe-Kruse-Puppen, da ging das Schaukelpferd durch und hätte so gerne einen Reiter zum Abwerfen gehabt, da ergaben sich Fehlkonstruktionen im Märklinbaukasten, und die polnischen Ulanen besetzten alle vier Zimmerecken gleichzeitig - da warf es endlich das Gestell mit dem Spielzeug um: und das Glockenspiel läutete Ostern ein, auf schrie die Ziehharmonika, die Trompete mag wem was
375 geblasen haben, alles gab gleichzeitig Ton an, ein probendes Orchester: das schrie, platzte,

wieherte, läutete, zerschellte, barst, knirschte, kreischte, zirpte ganz hoch und grub doch tief unten Fundamente aus. Mir aber, der ich mich, wie es zu einem Dreijährigen passte, während des Granateinschlages im Schutzengelwinkel des Kinderzimmers dicht unterm Fenster befunden hatte, mir fiel das Blech zu, die Trommel zu - und sie hatte nur wenige Sprünge im Lack und gar kein einziges Loch, Oskars neue Blechtrommel.

Als ich von meinem frischgewonnenen, sozusagen hastenichgesehn direkt vor die Füße gerollten Besitz aufblickte, sah ich mich gezwungen, Jan Bronski zu helfen. Es wollte ihm nicht gelingen, den schweren Körper des Hausmeisters von sich zu wälzen. Zuerst nahm ich an, es hätte auch Jan getroffen; denn er wimmerte sehr natürlich. Schließlich, als wir den Kobyella, der genauso natürlich stöhnte, zur Seite gerollt hatten, erwies sich der Schaden an Jans Körper als unbeträchtlich, Glassplitter hatten ihm lediglich die rechte Wange und den einen Handrücken geritzt. Ein schneller Vergleich erlaubte mir, festzustellen, dass mein mutmaßlicher Vater helleres Blut als der Hausmeister hatte, dem es die Hosenbeine in Höhe der Oberschenkel saftig und dunkel färbte.

Wer allerdings dem Jan das elegante, graue Jackett zerrissen und umgestülpt hatte, ließ sich nicht mehr in Erfahrung bringen. War es Kobyella oder die Granate? Es fetzte ihm übel von den Schultern, hatte das Futter gelöst, die Knöpfe befreit, die Nähte gespalten und die Taschen gekehrt.

Ich bitte um Nachsicht für meinen armen Jan Bronski, der zuerst alles wieder zusammenkratzte, was ihm ein grobes Unwetter aus den Taschen geschüttelt hatte, bevor er mit meiner Hilfe den Kobyella aus dem Kinderzimmer schleppte. Seinen Kamm fand er wieder, die Fotos seiner Lieben - es war auch ein Brustbild meiner armen Mama dabei -, seine Geldbörse hatte sich nicht einmal geöffnet. Mühsam alleine und auch nicht ungefährlich, da es die schützenden Sandsäcke zum Teil weggefegt hatte, war es für ihn, die weit im Zimmer zerstreuten Skatkarten einzusammeln; denn er wollte alle zweiunddreißig haben, und als er die zweiunddreißigste nicht fand, war er unglücklich, und als Oskar sie fand, zwischen zwei wüsten Puppenstuben fand, und ihm reichte, lächelte er, obgleich es Pique Sieben war.

Als wir den Kobyella aus dem Kinderzimmer geschleppt und endlich auf dem Korridor hatten, fand der Hausmeister die Kraft für einige, Jan Bronski verständliche Worte. »Is noch alles dran?« besorgte sich der Invalide. Jan griff ihm in die Hose zwischen die Altmännerbeine, hatte den Griff voll und nickte dem Kobyella zu.

Wie waren wir alle glücklich: Kobyella hatte seinen Stolz behalten dürfen, Jan Bronski hatte alle zweiunddreißig Skatkarten, inklusive Pique Sieben wiedergefunden, Oskar aber hatte eine neue Blechtrommel, die ihm bei jedem Schritt gegen das Knie schlug, während der durch den Blutverlust geschwächte Hausmeister von Jan und einem, den Jan Viktor nannte, eine Etage tiefer in den Lagerraum für Briefsendungen transportiert wurde.

[...]

(Aus: Grünter Grass, *Die Blechtrommel*. Sammlung Luchterhand Literaturverlag 1974, S. 267—284.)

Arbeitsaufgaben:

1. Informieren Sie sich über den Autor und den Roman in Literaturlexika, Autorenlexika oder Literaturgeschichten. Vergleichen Sie die dort gefundenen Informationen mit Ihren eigenen Eindrücken und Überlegungen zum Text.
2. Warum ist Oskar in der Polnischen Post? Wie kommt er zu einer neuen Blechtrommel?
3. Charakterisieren Sie Oscar in wenigen Worten.
4. Führen Sie fünf Textstellen auf, in denen die Charakterisierung Oskars besonders greifbar wird.
5. Die Polnische Post wird um 4.45 Uhr beschossen und angegriffen. Wissen Sie, was am 1. September 1939 exakt zu dieser Stunde in der Weltgeschichte passierte?
6. Welche Steigerung des Angriffs auf die Polnische Post kann man im Text erkennen?
7. Der Schluss des 9. Abschnittes (»... die allenfalls Blei, ...«, Zeile 60) ist eine verfremdete Redensart. Wie heißt sie eigentlich, und warum wird sie hier verfremdet?
8. Wie zeigt sich Jan Bronski während der Beschießung? Hat man das Gefühl, dass sich der Erzähler über diesen Mann lustig macht?
9. Deuten Sie die Stelle: »da hatte sich eine Granate einen Riesenspaß erlaubt, ... und grub doch tief unten Fundamente aus.« (Zeile 368—377). Welches rhetorische Mittel liegt hier der Darstellung zugrunde?
10. Im Text wechselt Oskar als Erzähler zwischen der Perspektive der 1. Person und der 3. Person hin und her; er ist zugleich das Ich des Lebensberichtes und der Held des Romans. Welche Funktion hat dieser Perspektivenwechsel nach Ihrer Meinung?

Katz und Maus
(Auszug)

[...]

Als zum erstenmal ein ehemaliger Schüler und Abiturient unserer Schule von der Front zurückkam, unterwegs dem Führerhauptquartier einen Besuch abgestattet und nun den begehrten Bonbon am Hals hatte, rief uns, mitten im Unterricht, ein besonderes Klingelzeichen in die Aula. Wie nun der junge Mann am Kopfende des Saales, vor drei hohen Fenstern, vor
5 großblättrigen Topfpflanzen und dem Halbkreis des versammelten Lehrerkollegiums, nicht etwa hinter dem Katheder, sondern mit dem Bonbon am Hals neben dem altbraunen Kasten stand und über unsere Köpfe mit kleinem, hellrotem Kussmund hinwegsprach, auch erläuternde Bewegungen machte, sah ich, wie Joachim Mahlke, der eine Reihe vor mir und Schilling saß, seine Ohren durchsichtig werden, hochrot anlaufen ließ, sich steif zurücklehnte,
10 dann links rechts mit Händen am Hals nestelte, würgte, endlich etwas unter die Bank warf: Wolle, Puscheln, die Bällchen, grün rot gemischt, glaube ich. Und da er seinen Mund anfangs etwas zu leise aufmachte, ein Leutnant der Luftwaffe, sprach stockend, auf die sympathisch unbeholfene Art und errötete mehrmals, ohne dass seine Rede den Anlass gegeben haben konnte:.....nun müsst Ihr nicht denken, das läuft wie ne Karnickeljagd, mit drauf und los und
15 hastenichjesehn. Oft wochenlang nichts. Aber als wir an den Kanal - dachte ich, wenn hier

nicht, dann nirgends. Und es klappte. Gleich beim ersten Einsatz kam uns ein Verband mit Jagdschutz vor die Nase, und das Karussell, sag ich, mal über mal unter den Wolken, war perfekt: Kurvenflug. Ich versuche mich höherzuschrauben, unter mir kreiseln drei Spitfire[1], schirmen sich ab, denke, war doch gelacht, wenn nicht, stoße steil von oben, hab ihn drinnen, und da zeigt er schon Spuren, kann noch gerade meine Mühle auf die linke Tragflächenspitze, als ich auch schon eine zweite im Gegenkurs kommende Spitfire im Visierkreis, halte auf Propellernabe, er oder ich; na, wie Ihr seht, er musste in den Bach, und ich dachte mir, wenn du schon zwei hast, versuch es doch mal mit dem dritten und so weiter, wenn nur der Sprit reicht. Und da wollen sie auch schon unter mir, sieben im aufgelösten Verband abschwirren, ich, immer die liebe Sonne hübsch im Rücken, picke mir einen raus, der bekommt seinen Segen, wiederhole die Nummer, klappt auch, zieh den Knüppel nach hinten bis zum Anschlag, als mir der dritte vor die Spritze: schert nach unten aus, muss ihn erwischt haben, instinktiv hinterdrein, bin ihn los, Wolken, hab ihn wieder, drück nochmal auf die Tube, da routiert er im Bach, aber auch ich bin kurz vorm Badengehen; weiß wirklich nicht mehr, wie ich die Mühle hochbekommen habe. Jedenfalls als ich bei uns zu Hause angewackelt komme -wie Ihr sicher wisst oder in der Wochenschau gesehen habt, wackeln wir mit den Tragflächen, wenn wir was runtergeholt haben - bekomm ich das Fahrwerk nich raus, klemmte. Und so musste ich meine erste Bauchlandung. Später, in der Kantine: ich hätte einwandfrei sechs, hatte natürlich während nichtmitgezählt, war natürlich viel zu aufgeregt gewesen, natürlich war die Freude groß, aber gegen vier mussten wir nochmal hoch, kurz und gut: das verlief beinahe wie früher, wenn wir hier auf unserem guten alten Pausenhof - denn den Sportplatz gab es noch nicht - Handball spielten. Vielleicht wird sich Studienrat Mallenbrandt erinnern: entweder warf ich kein Tor oder gleich neun Tore; und so war es auch an dem Nachmittag: zu den sechs vom Vormittag kamen noch drei weitere; das war mein neunter bis siebzehnter; aber erst ein gutes halbes Jahr später, als ich die vierzig voll hatte, wurde ich von unserem Chef, und als ich dann ins Führerhauptquartier, hatte ich schon vierundvierzig auf der Latte; denn wir am Kanal kamen kaum raus aus den Mühlen, blieben gleich, während das Bodenpersonal, nicht jeder hat das durchhalten können; will nun aber mal zur Abwechslung was Lustiges: Auf jedem Fliegerhorst gibt es einen Staffelhund. Und als wir eines Tages unserem Staffelhund Alex, weil gerade allerschönstes Wetter war..."

So etwa äußerte sich jener hochdekorierte Leutnant, gab zwischen zwei Luftkämpfen, als Einlage, die Geschichte des Staffelhundes Alex, der das Abspringen mit dem Fallschirm lernen musste, auch das Anekdötchen vom Obergefreiten, der bei Alarm immer zu spät aus den Wolldecken kam und mehrmals im Schlafanzug seine Einsätze fliegen musste.

Der Leutnant lachte mit. wenn die Schüler, sogar die Primaner, lachten und einige Lehrer sich das Schmunzeln erlaubten. Er hatte sechsunddreißig in unserer Schule das Abitur gemacht und wurde im Jahre dreiundvierzig über dem Ruhrgebiet abgeschossen. Dunkelbraune, ungescheitelte und straff zurückgekämmte Haare hatte er, war nicht besonders groß, eher ein zierlicher, in einem Nachtlokal servierender Kellner. Beim Sprechen hielt er seine Hand in

---

1. einmotoriges Kampfflugzeug der britischen Arme

der Tasche, zeigte die versteckte Hand aber sofort, wenn ein Luftkampf geschildert und mit beiden Händen anschaulich gemacht werden sollte. Dieses Spiel mit durchgedrückten Handflächen beherrschte er nuancenreich, konnte, während er aus den Schultern heraus lauerndes Kurvenfliegen mimte, auf lange erklärende Sätze verzichten, streute allenfalls Stichworte und überbot sich, indem er Motorengeräusche vom Starten bis zum Landen in die Aula röhrte oder stotterte, wenn ein Motor defekt war. Man konnte annehmen, dass er diese Nummer im Kasino seines Fliegerhorstes geübt hatte, zumal das Wörtchen Kasino: „Wir saßen alle friedlich im Kasino und hatten... Gerade als ich ins Kasino will, weil ich... Bei uns im Kasino hängt..." in seinem Mund zentrale Bedeutung hatte. Aber auch sonst, und abgesehen von den Schauspielerhänden, wie vom naturgetreuen Geräuschenachmachen, war sein Vortrag recht witzig, weil er es verstand, einen Teil unserer Studienräte, die schon zu seiner Zeit dieselben Spitznamen gehabt hatten wie zu unserer Zeit, auf die Schippe zu nehmen. Blieb aber immer nett, lausbubenhaft, bisschen Schwerenöter, ohne große Angabe, wenn er etwas unerhört Schwieriges geleistet hatte, nie vom Erfolg, immer von seinem Glück: „Bin eben ein Sonntagsjunge, schon in der Schule, wenn ich an gewisse Versetzungszeugnisse denke .. ." und mitten aus einem Pennälerscherz heraus gedachte er dreier ehemaliger Klassenkameraden, die, wie er sagte, nicht umsonst gefallen sein dürften, beendete aber seinen Vortrag nicht mit den Namen der drei Gefallenen, sondern leichthin mit dem Bekenntnis: „Jungs, das sage ich Euch: Wer draußen im Einsatz steht, denkt immer wieder gerne und oft an die Schulzeit zurück!"

Wir klatschten lange, grölten und trampelten. Erst als meine Hände brannten und hart waren, bemerkte ich, dass sich Mahlke zurückhielt und keinen Beifall in Richtung Katheder spendete.

Vorne schüttelte Oberstudienrat Klohse auffallend heftig und solange geklatscht wurde, beide Hände seines ehemaligen Schülers. Dann fasste er den Leutnant anerkennend bei den Schultern, ließ plötzlich von der schmächtigen Figur, die sogleich ihren Platz fand, ab und stellte sich hinters Katheder.

Die Rede des Direktors dauerte. Langeweile breitete sich von den wuchernden Topfpflanzen bis zu dem Ölbild an der Rückwand der Aula, das den Stifter der Schule, einen Freiherrn von Conradi, darstellte. Auch der Leutnant, schmal zwischen den Studienräten Brunies und Mallenbrandt, schaute immer wieder auf seine Fingernägel. Klohses kühler Pfefferminzatem, der alle seine Mathematikstunden durchwehte und den Geruch reiner Wissenschaft vertrat, half in dem hohen Saal wenig. Von vorne kamen Worte knapp bis zur Mitte der Aula: „Jenedienachunskommen - Undindieserstunde - Wandererkommstdu - Dochdiesmalwirddieheimat - Undwollenwirnie - flinkzähhart - sauber - sagteschon - sauber -Undwernichtdersoll - Undindieserstunde - sauberbleiben - Mitschillerwortschließen - Setzetnichtlebenein niewirdeuchgewonnensein - Undnunandiearbeit!"

Wir waren entlassen und hingen, zwei Trauben, vor den zu engen Ausgängen der Aula.
[...]

(Aus: Günter Grass, *Katz und Maus*. Deutscher Taschenbuchverlag 1997, S. 60—65.)

Arbeitsaufgaben:

1. Wie sieht der Leutnant den Krieg? Welchen Sprachstil bedient er sich?
2. Was will der Autor mit diesem Sprachstil erreichen? Warum sind die Sätze oft unvollständig?
3. Welche Tugenden spricht der Direktor in seiner Rede an?
4. Was fällt an der Sprache auf, in der diese Rede wiedergegeben ist? Welche Absicht verfolgt Grass?
5. Wie reagieren die Schüler auf die beiden Reden?
6. Welche Erziehungsgrundsätze werden in den beiden Reden deutlich?
7. Beurteilen Sie die Art und Weise der Wortewiedergabe: »Jenedienachunskommen. ...«(Zeile 88—91). Was bewirkt sie?

Die Rättin
(Auszug)

[...]
Mir träumte, ich müsste Abschied nehmen
von allen Dingen, die mich umstellt haben
und ihren Schatten werfen: die vielen besitzanzeigenden
Fürwörter. Abschied vom Inventar, dieser Liste
5   diverser Fundsachen. Abschied
von den ermüdenden Düften,
den Gerüchen, mich wachzuhalten, von der Süße,
der Bitternis, vom Sauren an sich
und von der hitzigen Schärfe des Pfefferkorns.
10 Abschied vom Ticktack der Zeit, vom Ärger am Montag,
dem schäbigen Mittwochsgewinn, vom Sonntag
und dessen Tücke, sobald Langeweile Platz nimmt.
Abschied von allen Terminen: was zukünftig
fällig sein soll.
15 Mir träumte, ich müsste von jeder Idee, ob tot
oder lebend geboren, vom Sinn, der den Sinn
hinterm Sinn sucht,
und von der Dauerläuferin Hoffnung auch
mich verabschieden. Abschied vom Zinseszins
20 der gesparten Wut, vom Erlös gespeicherter Träume,
von allem, was auf Papier steht, erinnert zum Gleichnis,
als Ross und Reiter Denkmal wurde. Abschied
von allen Bildern, die sich der Mensch gemacht hat.
Abschied vom Lied, dem gereimten Jammer, Abschied
25 von den geflochtenen Stimmen, vom Jubel sechschörig,

dem Eifer der Instrumente,
von Gott und Bach.
Mir träumte, ich müsste Abschied nehmen
vom kahlen Geäst,
30 von den Wörtern Knospe, Blüte und Frucht,
von den Zeiten des Jahres, die ihre Stimmungen
satt haben und auf Abschied bestehen.
Frühnebel. Spätsommer. Wintermantel. April April! rufen,
noch einmal Herbstzeitlose und Märzbecher sagen,
35 Dürre Frost Schmelze.
Den Spuren im Schnee davonlaufen. Vielleicht
sind zum Abschied die Kirschen reif. Vielleicht
spielt der Kuckuck verrückt und ruft. Noch einmal
Erbsen aus Schoten grün springen lassen. Oder
40 die Pusteblume: jetzt erst begreife ich, was sie will.
Ich träumte, ich müsste von Tisch, Tür und Bett
Abschied nehmen und den Tisch, die Tür und das Bett
belasten, weit öffnen, zum Abschied erproben.
Mein letzter Schultag: ich buchstabiere die Namen
45 der Freunde und sage ihre Telefonnummern auf: Schulden
sind zu begleichen; ich schreibe zum Schluss meinen Feinden
ein Wort: Schwamm drüber - oder:
Es lohnte den Streit nicht.
Auf einmal habe ich Zeit.
50 Es sucht mein Auge, als sei es geschult worden,
Abschied zu nehmen, rundum Horizonte, die Hügel
hinter den Hügeln, die Stadt
auf beiden Seiten des Flusses ab,
als müsste erinnert verschont gerettet werden, was
55 auf der Hand liegt: zwar aufgegeben, doch immer noch
dinglich, hellwach.
Mir träumte, ich müsste Abschied nehmen
von dir, dir und dir, von meinem Ungenügen,
dem restlichen Ich: was hinterm Komma blieb
60 und kümmert seit Jahren.
Abschied von sattsam vertrauter Fremde,
von den Gewohnheiten, die sich Recht geben höflich,
von unserem eingeschrieben verbrieften Hass. Nichts
war mir näher als deine Kälte. So viel Liebe genau
65 falsch erinnert. Am Ende
war alles versorgt: Sicherheitsnadeln zuhauf.

Bleibt noch der Abschied von deinen Geschichten,
die immer das Bollwerk, den Dampfer suchen,
der von Stralsund, aus der brennenden Stadt
70 beladen mit Flüchtlingen kommt;
und Abschied von meinen Gläsern, die Scherben, allzeit
nur Scherben, sich selbst als Scherben im Sinn hatten. Nein,
keine Kopfstände mehr.
Und nie wieder Schmerz. Nichts,
75 dem Erwartung entgegenliefe. Dieses Ende
ist Schulstoff, bekannt. Dieser Abschied
wurde in Kursen geübt. Seht nur, wie billig
Geheimnisse nackt sind! Kein Geld zahlt Verrat mehr aus.
Zu Schleuderpreisen des Feindes entschlüsselte Träume.
80 Endlich hebt sich der Vorteil auf, macht uns
die Schlussrechnung gleich,
siegt zum letzten Mal die Vernunft,
ist ohne Unterschied alles,
was einen Odem führt, alles, was kreucht
85 und fleucht, alles, was noch
ungedacht und was werden sollte vielleicht,
am Ende und scheidet aus.
Doch als mir träumte, ich müsste
von jeglicher Kreatur, damit von keinem Getier,
90 dem einst Noah die Arche[1] gezimmert,
Nachgeschmack bliebe, Abschied nehmen sofort,
träumte ich nach dem Fisch, dem Schaf und dem Huhn,
die mit dem Menschengeschlecht alle vergingen,
eine einzelne Ratte mir, die warf neun Junge
95 und hatte Zukunft für sich.
[...]

(Aus: Günter Grass, *Die Rättin,* Deutscher Taschenbuch Verlag, 1998, S. 112—115.)

Arbeitsaufgaben:

1. Lesen Sie den Text mehrmals am Stück durch.
2. Halten Sie Ihre spontanen Eindrücke stichwortartig fest.
3. Listen Sie alle Nomina auf, die die Dinge benennen, von denen das lyrische „Ich" Abschied nehmen müsste.
4. Ordnen Sie diese Nomina ihrem Bedeutungsbereich zu.
5. Wovon müsste das lyrische „Ich" Abschied nehmen?

---

1. eine Art Schiff, das Noah baute, um sich, seine Familie und die Tiere vor der Sintflut zu retten.

6. Inwieweit nimmt die pessimistische Stimmung, die aus dem Text spricht, noch weiter zu?
7. Wie stehen der erste und der letzte Abschnitt zueinander? Was ist ihre Funktion?
8. Welche Intention hat der Autor Ihrer Meinung nach?

Mein Jahrhundert
(Auszug)

[...]

VON WEGEN HEILSAMER SCHOCK! Da kennen Sie meine Schwiegersöhne, alle vier, aber schlecht. Die sind nicht mit meinen Töchtern, sondern klammheimlich mit ihren Autos verheiratet. Putzen dauernd, auch noch am Sonntag dran rum. Jammern über die kleinste Beule. Reden andauernd über teure Schlitten, Porsche und so, nach denen sie schielen wie
5 nach tollen Bienen, mit denen man kurz mal fremdgehen möchte. Und nun Schlangen vor jeder Zapfsäule. Die Ölkrise! Das schlug rein, sag ich Ihnen. War zwar ein Schock, aber kein heilsamer. Na klar, gehamstert haben sie. Alle vier. Und Gerhard, der sonst wie ein Gesundheitsapostel[1] redet -»Um Gotteswillen, kein Fleisch! Nur ja keine tierischen Fette!« - und auf Grahambrot schwört, hat beim Umfüllen in Kanister, die er auch auf Vorrat gehamstert hatte,
10 solange am Schlauch genuckelt, bis er knapp vor ner Benzinvergiftung gewesen ist. Brechreiz. Kopfschmerzen. Literweise hat er Milch getrunken. Und Heinz-Dieter hat sogar die Badewanne aufgefüllt, dass es überall in der Wohnung gestunken hat und die kleine Sophie in Ohnmacht gefallen ist.

Meine Herren Schwiegersöhne! Die beiden anderen nicht besser. Ständiges Gejammer we-
15 gen Tempolimit bei hundert. Und weil im Büro von Horst nur noch 19 Grad Zimmertemperatur erlaubt ist, glaubt er, wie ne Frostbeule[2] zittern zu müssen. Dazu sein ewiges Geschimpfe: »Diese Kameltreiber, die Araber sind schuld!« Dann sollen es die Israelis sein, weil die schon wieder Krieg[3] gemacht und so die armen Saudis verärgert haben. »Verständlich«, ruft Horst, »dass die den Ölhahn zugedreht haben, damit es knapp wird bei uns und womöglich
20 knapp bleibt...« Worauf Heinz-Dieter den Tränen nahe ist: »Lohnt gar nicht mehr, auf den neuen BMW zu sparen, wenn alle nur noch mit Tempo hundert auf der Autobahn und mit achtzig auf Landstraßen schleichen dürfen ...« - »Das ist sozialistische Gleichmacherei. Das könnte diesem Lauritzen, der sich Verkehrsminister schimpft, so passen...«, hat Eberhard, das ist mein ältester Schwiegersohn, gewettert und dabei mit Horst, weil der Genosse ist - aber
25 genauso autoverrückt -, richtig Streit gekriegt: »Na wartet, die nächsten Wahlen kommen bestimmt...« Angepöbelt haben sie sich.

Da hab ich »Alle mal herhören« gesagt, »eure autonome Schwiegermutter, die schon immer gut zu Fuß gewesen ist, hat ne prima Idee«. Denn seit Vaters Tod. als meine Mädchen

---
1. jmd, der eine gesunde Lebensweise für besonders wichtig hält
2. hier, jmd, der gern darüber klagt, dass es zu kalt ist.
3. der Jom-Kippur-Krieg, der am 6. Oktober 1973 ausbrach.

kaum flügge waren, bin ich Familienoberhaupt, das zwar, wenn es denn sein muss. immer
was zu meckern hat, aber auch den Laden zusammenhält und notfalls sagt, wo's langgeht,
zum Beispiel, wenn eine richtige Energiekrise, vor der die Leute vom Club of Rome so dringlich gewarnt haben, auf uns zukommt und alle meinen, verrückt spielen zu dürfen. »Also mal
herhören alle«, hab ich am Telefon gesagt, »ihr wisst ja, dass ich schon immer das Ende vom
Wachstum[1] hab kommen sehen. Jetzt haben wir den Salat. Aber noch immer kein Grund zum
Trübsalblasen[2], auch wenn morgen Totensonntag[3] ist. Da herrscht sowieso, wie zukünftig an
jedem Sonntag, striktes Autofahrverbot. Also machen wir einen Familienausflug. Klar doch,
zu Fuß. Erst mal nehmen wir die Straßenbahn Linie 3. und ab Endstation wird gelaufen, wo
wir doch um Kassel herum so schöne Wälder haben. Ab in den Habichtswald!«

War das ein Gejaule. »Und wenn's regnet?« — »Sollte es wirklich gießen, dann laufen
wir nur nach Schloss Wilhelmshöhe[4], gucken uns da die Rembrandts und andere Bilder an,
dann wieder runter zu Fuß. « - »Kennen wir schon, diese alten Schinken. « - »Und wer läuft
denn im November im Wald rum. wenn kein Blatt mehr am Baum ist? « - »Lasst uns doch
alle, wenn schon unbedingt Familientag sein muss. zusammen ins Kino gehen ...« - »Oder
wir treffen uns bei Eberhard, schmeißen in der Diele den Kamin an und sitzen alle gemütlich
drum rum ...«

Nix da! « hab ich gesagt. »Keine Ausrede. Die Kinder freuen sich schon. « Und so sind
wir denn allesamt, anfangs bei Nieselregen, in Regenkutten und Gummistiefeln ab Endstation Druseltal in den Habichtswald rein, der ja. selbst wenn er kahl steht, seine Schönheit hat.
Zwei Stunden lang sind wir bergauf, bergab. Sogar Rehe haben wir von weitem gesehen, wie
sie guckten, dann wegsprangen. Und ich hab den Kindern die Bäume erklärt: »Das ist eine
Buche. Das hier ist eine Eiche. Und die Nadelbäume da oben, die sind in den Wipfeln schon
angefressen. Das kommt von der Industrie und den vielen, viel zu vielen Autos. Die Abgase
machen das, versteht ihr? «

Und dann hab ich den Kindern Eicheln und Bucheckern gezeigt und erzählt, wie wir im
Krieg Eicheln und Bucheckern gesammelt haben. Und Eichhörnchen haben wir die Stämme
rauf runter gesehen. War das schön! Dann aber sind wir fluchtartig, weil es nun doch stärker
zu regnen begann, in einen Gasthof rein, wo ich. die böse Schwiegermutter und gute Oma.
den ganzen Clan zu Kaffee und Kuchen eingeladen habe. Für die Kinder gab's Limo. Und
klar. Schnäpschen gab's auch. »Heut dürfen sogar die Autofahrer«, hab ich meine Herren
Schwiegersöhne gefrotzelt. Und den Kindern musste ich erzählen, was sonst noch alles im
Krieg knapp gewesen ist, nicht nur Benzin, und dass man aus Bucheckern, wenn man viele
rausgepult hat. richtiges Speiseöl pressen kann.

Aber fragen Sie mich nicht, was hinterher los war. Da kennen Sie meine Schwiegersöhne
nicht. Von wegen dankbar. Gemault haben sie über das blöde Rumgelaufe bei dem Sauwet-

---

1. Anspielung auf einen Bericht des Club of Rome, der 1972 einer breiten Öffentlichkeit die Bedrohung der menschlichen Lebensgrundlagen vor Augen führte und für Aufsehen sorgte.
2. um mutlos zu sein
3. Sonntag im Noverber, an dem man sich besonders an die Verstorbenen erinnert.
4. Ende des 18. Jahrhundets erbautes Schloss mit Gemäldegalerie

65 ter. Außerdem hätte ich den Kindern mit meiner »sentimentalen Verherrlichung der Mangelwirtschaft« ein falsches Beispiel gegeben. »Wir leben nicht in der Steinzeit!« hat Heinz-Dieter gebrüllt. Und Eberhard, der sich bei jeder unpassenden Gelegenheit liberal nennt, hat mit Gudrun, meiner Ältesten, richtig Krach gekriegt, so dass er schließlich sein Bettzeug aus dem Schlafzimmer geholt hat. Und nun raten Sie mal, wo der Arme geschlafen hat. Richtig,
70 in der Garage. Und zwar in seinem alten Opel, an dem er Sonntag für Sonntag rumputzt und rumputzt.
[…]

(Aus: Günter Grass, *Mein Jahrhundert*. Steidl Verlag, 1999, S. 270—273.)

Arbeitsaufgaben:

1. Was meint die erzählende Frau, wenn sie sagt: »Meine Herren Schwiegersöhne!« in Zeile 14? Wie ist ihre Wortwahl zu verstehen? Ist sie eher lobend, tadelnd, ironisch, neutral …?
2. Welche Auskunft gibt sie über sich?
3. Wie sind ihre Schwiegersöhne zu charakterisieren?
4. Wie stehen diese zu Autos?
5. Was sind deren Ansicht nach die Ursachen der „Ölkrise"?
6. Mit welcher Absicht und Wirkung wird die mundartliche Sprache der erzählenden Frau und ihrer Schwiegersöhne gebraucht?
7. Welche Maßnahmen können Sie im Text ersehen, die die Bundesregierung ergriffen hat, um der „Ölkrise" zu begegnen?
8. Diskutieren Sie darüber, inwiefern die „Ölkrise" langfristig doch noch als „heilsamer Schock" gewirkt haben könnte?
9. Informieren Sie sich über die „Ölkrise" in der westlichen Welt in den 70er-Jahren.

Siegfried Lenz

Siegfried Lenz wurde 1926 in Lyck, einer Kleinstadt im masurischen Ostpreußen, geboren. Nach dem Abitur wurde er 1943 zur Marine eingezogen. Vor Kriegsende setzte er sich unter Lebensgefahr von der Truppe ab und geriet für kurze Zeit in britische Kriegsgefangenschaft. Nach seiner Entlassung aus der Gefangenschaft ging er nach Hamburg, wo er zunächst Philosophie, Anglistik und deutsche Literaturwissenschaft studierte und Lehrer werden wollte. Als er die Stelle eines Zeitungsredakteurs bekam, gab er das Studium auf und redigierte als Journalist Nachrichten aus Politik und Kultur. Seit 1951 lebt er als freier Schriftsteller in Hamburg, wo er sich in den 60er Jahren politisch für die SPD engagierte und 1970, zusammen mit Günter Grass, Willy Brandt zur Unterzeichnung des deutsch-polnischen Vertrags nach Warschau begleitete.

Siegfried Lenz schreibt seit Jahrzehnten Erzählungen und Romane und hat immer wieder viele begeisterte Leser gefunden und zahlreiche Preise bekommen. In seinen frühen Werken wendet er sich vielfach der Problematik der Vergangenheitsbewältigung im restaurativen Deutschland zu. Die Forderung seines Schaffens hat er einmal folgendermaßen formuliert: „ ... ein gewisses Mitleid, Gerechtigkeit und einen mutigen Protest." Seine bekanntesten Werke sind: »So zärtlich war Suleyken« (1955), »Der Mann im Strom« (1957), »Die Deutschstunde« (1968), »Das Vorbild« (1973), »Heimatmuseum« (1978), »Der Verlust« (1981) und »Exerzierplatz« (1985).

Deutschstunde
(Auszug)

[...]

Im Jahr dreiundvierzig, um mal so zu beginnen, an einem Freitag im April, morgens oder mittags, bereitete mein Vater Jens Ole Jepsen, der Polizeiposten der Außenstelle Rugbüll, der nördlichste Polizeiposten von Schleswig-Holstein, eine Dienstfahrt nach Bleekenwarf vor, um dem Maler Max Ludwig Nansen, den sie bei uns nur den Maler nannten und nie aufhör-
5 ten, so zu nennen, ein in Berlin beschlossenes Malverbot zu überbringen. Ohne Eile suchte mein Vater Regenumhang, Fernglas, Koppel, Taschenlampe zusammen, machte sich mit absichtlichen Verzögerungen am Schreibtisch zu schaffen, knöpfte schon zum zweiten Mal den Uniformrock zu und linste - während ich vermummt und regungslos auf ihn wartete - immer wieder in den misslungenen Frühlingstag hinaus und horchte auf den Wind. Es ging nicht

10 nur Wind: dieser Nordwest belagerte in geräuschvollen Anläufen die Höfe, die Knicks und Baumreihen, erprobte mit Tumulten und Überfällen die Standhaftigkeit und formte sich eine Landschaft, eine schwarze Windlandschaft, krumm, zerzaust und voll unfassbarer Bedeutung. Unser Wind, will ich meinen, machte die Dächer hellhörig und die Bäume prophetisch, er ließ die alte Mühle wachsen, fegte flach über die Gräben und brachte sie zum Phantasie-
15 ren, oder er fiel über die Torfkähne her und plünderte die unförmigen Lasten.

Wenn bei uns Wind ging und so weiter, dann musste man sich schon Ballast in die Taschen stecken - Nägelpakete oder Bleirohre oder Bügeleisen -, wenn man ihm gewachsen sein wollte. Solch ein Wind gehört zu uns, und wir konnten Max Ludwig Nansen nicht widersprechen, der Zinnadern platzen ließ, der wütendes Lila nahm und kaltes Weiß, wenn er den Nordwest
20 sichtbar machen wollte - diesen wohlbekannten, uns zukommenden Nordwest, auf den mein Vater argwöhnisch horchte.

Ein Rauchschleier schwebte in der Küche. Ein nach Torf duftender, zuckender Rauchschleier schwebte im Wohnzimmer. Der Wind saß im Ofen und paffte uns das Haus voll, während mein Vater hin und her ging und offenbar nach Gründen suchte, um seinen Auf-
25 bruch zu verzögern, hier etwas ablegte, dort etwas aufnahm, die Gamaschen im Büro anlegte, das Dienstbuch am Esstisch in der Küche aufschlug und immer noch etwas fand, was seine Pflicht hinausschob, bis er mit ärgerlichem Erstaunen feststellen musste, dass etwas Neues aus ihm entstanden war, dass er sich gegen seinen Willen in einen vorschriftsmäßigen Landpolizisten verwandelt hatte, dem zur Erfüllung seines Auftrags nichts mehr fehlte als das
30 Dienstfahrrad, das, gegen einen Sägebock gelehnt, im Schuppen stand.

So war es an diesem Tag vermutlich die aus Gewohnheit zustande gekommene äußere Dienstbereitschaft, die ihn schließlich zum Aufbruch zwang, nicht der Eifer, nicht die Berufsfreude und schon gar nicht die ihm zugefallene Aufgabe; er setzte sich wie so oft in Bewegung, anscheinend weil er komplett uniformiert und ausgerüstet war. Er variierte nicht
35 seinen Gruß, bevor er ging, er trat wie immer auf den dämmrigen Flur, lauschte, rief gegen die geschlossenen Türen: Tschüss, nech!, erhielt von keiner Seite eine Antwort, war jedoch nicht verblüfft oder enttäuscht darüber, sondern tat so, als hätte man ihm geantwortet, denn er nickte befriedigt, zog mich nickend zur Haustür, wandte sich noch einmal an der Schwelle um und machte eine unbestimmte Geste des Abschieds, bevor der Wind uns aus dem Türrah-
40 men riss.

Draußen legte er sich sogleich mit der Schulter gegen den Wind, senkte sein Gesicht - ein trockenes, leeres Gesicht, auf dem alles, jedes Lächeln, jeder Ausdruck von Misstrauen oder Zustimmung sehr langsam entstand und dadurch eine unerhörte, wenn auch mitunter verzögerte Bedeutsamkeit erlangte, so dass es den Anschein hatte, als verstehe er alles zwar
45 gründlich, aber zu spät - und ging vornübergebeugt über den Hof, auf dem der Wind spitze Kreisel drehte und eine Zeitung zerzauste, einen Sieg in Afrika, einen Sieg auf dem Atlantik, einen gewissermaßen entscheidenden Sieg an der Altmetallfront zerzauste und knüllte und gegen den Maschendraht unseres Gartens presste. Er ging zum offenen Schuppen. Stöhnend hob er mich auf den Gepäckträger. Er packte das Fahrrad mit einer Hand an der Hinterkante
50 des Sattels, mit der anderen an der Lenkstange und drehte es herum. Dann schob er es zum

Ziegelweg hinab, hielt unter dem spitzen, auf unser Rotsteinhaus zielenden Schild »Polizeiposten Rugbüll«, brachte das linke Pedal in günstige Ausgangsstellung, saß auf und fuhr mit straff geblähtem Umhang, der zwischen den Beinen mit einer Klammer zusammengefasst war, Richtung Bleekenwarf.

55 Das ging gut bis zur Mühle oder sogar fast bis zur Holmsenwarf mit ihren wippenden Hekken, denn so lange segelte er gebläht und kräftig gebauscht vor dem Wind, doch dann, als er sich gegen den Deich wandte, den Deich gebeugt erklomm, glich er sofort dem Mann auf dem Prospekt »Mit dem Fahrrad durch Schleswig-Holstein«, einem verbissenen Wanderer, der durch Versteifung, Krümmung und vom Sattel abgehobenem Gesäß bereitwillig die Müh-
60 sal erkennen ließ, mit der man sich hier fortbewegen muss auf der Suche nach heimischer Schönheit. Der Prospekt verriet jedoch nicht nur die Mühsal, er deutete auch das Maß der Geschicklichkeit an, das notwendig ist, um bei fallsüchtigem, seitlichem Nordwest mit dem Fahrrad auf dem Kamm des Deiches zu fahren; außerdem veranschaulichte er die in Windfahrten zweckmäßige Körperhaltung, ließ das Erlebnis des norddeutschen Horizonts ahnen,
65 zeigte die schlohweißen Kraftlinien des Windes und bevorzugte als vertraute Garnierung des Deiches die gleichen blöden und verzottelten Schafe, die auch meinem Vater und mir nachblickten.

Da eine Beschreibung des Prospekts zwangsläufig zu einer Beschreibung meines Vaters werden muss, wie er auf dem Deich nach Bleekenwarf fuhr, möchte ich, zur Vervollständi-
70 gung des Bildes, noch die Mantel-, Herings- und Lachmöwen erwähnen sowie die seltene Bürgermeistermöwe, die, dekorativ über dem erschöpften Radler verteilt, durch nachlässigen Druck etwas verwischt, wie weiße Staubtücher zum Trocknen in der Luft hingen.

Immer auf dem Kamm des Deiches entlang, auf dem schmalen Zwangskurs, der sich da braun im flachen Gras abzeichnete, die Stöße des Windes parierend, die blauen Augen ge-
75 senkt - so fuhr mein Vater mit seinem gefalteten, in der Brusttasche steckenden Auftrag den sanften Bogen des Wulstes aus, ohne Dringlichkeit, nur mühselig, so dass man vermuten konnte, sein Ziel sei das hölzerne, grau getünchte Gasthaus »Wattblick«, in dem er einen Grog trinken und mit Hinnerk Timmsen, dem Wirt, einen Handschlag, vielleicht sogar einige Sätze wechseln werde.

80 Wir fuhren nicht so weit. Noch vor dem Gasthaus, das mit Hilfe von zwei begehbaren Holzbrücken auf dem Deich ruhte -und mich immer an einen Hund erinnerte, der seine Vorderpfoten auf eine Mauer gelegt hat, um darüber wegsehen zu können -, drehten wir ab, gewannen in beherrschter Schussfahrt den erlaufenen Pfad neben dem Deichfuß und bogen von da in die lange Auffahrt nach Bleekenwarf ein, die von Erlen flankiert, von einem schwin-
85 genden Tor aus weißen Planken begrenzt war. Die Spannung wuchs. Die Erwartung nahm zu - wie immer bei uns, wenn sich einer im April, bei diesem barschen Nordwest, durch das unverstellte Blickfeld bewegt mit erklärtem Ziel.

Seufzend ließ uns das Holztor ein, das mein Vater bei langsamer Fahrt mit dem Fahrrad aufstieß, er fuhr an dem unbenutzten, rostroten Stall vorbei, am Teich, am Schuppen, sehr
90 langsam, gerade als wünschte er, vorzeitig entdeckt zu werden, fuhr dicht an den schmalen Fenstern des Wohnhauses vorbei und warf noch einen Blick in das angebaute Atelier, bevor

er abstieg, mich wie ein Paket auf den Boden stellte und das Fahrrad zum Eingang führte.

Da bei uns niemand den Eingang eines Anwesens unentdeckt erreicht, brauche ich meinen Vater nicht klopfen oder fordernd in das Halbdunkel des Flurs hineinrufen zu lassen, auch brauche ich nicht den Fall nahender Schritte zu beschreiben oder Überraschung explodieren zu lassen; es genügt vielmehr, dass er die Tür aufstößt, seine Hand durch den Umhang schiebt und sie sogleich warm umspannt und auf und ab geschüttelt fühlt, worauf ihm nur zu sagen bleibt: Tag, Ditte –; denn die Frau des Malers war gewiss schon in dem Augenblick zur Tür gegangen, als wir in knapper Sturzfahrt den Deich verlassen hatten.

In ihrem langen, groben Kleid, das ihr das Aussehen einer strengen holsteinischen Dorfprophetin verlieh, ging sie uns voraus, erwischte in der Flurdunkelheit den Drücker der Wohnzimmertür, öffnete und bat meinen Vater, einzutreten. Mein Vater löste erst einmal die Klammer, die den Umhang zwischen den Oberschenkeln zusammenhielt – er spreizte dabei jedesmal seine Beine, gab in den Knien nach und fummelte so lange herum, bis er den Kopf der Klammer zwischen den Fingern hielt –, befreite sich vom Umhang, indem er nach unten wegtauchte, zog seine Uniformjacke glatt, öffnete ein wenig meine Vermummung und schob mich vor sich her in die Wohnstube.

Sie hatten eine sehr große Wohnstube auf Bleekenwarf, einen nicht allzu hohen, aber breiten und vielfenstrigen Raum, in dem mindestens neunhundert Hochzeitsgäste Platz gehabt hätten, und wenn nicht die, dann aber doch sieben Schulklassen einschließlich ihrer Lehrer, und das trotz der ausschweifenden Möbel, die dort herumstanden mit ihrer hochmütigen Raumverdrängung : schwere Truhen und Tische und Schränke, in die runenhafte[1] Jahreszahlen eingekerbt waren und die einfach durch die gebieterische und dräuende Art ihres Dastehens Dauer beanspruchten. Auch die Stühle waren unverhältnismäßig schwer, gebieterisch; sie verpflichteten, möchte ich mal sagen, zu regungslosem Dasitzen und zu einem sehr sparsamen Mienenspiel. Das dunkle, plumpe Teegeschirr – sie nannten es Wittdüner Porzellan –, das auf einem Bord an der Wand stand, war nicht mehr in Gebrauch und lud zu Zielwürfen ein, aber der Maler und seine Frau waren duldsam und änderten nichts oder nur wenig, nachdem sie Bleekenwarf gekauft hatten von der Tochter des alten Frederiksen, der so skeptisch war, dass er sich, als er Selbstmord beging, vorsichtshalber die Ader öffnete, ehe er sich an einem der ungeheuren Schränke erhängte.

Sie änderten nichts am Mobiliar, wenig in der Küche, in der sich Pfannen, Töpfe, Fässchen und Kannen streng ausgerichtet anboten; sie beließen an ihrem Platz die greisen Geschirrschränke mit den unbescheidenen Wittdüner Tellern und den maßlosen Terrinen und Schüsseln, sogar die Betten blieben an ihrem Ort, strenge, schmale Pritschen, die kärgsten Zugeständnisse an die Nacht.

Aber mein Vater sollte endlich, zumal er schon im Wohnzimmer steht, die Tür hinter sich schließen und Doktor Theodor Busbeck begrüßen, der wie immer allein auf dem Sofa saß, auf dem harten, vielleicht dreißig Meter langen Ungetüm, nicht lesend oder schreibend, sondern wartend, seit Jahren wartend in Ergebenheit, sorgfältig gekleidet und voll geheimnisvol-

---

1. im Stil altgermanischer Schriftzeichen

ler Bereitschaft, so als könnte die Veränderung oder die Nachricht, die er erwartete, in jedem Augenblick eintreffen. Auf seinem blassen Gesicht war fast nichts zu erkennen, das heißt, jeder Ausdruck, den eine Erfahrung auf ihm zurückgelassen hatte, war von einer planvollen Vorsicht wieder entfernt, abgewaschen worden; aber bereits wir wussten immerhin so viel,
135 dass er als erster die Bilder des Malers ausgestellt hatte und auf Bleekenwarf lebte, seit seine Galerie zwangsgeräumt und geschlossen worden war. Lächelnd ging er meinem Vater entgegen, begrüßte ihn, ließ sich die Windstärke bestätigen, nickte auch lächelnd zu mir herab und zog sich wieder zurück. Nimmst du Tee oder Schnaps, Jens, fragte die Frau des Malers, mir ist nach Schnaps.
140 Mein Vater winkte ab. Nichts, Ditte, sagte er, heute nichts, und er setzte sich nicht wie sonst auf den Fensterstuhl, trank nicht wie sonst, sprach nicht wie sonst von seinen Schmerzen in der Schulter, die ihn seit einem Sturz vom Fahrrad heimsuchten, und versäumte es auch, die Vorfälle und näheren Begebenheiten auszubreiten, über die der Polizeiposten Rugbüll herrschte und unterrichtet sein musste, vom folgenschweren Hufschlag über Schwarz-
145 schlachtung bis zur ländlichen Brandstiftung. Er hatte nicht einmal einen Gruß von Rugbüll mitgebracht und vergaß auch, nach den fremden Kindern zu fragen, die der Maler aufgenommen hatte. Nichts, Ditte, sagte er, heute nichts.
Er setzte sich nicht. Er streifte mit den Fingerkuppen die Brusttasche. Er blickte durch das Fenster zum Atelier hinüber. Er schwieg und wartete, und Ditte und Doktor Busbeck sahen,
150 dass er auf den Maler wartete, freudlos, unruhig sogar, soweit mein Vater überhaupt Unruhe zeigen konnte, jedenfalls ließ ihn das, was er zu tun hatte, nicht gleichgültig. Sein Blick fand keinen Halt - wie immer, wenn er betroffen, wenn er unsicher und erregt war auf seine friesische Weise: er sah jemanden an und sah ihn nicht an, sein Blick traf und glitt ab, hob sich und wich aus, wodurch er selbst unerreichbar blieb und sich jeder Befragung entzog. So
155 wie er dastand in der sehr großen Wohnstube auf Bleekenwarf, beinahe widerwillig in der schlecht sitzenden Uniform, unsicher und mit einem Blick, der nichts bekennen wollte, ging von ihm ganz gewiss keine Bedrohung aus.
Da fragte die Frau des Malers gegen seinen Rücken: Ist was mit Max? Und als er nickte, nichts als steif vor sich hinnickte, erhob sich Doktor Busbeck, kam näher und nahm Dittes
160 Arm und fragte zaghaft: Eine Entscheidung aus Berlin?
Mein Vater wandte sich überrascht, wenn auch zögernd, um, sah auf den kleinen Mann, der sich für seine Frage zu entschuldigen schien, der sich für alles zu entschuldigen schien, und antwortete nicht, weil er nicht mehr zu antworten brauchte; denn beide, die Frau des Malers und sein ältester Freund, gaben ihm durch ihr Schweigen zu erkennen, dass sie ihn
165 verstanden hatten und auch schon wussten, welch eine Entscheidung es war, die er zu überbringen hatte.
Natürlich hätte Ditte ihn jetzt nach dem genauen Inhalt seines Auftrags fragen können, und mein Vater, denke ich, hätte bereitwillig, auch erleichtert geantwortet, doch sie forderten ihn nicht auf, mehr zu sagen, standen eine Weile nebeneinander, und dann sagte Busbeck für
170 sich: Jetzt auch Max. Mich wundert nur, dass es nicht schon früher passierte, wie bei den andern. Während sie sich in gemeinsamem Entschluss dem Sofa zuwandten, sagte die Frau des

Malers: Max arbeitet, er steht am Graben hinterm Garten.

Das war schon abgewandt gesprochen und enthielt für meinen Vater gleichermaßen Hinweis wie Verabschiedung, worauf ihm nichts anderes mehr übrigblieb, als die Stube zu
175 verlassen, nach dem er mit einem Achselzucken angedeutet hatte, wie sehr er seine Mission bedaure und wie wenig er selbst mit der ganzen Sache zu schaffen habe. Er schnappte sich seinen Umhang vom Ständer, stieß mich an, und wir beide gingen hinaus.

Langsam bewegte er sich an der kahlen Front des Hauses entlang, eher bekümmert als selbstsicher, stieß die Gartenpforte auf, stand jetzt im Schutz der Hecken und setzte seine
180 Lippen in Tätigkeit, ließ sie Worte und ganze Sätze vorsorglich probieren, wie so oft, wie immer, wenn ihm eine Begegnung mehr als das Übliche an Sprache abzuverlangen drohte, ging dann zwischen den gelockerten und aufgeräumten Beeten, an dem strohgedeckten Gartenhaus vorbei zum Graben, der Bleekenwarf umschloss, einem schilfgesäumten ruhenden Gewässer, das die Einsamkeit des Anwesens erhöhte.
185 Da stand der Maler Max Ludwig Nansen.

Er stand auf der geländerlosen Holzbrücke und arbeitete im Windschutz, und weil ich weiß, wie er arbeitete, möchte ich ihn nicht ohne Vorbereitung unterbrechen, indem ich meinen Vater dazu bringe, ihm auf die Schulter zu tippen, ich möchte die Begegnung verzögern, weil es kein beliebiges Zusammentreffen ist und ich zumindest erwähnen will, dass
190 der Maler acht Jahre älter war als mein Vater, kleiner von Wuchs, wendiger, unbeherrschter, vielleicht auch listiger und starrsinniger, obwohl sie beide ihre Jugend in Glüserup verbracht hatten. Glüserup: Herrje.

Er trug einen Hut, einen Filzhut, den er tief in die Stirn zog, so dass die grauen Augen im geringen, aber unmittelbaren Schatten der Krempe lagen. Sein Mantel war alt, am Rücken
195 durchgescheuert, es war der blaue Mantel mit den unerschöpflichen Taschen, in denen er, wie er uns einmal drohend sagte, sogar Kinder verschwinden lassen konnte, wenn sie ihn bei der Arbeit störten. Diesen graublauen Mantel trug er zu jeder Jahreszeit, draußen und drinnen, bei Sonne und bei Regen, womöglich schlief er auch in ihm; jedenfalls gehörte der eine zum andern. Manchmal allerdings, an gewissen Sommerabenden, wenn sich über dem Watt die
200 schwerfälligen Konvois der Wolken versammelten, konnte man auch den Eindruck haben, dass es lediglich der Mantel und nicht der Maler war, der da den Deich entlangwanderte und den Horizont inspizierte.

Was der Mantel nicht verbarg, das war nur ein Stück der zerknitterten Hose, und das waren die Schuhe, altmodische, aber sehr teure Schuhe, die bis zu den Knöcheln reichten und einen
205 schmalen, schwarzen Wildledereinsatz hatten.

Wir waren es gewohnt, ihn so zu treffen, und so fand ihn auch mein Vater vor, der hinter der Hecke stand und, wie ich glaube, zufrieden gewesen wäre, wenn er nicht doch hätte stehen müssen, zumindest aber ohne den Auftrag, ohne das Papier in seiner Brusttasche und nicht zuletzt ohne Erinnerungen. Mein Vater beobachtete den Maler. Er beobachtete ihn nicht
210 gespannt, nicht mit berufsmäßiger Aufmerksamkeit.

Der Maler arbeitete. Er hatte etwas mit der Mühle vor, mit der zerfallenden Mühle, die unbeweglich und flügellos im April stand. Leicht über ihren Drehkranz erhoben, stand sie wie eine plumpe Blume auf einem sehr kurzen Stengel, ein düsteres Gewächs, das seiner letzten Tage harrte. Max Ludwig Nansen machte etwas aus ihr, indem er sie entführte, in einen anderen Tag, eine andere Beziehung, in eine andere Dämmerung entführte, die da auf seinem Blatt herrschte. Und wie immer, während er arbeitete, redete der Maler; er sprach nicht mit sich selbst, er wandte sich an einen Balthasar, der neben ihm stand, an seinen Balthasar, den nur er sah und hörte und mit dem er schwatzte und zankte, dem er manchmal sogar eins mit dem Ellenbogen versetzte, so dass wir, obwohl wir keinen Balthasar sehen konnten, den unsichtbaren Gutachter auf einmal stöhnen hörten, und wenn nicht gleich stöhnen, so doch fluchen. Je länger wir hinter ihm standen, desto mehr begannen wir an Balthasar zu glauben, wir mussten ihn anerkennen, weil er sich mit seinen scharfen Atemzügen und seiner zischenden Enttäuschung bemerkbar machte und weil der Maler nicht aufhören wollte, ihn anzusprechen und ihn in ein Vertrauen zu ziehen, das er sogleich bedauerte. Auch jetzt, während mein Vater ihn beobachtete, stritt sich der Maler mit Balthasar, der auf den Bildern, in denen er gefangengesetzt war, einen violetten gesträubten Fuchspelz trug und schrägäugig war und einen Bart aus brodelndem Orange hatte, aus dem es glühend heraustropfte. Trotzdem blickte sich der Maler selten nach ihm um, er stand ziemlich fest bei der Arbeit, die Beine leicht gespreizt, beweglich in den Hüften, und zwar ebenso zur Seite wie nach vorn und hinten beweglich, und während der Kopf sich schräg legte, aus den Schultern hob, pendelte oder sich senkte wie zu einem Rammstoß, schien der rechte Arm von einer erstaunlichen Starre befallen: zäh wirkten seine Bewegungen, angestrengt, als ob da ein unberechenbarer, heikler Widerstand wirksam sei; doch obwohl der entscheidende Arm diese seltsame Versteifung zeigte, arbeitete sonst der ganze Körper des Malers mit.

Mit dem Verhalten seines Körpers bestätigte und beglaubigte er einfach das, was er gerade machte, und wenn er sich, etwa bei Windstille, den Wind vornahm, ihn zwischen Blau und Grün entstehen ließ, dann hörte man phantastische Flottillen in der Luft und das Schlagen von Segeln, und der Saum seines Mantels begann sogar zu flattern, und aus seiner Pfeife, falls er eine im Mund hatte, wurde der Rauch flach weggerissen - zumindest kommt es mir heute so vor, wenn ich daran denke.

Mein Vater sah ihm also bei der Arbeit zu, zögernd, bedrückt, er stand so lange da, bis er wohl die Blicke spürte, die uns aus dem Haus trafen, aus der Stube, die wir gerade verlassen hatten, da gingen wir langsam an der Hecke entlang, immer noch verfolgt von den Blicken, zwängten uns seitlich in einen Durchschlupf und standen gleich darauf am äußersten Rand der geländerlosen Holzbrücke.

Mein Vater sah in den Graben hinab und erkannte zwischen treibenden Schilfblättern und schwappender Entengrütze sich selbst, und dort gewahrte ihn auch der Maler, als er einen Schritt zur Seite machte und dabei in das stehende, nur von schwachen Schauern geriffelte Wasser hinabsah. Sie bemerkten und erkannten sich im dunklen Spiegel des Grabens, und wer weiß: vielleicht rief dies Erkennen eine blitzschnelle Erinnerung wach, die sie beide verband und die nicht aufhören würde, sie zu verbinden, eine Erinnerung, die sie in den kleinen schäbigen Hafen von Glüserup verschlug, wo sie im Schutz der Steinmole angelten oder auf dem Fluttor herumturnten oder sich auf dem gebleichten Deck eines Krabbenkutters sonnten.

Aber nicht dies wird es wohl gewesen sein, woran sie beide unwillkürlich dachten, als sie
255 einander im Spiegel des Grabens erkannten, vielmehr wird in ihrer Erinnerung nur der trübe
Hafen gewesen sein, der Samstag, an dem mein Vater, als er neun war oder zehn, von dem
glitschigen Tor stürzte, mit dem die Flut reguliert wurde, und der Maler wird noch einmal
nach ihm getaucht und getaucht haben, so wie damals, bis er ihn endlich am Hemd erwischte,
ihn hochzerrte und ihm einen Finger brechen musste, um sich aus der Klammerung zu befreien.
260 Sie traten aufeinander zu, oben und unten, im Graben und auf der Brücke, gaben sich im
Wasser und vor der Staffelei die Hand, begrüßten sich wie immer, indem sie, leicht zur Frage
angehoben, den Vornamen des andern nannten: Jens? Max ? Dann, während Max Ludwig
Nansen sich schon wieder seiner Arbeit zuwandte, langte mein Vater in die Brusttasche, zog
das Papier hervor, glättete es in der Schere zweier Finger und zauderte und überlegte im Rük-
265 ken des Malers, mit welchen Worten er es überreichen sollte. Wahrscheinlich dachte er daran,
das gestempelte und unterschriebene Verbot wortlos zu überreichen, allenfalls mit der Bemerkung: Da is was für dich aus Berlin, und gewiss hoffte er darauf, dass ihm unnötige Fragen erspart blieben, wenn er den Maler zunächst einmal selbst lesen ließ. Am liebsten hätte
er die ganze Angelegenheit natürlich Okko Brodersen überlassen, dem einarmigen Postboten,
270 aber da dies Verbot polizeilich übergeben werden musste, war mein Vater, der Posten Rugbüll, dafür zuständig - wie er auch, und das würde er dem Maler noch beibringen müssen,
dazu ausersehen war, die Einhaltung des Verbots zu überwachen.
 Er hielt also den offenen Brief in der Hand und zauderte. Er blickte zur Mühle, auf das
Bild, wieder zur Mühle und wieder zum Bild. Unwillkürlich trat er näher heran, blickte
275 jetzt vom Bild zur Mühle, wieder zum Bild und wieder zur flügellosen Mühle, konnte nicht
wiederfinden, was er suchte, und fragte: Was soll'n das abgeben, Max? Der Maler trat zur
Seite, deutete auf den Großen Freund der Mühle, sagte: Der Große Freund der Mühle und
machte dem erdgrünen Hügel weiter klumpige Schatten. Da wird auch mein Vater den Großen Freund der Mühle bemerkt haben, der sich still und braun aus dem Horizont erhob, ein
280 milder Greis, bärtig, vielleicht wundertätig, ein Wesen von freundlicher Gedankenlosigkeit,
das sich ins Riesenhafte auswuchs. Seine braunen, rot unterfeuerten Finger waren gespannt,
gleich würde er sacht gegen einen Flügel der Mühle schnippen, den er offenbar selbst gerade
angesetzt hatte, er würde die Flügel der Mühle, die tief unter ihm in sterbendem Grau lag, in
Bewegung bringen, schneller, immer schneller, bis sie die Dunkelheit zerschnitten, bis sie,
285 von mir aus gesehen, einen klaren Tag herausmahlten und ein besseres Licht. Es würde den
Flügeln der Mühle gelingen, das stand fest, denn die Züge des Greises nahmen bereits eine
einfältige Genugtuung vorweg, auch ließen sie erkennen, dass der Alte auf schläfrige Weise
erfolgsgewohnt war. Der Mühlenteich meldete zwar violetten Zweifel an, doch dieser Zweifel würde nicht recht behalten; der Große Freund der Mühle entkräftete ihn durch seine ent-
290 schlossene Zuneigung.
 Das is vorbei, sagte mein Vater, die wird sich nich mehr drehn, und der Maler: Morgen
geht's los, Jens, wart nur ab; morgen werden wir Mohn mahlen, dass es qualmt. Er unterbrach seine Arbeit, setzte die Pfeife in Brand, betrachtete mit pendelndem Kopf das Bild.
Ohne hinzusehen, reichte er meinem Vater den Tabakbeutel, versicherte sich erst gar nicht,

295 ob mein Vater sich eine Pfeife stopfte, sondern steckte den Beutel sogleich wieder in die unerschöpfliche Manteltasche und sagte: Da fehlt noch ein bisschen Wut, nicht Jens? Dunkelgrün fehlt noch - Wut; dann kann die Mühle losklappern.

Mein Vater hielt den Brief in der Hand, dicht am Körper hielt er ihn, in instinktiver Verborgenheit, aus der er ihn hervorziehen würde, wenn der Augenblick günstig wäre, denn er
300 selbst traute es sich nicht zu, den Augenblick zu bestimmen. Er sagte: Die kriegt kein Wind mehr in Gang, auch keine Wut, Max, und der Maler: Die wird noch nach uns klappern, wart nur ab, morgen werden die Flügel um sich schlagen.

Vielleicht hätte mein Vater noch länger gezögert, wenn der letzte Satz nicht so zur Behauptung geraten wäre, jedenfalls streckte er auf einmal den Arm aus und, während er ihm
305 den Brief hinhielt, drückte er sich so aus: Da, Max, da is was aus Berlin. Du hast es gleich zu lesen. Achtlos nahm der Maler den Brief aus seiner Hand und ließ ihn in der Manteltasche verschwinden, dann drehte er sich zu meinem Vater um, berührte ihn an der Schulter, stieß ihn noch einmal, und zwar kräftiger, in die Seite und sagte mit zusammengekniffenen Augen: Los, Jens, wir haun ab, solange Balthasar in der Mühle ist. Ich hab einen Genever[1], bei dem
310 wächst dir an jeder Hand ein sechster Finger. Genever, mein Gott, nicht aus Holland, sondern aus der Schweiz, von einem Schweizer Museumsmenschen. Komm ins Atelier.

Doch mein Vater wollte nicht kommen, er zielte mit seinem Zeigefinger kurz in Richtung Manteltasche, sagte: Der Brief da, und nach einer Pause: Den Brief da hast du gleich zu lesen, Max, is aus Berlin, und weil ihm die mündliche Anweisung nicht auszureichen schien,
315 trat er einen Schritt auf den Maler zu, wodurch sich dem die Brücke verengte und der Weg zum Haus. Also holte der Maler achselzuckend den Brief hervor, las den Absender -so, als wollte er dem Polizeiposten einen Gefallen tun -, nickte mit ruhiger Geringschätzung und sagte: Diese Idioten, diese; dann sah er schnell zu meinem Vater, und der Blick, der ihn traf, erstaunte ihn. Er zog den Brief aus dem Umschlag. Er las ihn stehend auf der Holzbrücke,
320 und nachdem er ihn lange gelesen hatte - langsam, meine ich, und immer langsamer, stopfte er ihn zum zweiten Mal in die Tasche, verkrampfte sich, sah weg, sah über das flache Land unter dem Wind zur Mühle hinüber, schien sich durch einen Blick Rat zu holen: bei dem Labyrinth der Gräben und Kanäle, bei den zerzausten Knicks, bei dem Deich und den selbstbewussten Anwesen - ach was, er sah weg, um nicht meinen Vater ansehen zu müssen.

325 Ich habe mir das nicht ausgedacht, sagte mein Vater, und der Maler: Ich weiß. - Auch ändern kann ich nichts, sagte mein Vater. Ja, ich weiß, sagte der Maler und, seine Pfeife am Absatz ausklopfend: Ich hab' auch alles verstanden, bis auf die Unterschrift: die Unterschrift ist unleserlich. - Die haben viel zu unterschreiben, sagte mein Vater, und der Maler erbittert: Sie glauben es ja nicht, sie glauben es selbst nicht, diese Narren: Malverbot, Berufsverbot,
330 vielleicht noch Eß- und Trinkverbot: so etwas kann einer doch nicht mit leserlichem Namen unterschreiben. Er betrachtete mit geneigtem Kopf, sich vergewissernd, den Großen Freund der Mühle, der es braun und begabt fast geschafft hatte, der die Flügel, wenn nicht heute, so doch morgen in ratternde Bewegung bringen würde, und in diese Betrachtung hinein sagte

---

1. Wacholderschnaps

mein Vater in der Weise, wie er Sprache gebrauchte: Das Verbot hat mit Kenntnisnahme in
Kraft gesetzt zu werden, steht das nicht so geschrieben, Max? - Ja, sagte der Maler verwundert, so steht es geschrieben, und mein Vater leise, aber gut genug zu verstehen: Das mein ich doch, ab sofort. Da packte der Maler sein Arbeitszeug zusammen, allein, ohne Hilfe des Polizeipostens Rugbüll, er erwartete wohl auch keine Hilfe.

Sie schlüpften hintereinander durch die Hecke, gingen mit steifen Schritten durch den Garten.

Sie gingen zum Atelier, das an das Wohnhaus angebaut worden war, so, wie der Maler es sich gewünscht hatte, ein Atelier mit Oberlicht, ebenerdig, mit fünfundfünfzig Nischen und Winkeln, die durch alte Schränke und vollgestopfte Regale gebildet wurden und durch zahlreiche harte, provisorische Lagerstätten, auf denen, wie ich manchmal glaubte, all die drolligen oder auch drohenden Geschöpfe des Malers schliefen, die gelben Propheten und Geldwechsler und Apostel, die Kobolde und die grünen, verschlagenen Marktleute. Da schliefen wohl auch die Slowenen und Strandtänzer, und natürlich auch die krummgewehten Feldarbeiter; ich hab die Lagerstätten im Atelier nie gezählt. Auch die Zahl der Bänke und der mit Leinwand bespannten Feldstühle ließ vermuten, dass hier mitunter das ganze phosphoreszierende Volk herumsaß, das er aus seiner Phantasie entlassen hatte, einschließlich der trägen, blonden Sünderinnen. Kisten stellten die Tische vor, Marmeladengläser und gravitätische Krüge die Vasen; es waren so viele Vasen, dass man schon einen Garten verwüsten musste, um sie zu füllen, und sie waren gefüllt, immer, wenn ich im Atelier war, stand auf jedem Tisch ein Strauß, das flammte nur so und warb für sich.

In einer Ecke beim Ausguss, gegenüber der Tür, stand ein langer Tisch auf Böcken[1], die keramische Werkstatt, und darüber auf einem Bord, trockneten Figuren und spitze Köpfe.

Sie kamen also herein, legten das Arbeitszeug ab, und der Maler ging, um aus der Holzkiste den Genever zu holen. Mein Vater setzte sich, stand auf, band den Umhang ab und setzte sich wieder. Er sah zu den schmalen Fenstern des Wohnhauses hinüber. Die Fenster waren leicht nach außen gewölbt und behielten alles für sich. In einer Kiste raschelte Holzwolle, Seidenpapier wurde zerrissen, dann schorrte etwas über den Atelierboden. Der Maler zog eine Flasche heraus, hielt sie hoch gegen das Licht, wischte sie am Mantel ab, hielt sie abermals gegen das Licht und war zufrieden. Er setzte die Flasche ab, angelte geschickt zwei Gläser von einem Bord, dicke, grüne, langstielige Gläser, die er ungeschickt, jedenfalls unsicherer als sonst, füllte, schob eines der Gläser meinem Vater hin und forderte ihn auf zu trinken.

Nicht wahr, Jens, sagte der Maler, nachdem sie getrunken hatten, und mein Vater, bestätigend: Weiß Gott, Max, weiß Gott. Der Maler füllte die Gläser noch einmal und stellte die Flasche hoch auf ein Bord, wo er sie nur mit Mühe wieder erreichen konnte, und dann saßen sie sich schweigend gegenüber, aufmerksam, aber nicht lauernd. Sie hörten, wie der Wind mit Getöse über das Haus ging und nebenan den Kamin untersuchte bis auf den Grund. Draußen auf dem Hof warf er eine Bande von Spatzen in die Luft und mischte sie mit einem

---

1. hier: Stützgestelle

Zug von Staren. Die Dachreiter[1] und die Wetterfahne beruhigten sie nicht. Ein unbestimmter Brandgeruch war in der Luft, sie kannten den Geruch, hatten eine Erklärung für ihn: die Holländer brennen Torf, sagten sie beruhigt. Der Maler zeigte stumm auf das Glas, sie tran-
375 ken, und danach stand mein Vater auf, durchflutet von der Wärme des Genevers, ging hin und her, ging so vom Tisch bis zu einem Eckregal, hob dort den Blick und ließ ihn auf dem Bild >Pierrot prüft eine Maske< ruhen, streifte auch den >Abend der Fohlen< und die >Zitronenfrau< und drehte wieder um und kam zum Tisch zurück - bis er endlich wusste, was er sagen wollte. Mit einer unbestimmten, aber doch umfassenden Bewegung gegen die Bilder
380 sagte er: Und Berlin will das verbieten. Der Maler zuckte die Achseln. Es gibt andere Städte, sagte er, es gibt Kopenhagen und Zürich, es gibt London und New York, und es gibt Paris. - Berlin bleibt Berlin, sagte mein Vater, und dann: Warum glaubst du, Max? Warum verlangen sie es von dir? Warum sollst du aufhören zu malen? Der Maler zögerte. Vielleicht rede ich zuviel, sagte er. Reden? fragte mein Vater. Die Farbe, sagte der Maler, sie hat immer was zu
385 erzählen: mitunter stellt sie sogar Behauptungen auf. Wer kennt schon die Farbe. - Im Brief steht noch was anderes, sagte mein Vater: da steht was von Gift. - Ich weiß, sagte der Maler mit säuerlichem Lächeln und, nach einer Pause: Gift mögen sie nicht. Aber ein bisschen Gift ist nötig - zur Klarheit. Er bog einen Blumenstengel zu sich herunter, ich glaube, es war eine Tulpe, schnippte mit den Fingern gegen die Blütenblätter wie der Große Freund der Mühle
390 gegen die Flügel, schnippte oder schoss beinahe mit zielsicherem Zeigefinger die Blume nackt und ließ den Stengel wieder hochschnellen. Dann blickte er zur Flasche hinauf, holte sie jedoch nicht vom Bord. Mein Vater sah wohl ein, dass er Max Ludwig Nansen noch etwas schuldete, darum sagte er: Ich hab mir das alles nicht ausgedacht, Max, das kannst du mir glauben. Mit dem Berufsverbot habe ich nix zu tun, ich hab das alles nur zu überbringen.
395 Ich weiß, sagte der Maler, und dann: Diese Wahnsinnigen, als ob sie nicht wüssten, dass das unmöglich ist: Malverbot. Sie können vielleicht viel tun mit ihren Mitteln, sie können allerhand verhindern, mag sein, aber nicht dies: dass einer aufhört zu malen. Das haben schon andere versucht, lange vor ihnen. Sie brauchen doch nur nachzudenken: gegen unerwünschte Bilder hat es noch nie einen Schutz gegeben, nicht nur Verbannen, auch nicht durch Blen-
400 dung, und wenn sie die Hände abhacken ließen, hat man eben mit dem Mund gemalt. Diese Narren, als ob sie nicht wüssten, dass es auch unsichtbare Bilder gibt.

Mein Vater umrundete knapp den Tisch, an dem der Maler saß, umkreiste ihn, fragte jedoch nicht weiter, sondern beschränkte sich darauf, festzustellen: Aber das Verbot is beschlossen und ausgesprochen, Max, das isses. - Ja, sagte der Maler, in Berlin, und er sah
405 meinen Vater gespannt an, offen, wissbegierig, er ließ ihn nicht mehr mit seinen Blicken los, als wollte er ihn zu sagen zwingen, was er, der Maler, längst wusste, und ihm wird nicht entgangen sein, dass es meinem Vater schließlich nicht leichtfiel, zu erklären: Mich, Max - sie haben mich beauftragt, das Malverbot zu überwachen: dass du auch das nur weißt.

Dich? fragte der Maler, und mein Vater: Mich ja, ich bin am nächsten dran.
410 Sie sahen einander an, der eine sitzend, der andere stehend, maßen sich schweigend einen

---

1. kleiner Glockenturm

Augenblick, forschten wahrscheinlich nach den Kenntnissen, die sie übereinander besaßen, und stellten sich vor, wie sie miteinander verkehren würden in näherer Zukunft und so weiter, zumindest aber fragten sie sich, mit wem sie von nun an zu rechnen hätten, wenn sie sich hier oder dort begegneten. So, wie sie sich forschend musterten, wiederholten sie, meine ich,
415 ein Bild des Malers, das einfach nur ›Zwei am Zaun‹ hieß und auf dem zwei alte Männer, aufblickend in olivgrünem Licht, einander entdeckten, zwei, die sich lange gekannt haben mögen von Garten zu Garten, doch erst in diesem bestimmten Augenblick in erstauner Abwehr wahrnahmen. Jedenfalls stelle ich mir vor, dass der Maler gern etwas anderes gefragt hätte, als er schließlich fragte: Und wie, Jens? Wie wirst du das Verbot überwachen? Mein
420 Vater überhörte da schon die Vertraulichkeit, die in dieser Frage lag; er sagte: Sollst nur abwarten, Max.

Da stand auch der Maler auf, legte den Kopf ein wenig schräg und musterte meinen Vater gerade so, als ließe sich schon erkennen, wessen er fähig sei; und als mein Vater es für angebracht hielt, seinen Umhang zu nehmen und ihn zwischen den gespreizten Beinen mit einer
425 Klammer zusammenzustecken, sagte der Maler: Wir aus Glüserup, was?, und mein Vater darauf, ohne den Kopf zu heben: Wir können auch nicht aus unserer Haut - wir aus Glüserup. - Dann behalt mich mal im Auge, sagte der Maler. Das soll sich wohl machen lassen, sagte mein Vater und streckte seine Hand aus, reichte sie Max Ludwig Nansen, der in sie einschlug und den Händedruck dauern ließ, während sie beide zur Tür gingen. Vor der Tür, die in den
430 Garten führte, lösten sich ihre Hände. Mein Vater stand sehr dicht an der Tür, fast bedrängt von dem Maler, er konnte den Drücker nicht sehen, er vermutete ihn neben seiner Hüfte, und er griff mehrmals vorbei, bevor er ihn endlich ertastet hatte und ihn sogleich niederdrückte in dem Wunsch, sich aus der Reichweite des Malers herauszudrehen.

Der Wind riss ihn aus dem Türrahmen. Mein Vater hob unwillkürlich die Arme, breitete
435 sie aus, doch bevor der Nordwest ihn anhob, legte er eine Schulter gegen den Wind und ging zu seinem Fahrrad.

Der Maler schloss die Tür gegen den Widerstand des Windes. Er trat an ein Fenster zum Hof. Wahrscheinlich wollte oder musste er sogar schon sehen, wie mein Vater mit mir davonfuhr unter dem Wind. Mag sein, dass es ihn zum ersten Mal auch nach der Gewissheit
440 verlangte, zu erfahren, ob mein Vater wirklich Bleekenwarf verließ, deshalb beobachtete er unsern mühseligen Aufbruch.

Ich schätze, dass auch Ditte und Doktor Busbeck uns nachblickten, bis wir am automatischen rot-weißen Leuchtfeuer waren, da wird Ditte gefragt haben: Ist es passiert? und der Maler, ohne sich umzuwenden: Es ist passiert, und Jens soll das Verbot überwachen. - Jens?
445 wird Ditte gefragt haben, und der Maler: Jens Ole Jepsen aus Glüserup: Er ist am nächsten dran.

[...]

(Aus: Siegfried Lenz, *Deutschstunde*. Deutscher Taschenbuch Verlag, 1982, S. 18—33.)

Arbeitsaufgaben:

1. Was erfahren Sie im Textauszug über das Verhältnis zwischen Jens Ole Jepsen und Max Ludwig Nansen?
2. Wie werden Jens Ole Jepsen und Max Ludwig Nansen charakterisiert?
3. Wie reagiert Max Ludwig Nansen, als er hört, dass Jens Ole Jepsen die Einhaltung des Malverbots zu überwachen hat?
4. Warum wird dem Künstler das Malen verboten?
5. Welche Einstellung hat der Vater zu diesem „Verbot"?
6. Informieren Sie sich über „Entartete Kunst" und entwerfen Sie ein Referat über den Maler Emil Nolde (1867—1956), aus dessen Leben Lenz im Roman in Ausschnitten erzählt.
7. Wie deuten Sie die Äußerung des Malers: »Aber ein bisschen Gift ist nötig – zur Klarheit« (Zeile 380—390)?
8. Welche Merkmale fallen an der sprachlichen Gestaltung des Romans auf?
9. Versetzen Sie sich in die Lage von Max Ludwig Nansen und verfassen Sie eine kurze Tagebuchnotiz.

Christa Wolf

Christa Wolf wurde 1929 als Tochter eines Kaufmanns in Landsberg an der Warthe geboren. Als Kind erlebte sie die Hitlerzeit und den Zweiten Weltkrieg. 1945 wurde ihre Elternfamilie aus der Heimat vertrieben und übersiedelte vorerst nach Mecklenburg. 1949 beendete Wolf die Oberschule und trat im gleichen Jahr in die SED ein, deren Mitglied sie bis 1989 blieb.
1949-1953 studierte Wolf Germanistik in Jena und Leipzig. Sie arbeitete zusammen mit Brigaden verschiedener Betriebe, leitete Zirkel schreibender Arbeiter und war zeitweise Cheflektorin des Jugendbuchverlags „Neues Leben" und Redakteurin der „Neuen Deutschen Literatur". 1955 wurde sie Mitglied des Schriftstellerverandes der DDR und war bis 1962 als wissenschaftliche Mitarbeiterin und Redakteurin beim Schriftstellerverband tätig. 1965 war sie Kandidatin des ZK der SED und Mitglied des PEN-Zentrums der DDR. Heute lebt sie in Berlin.
Als freie Schriftstellerin unternimmt Wolf viele Lesereisen, unter anderem nach Schweden, Finnland, Frankreich und in die USA, und empfängt viele Ehrendoktorwürden und erhält zahlreiche Preise: 1964 den Nationalpreis der DDR, 1977 den Bremer Literaturpreis, 1980 den Georg-Büchner-Preis, 1983 den Schiller-Gedächtnispreis, 1985 den Österreichischen Staatspreis für Europäische Literatur, 2002 den Friedenspreis des deutschen Buchhandels.
Schreiben bedeutet für sie verantwortungsbewusste Stellungnahme zu ihrer Zeit. Sie zählt zu den bedeutendsten deutschen Schriftstellerinnen der Gegenwart. Ihre bekannten Werke sind: »Der geteilte Himmel« (1963), »Nachdenken über Christa T. « (1965), »Kindheitsmuster« (1976), »Kein Ort, nirgends« (1979), »Kassandra« (1983), »Sommerstück« (1989), »Was bleibt« (1990), »Medea. Stimmen« (1996) und »Leibhaftig« (2001).

Der geteilte Himmel
(Auszug)

[...]

Zwei, drei Wochen hatte sie noch Zeit. Wie sie sich auch anstrengt: Diese Wochen sind ausgelöscht in ihrer Erinnerung. Die Tage müssen ja vergangen sein, sie müssen ja miteinander gesprochen haben, sie müssen ja gelebt haben - sie weiß nichts mehr davon. Manfred fuhr weg - für ein paar Tage nur, zu einem Chemikerkongress nach Berlin - sie weiß nicht
5 einmal mehr, ob sie Sehnsucht nach ihm hatte, ob böse Ahnungen sie quälten.

Sie weiß nur noch: Eines Abends trat Frau Herrfurth ihr in der Tür entgegen (worüber freut sie sich heute nur, dachte Rita mit einem unangenehmen Vorgefühl) und hielt ihr einen Brief von Manfred hin. Rita wusste immer noch nichts. Sie öffnete den Brief, sie las ihn, aber sie verstand kein Wort. Sie verstand erst, als seine Mutter sagte: »Er hat endlich Vernunft angenommen. Er ist dort geblieben. « Sie war zufrieden. Sie hatte ihr Werk getan.

Rita las: »Ich gebe Dir Nachricht, wenn Du kommen sollst. Ich lebe nur für den Tag, da Du wieder bei mir bist. Denk immer daran. «

So trifft einer uns nur ganz aus der Nähe, einer, der unsere verwundbarste Stelle kennt, der in aller Ruhe zielt und zuschlägt, weil er weiß: Dessen hat man sich nicht versehen. Kann denn einer verschwunden sein, verloren, der einem noch so weh tut?

Frau Herrfurth sagte: »Sie wohnen natürlich weiter bei uns. « Sie konnte sich jetzt Mitleid leisten. Alles würde beim alten bleiben, nicht wahr? Ein paar Sachen würden natürlich aus der Kammer geräumt - seine Kleider und seine Wäsche, seine Bücher, ein Regal...

Eines Abends lief die wiedererwachte Schildkröte Kleopatra im letzten Sonnenstreifen über die fast nackten Dielen, hin und her, hin und her. Rita sah ihr zu, bis ihr die Augen weh taten.

Sie stand auf und hob das Tier in seine Kiste. Sie ekelte sich plötzlich, es anzufassen. Der stumpf-traurige Blick der uralten Augen war ihr auf einmal unheimlich. Sie ging zu Bett. Sie lag, die Arme unter dem Kopf verschränkt, und sah zur Decke. Sie war ganz ruhig. Sie fühlte, dass eine tödliche Starre auf sie zukam. Das war ihr recht, sie tat nichts dagegen. Er ist gegangen. Wie irgendein zufälliger Bekannter ist er aus dem Haus gegangen und hat die Tür hinter sich zugemacht. Er ist weggegangen, um nie mehr zurückzukehren.

Da lächelt man über die alten Bücher, die von unheimlichen Abgründen erzählen und von schrecklichen Versuchungen, denen man nur schwer widersteht. Sie lügen nicht.

Rita sprach mit niemandem in dieser Zeit. Sie sammelte ihr letztes bisschen Kraft und schützte sich durch Schweigen. Sie ließ sich von Sigrid, der eifrigen, dankbaren Sigrid, ins Schlepptau des Prüfungsfiebers nehmen. Sie tat, was man ihr sagte.

Manchmal ging ihr eine flüchtige Verwunderung durch den Kopf: Dass man so wegtreiben kann, Stück für Stück absterben, inmitten all der anderen, und keiner merkt etwas ... Aber sie beklagte sich nicht. Sie litt fast nicht. Sie war die Hülle ihrer selbst. Sie ging wie ein Schatten durch Kulissen und wunderte sich nicht, dass die realen Dinge - Wände und Häuser und Straßen - lautlos vor ihr zurückwichen. Menschen anrühren, schmerzte. Sie mied Menschen. In der Herrfurthschen Wohnung, die Rita nie mehr betrat (»Wohnsarg, Eßsarg, Schlafsarg«), war ein erbitterter Kampf ausgebrochen. Ein Kampf um Leben und Tod, wie sich später zeigte. Frau Herrfurth konnte die Flucht ihres Sohnes nur als Signal für sich selbst deuten. Sie verlangte von ihrem Mann, sofort alle Brücken hinter sich abzubrechen. Ich hab alles vorbereitet, innerhalb von zwei Stunden können wir fliehen...

Fliehen? « sagte Herr Herrfurth. »Warum denn? Und wohin?«

Mann Gottes - er weiß es nicht! In die Freiheit - endlich! Und wäre es nur, weil Eltern zu ihrem Kind gehörten.

Wer weiß, ob dieses Kind Wert auf seine Eltern legt«, sagte Herr Herrfurth.

Herr Herrfurth war müde.

Seine Frau hatte einen guten Teil ihres Lebens daran gewendet, ihn müde zu machen, ihn sich unterzuordnen. Jetzt, wo es ein einziges Mal darauf ankäme, versagte die Unterordnung, und nur die Müdigkeit war geblieben.

Was immer für Hebel und Schrauben Frau Herrfurth ansetzte, Zustimmung, Auflehnung, Entschlüsse aus ihm zu pressen - sein Lebenssaft war Müdigkeit.

Er sah, wie sie sich aufregte. Wie ihr das Grauen vor der selbstverschuldeten Verstrickung in die Augen stieg, wie ihre Lippen blau wurden, wie sie immer öfter zu der kleinen braunen Flasche mit den Tropfen griff. Er sah: Das war kein Spiel, wenn sie plötzlich mit beiden Händen nach dem Herzen fasste.

Aber was konnte er - am Ende seines Lebens, das er nach Kräften genossen hatte (ohne sie, da es sich so ergab) -, was konnte er für diese Frau denn noch tun?

So saß er eines Nachts bei Rita in der kleinen kahlen Kammer. Es war Ende Juni. Für die meisten Leute hatten die Nächte schon den Geruch von See und Sommerweite, und Manfred war nun sechs Wochen weg. Herr Herrfurth hatte eben nach einem Krankenwagen telefonieren müssen. Fremde Leute mit gleichgültig-ernsten Gesichtern hatten seine Frau, die zwischen tiefblauen Lippen schwer nach Atem rang, auf einer Bahre aus dem Haus getragen.

Herr Herrfurth aber, nicht an schweigendes Dulden gewöhnt, war die Treppen hinaufgestiegen zu dem fremden Mädchen, das ihm als einziges noch geblieben war, und stellte ihm die Frage: »Was kann ich denn noch für sie tun?«

Er hockte in unfreier Haltung auf dem Stuhl. Er sah sich erstaunt in der Kammer um - nie war er hier gewesen, solange sein hasserfüllter Sohn sie bewohnte. Er stützte seinen Kopf in beide Hände und sagte dumpf: »Und diese Träume jede Nacht!«

Rita saß aufrecht im Bett und sah ihn an. Sein Jammer rührte sie nicht, seinen Selbstanklagen widersprach sie nicht. Sie träumte auch nicht. Das sagte sie ihm.

Wozu war er eigentlich gekommen?

Er hob den Kopf und wiegte ihn auf seinem hageren, faltigen Hals: Ach, ach Mädchen, und was haben sie aus dir gemacht...

Falsch, Herr Herrfurth. Das Ziel zeigt keine Wirkung. Dieses Mädchen, dem der Kopf noch dröhnt nach einem schweren, wohlgezielten Schlag, ist unempfindlich gegen Schläge, die auf andere niedergehen.

Herr Herrfurth redete dann einfach vor sich hin. »Was hätte ich denn ›dort‹ zu gewinnen?« fragte er laut. »Wer behängt sich denn ›dort‹ mit überaltertem Personal? Und hier? Ach, man lässt mich nun in Ruhe ... Sie - sie hat den Jungen immer mehr geliebt als mich.«

Als er merkte, dass er über seine Frau sprach wie über eine Tote, verstummte er und starrte nur noch trübe vor sich hin.

Rita schlief ein und erwachte wieder - er saß immer noch da, im grauen Morgenlicht, undeutlich vor sich hin murmelnd. Ihr kam auf einmal vor, als sei diese Nacht und dieser Mann von allem Grauenvollen der letzten Zeit das Grauenvollste. »Gehen Sie doch!« sagte sie heftig. Er erhob sich gehorsam und ging.

Rita lag dann wach, bis es Tag wurde und von vielen Kirchen ein aufdringliches Geläute anhob und dauerte, dauerte. Pfingsten, dachte sie und hielt sich die Ohren zu.

Noch einmal kam Herr Herrfurth zu ihr. Das war fast eine Woche später. Er trug einen schwarzen Schlips und teilte ihr mit tränenerstickter Stimme mit, seine liebe Frau sei plötzlich und unerwartet in dieser Nacht verstorben und werde am dritten Tag, von heute aus gerechnet, beerdigt. Die abgegriffene Rolle des hinterbliebenen Ehemanns gab ihm für kurze Zeit etwas Halt.

Wenige Trauernde folgten dem schwankenden Sarg von den Türen der Leichenhalle über die verzweigten Straßen und Wege des alten Friedhofs. Ernst Wendland, der Rita mit den Augen gegrüßt hatte, hielt sich an ihrer Seite.

Das alles ging sie zum Glück nicht viel an. Es betraf die anderen. Nur ein Gedanke machte ihr zu schaffen: Dasselbe, genauso, habe ich doch schon mal erlebt. Diesen Verwesungsgeruch vielleicht nicht. Aber die lange Straße. Ernst Wendland neben mir, wo eigentlich Manfred gehen sollte...

Endlich fiel ihr ein: Der Traum. Sie fühlte sich erleichtert. Also träumte sie auch jetzt. Alles ist wie in Wirklichkeit - das ist ja gerade der Trick. Man hat Mühe, dahinterzukommen. Aber wenn man erst weiß: Du träumst, dann ist es natürlich sehr komisch: Die energische, lebensgierige Frau Herrfurth wird beerdigt, und ihr Sohn ist nicht dabei; dafür geht ein anderer an der Seite ihrer Schwiegertochter ...

Nachher, wenn ich wach bin, werde ich lange darüber lachen können.

Dann waren da ein Erdhügel, hallende Worte und ein dünner beschämter Gesang, Hantierung geübter Männer und ein leichter Sarg, der in die Grube fuhr. Erde zu Erde, Asche zu Asche, Staub zu Staub.

Rita, immer noch lächelnd über ihren Traum, sah in die Höhe. Hinter Baumkronen sah sie den kleinen Turm der Friedhofskapelle und eine Schwalbe auf diesem Turm; sie sah, wie die Schwalbe, da das Glöckchen erneut zu bimmeln begann, aufflatterte und einen weiten Kreis über den Himmel zog, eine Runde über dem Grab segelte; sie folgte ihr mit dem Blick und hörte durch das sanfte Glöckchengewimmer den schrillen freien Schwalbenschrei, sah den Vogel, nachdem er einen hautdünnen Widerstand durchstoßen, pfeilschnell auf eine sehr ferne Wolke zuschießen, schon wieder schreiend, das ganze blaue Himmelsgewölbe auf seinen schmalen, dünnen Schwingen mit sich tragend.

Sie aber blieb allein zurück.

Die Betäubung, von Vogelschrei und Vogelflug durchstoßen, wich von ihr, und sie begann heftig und trostlos zu weinen.

Jemand nahm ihren Arm - Ernst Wendland, der sie nicht aus den Augen gelassen hatte - und führte sie wortlos die vielen verschlungenen Wege zurück zum Friedhofstor. Seinem Fahrer, der im Auto wartete, sagte er, er möge Herrn Herrfurth nach Hause bringen. Er ging an ihrer Seite die lange Kastanienallee hinunter, bis Rita soweit ruhig war, dass man reden konnte.

Wendland wusste von Manfreds Flucht nicht durch Rita, sondern durch den vorsichtigen Herrn Herrfurth, der Grund gesehen hatte, sich »zu distanzieren«.

Sie sprachen nicht über ihn.

Rita brauchte nicht zu fürchten, in Wendlands Augen einen kleinen unsinnigen Hoffnungs-

funken aufblitzen zu sehen, wenn der Name des anderen fiel. Wie immer konnte sie lange in
130 dieses zuverlässige Gesicht sehen. Kein Gesicht konnte ihr jetzt helfen wie das seine. Das
sagte sie ihm. Er verstand sie so genau, dass selbst jetzt kein Funke Hoffnung in seine Augen
trat.
[...]

(Aus: Christa Wolf, *Der geteilte Himmel*. Mitteldeutscher Verlag, 1963, S. 248—256.)

Arbeitsaufgaben:

1. Wie erfährt Rita von der Flucht ihres Freundes? Welches Gefühl überwältigt sie? Wie wird ihre niedergeschlagene Gemütsverfassung im ersten und vierten Abschnitt ausgedrückt?
2. Inwiefern ist in der Herrfurther Wohnung ein »Kampf um Leben und Tod« (Zeile 39) ausgebrochen?
3. Überlegen Sie sich, warum für Rita jene Nacht und jener Herrfurth »von allem Grauenvollen der letzten Zeit das Grauenvollste« sei (Zeile 84—85)?
4. An welcher Stelle zeigt der Text szenische Gestaltung?
5. In Zeilen 19—21 und 111—117 werden eine Schildkröte und eine Schwalbe beschrieben. In welcher Beziehung steht diese Darstellung zur Romanhandlung?
6. Informieren Sie sich in einem Lexikon über die „erlebte Rede". Wo finden Sie im Textauszug eine solche Rede und was bewirkt sie?
7. Wie verstehen Sie die Stelle: »Dieses Mädchen, dem der Kopf noch dröhnt nach einem schweren, wohlgezielten Schlag, ist unempfindlich gegen Schläge, die auf andere niedergehen.« (Zeile 75—77)
8. Entschlüsseln Sie die im letzten Abschnitt verborgenen Andeutungen, wie Sie sie sehen.

Nachdenken über Christa T.
(Auszug)

[...]
Was braucht die Welt zu ihrer Vollkommenheit?
Das und nichts anderes war ihre Frage, die sie in sich verschloss, tiefer noch aber die anmaßende Hoffnung, sie, sie selbst, Christa T., wie sie war, könnte der Welt zu ihrer Vollkommenheit nötig sein. Nichts Geringeres hat sie zum Leben gebraucht, der Anspruch ist aller-
5 dings gewagt und die Gefahr, sich zu überanstrengen, groß. Nicht umsonst hat die Schwester sie gewarnt, die auf ihrem Dorf ihrer Schule treu geblieben und sogar im Begriff ist, sich vernünftig zu verheiraten. Christa T., in den Briefen, die sie ihr schreibt, schwankt zwischen neidvoller Bewunderung: Sie ist doch tüchtig, die Schwester, sie packt das Leben an, sie überlässt sich nicht unfruchtbaren Grübeleien - und dem Vorwurf, die Schwester gebe sich zu
10 früh zufrieden, bescheide sich, hole nicht alles aus sich heraus. Aber was tu' ich denn! endet ein solcher Brief. Wird auch nicht jeder abgeschickt.
Sie ging in die Vorlesungen, saß auf ihrem Platz im Lesesaal, folgte mit den Augen den Reihen der Bücherrücken und fürchtete auf einmal, hier könnte schon auf jede Frage eine

Antwort stehen. Da sprang sie auf, lief hinaus, fuhr mit der Straßenbahn den weiten Weg zur
15 Stadt zurück, schon wieder war Nebel, sie fror. *Gestern bin ich*, schreibt sie der Schwester, *abends durch die Altstadt nach Hause gegangen. War plötzlich rasend abgespannt, landete in einer feuchten Spelunke, die Damen und Herren glotzten mich an. Ein durchreisender Plantagenbesitzer aus dem Magdeburgischen hat sich von seiner professionellen Begleiterin freigemacht und ist zu mir gekommen. Gerne hätte er sich mit mir einen vergnügten Abend*
20 *in Auerbachs Keller[1] gemacht. Wir politisierten, nicht zu seinem größten Vergnügen, tranken und rauchten tüchtig auf seine Kosten, schließlich ließ ich ihn sitzen und flitzte weg. - Ich rauche zu stark, bin oft zerschlagen und traurig* ...

Ein erstes Anzeichen, vereinzelt, nicht beachtet, ihr selbst nicht erklärbar. Ab Trümoh[2], sagte sie sich, schmeiß die Pantoffeln[3]! Dann war sie auch wieder ganz obenauf, weil sie, so
25 lächerlich das klingt, ihren Inder getroffen hatte: Klingsor[4] - anders konnte er nicht heißen - mit seinem glutvollen Blick, dem schneeweißen Turban und den leider durchlöcherten Sokken, das soll sie nicht rühren! Niemand wird sich um ihn kümmern, hat sie sich gesagt und ist in seiner Nähe geblieben, auf der Buchmesse, solange es ging, ohne aufzufallen. Und auch dann noch, warum bloß nicht? Denn er hat sie natürlich schon bemerkt, ist stehengeblieben,
30 hat ausprobiert, wohin sie ihm folgte. Und hat, du wirst es nicht glauben, mir zugenickt, als wir uns endlich doch trennen mussten.

In der Nacht habe ich dann von ihm geträumt. Auf der Technischen Messe, träumte ich, wohin ich sonst nicht gegangen bin, habe ich ihn wiedergetroffen, er hat mich an der Hand genommen und zu den Werkzeugmaschinen geführt: Komm, mein Kind, ein Dichter muss
35 sich auch um die Nachbardisziplinen kümmern ... Ich bin am nächsten Tag natürlich zur Technischen Messe gegangen. Dort hab' ich ihn, bei den Werkzeugmaschinen, getroffen. Er hat sich so wenig gewundert wie ich und mir eine echt Klingsorsche[5] Verbeugung gemacht.

Nein, gewundert hab' ich mich nicht. Gefühl und Traum hatten nicht getrogen.

Sie hat nicht gemerkt oder nicht zugegeben, wozu der ganze Traum gemacht war. Denn
40 nur in dieser romantischen Verkleidung, unter soviel umständlichen Vorkehrungen war dem Wort gestattet hervorzutreten: Dichter hat jemand sie genannt, und sie ist leicht darüber hinweggegangen. Aber was sie gehört hat, hat sie gehört.

Es hat keinen Sinn, sich zu entrüsten, dass sie mit uns allen Versteck gespielt hat: Mit sich selber hielt sie es nicht anders. Wie ich alle ihre Ausflüchte jetzt durchschaue! Wie ich ihr
45 ihre Versuche, sich zu entziehen, jetzt durchkreuzen würde! Da hat sie sich endgültig entzogen. Das war die Krankheit, die Krankheit war es, Gertrud.

Merkwürdig oder nicht - in jenen Jahren hat sie zu schreiben begonnen. Wieso merkwürdig? Sollte nicht jede Zeit gleich gut oder gleich schlecht für den Versuch sein, sich in und außer sich zu suchen? Denn das war, soviel ich sehe, damals ihr Fall. Heute wird man schwer

---

1. die bekannteste und zweitälteste Gaststätte Leipzigs
2. hier: weg damit *(norddeutsch)*
3. hier: ich werfe Alles hin
4. Klingsor ist ein böser Magier aus der Parzivalsage, der Frauen in ein Schloss entführt und dort festhält.
5. hier im übertragenen Sinn: altmodische

verstehen, was daran erstaunlich sein soll.

Christa T. hat, auch wenn sie lässig schien, anstrengend gelebt, das soll bezeugt sein, obwohl es hier nicht darum gehen kann, sie zu verteidigen: Kein Verfahren findet statt, kein Urteil wird gesprochen, nicht über sie noch über irgend jemanden sonst, am wenigsten über das, was wir »die Zeit« nennen, womit nicht viel gesagt ist. Sie hat nicht versucht, sich davonzumachen, womit gerade in jenen Jahren so mancher begonnen hat. Wenn sie ihren Namen aufrufen hörte: »Christa T.!«, dann stand sie auf und ging hin und tat, was von ihr erwartet wurde, aber wem soll sie sagen, dass sie lange dem Namensruf nachlauschen muss: Bin wirklich ich gemeint? Oder sollte es nur mein Name sein, der gebraucht wird? Zu anderen Namen gezählt, emsig addiert vor dem Gleichheitszeichen? Und ich könnte ebensogut abwesend sein, keiner würde es bemerken? Sie sah auch, wie man anfing, zu entschlüpfen, die bloße Hülle, den Namen zurückzulassen. Das hat sie nicht gekonnt.

Aber auch die Fähigkeit, in einem Rausch zu leben, ist ihr abgegangen. Die heftigen, sich überschlagenden Worte, die geschwungenen Fahnen, die überlauten Lieder, die hoch über unseren Köpfen im Takt klatschenden Hände. Sie hat gefühlt, wie die Worte sich zu verwandeln beginnen, wenn nicht mehr guter Glaube und Ungeschick und Übereifer sie hervorschleudern, sondern Berechnung, Schläue, Anpassungstrieb. Unsere Worte, nicht einmal falsch - wie leicht wäre es sonst! -, nur der sie ausspricht, ist ein anderer. Verändert das alles?

Christa T., sehr früh, wenn man es heute bedenkt, fing an, sich zu fragen, was denn das heißt: Veränderung. Die neuen Worte? Das neue Haus? Maschinen, größere Felder? Der neue Mensch, hörte sie sagen und begann, in sich hineinzublicken.

Denn die Menschen waren nicht leicht zu sehen hinter den überlebensgroßen Papptafeln, die sie trugen, und an die wir uns, was sehr merkwürdig ist, schließlich sogar gewöhnten. Für die wir dann zu streiten anfingen: Wer würde heute noch an sie erinnern, wenn sie wirklich ganz und gar draußen geblieben und nicht auf vielen Wegen in uns eingedrungen wären? So dass nicht mehr sie uns misstrauten, sie und die schrecklich strahlenden Helden der Zeitungen, Filme und Bücher, sondern wir uns selber: Wir hatten den Maßstab angenommen und - beklommen, erschrocken - begonnen, uns mit jenen zu vergleichen. Es war dafür gesorgt, dass der Vergleich zu unseren Ungunsten ausfiel. So entstand um uns herum, oder auch in uns, was dasselbe war, ein hermetischer Raum, der seine Gesetze aus sich selber zog, dessen Sterne und Sonnen scheinbar mühelos um eine Mitte kreisten, die keinen Gesetzen und keiner Veränderung und am wenigsten dem Zweifel unterworfen war. Der Mechanismus, nach dem sich das alles bewegte - aber bewegte es sich denn? -, die Zahnräder, Schnüre und Stangen waren ins Dunkel getaucht, man erfreute sich an der absoluten Perfektion und Zweckmäßigkeit des Apparats, den reibungslos in Gang zu halten kein Opfer groß genug schien - selbst nicht das: sich auslöschen. Schräubchen sein. Und erst heute kommt das rechte Erstaunen darüber bei uns an: So weit ist der Weg der Gefühle.

Welche Idee: Sie, Christa T., hätte diesem Mechanismus ihr Kind am Abend entgegengesetzt! So direkt darf man sich Wirkung und Gegenwirkung nicht vorstellen. Sie hat, übrigens, unter keine ihrer Arbeiten ein Datum geschrieben. Aber alles, die Schreibart der Manuskripte, die Beschaffenheit und das Alter des Papiers, deutet darauf hin, dass die Skizzen über ihre Kindheit eben aus jener Zeit stammen. Schwer zu sagen, ob sie das ernst nahm, ob sie den Ernst vor sich verbarg. Ganz sicher aber hat sie nicht gewusst, warum sie gerade jetzt dem Kind in sich selbst nachgehen musste. Wie aber innerlich beteiligtes Schreiben immer auch mit Selbstbehauptung und Selbstentdeckung zu tun hat; wie jeder nicht nur die Leiden, sondern auch die Ermutigungen hat, die zu ihm passen, so hat sie, abends in ihrem Zimmer, unter den vielen Schildern, keineswegs im reinen mit sich, doch die Genugtuung gehabt, das Kind am Abend wieder aufstehen zu sehen: ängstlich, an die Latten der Gartenpforte geklammert, den Auszug der Zigeunerfamilie beobachtend. Schmerz empfinden, Sehnsucht, etwas wie eine zweite Geburt. Und am Ende »ich« sagen: Ich bin anders.

Manche, die sie damals kannten, haben sie wirklichkeitsfremd genannt. Wahr ist: Sie kam mit ihrem Geld nicht zurecht. Sie rauchte, kaufte sich teure Seife und konnte sich ohne Sinn und Verstand in eine der neuen HO-Gaststätten[1] setzen und für zehn Mark Bratkartoffeln mit Sülze essen, dabei schnaufte sie vor Behagen. Dann trank sie, wenn sie ganz verrückt wurde, auch noch Wein, und in ihrer Gesellschaft, wenn sie auf Gesellschaft aus war, war sie nicht wählerisch. Jeden fragte sie aus, schnitt ihm das Wort ab, wenn er abschweifte: Keine Deutung, mein Lieber, die wahre Wirklichkeit, das wirkliche Leben. Wirklichkeitshungrig saß sie in ihren Seminaren und wurde nicht satt von den Lehrmeinungen über Bücher, sah reihenweise die Dichter der Vergangenheit noch einmal ins Grab sinken, da sie nicht genügten, uns nicht. Kaltblütig ließen wir sie hinter uns in ihrer Unvollkommenheit. Christa T., angreifbar durch Liebe und Ehrfurcht, zog sie abends wieder hervor, wenn sie bis zuletzt, bis keiner mehr da war, im Seminar blieb. Die Stimmen, die tagsüber nicht mehr stritten - denn der heftige Streit der früheren Jahre war in Einstimmigkeit übergegangen, Monologe nach dem immer gleichen Textbuch wurden gehalten -, nachts in ihr kamen sie wieder auf. Die Macht der Tatsachen, an die wir glaubten ... Aber was ist Macht? Was sind Tatsachen? Und schafft nicht auch -Nachdenken Tatsachen? Oder bereitet sie doch vor? *Der Pilot*, schrieb sie auf den Rand eines Heftes, *der die Bombe auf Hiroshima geworfen hat, ist ins Irrenhaus* gegangen.

Sie machte sich auf den Weg nach Hause. Vor einem Blumenladen in der Innenstadt standen ein Dutzend Menschen, die schweigend warteten, dass um Mitternacht eine seltene, hell angeleuchtete Orchidee für wenige Stunden ihre Blüte entfalten sollte. Schweigend stellte Christa T. sich dazu. Dann ging sie getröstet und zerrissen nach Hause.

Sie erinnerte sich später nicht, wie sie in ihr .Zimmer und ins Bett gekommen war. Als sie am nächsten Mittag erwachte, hatte sie eine Klausurarbeit verschlafen. Sie trat ans Fenster und sah, dass nur noch kleine Inseln von Schnee im Vorgarten sich hielten. Bald, dachte sie, glücklich ohne Grund, wird es wieder an der Zeit sein, diese Ziersteine abzuwaschen. Sie lachte und sang, sie ging in die Küche zu der Dame Schmidt und überzeugte sie, dass sie nicht umhin kam, mitten in der Woche ein Bad zu nehmen. Die Dame Schmidt ergab sich seufzend - aber nicht vollaufen lassen die Wanne! -, Christa T. lachte immer noch und ließ

---

1. Zusammen mit Freien Läden, die ein begrenztes Warensortiment ohne Lebensmittelmarken oder Bezugsscheine anboten, öffneten in Ostberlin im November 1948 mehrere Freie Restaurants. Damit begann die Entwicklung eines Einzelhandels- und Gaststättennetzes, das unter dem Namen HO (Handelsorganisation) in der Folgezeit bis 1990 Handel und Gastronomie in der DDR dominierte.

das Wasser bis an den Rand steigen. Dann zog sie sich frisch an und kaufte für ihr letztes Geld das teure Vogelbuch, das sie schon lange haben wollte. Sie setzte sich in den zerschlis-
130 senen Lederstuhl und sah es in Ruhe an. Morgen würde sie sich allerlei Entschuldigungen ausdenken, aber sie war nicht bange, dass sie sie im rechten Augenblick überzeugend zur Hand haben würde.
[...]

(Aus: Christa Wolf, *Nachdenken über Christa T.* Luchterhand Verlag 1969, S. 68—75.)

Arbeitsaufgaben:

1. Was wird über Christa T. berichtet?
2. Wie müssen wir uns Christa T. nach der Schilderung der Ich-Erzählerin vorstellen?
3. Geben Sie drei Beispiele für das realitätsfremde Verhalten von Christa T.
4. Worüber grübelt Christa T. intensiv nach?
5. Welche Stellen zeigen deutlich auf, wie zerrissen sie innerlich ist: einerseits schwärmerisch, andererseits bemüht, sich in den vorwiegend von Rationalität bestimmten Alltag einzufügen.
6. Wie urteilt die Ich-Erzählerin über das Verhalten von Christa T.?
7. Wissen Sie, ob es der Realität entspricht, dass der Pilot, der die Bombe auf Hiroshima abgeworfen hat, tatsächlich ins Irrenhaus gegangen ist? Lesen Sie dazu gegebenenfalls das Gedicht »Hiroshima« von Marie Luise Kaschnitz.
8. Beschreiben Sie, wie eine Widerbegegnung zwischen Christa T. und ihrem „Klingsor" verlaufen könnte.

Kindheitsmuster
(Auszug)

[...]
Ein Kapitel Angst, und das ist knapp bemessen.
Nimm doch einfach - wer hindert dich? - nimm alle Angst aus deinem Leben weg. Die gegenwärtige, die vergangene: Es wäre, vielleicht, das erwünschte Leben (das von anderen erwünschte): Der Kitt des Jahrhunderts herausgeschmolzen. Es zerfiele in Anekdoten, die alle
5 den Vorzug hätten, »machbar« zu sein.
Das Diktat: Du sollst produzieren! verhindert, denkst du, dass die Fähigkeit zu leiden mit der Zeit andere - alle anderen - Fähigkeiten überwuchert. Es hat, willst du sagen, keinen Einfluss auf die Natur des Materials, das du hervorbringst. Dir wird bewusst: Eben das ist falsch. Es macht dich stutzig, dass du es immer wieder vergisst: Die besondere Natur des Leidens,
10 das »Angst« heißt, ist es, die jene Art von Produkten hervortreibt, in denen du dich erkennst. Wozu es leugnen.
Die Hoffnung, freizukommen.
Befreiung als Prozess. Als Selbstbetätigung, für die ein Jahrestag nicht angesetzt werden kann. Schreibend den Rückzug der Angst betreiben.

15   Die noch unbefreiten, noch von Angst besetzten Gebiete: Vorgeschichte.

Am Beispiel der Fremden, Nelly benannt, die herhalten muss als Lieferant jener Einzelheiten, die niemand sich ausdenken könnte. Im August des Jahres 45 wird sie noch einmal - das vorletzte Mal in diesem Jahr - mit ihrer Familie umziehen. Ein Drittel des Dorfes Bardikow, das Pfarrhaus dabei, wird geräumt für eine sowjetische Einheit. Der Soldat, der den Räumungsbefehl in die Bürgermeisterei bringen will, trifft auf eine verschlossene Tür: Nelly hat ihn von ihrem Fensterplatz aus kommen sehen. Sie ist allein in der Stube, die Angst vor dieser fremden Uniform, vor diesem fremden jungen Mann, der ziemlich groß ist, bäurisch aussieht, einen Bart auf der Oberlippe hat, fährt ihr in die Knochen. Die Angst schaltet den Kopf aus, setzt die Beine selbständig in Bewegung: ,Nelly stürzt zur Tür, durch den Vorflur, an die Haustür, die sie abschließt, kurz ehe der Soldat die Klinke drückt. Sekundenlang die beiden Gesichter, nur durch die Riffelglasscheibe getrennt, verzerrt in Angst und Verblüffung. Dann Wut auf der Seite des Russen.

Banaler Vorgang, über den heute im Kino gelacht würde - ein Beispiel für Fortschritt. Amüsiert würden die Zuschauer dieses immer noch kopflose Mädchen durch die Hintertür hinaustreten und in panischer Furcht über Koppelzäune klettern, über die Viehweiden hinter dem Dorf rennen sehen, während der Soldat so heftig an der Bürgermeistertür rüttelt, dass die Riffelglasscheibe herausfällt und im Flur zerschellt. Während Rosemarie Steguweit sich in den Kuhstall flüchtet und der Bürgermeister selbst nun doch gezwungen ist, seinen heißen Ziegelstein vom Bauch zu nehmen, in seine braunen Kordhosen zu steigen und eigenhändig dem russischen Soldaten zu öffnen. - Komödie bestenfalls, in der das reine Missverständnis als Handlungsmotor ja erlaubt ist.

Jedoch gelacht wird nicht, während man Blut und Wasser schwitzt. Das Dorf hat die Nachricht schon in Gang gesetzt - als Lauffeuer, das schneller läuft als Nelly. Ihre Mutter ist schon in Panik, als sie keuchend beim Pfarrhaus ankommt: Das Fräulein vom Bürgermeister ist von einem Russen bedroht und vergewaltigt worden.

Große, tränenreiche Szene.

Am nächsten Tag die unvermeidliche Auseinandersetzung mit dem Bürgermeister wegen der zerbrochenen Scheibe, die Nelly für eine Bagatelle erklärt, während der Bürgermeister darauf besteht, dass sie jeden Besucher der Bürgermeisterei zu empfangen habe, ohne Ausnahme. Im übrigen muss sie den Leuten im Westteil des Dorfes klarmachen, dass sie innerhalb von vierundzwanzig Stunden ihre Häuser zu räumen haben. Und denen, die ihre Häuser nicht räumen müssen, dass sie noch mehr Einquartierung bekommen.

K. L., dein Moskauer Freund, dem du als erstem Russen die Geschichten aus Bardikow erzählst, vermutet, die Räumung des Dorfes wäre nicht als Komödie darstellbar. Das gibst du zu. Obwohl, sagst du, es auch dabei Momente gab ... Frau Pfarrer Knop zum Beispiel, die, von ihren beiden Söhnen flankiert, in aufrechter Haltung vor dem zukünftigen Kommandanten von Bardikow erschien - einem Leutnant -, um zu erwirken, dass das Pfarrhaus zur neutralen Zone erklärt und vom Räumungsbefehl ausgenommen werde. Ihr tragisch gemeinter Auftritt scheiterte vor dem verständnislosen Gesicht des Leutnants Pjotr, doch fand sie einen Abgang in Würde. Anders als wenige Tage später die alte Stumpen, die dem Kommandanten

die Wäsche gewaschen hatte und sich mit »Heil Hitler!« von ihm verabschiedete, woraufhin sie floh, sich versteckt hielt und nach einer Woche, ihrer Exekution gewärtig, von zwei Soldaten vorgeführt werden musste. Der Kommandant übergab ihr, anstatt sie eigenhändig zu erschießen, bitterernst einen Sack voll schmutziger Wäsche, mit dem sie dann durchs Dorf
60 lief wie Hans im Glück und jedermann mitteilte, sie schwöre auf den Kommandanten.

Da war sie sicher die einzige.

Arbeitet das Gedächtnis mit Vorliebe als Anekdotenspeicher? Etwas in seiner Struktur scheint der Struktur der pointierten Geschichte entgegenzukommen. Eine Struktur ist eine Menge - von Punkten und so weiter -, in der gewisse Relationen geklärt sind. Die Verarbei-
65 tung schwieriger Geschichtsabschnitte, in denen gewisse Relationen noch ungeklärt sind, zu Zeitungsanekdoten, aus Anlass von Jahrestagen. (»Dreißigster Jahrestag der Befreiung«.) Anwendung der Mischtechnik: Löschen, auswählen, pointieren. Erzählbar bleibt, was der Chefredakteur einer jeden Zeitung annehmen kann: Heilsarmeegeschichten[1]. (So drückt sich der Taxifahrer aus, Herr X: Gehn Sie mir doch vom Leib mit diesen Heilsarmeemärchen!)
70 Sowjetische Soldaten, Suppe austeilend, Kinder rettend, kreißende Frauen ins Krankenhaus bringend.

Was alles nicht bestritten wird.

Was wollen Sie denn: Keine Armee der Welt konnte einen Krieg wie diesen als Heilsarmee überstehen. Die Wirkungen des Krieges sind auch auf diejenigen, die ihn nicht angefangen
75 haben, verheerend. - Dies zu dem Taxifahrer gesagt, Herrn X, der seit fünfunddreißig Jahren in der Nähe wohnt und »alles an Ort und Stelle miterlebt hat«. Der zu verstehen gibt, dass er deinen Beruf kennt und nur deshalb den Mund aufmacht: Wenn Sie aber auch nur wissen wollen, was in der Zeitung steht, dann nichts für ungut.

Glaubhaft versichert er, dass er nicht gerne Soldat gewesen ist; wegen Wehrkraftzerset-
80 zung sei er sogar zwei Jahre lang eingelocht gewesen und habe deshalb das Ende von dem ganzen Schlamassel, nicht mehr kriegsdiensttauglich, zu Hause erlebt. Sein Nachbar, sagt er, habe ihn noch zuletzt bei der Gestapo angezeigt, weil er ihm wegen seiner führergläubigen Phantasien von der Wunderwaffe übers Maul gefahren war: Die Atombombe? Das ist für uns perdu! Derselbe Nachbar wurde dann, ob Sie's glauben oder nicht, vor unser aller Augen
85 im Keller erschossen, weil er seine Lederjacke nicht ausziehn wollte. Und meine Frau hat sich nach einer Woche den Strick nehmen wollen. Ich hab sie ja auch nicht schützen können, dann wäre ich erledigt gewesen. Aber ich hab ihr gesagt, sie soll durchhalten, es kann ja nicht ewig dauern. Es hat vierzehn Tage gedauert, dann kam die zweite Welle, die Kampftruppen wurden abgelöst, dann kam die Kommandantur, dann kam Ruhe und Ordnung. Ich weiß ja
90 nicht, wie Sie darüber denken, junge Frau: So was kann man doch nicht vergessen. Ja: Wenn sich der Deutsche auch so was hätte zuschulden kommen lassen. Aber ich sage Ihnen: Dazu hatten wir ja auch gar nicht die Zeit! Es liegt uns auch nicht.

Das war zwischen Teltow und Mahlow. Die Fahrt nach Schönefeld würde noch fünfzehn

---

1. Heilsarmee: eine 1878 gegründete militärähnlich geordnete religiöse Gemeinschaft, die u.a. durch Arbeit und Verdienst die wirtschaftliche Not und das soziale Elend der Armen zu lindern sucht.

Minuten dauern. Fünfzehn Minuten gegen dreißig Jahre. Zorn zu zeigen würde nichts nützen, das war dir klar, Befremden würde ihn nur in sein Schweigen zurücktreiben. Aber was nützte überhaupt? Im Taxi die deutsche Kriegsschuld beweisen müssen ... Deine ersten Sätze waren ungeschickt. Herr X bestritt ja die allgemeine deutsche Kriegsschuld nicht, bezweifelte keinen einzigen der Millionen sowjetischer Toten, auf die du die Rede brachtest. Er sagte nicht einmal: Das ist der Krieg. Dass wir angefangen haben: zugegeben. Auch dass die meisten hier ein Brett vorm Kopf hatten, vollkommen vernagelt waren mit ihrem Adolf. Nur: Was die dann mit uns gemacht haben - das steht auf einem anderen Blatt.

In dreißig Jahren ist es nicht gelungen, die beiden Texte, die in Herrn X' Kopf nebeneinander laufen, auf ein und dasselbe Blatt zu bringen. Er fängt an, Einzelheiten zu erzählen, die schlimm sind, du gibst es zu: schlimm; aber, fügst du hinzu, und schämst dich fast, Herrn X Informationen zu geben, die seit dreißig Jahren über Zeitung, Radio, Fernsehen auch in sein Wohnzimmer gedrungen sein müssen und gegen die er sich seit dreißig Jahren gesperrt hat. Es kann doch nicht sein, denkst du, dass er bestimmte Schilderungen nicht gelesen, gewisse Filme und Bilder nicht gesehen hat. Dass ihm nicht ein einziges Mal das Entsetzen angekommen ist. Schauder, Scham. Er hört dir sogar zu, aber man spürt ja, ob der, zu dem man spricht, einem glaubt oder nicht. Das will er nicht wahrhaben, dass die Rechnung der anderen Seite, wenn es ans Aufrechnen ginge, größer wäre. Beträchtlich größer. Was sagt er am Schluss? Nichts für ungut, sagt er noch einmal. Ich habe Ihnen ja nicht zu nahe treten wollen. Aber jeder hat nun mal seine Überzeugung. Und das eigene Hemd ist einem nun mal näher als des Fremden Rock.

Fast hätte Herr X dich dazu gebracht, die Geschichten von Bardikow als eine Kette von Zeitungsanekdoten zu erzählen. (Bestimmt wissen Sie nicht, was Angst ist, junge Frau.) Rechtzeitig fällt dir ein, was in den Gesprächen zwischen dem Moskauer Geschichtsprofessor und dir eines der Hauptthemen war: Die verfluchte Verfälschung von Geschichte zum Traktat. Er ist jetzt schon zehn Jahre tot. Mindestens sechs Jahre lang habt ihr euch gekannt, das ergibt sich aus den Daten der Briefe in der Moskauer Postmappe. Seine Atemnot wurde von Mal zu Mal schlimmer, immer häufiger kamen seine Briefe aus Sanatorien. Deine Besuche bei ihm in Krankenhäusern: in Berlin, in Moskau. (Stalins Tochter, sagte er - er hatte sie gekannt -, habe in einer Welt gelebt, die gar nicht existierte. Der Satz ging dir nach.) Moskau, wie du es vor- oder nachher nie wieder gesehen hast. Das Krankenhaus auf der Anhöhe. Der Garten, in dem sich einzeln oder in Gruppen langsam die Kranken bewegten. Der überraschende Blick auf die Silhouette der Stadt, dunkel vor dem blassen Goldrand nach dem Sonnenuntergang. Der Professor, der bei jedem Abschied dachte, dass es der letzte sei. Dem Selbstmitleid fernlag. Seine Augen, traurig, sein Lächeln. Im Krieg war er als Major Herausgeber einer Frontzeitung gewesen. An der Potsdamer Konferenz hatte man ihn als Beobachter teilnehmen lassen. Du dachtest manchmal, vielleicht habe er zuviel mit ansehen müssen. Dann lächelte er wieder, gab dir seine Artikel. Er glaubte an die Vernunft. Er zitierte Montesquieu[1], der dachte, „dass die Vernunft eine natürliche Macht besitzt ... 'Man leistet ihr

---

1. franz. Schriftsteller (1689—1755)

Widerstand, dieser Widerstand ist aber ihr Sieg; noch einige Zeit, und man wird zu ihr zurückkehren müssen.' "

135 Die letzte Begegnung - wenig später starb er - im dunklen Auto im Park von Cecilienhof, wo er an der Stätte des Potsdamer Abkommens zu einer Konferenz gewesen war. Wie es kam, weißt du nicht mehr, jedenfalls fingst du an, von dem Dorf Bardikow zu erzählen. Von der „Arche", dem Kommandanten Pjotr, den Überfällen. Er wollte mehr hören, alles. Manchmal lachte er, manchmal schwieg er. Am Ende sagte er, wenn er dich um irgend etwas benei-
140 de - er klagte nie, hatte nie das Gefühl, etwas versäumt zu haben -, so sei es das: Du würdest die Zeit erleben, da man offen und frei über alles werde reden und schreiben können. Die Zeit wird kommen, sagt er. Sie werden sie erleben. Ich nicht.

Heute weißt du, dass es im Zeitalter des Argwohns das aufrichtige Wort nicht gibt, weil der aufrichtige Sprecher auf den angewiesen ist, der aufrichtig zuhören wollte, und weil dem,
145 dem lange das verzerrte Echo seiner Worte zurückschlägt, die Aufrichtigkeit vergeht. Dagegen kann er nichts machen. Das Echo, auf das er rechnen muss, schwingt dann als Vorhall in seinem aufrichtigsten Wort. So können wir nicht mehr genau sagen, was wir erfahren haben.
[...]

(Aus: Christa Wolf, *Kindheitsmuster*. Aufbau Verlag, 5. Auflage 1980, S. 462—468.)

Arbeitsaufgaben:

1. Was gibt die Erzählerin über die damaligen Erfahrungen der Menschen aus Bardikow mit russischen Soldaten wieder?
2. Was denken Sie, warum verabschiedet sich die alte Stumpen mit »Heil Hitler!« vom russischen Kommandanten?
3. Auf welches Märchen spielt der Vergleich »wie Hans im Glück« (Zeile 60) an?
4. Welche Einstellung zu russischen Soldaten lässt der Taxifahrer erkennen?
5. Versuchen Sie anhand des Texts den Standpunkt des Herrn X. zu erschließen, und führen Sie Ausdrücke auf, die Ihrer Ansicht nach typisch für seinen Standpunkt sind.
6. Wo und warum verwendet die Autorin Christa Wolf Satzbrocken statt vollständiger Sätze?
7. Was will der Satz besagen: »das eigene Hemd ist einem nun mal näher als des Fremden Rock« (Zeile 113—114)?
8. Welche Überzeugung hat der Moskauer Geschichtsprofessor?
9. Interpretieren sie die Textpassage: »Befreiung als Prozess. Als Selbstbetätigung, für die ein Jahrestag nicht angesetzt werden kann. Schreibend den Rückzug der Angst betreiben.« (Zeile 13—14)
10. Interpretieren Sie das Zitat Montesquieus: »Man leistet ihr Widerstand, dieser Widerstand ist aber ihr Sieg; noch einige Zeit, und man wird zu ihr zurückkehren müssen.« (Zeile 134—135)

Erika Runge

Erika Runge wurde 1939 geboren. Ihre Kindheit verbrachte sie in Potsdam. Nach dem Ende des Zweiten Weltkriegs zog die Familie nach Westberlin. Nach dem Abitur studierte Erika Runge in Saarbrücken, Paris, Berlin und München Literatur- und Theaterwissenschaft, Romanistik und Kunstgeschichte. 1962 promovierte sie mit einer Arbeit über den literarischen Expressionismus zum Doktor der Philosophie. Anschließend drehte sie erste dokumentarische Kurzfilme für den Bayerischen Rundfunk und arbeitete ab 1976 vorwiegend als Autorin und Regisseurin für Rundfunk und Fernsehen.
1978 übersiedelte Erika Runge von München nach Berlin, wo ihre Arbeitsmöglichkeiten als Regisseurin in den folgenden Jahren allerdings mehr und mehr eingeschränkt wurden. Seit 1995 ist sie hauptberuflich als Psychotherapeutin tätig.
Bekannt wurde sie durch ihre Bücher »Bottroper Protokolle« (1968) und »Frauen. Versuche zur Emanzipation« (1969), in denen vom Strukturwandel der 1960er Jahre betroffene Bürger der Ruhrgebietsstadt Bottrop und Angehörige der beginnenden Frauenbewegung der späten 1960er Jahre zu Wort kommen. Alle Beiträge der Autorin gehen aus Interviews hervor.

Bottroper Protokolle
(Auszug)

[...]

Wenn mein Mann mal Frühschicht hat, stehen wir um 5 Uhr auf, um 6 Uhr fängt die Frühschicht an, wenn er normale Frühschicht hat. Um ½ 6 Uhr geht er ausm Haus. Wo ich den Kleinen noch nicht hatte, den Martin, hab ich mich noch hingelegt bis ½ 7 immer, dann bin ich auch aufgestanden, wegen die beiden, Ralph und Simone. Ja, und jetzt muss ich auch
5 aufbleiben, weil um 6 Uhr der Kleine kommt, denn hab ich ihn auch um ½ 7 fertig, und dann kommt der raus, der Große, der wacht von alleine auf. Und denn zieh ich ihn an, und wenn ich ihn angezogen hab, dann mach ich eben noch mal was andres, dann ist die schon wieder da. Na, dann tun wir zusammen Frühstück essen, dann bring ich den Ralph jetzt zum Kindergarten, ja, und denn is 9 Uhr, ¼ vor 9, bis ich wieder hier bin, dann geht die Arbeit hier los.
10 10 Uhr kommt der Kleine, der muss gebadet werden und muss auch versorgt werden. Dann wird eingekauft, schnell alles im Laufschritt gemacht. Essen gekocht für die Kinder, für mein Mann, 12 Uhr den Kleinen wieder abholen, den Ralph, ja und dann leg ich die auch noch

immer hin. Ja, und wenn mein Mann dann kommt - erst tut er essen, dann beschäftigt er sich mit de Kinder, überhaupt mit der Simone. Ja, dann hat er ja auch noch andere Sachen zu tun,
15 für die Gewerkschaft hauptsächlich, überhaupt jetzt, wo die Zeche stillgelegt wird. Meistens, nachmittags, geh ich dann mit die Kinder raus, wenn schön Wetter ist, die müssen ja auch frische Luft haben, dann geh ich meistens nach Hause zu meiner Mutter hin. Und ja, kommt man nach Hause, dann wirds wieder Zeit für Abendbrotmachen und dann die Kinder in Bett bringen, die Sachen auswaschen, die sie vom Tag hatten, ja, und dann bin ich mal froh,
20 wenn ich zwei Stunden sitzen kann. Dann guck ich manchmal Fernsehen, oder ich stopf oder strick, muss ja immer was gemacht werden. Ins Bett gehn-ja, um 11, ½ 11. Da, wo der Kleine noch nicht war, bin ich ja früher gegangen, wenn mein Mann dann abends weg war, dann bin ich auch schon mal um 9 gegangen, ½ 10, aber so, jetzt komm ich erst immer um 11, ½ 11 im Bett. Das ist jetzt jeden Abend. Man muss ja durchhalten.
25 Wir sind eigentlich von Ostpreußen. Mein Vater war schon 46 hier, wir kamen 48 her. 44 bin ich geboren. Mein Vater war vorher in der Landwirtschaft, dann hat er auf Zeche angefangen, hier in Rheinbaben. Ich hab drei Geschwister, eine Schwester und zwei Brüder. Meine Schwester ist auch verheiratet hier, die hat auch schon drei Kinder. Mein Bruder ist Bergmann auf Rheinbaben, hat auch drei Kinder, und mein kleiner Bruder, der ist 17 und auch
30 Bergmann, Lehrling.
Ich hab hier meine Volksschule gemacht, dann hab ich zwei Jahre Lehre gemacht als Strikkerin. Eigentlich wollt ich Konditorin werden, in der Bäckerei die Torten machen und so. Wo ich noch in der Schule war, hab ich meiner Mutter immer viel backen geholfen, wir haben zu Hause nur gebacken, jeden Sonntag oder auch Weihnachten, Plätzchen und Tonen, alles ham
35 wir selbst gemacht. Und da hatt ich nachher Lust gehabt, inne Konditorei, so Torten machen und so, auch die kleinen Plätzchen, Berliner Ballen und so. Auf einmal hab ich dann keinen Spaß mehr dran gehabt. Aber wo ich denn da in die Lehre ging, dat gefiel mir nachher alles nicht, da dacht ich doch: hätt ich man lieber den andern Beruf gewählt. Und da hieß es ja nur noch: wir wollen Geld verdienen. Ich ging in die Lehre rein, da war ich 14. Erst war man im-
40 mer in e Schule, hat man nichts andres gekannt wie Schule - und dann auf einmal muss man, dann steht man auf eignen zwei Beinen. Erst, da gefiel mir dat nicht. Aber nachher denkt man: du musst das sowieso schaffen, und du schaffst das. Strengt man sich schon von allein an, nich? Es ging nachher. Aber es war ja auch keine große Strickerei.
Drei Jahre war ich dann in ne Strickfabrik, zwei Jahre Lehrzeit, und dann noch ein Jahr so.
45 Im Haushalt war ich auch noch tätig, das kann man ja immer mal gebrauchen, nich. Im Haushalt hatt ich auch mehr gehabt, da hatt ich freie Kost, und ich konnte da meine Wäsche waschen, alles, und hab 100 Mark gekriegt im Monat. Das war nur für mich. Da war ich 17 und hatte 100 Mark gehabt, das war viel. Die ham alle gesagt: das war viel gewesen. Und da war ich so 3/4 Jahr gewesen, und dann bin ich nachher zu B. in die Kleiderfabrik. Da fing ich mit
50 1,3,8 Stundenlohn an und war im Akkord. Ich war noch keine 18, und das darf man ja nicht, und war am Band am arbeiten und im Akkord. Und die im Akkord haben alle über 2 Mark gehabt. Und da hab ich mich mal beschwert, und da sagt der drauf, ich hätte ja schon meine Lehre ausgehabt, er könnte mich nicht mehr ans Jugendband setzen, wo keine Akkordarbeit

ist, sie haben überall Akkordarbeit, nich. Da sage ich, dann soll er mich bei die Lehrmädchen hinsetzen, für 1,38. Da sagt er: »Nee, dat kommt nich in Frage, da ham wir kein Platz für.« Da sag ich: »Tut mir ja leid, aber dann kann ich auch nicht weiter hier arbeiten. Für 1,38 im Akkord, da tu ich das nicht.«

Da bin ich nachher noch woanders hingekommen, und da wars genauso, da hatt ich 2 Pfennig dann mehr gekriegt, war auch Akkord gewesen, und da musste man immer so viel Kästen schieben und sowat alles. Und wo ich dann nachher gesagt hab: »Ich geh nicht im Akkord.« Da hat er mir auch nich mehr gegeben, und da hab ich dann auch aufgehört. Das tut ja keiner, für so wenig Geld im Akkord arbeiten. Wir haben jede 10 Tage Geld gekriegt, wat war dat: 50 Mark. 1961 war das. Hinterher war ich nochmal in der Strickerei gewesen. Da ging ich wohl auch klein ran, aber das hat sich nachher gesteigert, und da hatt ich nachher 68 Mark in der Woche, jeden Freitag 68 Mark, und das hat sich nachher gesteigert bis 70, 75 Mark. Und dann konnte man sich dat ja mitnehmen, und da bin ich nachher auch geblieben.

Wir hatten hier in Bottrop son Klub gehabt, nen Jugendklub gehabt, Deutscher Freier Jugendklub nannte der sich, einfach n Jugendklub war das, nich, und da sind wir, die ganzen jungen Mädchen und die Jungens, alle da drin gewesen. Da haben wir uns kennengelernt, so flüchtig, mein Mann und ich. Nachher, von mein Nachbar der Junge, hatte Geburtstag gehabt, der war auch im Klub gewesen, der hat Geburtstag gehabt, da kam mein Mann auch zufällig gerade hin - so haben wir uns denn da kennengelernt. Wir haben da gefeiert, und anschließend bin ich, hat mein Mann mich nach Haus gefahren, der hatn Wagen gehabt zu der Zeit noch. Und n andern Tag kam er denn wieder, hat mich abgeholt, dann sind wir tanzen gegangen, dann sind wir auch mal abends zusammen im Kino gewesen. Ja, 4 Jahre sind wir jetzt verheiratet. Als der Ralph geboren wurde, hab ich noch gearbeitet. Der war ja so schwer krank gewesen, der hat ne Darmverschlingung gehabt und n Magenpförtnerkrampf. Da war er 3 ½ Wochen, wo er im Krankenhaus kam. Mit nem halben Jahr hab ich ihn denn rausgekriegt, da hab ich aufgehört zu arbeiten. Ja, und dann war er bei meine Mutter, ich hab ihn dann ja nicht gekriegt, meine Mutter hat ihn mir ja nicht gegeben. Der Junge war so krank gewesen, und ich hab noch bei meine Schwiegermutter wohnen müssen, wir hatten ja nicht sofort diese Wohnung, und da hab ich nur ein Zimmer gehabt, dadrauf musst ich kochen und schlafen, da könnt ich den Jungen ja auch nicht gebrauchen.

Träume hatte ich ... Erstens: nicht so früh heiraten. Hatt ich überhaupt nicht vorgehabt. Und zweitens - mit 22 schon 3 Kinder, das ist auch n bisschen viel. Ich wollte, wo wir geheiratet hatten, und so, wie ich früher immer schon gesagt hatte: »Wenn ich mal später heirate, dann ein Kind, und dann geh ich so lange arbeiten, bis man alles hat.« Hatt ich immer gesagt, früher. Da hab ich meinen Mann noch gar nicht gekannt, nich. Da sagt ich: »Ein Kind, arbeiten - und ich willn Auto haben.« Fürn Auto würd ich auch noch arbeiten. Da sagt mein Mann nachher, wo ich meinen Mann kennengelernt hab: »Ja, du wolltst doch arbeiten gehn?« »Ja«, sag ich, »wenn ich den Ralph nur hätte, war ich bestimmt gegangen, denn den hätte meine Mutter genommen.« Aber es ging ja nicht. Ja, und dann? Mit Geld so knausern, hatt ich mir auch nicht vorgestellt. Jede 10 Tage, es kommt drauf an, wieviele Schichten dat warn, kam er mal mit 120, 150, mal hat er auch 160 gehabt, zweimal im Monat. Und wenn er dann Rest-Lohn hatte, er hat ja denn einmal im Monat Rest-Lohn, ja, dann kam er mal mit 300 Mark nach Hause. Und damit kann man keine großen Sprünge machen. Hier die Miete kostet 109 Mark. Jetzt kriegen wir nochn Zuschuss von der Zeche, aber wenn der dann wegfällt, dann zahlen wir hier 150 Mark dafür. Und dann soll man das alles aufbringen. Bei dem wenigen Lohn, was er hat, und dann so viel Miete. Und die Kinder wolln essen, die Kinder wolln angezogen werden. Dat hab ich mir wirklich früher nie vorgestellt, dass mir das später mal so schlecht gehen würde. Ich konnte mein Geld für mich selbst behalten, früher, ich hab mich eingekleidet, alles. Ich hatte Sachen gehabt! Aber heutzutage - ich weiß nicht, wie ich mit dem Geld rumkommen soll, das mein Mann nach Hause bringt. Ich mach mir die Haare selbst, da hab ich ja kein Geld für, zum Frisör. Ich war beim Frisör gewesen, kurz bevor ich ins Krankenhaus kam mit dem Kleinen, da hab ich ne Lockwelle gehabt, ne einfache Lockwelle und Haare abgeschnitten, da hab ich 9 Mark bezahlt. Und da kann man nich jeden Monat für nachn Frisör gehen.

Meine Mutter kommt mir viel helfen, davon ab. Morgen fahr ich wieder zur Stadt, mein Mann hat Krankenschein gehabt, jetzt muss ich morgen Krankengeld abholn, jetzt kann ich ja nicht alle drei mitnehmen, muss meine Mutter morgen komm. Mein Mann, wenn der Zeit hat, der hilft mir auch. Der macht viel. Der passt auf die Kinder auf, der tut schon mal saugen oder blankreiben, und dann tut er mir schon mal helfen abtrocknen. Aber ich sag ja: nur wenn er grade Zeit hat. Dat macht er schon. Und er sagt schon mal: »Geh und nimm die Simone und geh schon mal ne Stunde raus.« Dann passt er auf die andern beiden auf.

Wat ich früher alles gemacht hab, wo ich noch nich verheiratet war! Wir warn viel tanzen gewesen, und ich war auch in der Gewerkschaft drin. Gewerkschaftsjugend, bunten Nachmittag und so, das fehlt mir heutzutage. Ich hab auch mitgemacht, hat eine Hand die andre gewaschen, mal hat man dies gemacht, dann hat man das gemacht. N bunten Nachmittag, bekannte Solisten, die ham gesungen, und abends war dann anschließend, um 10 Uhr, war dann Tanz gewesen. Und da hat man auch Lose verkauft und son bisschen gemacht. War wirklich schön gewesen. Und - wie lange war ich schon nicht mehr tanzen. Ich geh so gerne tanzen! Mein Mann auch ... Bin ja neugierig, wann wir dies Jahr mal Karneval feiern könn. Wir tun in der Wirtschaft feiern, das is immer einmalig. Bei Fortuna, im Fußballklub die Feste, einmalig ... Ich glaub aber nich, dass dat dies Jahr geht. Wegen die Kinder und wegen dem wenigen Geld. Erst sind Feierschichten wieder, dann wird die Zeche stillgelegt, dann wieder die Sorgen. Wegen die Kinder, ach, da könnte man schon für ein Tag die Mutter holn, war ja nich schlimm gewesen, aber die Geldsorgen ... Ich hatte nie geglaubt, dass die Zeche mal stillgelegt wird.

Ich interessier mir eigentlich nicht für Politik. Mein Mann, der schimpft da schon immer. Sagt er: »Interessier dich mal n bisschen dafür, dat is gut für dich.« Naja, wenn ich mal meine Arbeit fertig hab ... Jetzt komm ich bald überhaupt nicht mehr zum Zeitunglesen. Sonst komm ich schon mal beim Frühstück und so zum Zeitunglesen, aber jetzt, wo die Kleinen schon alleine sitzen, alleine essen wolln, da komm ich überhaupt gar nicht mehr dazu, nich. Ich hör schon mal Tagesschau oder guck schon schnell inne Tageszeitung rein, wat da Neues

135 drinsteht oder so, nich, aber muss schon sagen, sonst interessier ich mich auch nich für Politik.

Und wegen Rheinbaben, die sind alle so am Sagen: »Dat wird noch wat geben, dat wird noch wat geben!« Ja, dat wird noch wat geben, dat steht fest. Aber wat soll man dagegen tun? Wir Armen könn ja auch nichts dagegen tun, dass die Zeche stillgelegt wird. Heute Mit-
140 tag, wo ich einkaufen gegangen bin, da sagte mir die Geschäftsfrau auch: »Mein Gott«, sagt se, »wat wird dat noch geben? Früher ham se die Taschen immer voll geholt, und heute holn sie se nur noch zur Hälfte.« Ich sag: »Da seid ihr auch ein Teil mit Schuld. Verkauft doch eure Ware nicht so teuer, verkaufts doch n bisschen billiger.« »Ja«, sagt sie, »wenn wir die billiger machen, dann wird woanders wieder aufgeschlagen.« Ich sag: »Dann müsst ihr alle
145 zusammengreifen, dann müsst ihr alle zusammen sagen: jetzt ist stopp, jetzt wern wir mal die Preise n bisschen senken. Und dann werd ihr auch wieder eure Ware los.« »Ja«, sagt sie, »ich versteh das nicht. Und jetzt überhaupt noch, wenn sie Rheinbaben stilllegen, dann wer ich überhaupt nichts mehr los, dann könn wir unser Geschäft bald schließen.« Da sagt ich auch: »Kann ich nichts dafür. Ich kauf nur dat ein, was ich ganz nötig brauche und wat die
150 Kinder brauchen, dal andre kann ich mir auch nicht mehr leisten.« Jeden Tag hab ich sonst Obst gekauft, jetzt kann ich höchstens zweimal in der Woche, wenn hier Markt ist. Freitags hol ich Obst, und dann hol ich nochmal Mittwoch in der Stadt Obst. Und im Nu is ja dat Obst weg, weil die Kinder viel Obst essen. Und auch die Wirtschaften, wat wern die denn jetzt machen. Die wer jetzt alle langsam zumachen. Ganz bestimmt. Hier schießen doch immer
155 nur Wirtschaften und Imbiss-Stuben aus de Erde raus. Aber Krankenhäuser oder sowas, das baun se nich. Hier in Bottrop gibt es zwei Krankenhäuser, und die sind überfüllt.

Ich war jetzt bein Hausarzt gewesen, und der Hausarzt, von selbst hat ers ja nicht gesagt, aber ich hab ihn gefragt, ob ich die Pille kriegen kann, und da hat er gesagt: »Ja.« Meine Schwester, die hat sie ja direkt vom Arzt gekriegt, weil sie so unregelmäßig ihre Periode ge-
160 habt hat, und die braucht sie nicht zu bezahlen, die braucht nur 50 Pfennig fürs Rezept zahlen. Und wir müssen se zahlen, 5 Mark. Aber dafür gibt man lieber die 5 Mark aus. Ich könnt mir dat auch gar nicht vorstellen: 4 Kinder. Nee!

Meine Kinder solln alle 3 die Schule besuchen, dat sie was wern. Nämlich ich konnte dat nich, meine Eltern, die konnten dat einfach nicht aufbringen, es is keiner von uns auf e höhe-
165 re Schule gegangen, aber meine Kinder solln das machen. Da soll keiner aufn Pütt. Die Zeche wird et dann sowieso nich mehr geben. Aber so, die solln irgendwie wat anderes wern. Die solln auf e Schule gehen. Dat hab ich auch schon zu mein Mann gesagt: »Dat kann ich nich haben, dass die mal so arm wern wie wir. Die Sollns mal n bisschen besser haben wie wir.« Nich, is doch wahr! Unsereiner, der malocht und arbeitet und arbeitet und hat doch
170 nichts.

Und ich hab schon gesagt, wenn der Kleine, der ganz Kleine, 1 oder 3 Jahre alt ist, dass ich dann einen hab für die zum Aufpassen, dann würd ich ne Arbeit nehmen, und wenns von morgens früh ist bis mittags, dann würd ich noch arbeiten gehen, ja. Man muss ja auch warten, wat mein Mann nachher für ne Beschäftigung hat, wieviel Geld er nach Hause bringt,

175 man kann ja nicht sagen -je nachdem, wolln wir erstmal gucken. Wenn er genug verdienen sollte, ja - ein Auto möcht ich haben. Nämlich, ein Mann allein schafft dat nich, und dann noch die Familie und die teure Miete, schafft einer nich allein. Da möcht ich schon gerne arbeiten fürs Auto. Dass man Samstag oder Sonntag mal rausfahren kann und nich immer hier im Kohlenpott bleiben muss. Man will ja auch mal rausfahren und die Welt mal sehn, nich?
180 Nach n Sauerland runter oder so. Et gibt hier in Deutschland so schöne Sachen, so schöne Städte, nich. Noch nie war ich weggewesen, ich war noch nie raus gewesen. Zur Erholung war ich wohl, zwei Mal, nach Norderney. Aber sonst... Oder wir ham früher, vom Klub, schon mal son paar Fahrten gemacht, aber das war höchstens mal so fürn halben Tag gewesen. Anschließend sind sie dann in die Wirtschaft gegangen, ham getanzt und so. Aber da
185 sieht man ja nichts, ich möcht ja mal was sehn! Es gibt so schöne Gegenden hier in Deutschland, überhaupt hier so in der Gegend, oder nachn Sauerland runter. Ja, fürn Auto, dass man Samstag oder Sonntag mal wegfahren könnte, dafür würd ich noch arbeiten.
[...]

(Aus: Erika Runge, *Bottroper Protokolle,* Suhrkamp Verlag, 1968, S. 48—55.)

Arbeitsaufgaben:

1. Was ist die Intention der Autorin?
2. Woran lässt sich ein Protokoll erkennen, von dem der Buchtitel spricht?
3. Welche Wirkung hat die wörtliche Wiedergabe der aufgenommenen Aussage auf Sie?
4. Wie sieht der Tagesablauf der hier berichtenden Hausfrau aus?
5. Verfassen Sie einen kurzen Bericht über ihre Herkunft, Schulbildung, Ausbildung und ihre bisherige Tätigkeit.
6. Welche Wunschträume hatte sie früher als Mädchen, welche hat sie jetzt? Wie ist der Unterschied zu erklären?
7. Welches sind die zentralen Probleme dieser Frau?
8. Wie denkt sie über das politische, wirtschaftliche und soziale Geschehen in ihrem Umfeld? Sieht sie einen Zusammenhang zwischen ihrer eigenen Situation und ihrem Umfeld?

Max von der Grün

Max von der Grün wurde am 25. Mai 1926 in Bayreuth geboren. Er besuchte die Handelsschule und absolvierte bei den Rosenthal-Pozellanfabriken in Marktredwitz eine kaufmännische Lehre. Im Kriege war von der Grün Fallschirmjäger; er geriet 1944 in amerikanische Kriegsgefangenschaft. Nach seiner Entlassung arbeitete er zunächst in der Bauwirtschaft. 1951 siedelte er dann nach Heeren bei Unna im Ruhrgebiet über, wo er als Schlepper und Hauer unter Tage arbeitete. Nach einem schweren Unfall ließ er sich zum Grubenlokomotivführer umschulen.
Seit etwa 1953 beschäftigt sich Max von der Grün mit schriftstellerischen Arbeiten. Er schrieb zunächst Gedichte, Essays, Stories, befasste sich mit Literaturkritik und stellte Anthologien zusammen. Der breiteren Öffentlichkeit wurde er erst durch seine Grubenromane «Männer in zweifacher Nacht» (1962) und «Irrlicht und Feuer» (1963) bekannt. Seiner Initiative ist die Gründung der «Gruppe 61» am Karfreitag 1961 zu verdanken, einer Vereinigung westdeutscher Arbeiter-Schriftsteller, die sich die Aufgabe gestellt hat, Probleme der Arbeitswelt literarisch zu behandeln.
Max von der Grün lebte als freier Schriftsteller von 1963 bis zu seinem Tod am 7. April 2005 in Dortmund-Lanstrop.

Irrlicht und Feuer
(Auszug)

[...]

Der Maschine habe ich immer misstraut. Kalt und glitschig wie ein Fisch gleitet der Hobel die Kohlenwand auf und ab, und die Nabe, an der sich der Dreizack dreht, leuchtet auf, wenn der Lichtkegel unserer Lampen darüberhuscht. Der Hobel liegt immer auf der Lauer; er lässt sich zwar bändigen, in seine Ketten pressen, wehe aber, wenn er ausbricht, dann sind
5 Schmerz und Entsetzensschreie die Lautbahn, in der er sich bewegt.
Wir hassen diese Maschine, wir spucken sie bei Schichtbeginn an, wir decken sie mit wüsten Worten ein und mit kalten Flüchen, die aus der Angst geboren werden. Welch herrliches Schauspiel, den Hobel in seiner Kraft zu beobachten, aber welch eine Geißel, wenn man mit ihm zu tun hat: Er treibt unsere Gedanken fort und höhnt mit knirschenden Ketten: ... wei-
10 ter ... wei-ter ... wei-ter ...
Nein, das ist keine Maschine mehr, das ist ein Monstrum. Und wir fragen uns alle: Warum das alles noch? Warum? Auf zweihundertfünfzig Meter Streblänge sind fünfundzwanzig

Sprühdüsen in die Leitung geschraubt, die während der ganzen Schicht Wasser in die Staubwolken spritzen. Dennoch wälzt sich der Staub unaufhörlich auf uns zu, wenn die
15 abgeschälte Kohle in der Förderer fällt.

Warum noch diese Maschine? Warum?

Sie wurde eingebaut, als längst bekannt war, dass unsere Schachtanlage stillgelegt wird. Kosten: fünfzigtausend Mark - nur für das Einbauen. Die Maschine selbst soll anderthalb Millionen kosten. Unsere Zeche bezahlte das Einbauen nicht, das übernahm voll die Firma,
20 die diesen Hobel herstellte und hier auf seine Tauglichkeit prüfen will: Wenn der Hobel auch dort Verwendung finden kann, wo noch anderes Mineral als Kohle abgebaut wird, kann er in mehreren Ausführungen nach Südafrika exportiert werden. Nach Südafrika? Ja, verurteilt die Rassenpolitik, aber um Gottes willen, haltet den Handel hoch, der Handel ist unser Wunder, und ohne Wunder können wir in unserer Zeit nicht mehr existieren.

25 Aber wir Arbeiter zahlen dafür, wir zahlen den Preis in Blut. Was soll es, die Zeit der Blutzölle hat nie aufgehört, sie ging 1945 nicht zu Ende. Wir sind die Kaninchen in den von Angst umbauten Labors der Exportwirtschaft.

Seit der Hobel läuft, vier Wochen sind es jetzt, registrieren wir dreiundvierzig Verletzte, davon sieben so schwer, dass sie für ihr ganzes Leben verstümmelt bleiben. Vor vier
30 Wochen war die Schließung bekanntgegeben worden, und sämtliche Ortsleute, soweit sie nicht vor Ablauf der Kündigung Arbeit in anderen Betrieben angenommen hatten, wurden in Strebs verlegt, in denen in einem letzten Anlauf der wahnsinnige Versuch unternommen wurde, die Agonie der Kohle zu überwinden.

Ich hastete den Streb hoch, die Ketten, die den Hobel lenkten, in meinen Händen. Immer
35 wieder musste ich die Ketten herumreißen, damit ein »ordnungsgemäßer Ablauf« gewährleistet war. Durch den Staub sah ich die Kameraden, die Ausbaue setzten, Kappen vorhängten und mit Presslufthämmern allzu große Stücke zerteilten.

O dieser Staub, dieser Staub!

Die Kehle sitzt zu. Staubklumpen hängen am Gaumen, und der Magen setzt immer wieder
40 an, sich zu übergeben. Aber keine Zeit, der Hobel rast... ich hinterher.

Ordnungsgemäßer Ablauf, das ist wichtig. Daran hängen Produktion und Sicherheit, Leben und Gesundheit. Ich muss trinken. Fritz Lehnertz muss mich am Strebende ablösen. Kaffee habe ich noch in der Flasche. Au! Verdammt! Aufpassen! Die Führketten. Dar an hängt nicht nur der Hobel, daran hänge ich und die anderen.

45 Noch zwanzig Meter, dann Strebende, dann Trinken, dann Kaffeeklatsch, dann Ablösung, dann Trinken, dann Ruhe.

Warum diese Schinderei, mein Gott, warum? Der Pütt wird zugemacht. Warum dann diese Schinderei noch? Gott sei Dank. Strebende. Ich wende den Hobel.

»Komm! Ich mache weiter!« ruft Fritz. Ich stürze zu meiner Kaffeeflasche, sie ist noch
50 halb voll. Verdammt! Hat so ein Schwein aus meiner Flasche gesoffen? Es sind noch drei Stunden zu arbeiten.

Ich stürze mir den Rest hinunter, lutsche noch am Hals der leeren Flasche. Fritz packt die Ketten: Der Dreizack wird umgeschraubt, von der Rechtslinksführung in die Linksrechtsführung. Kurze Probe. Läuft.

55 Ich sitze und warte.

Wenn sich der Hobel die zweihundertfünfzig Meter planmäßig entlangfrisst, hinunter und wieder herauf, dann habe ich eine halbe Stunde Pause. Der Schweiß läuft über mein Gesicht, das Hemd klebt am Rücken und am Bauch. Die Haut juckt. Der Staub frisst sich in die Poren, wird wieder ausgeschwitzt, frisst sich wieder ein, wird wieder ausgeschwitzt. Wie oft in einer
60 Schicht?

Gibt es keinen Pilatus mehr, der schreit: Seht! Welch ein Mensch! Wir leben im Jahrhundert der Menschlichkeit. Jedes Jahrhundert lebte im Jahrhundert der Menschlichkeit. Wir schuften und schießen. Geschossen wurde immer, noch nie aber so geschuftet. Unser Jahrhundert hat sein Gesicht verloren, wir leben in Anonymität, weil wir nur noch Fratzen haben
65 oder weiße Flecken im Gesicht, wo eigentlich das Herz und die Seele wohnen sollten. Wir schuften herz und seelenlos, denn unser Jahrhundert hat alles, nur keinen Pilatus mehr. Endlich ist Pilatus tot.

Ein heftiger Stoß im Panzerförderer. Ein Knall. Knirschen. Eisen auf Eisen. Der Hobel steht. Ich stiere in die Nacht. Was ist los? Egal, ich habe eine halbe Stunde Zeit. Schreien im
70 Streb. Der Staub sinkt ab. Was ist los? Egal, was passiert, ich habe eine halbe Stunde Zeit.

Einer rennt an mir vorbei. Brüllt und keucht.

»Jürgen! Tragbahre! Schnell! «

»Was ist? « frage ich.

»Fritz! « schreit er.

75 »Was ist mit Fritz? « frage ich wieder.

»Tragbahre! Du Rindvieh! Tragbahre! Capito¹!«

Ich laufe mit. Hundert Meter, zweihundert. Hat die verfluchte Strecke kein Ende?

Wir finden sie, wir fassen sie.

»Fritz sein Bein ist kaputt. Knie, Matsche«, keucht der Anonyme.

80 »Wie kam's? « frage ich.

Wir hasten zurück. Keuchen. Schweiß. Und die Angst um Fritz.

Fritz! Er stöhnt. Zwei Männer schienen das Bein. Fritz jammert wie ein Kind, weint wie ein Kind.

»Ist doch alles sinnlos! « schreit einer. »Warum schienen? Ist doch alles Matsche! «

85 »Halt deine Fresse! Anpacken! Vorsicht! Ihr Hunde, wollt ihr wohl vorsichtig sein! « schreie ich die anderen an. Da, ein irrer Laut. Gott sei Dank, Fritz ist bewusstlos geworden.

Während vier Mann die Bahre mit Fritz aus dem Streb schleifen und nach über Tage transportieren, repariert der Steiger mit zwei Schlossern den Panzerförderer und schraubt die Kettenführung neu ein. Halbe Stunde. Fertig.

90 »Jetzt ist Fritz oben«, sage ich.

»Aufpassen! Luft aufdrehen! « brüllt der Steiger.

Die Luft zischt, Wassernebel sprühen, die Ketten knirschen, der Förderer rattert, der Hobel

---

1. Großkopf, Dickkopf.*(lat.)*

schrämt.

»Los! Weiter! Keine Müdigkeit vorschützen! Weiter!«

95 Diese verdammte Antreiberei. Nur weiter. Let's go! haben sie in der Gefangenschaft gesagt. Aber da waren wir Gefangene. Es läuft alles wieder wie zuvor. Was ist schon ein Bein, ein Knie? Nur eine kurze Lücke in der präzisierten Planung. Fritz! Mein Gott, wenn ich das gewesen wäre. Ein Krüppel mit ein paar dreißig Jahren. Gott sei Dank, ich war es nicht. Ich war es nicht! Immer sind es andere. Verdammt! Was ist? Der Hobel hat keine richtige
100 Führung, eine Kette hängt lose, die andere hat übermäßige Spannung. Wenn das nur gut geht.

Da schreit der Steiger, der mit mir hinter dem Hobel herläuft: »Elendes Scheißstück!«

Da! Was ist?

Über meinem Kopf zischt es peitschenschlagartig. Jaulen, Orgeln. Sekunde, Bruchteilsekunde. Dann ein Laut, als beiße ein Hund einen Knochen entzwei.

105 Was ist?

»Jürgen! Jürgen!«

Wer schreit mich so blödsinnig an?

Ist ein Wasserventil aus der Leitung gesprungen? Ich bin nass, mein Gesicht tropft. Es tropft auf meine Hände. Was ist mit dem Wasser? Es ist nicht salzig, es ist süß, klebrig, dick,
110 warm.

Was ist mit dem Wasser? Mit dem Wasser!

»Jürgen! Jürgen!« brüllt mich einer an.

»Haltet den Panzer an! Den Panzer anhalten. Ihr Hunde, haltet den Panzer an.«

Da!... Da... Da... rollt... ein... Kopf! Ein Kopf! Ich bin irre. Ich bin wahnsinnig ..., aber da ...
115 rollt... ein Kopf... Und ich begreife.

Die Kette am Hobel riss, sauste über meinen Kopf und schlug mit unbenennbarer Gewalt dem zwei Meter hinter mir herhastenden Steiger den Kopf ab. Der Kopf rollte in den Panzerförderer, und was ich als Wasser wähnte, war Blut. Der Blutstoß des geköpften Steigers klatschte in mein Gesicht.

120 »So haltet doch den Panzer an! Heilige Maria und Josef! Haltet den Panzer an! Ein Kopf! Ein Kopf!« Die Stimme hatte nichts Menschliches mehr.

Niemand hielt den Panzer an. Der Schreck war zu groß. Der Kopf rollte und rollte ... auf den Stahlgliederbandförderer ... Der Panzer läuft und läuft, der Kopf wird mit den Fördermitteln fortgetragen, in die Schneckenführung, in die Förderwagen, und über Tage wird einer
125 am Leseband oder aus den Bottichen der Wäscherei den Kopf herausfischen.

Da steht einer vor mir, leuchtet mich an und lacht. Er lacht wie ein Verrückter und weist denen, die gelaufen kommen, den Grund seiner irren Heiterkeit. »Blutsauger!« schreit er und lacht weiter. »Blutsauger!« gellt es aus allen Ecken. Alle sehen mich an.

Ich sehe sie an. In ihren Augen steht das Entsetzen. Im Streb wird es still. Ich stehe auf
130 einem Eisenstück und um mich zwanzig Männer. Sie starren mich nun nicht mehr an, und sie lachen auch nicht mehr. Das Lachen verging ihnen, als sie den geköpften Steiger liegen sahen. Und als der lange Egon noch einmal leise sagte, dass ich ein Blutsauger sei, kam ein

gefährliches Murren von ihnen. Beidhändig fasste ich Staubkohle und rieb mir das Blut aus dem Gesicht, von der Brust, den Handrücken, und ich versuchte, mit Staub auch meine Hose
135 zu reinigen.
　　Keiner sprach, jeder glotzte irgendwohin.
　　Ich sagte: »Wir müssen den Steiger wegbringen. Einer muss über Tage anrufen.«
　　»Über Tage?« fragte Egon.
　　»Ruf den lieben Gott an«, sagte einer von hinten aus der Nacht.
140 »Nein«, sagte ich, »ich weiß seine Telefonnummer nicht.« Und ich schrie in die Gesichter, in denen der Schrecken in weißen Augäpfeln stand: »Ich weiß seine Telefonnummer nicht! Ich weiß sie nicht! Ich weiß sie nicht!«
　　Nur Schrecken, stumm und zittrig, antwortete mir.
　　Endlich gingen zwei Mann und holten den Schleifkorb. Wir betteten den Mann hinein, und
145 ich zog, weil wir keine Ersatzdecken mehr hatten, meine Jacke aus dem Holzstoß und deckte das zu, worunter jeder einen Kopf vermuten musste. Die Bahre stand in unserer Mitte, wir umsaßen sie. Das Entsetzen wich, aber wir wurden immer ratloser. Was jetzt?
　　»Kommt, wir fahren aus«, sagte ich.
　　»Das können wir doch nicht einfach, ausfahren«, entgegnete der alte Bruno Goller.
150 »Du Idiot!« schrie ich. »Was willst du noch hier. Sollen noch mehr verrecken? Nächste Stunde kannst du dran sein.«
　　»Jürgen hat ganz recht«, redeten etliche durcheinander.
　　»Die schmeißen uns raus«, jammerte Bruno wieder.
　　»Ja, verdammt!« brüllte ich wieder. »Hast du nicht auch deine Kündigung in der Tasche?
155 Machen die vierzehn Tage noch was aus? Macht euch nicht zu Hanswürsten. Für wen waren die Verletzten der vergangenen Wochen? Für wen? Wozu?«
　　»Jürgen hat recht«, sagte einer.
　　»Ja aber ...«, versuchte Bruno noch einmal.
　　»Los«, sagte ich, »kein Wort mehr.«
160 Vier Mann schleppten die Bahre aus dem Streb, wir trotteten hinterher, dumpf, wortlos.
　　An der Querschlageinmündung stand der Obersteiger, er hatte von dem Unglück gehört und sagte in seiner ruhigen Art: »Heute ist aber auch der Wurm drin. Erst der Lehnertz, und nun er.« Und als wir alle stumm an ihm vorbeigegangen waren, rief er hinter uns her: »Ihr braucht doch nicht alle auszufahren, vier Mann genügen. Geht wieder an eure Arbeit.«
165 Er lief hinter uns her, zeterte, schrie, tobte, bettelte. Da riss dem langen Emil die Geduld.
　　»Du vollgefressener Kerl, halte endlich deine Schnauze, sonst schmeißen wir dich den Schacht runter.«
　　»Ich verbitte mir ...«
　　»Du hast hier nichts mehr zu sagen, in vierzehn Tagen liegst du auch auf der Straße«, rief
170 Emil dem Ober erbost ins Gesicht.
　　»Aber der fällt nicht so hart«, sagte einer. »Die Herren bekommen Überbrückungsgeld. Und wir? Wir bekommen nicht einmal Arbeitslosenunterstützung, wenn wir die Arbeit

nicht annehmen, die uns das Arbeitsamt zuschustert.«

Wir fuhren den Stapel hinunter und auf der fünften Sohle zum Schacht. Den Steiger in
175 unserer Mitte, als wäre er unser gefallener König. Er war nie bei uns beliebt, weil er ein rücksichtsloser Streber war, aber wir dachten an seine Frau und an seine Kinder. Und ich dachte nur: Mein Gott, wenn ich das gewesen wäre.

Am Schacht mussten wir lange warten, endlich aber schien uns die Sonne ins Gesicht. Über Tage erwartete uns der Inspektor, er sah uns ungläubig an, als wir vom Korb hüpf-
180 ten, wie gefangene Ratten aus der Falle. Stumm schlurften wir vorbei, ohne Gruß.

»Ihr fahrt sofort wieder an!« rief er, hochrot im Gesicht.

Ich drehte mich um und sagte ruhig: »Ich an Ihrer Stelle würde den Kopf suchen, es fehlt nämlich einer.«

Da schrie er: »Ihr seid alle fristlos entlassen!«
185 Da lachten wir, lachten; es war eine Erlösung, denn seine Worte waren doch ein Witz, ein ausgewachsener Witz.

Wir luden den Steiger in der Leichenhalle ab, die Kommission vom Oberbergamt war schon da und machte sich fertig zur Anfahrt.

Wir holten aus unseren Straßenkleidern Zigaretten und rauchten wortlos auf den Bänken
190 im Blumenrondell vor der Schlosserei. In den Büros war ein geschäftiges Hin und Her. Das war uns gleich, wir hatten abgeschlossen; der rollende Kopf war der Punkt hinter einer Entwicklung, die wir mit aufgebaut hatten und die nun überholt war.

»Jürgen hatte recht«, sagte Emil. »Uns blieb nur die Ausfahrt.«

»Natürlich hatte Jürgen recht«, sagten andere. »Wir hätten gar nicht so lange in dem Streb
195 arbeiten dürfen«, sagte ich.

»Fritz wollte in vierzehn Tagen als Lastwagenfahrer bei einer Dortmunder Brauerei anfangen.«

»Jetzt hat er ein Matschbein«, nuschelte Emil. »Aber das haben wahrscheinlich die Weißkittel schon abgenommen. Diese verfluchte Maschine.«
200 »Hatte doch keinen Sinn mehr, die Maschine«, sagte ich.

»Für andere hatte sie schon einen Sinn«, nuschelte Emil.

»Ja, für die Entwicklungsländer«, sagte ich.

»Für die Schwarzen«, murmelte Emil in seinen Bart.

»Was?« rief einer. »Gibt es in Südafrika auch Schwarze?«
205 »Kommen wir morgen wieder zur Zeche?« fragte Bruno Goller ängstlich.

»Das kann jeder halten, wie er will«, sagte ich. »Für mich steht fest, dass ich mir morgen eine andere Arbeit suche.«

»Aber die Papiere sind doch nicht in Ordnung«, jammerte Bruno.

»Scheiß doch auf die dämlichen Papiere, Hauptsache, wir bekommen Arbeit!« schrie ich.
210 »Die geben womöglich unseren Lohn nicht raus«, jammerte Bruno wieder. »Das ist Kontraktbruch, und das bringt Geldstrafe.«

»Sollen sie die drei Schichtlöhne haben, meine Knochen sind mir lieber. Und dann, es gibt ja noch Arbeitsgerichte und die Gewerkschaft. Warum zahlen wir Beiträge? «

Wir gingen in die Kaue zurück und wuschen uns. Erst hatten wir befürchtet, sie würden das Wasser sperren, aber es war heißes Wasser da.

Dann fuhren wir nach Hause. In meinem Garten waren über Nacht die Tulpen aufgeblüht.

Ingeborg war mit ihrer Mutter nach Dortmund in den Romberg-Tierpark gefahren. Sie sagte mir, dass sie drei Tage unbezahlten Urlaub genommen habe. Warum, das sagte sie mir nicht, ich fragte sie auch nicht. Seit sie arbeiten geht, wird kaum noch etwas zwischen uns besprochen, wir schweigen uns aus.

Draußen ist es trotz der frühen Abendstunde hell und angenehm. Rosi sitzt neben mir und plappert unaufhörlich. Sie sprudelt nur so, ich könnte sie auf den Mond wünschen, ich will doch die Übertragung aus Chile hören.

Für alles interessiert sich das Mädchen, nur nicht für Fußball. Wenn sie doch gehen würde und mich in Ruhe ließe, aber nein, sie geht nicht, sie plappert. Sie hat sich häuslich niedergelassen, ihre Schuhe ausgezogen, die Beine auf den Sitz des Sessels gelegt. Sie will nicht verstehen, dass ich die Fußballreportage hören möchte. So lieb mir das Mädchen auch ist, so ungelegen kommt sie oft in die Wohnung. Habe ich früher, als meine Frau in Dortmund im Schmollwinkel saß, um ihre Hilfe gebeten, so glaubt sie jetzt, die Hilfe müsste ewig währen.

Schließlich landet Rosi bei der Politik. Auch das noch, mir bleibt nichts erspart. Sie spricht von der Politik, wo ganz Deutschland um den Ausgang des Spieles in Chile zittert. Ich hätte nie gedacht, dass sie so ein Mensch ist.

Da fragt sie mich: Warst du früher in der HJ[1]? Ich sage ja.

Warum bist du in die HJ eingetreten, das brauchtest du doch nicht, viele waren nicht in der HJ.

Was blieb uns jungen Leuten schon anderes übrig, Rosi, sagte ich, man musste damals oft Dinge tun, die man nicht tun wollte, und hinterher war man erstaunt, was man getan hatte.

Das verstehe ich nicht, sagte sie. Entweder man will etwas oder man will es nicht.

Wenn sie doch aufhören wollte, das Fußballspiel war viel interessanter als ihr dämliches Gequatsche über Zeiten, von denen man nicht mehr sprechen sollte.

Warst du gerne dabei? fragt sie.

Das weiß ich heut nicht mehr. Wahrscheinlich.

Hast du den Arm gehoben? fragte sie wieder.

Mein Gott, wenn sie doch endlich ruhig sein wollte, ganz Deutschland zittert um die in Chile, und sie fragt, ob ich auch den Arm gehoben habe damals. Man sollte diese Zeit aus der Geschichte ausradieren. Wo habe ich das schon gehört? Ausradieren? Ach ja. Wir werden ihre Städte ausradieren. Heil, Heil, Heil.

Zum Teufel! schreie ich sie an. Ich habe auch den Arm gehoben, den Hintern konnte ich nicht heben, das war zu anstrengend. Zufrieden? Jetzt lass mich in Ruhe!

Sie schwieg. Ich hing am Radio, ich wollte dem Reporter helfen, weil er keinen Torschrei losließ. Aber meine Aufmerksamkeit am Radio ließ nach, ich betrachtete plötzlich aufmerk-

---

1. Abkürzung für Hitler-Jugend, die Jugendorganisation der NSDAP

sam das Mädchen und fragte mich, warum sie gerade heute von diesen Dingen sprach. Das Spiel machte mir plötzlich keinen Spaß mehr.

Ja, verdammt, ich habe damals den Arm gehoben und Heil gerufen und mich freiwillig zur Wehrmacht gemeldet, weil ich mich schämte, noch als Zivilist herumzulaufen, wo andere bereits dabei waren, Orden zu sammeln. Aber das versteht sie nicht, das wird sie nie verstehen, man kann eine Zeit nur verstehen, wenn man in dieser Zeit gelebt hat. Wie soll ich dem Mädchen das erklären?

Onkel Jürgen, fängt sie wieder an, sag mal, warst du gerne dabei?

Gerne? Wahrscheinlich, sonst hätte ich doch nicht mitgemacht. Aber zum Donnerwetter! schrie sie und sprang aus dem Sessel und stampfte mit den Füßen. Warum bist du heute gegen diese Zeit?

Ich überhörte, dass ein Tor fiel und wer dieses Tor schoss. Nur das Geschrei aus dem Lautsprecher und die sich überschlagende Stimme des Reporters sagen mir, dass ein Tor gefallen war.

Ich habe eine Platte von einer Sportpalastrede, sagte das Mädchen, da schreien sie auch so.

Verflucht! schrie ich. Halte endlich deine Klappe, jetzt habe ich nicht einmal das Tor mitbekommen.

Aber Onkel Jürgen! Ist das Tor so wichtig? Das liest du doch morgen in der Zeitung. Wie kann man so jung sein und ohne Verständnis für Fußball?

Onkel Jürgen, warum bist du heute gegen diese Zeit? Sag schon, das muss ich wissen, fragt sie wieder.

Ich gab es auf, am Radio zu lauschen, und sagte zu ihr: Weil ich gelernt habe, beim Militär, in der Gefangenschaft und später.

Waren alle dafür, damals? fragt sie wieder.

Dafür? Das kann man eigentlich nicht sagen. Sie haben mitgemacht. Man musste eben mitmachen, wenn man nicht...

Viele haben aber nicht mitgemacht, sagt sie wieder. Die gingen lieber in die Emigration.

Schließlich kann nicht ein ganzes Volk in die Emigration gehen, sagte ich erbost. Und jetzt lass mich bitte in Ruhe.

Auch die Justiz hat damals mitgemacht? fragt sie und setzt sich wieder und schlenkert aufreizend ihre Beine durch die Luft.

Ich sah sie ziemlich dumm an. Na hör mal, sagte ich, ich habe mit der Justiz nichts zu tun gehabt, dein Vater, obwohl er hinter Stacheldraht saß, auch nicht. Ein kleiner Mann wie ich, damals war ich noch Schüler und Lehrling, konnte schließlich nicht hinter die Kulissen sehen. Aber ich meine, wenn alle mitgemacht haben, dann wird wohl auch die Justiz mitgemacht haben.

Onkel Jürgen, sag mal, unser Lehrer hat gesagt, vor einigen Wochen, warte mal, was hat er gesagt? Ach ja: die Unzufriedenheit brachte Adolf an die Macht, die Justiz aber hat mitgeholfen, dass er am Ruder blieb. Sie hat seinen Staat sanktioniert. Stimmt das?

Da musst du deinen Lehrer fragen, sagte ich, der muss es besser wissen. Ich wundere mich nur, dass er das so offen sagt, dass er nicht Angst hat vor den Folgen.

Aber warum? Sie sah mich groß an. Schließlich hat er doch recht! Ob er recht hat oder nicht, das ist mir gleich. Frage doch einmal welche von der Sorte, die damals mitgemacht haben, es laufen genug rum, und nicht allein auf der Straße, auch in Gerichtsgebäuden und anderswo.

Aber Onkel Jürgen, da müsste man doch sagen, dass jeder Deutsche Dreck am Stecken hat.

Mag sein, Rosi, es gab ja damals sogar Pastoren, die haben mit Heil Hitler unterschrieben.

Sie wollte das Radio ausschalten, aber in dem Moment fiel das zweite Tor. Ich sprang auf und schrie: Toooor!

Wie ein dummer Junge benimmst du dich! schreit sie. So ein blödes Tor regt dich auf und begeistert dich. Aber damals, da hast du mitgemacht. Wahrscheinlich hast du auch begeistert Heil geschrien. Kein Wunder, wenn der Schnurrbart mit euch gemacht hat, was er wollte. Ihr wart ja nur eine Herde.

Das verstehst du nicht, Rosi, ich werde es dir später einmal genau erklären.

Wann? Sie stand vor mir und sah mich an. Vor einem Jahr hast du gesagt, du würdest mir alles erklären, und jetzt ist ein Jahr vergangen, und du sagst, du wirst es mir später erklären. So vergeht ein Jahr nach dem anderen, und wenn ich alt genug geworden bin, es zu begreifen, bist du zu alt, es mir zu sagen.

Sie zog ihren Mantel an und fragte: Gehst du mit?

Ja, warte, ich wollte noch ein Bierchen trinken. Da fiel mir ein, dass ich irgendwo ausgerufen hatte, wir würden unsere Demokratie versaufen.

Vor der Schaschlikbar verabschiedete ich mich. Sie sagte: Denk bitte daran, dass ich alt genug bin, ich will es von dir wissen, du warst damals dabei, du hast mitgemacht. Ich will es nicht aus den Zeitungen erfahren, die waren damals emigriert oder noch nicht geboren oder beim

Widerstand.

Ja, sagte ich, ich werde es dir bald sagen.

Wie ist es bei der neuen Arbeit? fragte sie plötzlich.

So lala, nicht schlecht und auch nicht gut, wie eben Arbeit ist. Ich habe Sonne und Regen, aber sonst ist alles so, wie es war.

Was dir fehlt, ist Ehrgeiz.

Sie ging die Straße hinab, ich in die Wirtschaft.

Der lange Emil stand an der Theke, er winkte mir.

Warst du schon bei Fritz Lehnertz im Krankenhaus? fragte er mich.

Ja, schon dreimal.

Hat sich mit seinem Schicksal immer noch nicht abgefunden, sagte er. Der arme Kerl. Die Scheißmaschine musste ausgerechnet ihn erwischen.

Wen sollte sie sonst erwischen? fragte ich. Na, den natürlich, der den Aufbau veranlasst hat, knurrte er. Sag mal, hast du das Spiel gehört? fragte ich voll Ungeduld. Wie kann Emil jetzt von Fritz reden, wenn vor Minuten noch ganz Deutschland kopfstand.

Was für ein Spiel? fragte er dumm.

Was für ein Spiel? Ja, lebst du denn auf dem Mond? Deutschland gegen Chile meine ich.

War das heute? Haben unsere gewonnen?

335 Mensch, du machst mir Spaß. Ganz Deutschland zittert, und du sitzt hier seelenruhig und säufst dein Bier.

Du, Jürgen, habe schon wieder andere Arbeit. In der Fabrik in Unna war es nichts. Stell dir vor, die haben doch tatsächlich kontrolliert, wie lange man auf dem Scheißhaus sitzt. Warst du mehr als zehn Minuten auf dem Örtchen, zogen dir die Bonzen das vom Stundenlohn ab.
340 Na, mit mir nicht, habe nach ein paar Tagen gleich in'n Sack gehauen.

So, sagte ich. Ob die vier Männer hinten in der Ecke vom Fußball reden? Sieht so aus.

Bin jetzt beim Straßenbau am Ruhrschnellweg.

Die vier Männer unterhalten sich tatsächlich über Fußball, ich höre Wortfetzen.

Drei Mark Stundenlohn, geht so für den Anfang, sagte er. Was kriegst du eigentlich in der
345 Fabrik?

Ich? Warte mal, ich glaube, zweisiebzig.

Die vier in der Ecke lassen kein gutes Haar an Chile.

Na, bei dir ist es jetzt nicht mehr so schlimm, hast keine Kinder, und deine Frau arbeitet mit, verdient ganz gut. Was machst du nur mit dem vielen Geld?
350 Raten bezahlen! Ich trank mein Glas auf einen Zug leer.

Die vier in der Ecke stritten sich. Sie stritten über das Spiel.

Du hast Raten? Mensch, das glaube ich dir nicht, bei zwei Verdiensten.

Nein, ich tapeziere jetzt die Wände mit Fünfzigmarkscheinen.

Oller Dussel! Wie ist deine Arbeit, sag mal?
355 Geht so, Emil. Könnte besser sein.

Zeche war nicht das schlechteste, was, Jürgen?

Sicher nicht. Jeden Tag heiß brausen, die Haare fallen aus. Aber so schlecht war die Arbeit auch wieder nicht.

Ich fahre jeden Morgen mit einem firmeneigenen Bus zur Arbeit, sagte er. Der holt uns
360 vor der Haustür ab und bringt uns abends wieder zurück. Drei Mark muss ich für die Woche bezahlen. Das geht doch.

Ein übler Lärm war nun am Tisch in der Ecke, sein eigenes Wort konnte man kaum mehr verstehen. Vielleicht gehe ich noch zu Borowskis, dachte ich, sehen, was Karl macht und Veronika. Ob Rosi schon zu Hause ist? Ich hätte sie nicht allein lassen sollen. Aber man kann
365 schließlich keine staatspolitischen Reden führen, wenn Fußball gespielt wird.

Emil, mach's gut, ich geh.

Willst du schon? Bleib, ich gebe einen aus. Am Ecktisch wird es auch noch interessant, die kriegen sich gleich an die Köpfe.

Sollen doch froh sein, dass wir gewonnen haben, sagte ich.
370 Veronika hatte noch Licht, sie saß im Sessel und strickte. Nanu? sagte sie erstaunt. Hast du dich verlaufen?

Musste meine Nerven etwas beruhigen.

Ich habe bei der Übertragung an dich gedacht, wie du vor Aufregung durch das Zimmer läufst.

375 Mein Gott, wenn die wüsste, welche Fragen ihre Tochter bei einem Fußballspiel stellt. Warum ich den Arm gehoben habe?

Ist Karl schon zu Bett?

Eben gegangen. Stell dir vor, er hat sich auch die Übertragung angehört, und wenn die Zuschauer schrien, dann sprang er auf und hob den rechten Arm und sagte: Veronika,
380 steh auf, der Führer spricht.

Wie geht es ihm sonst?

Er ist ganz friedlich. Zur Zeit malt er wenig, die Peitsche habe ich seit damals auch nicht wieder gebraucht. Ich muss jetzt immer in die Stadtbücherei gehen und Bildbände holen. Er sitzt ruhig und sieht sich die Bilder an.

385 Welche Bilder sieht er sich an?

Alle Bilder. Hauptsache Bilder.

Wo ist Rosi? Schon zu Bett?

Nein, sie ist ins Kino gegangen. Spätvorstellung.

Siehst du auch ihre Schularbeiten nach? Ich habe den Eindruck, sie vernachlässigt die
390 Schularbeiten etwas, sagte ich.

Im Gegenteil, Jürgen, sie lernt wie noch nie. Den ganzen Tag sitzt sie über ihren Büchern. Wann kommt Ingeborg wieder?

Dienstag, hat sie gesagt.

Wir plauderten noch eine halbe Stunde. Dann ging ich, aber nicht nach Hause, ich streifte
495 durch die Straßen mit einem blödsinnig dumpfen Gefühl. In allen Wirtschaften wurde heute gesoffen, verständlich, schließlich hatte Deutschland gewonnen. Zwar keinen Krieg, aber immerhin Ansehen. Gewonnen, sang es in mir, ich hätte jubilieren und auf der Straße tanzen mögen. Plötzlich stand Rosi vor mir, keuchend, die Haare wirr.

Du? schrie sie und wollte an mir vorbei.

400 Wo kommst du jetzt her? fragte ich. Du wolltest doch in die Spätvorstellung.

Wo ich war, das geht dich nichts an, verstanden. Na, na, Mädchen, nicht so stürmisch, schließlich kann man ja mal fragen.

Wir gingen schweigend bis zu Borowskis Haus. Sie sagte gute Nacht und fragte auf der Treppe: Warum hast du den Arm gehoben, Onkel Jürgen?

405 Ich weiß es nicht, sagte ich und ging weiter.

[…]

(Aus: Max von der Grün, *Irrlicht und Feuer*. Rowohlt Verlag, 1985, S. 79—90.)

Arbeitsaufgaben:

I. für Teil I (bis Zeile 220)

1. Fassen Sie den Inhalt in etwa fünf Sätzen zusammen.

2. Warum hat Jürgen, der Ich-Erzähler, der Maschine immer misstraut?
3. Wie ist die Arbeit der Bergleute unter Tage?
4. Warum wird über die Ereignisse unter Tage in szenischer Darstellung berichtet?
5. Deuten Sie die Aussagen:
   a) »wir leben in Anonymität...« in Zeile 64,
   b) »Nur eine kurze Lücke in der präzisierten Planung« in Zeile 97.
6. Ein zentraler Aspekt des gesamten Romans ist die Forderung nach einer Humanisierung der Arbeitsverhältnisse der Arbeiter. Wie wird diese Forderung im Textauszug verdeutlicht?

II. für Teil II (ab Zeile 221)
1. Beschreiben Sie die sprachliche Ebene des Textes.
2. Welche Einstellung hat Jürgen zu seiner Vergangenheit?
3. Interpretieren Sie die Wendung: »Ihr wart ja nur eine Herde.« (Zeile 309)
4. Was will der Autor dem Leser in diesem Textteil vermitteln?
5. Skizzieren Sie den Verlauf des Gesprächs zwischen Jürgen und Rosi, indem Sie zum Dialog ausführliche Regieanweisungen hinzufügen.

Günter Wallraff

Wallraff wurde 1942 in Köln geboren. Nach der 10. Klasse verließ er das Gymnasium und begann eine Buchhändlerlehre, die er 1962 absolvierte. Nach der abgeschlossenen Buchhandelslehre fasste er den Entschluss, Hilfsarbeiter in verschiedenen Fabriken zu werden, um anschließend darüber zu berichten. Er arbeitete am Fließband bei Ford, auf einer Werft in Hamburg und im Akkord bei Siemens und ist durch seine Reportagen über diverse Großunternehmen, die Bild-Zeitung und verschiedene Institutionen bekannt geworden.

Mit Methoden des investigativen Journalismus entwickelte Wallraff für seine Reportage einen neuen Reportagestil, mit dem er auf Missstände am Arbeitsplatz aufmerksam machen will. Seine Berichte über den Gerlingkonzern (als einfacher Angestellter beobachtete Wallraff Lebensgewohnheiten und Geschäftspraktiken des Managements), seine Aktion in Athen (während der Zeit der Militärdiktatur fesselte er sich an einen Laternenmast und verteilte Flugblätter, die Freiheit forderten, worauf er gefangen genommen wurde) und seine Aufdeckung eines Putsches in Portugal riefen Schlagzeilen hervor.

Wallraff ist Mitbegründer des „Werkkreises Literatur der Arbeitswelt" (1970).

Industriereportagen
(Auszug)

[...]

„Für Angestellte oder für Lohnempfänger?" fragt das Fräulein vom Personalbüro am Telefon.

Ich bin nicht der einzige, der sich am nächsten Morgen bei G. bewirbt. In dem modern möblierten Raum sind alle fünfzig Plätze besetzt. Ein paar Männer lehnen an den Wänden.
5 Die meisten Italiener, Griechen und Türken sind ärmlich angezogen.

Über der Tür zum Personalbüro hängt ein Schild, worauf in drei Sprachen steht: „Nur nach Aufforderung durch den Lautsprecher eintreten!"

Ich habe einen Fragebogen ausgefüllt und in den Schlitz an der Wand geworfen. Meine ‚Personalien', ‚bisherige Ausbildung', ob ich ‚Schulden' habe, ‚Pfändungen in Sicht' sind
10 und ob ich ‚vorbestraft' bin?

Der Lautsprecher ruft meinen Namen auf: „Kommen Sie bitte herein."

Der Herr im Personalbüro begreift nicht, dass ich unbedingt ans Fließband will. Er bietet mir einen Schreibposten in der Betriebsprüfung an und telefoniert schon mit der zuständigen Stelle. Er ist gekränkt, als ich entschieden abwinke.

15 Ich sage ihm: „Ich hab den ganzen Bürokram satt. Möchte von unten anfangen wie mein verstorbener Vater, der auch am Band gearbeitet hat." Er lässt nicht nach: „Sie wissen nicht, was Ihnen bevorsteht! Das Band hat's in sich! Und wollen Sie auf das Geld verzichten, das Sie im Büro mehr verdienen? Außerdem sind am Band fast nur noch ausländische Arbeiter beschäftigt." Dieses ‚nur ausländische Arbeiter' klingt wie ‚zweitklassige Men-
20 schen'.

Als er einsieht, dass er mich nicht überzeugen kann, entlässt er mich mit der Bemerkung: „Sie werden ganz bestimmt noch an mich denken. Wenn es zu spät ist. Wer einmal am Band ist, kommt so leicht nicht wieder davon weg."

Der Betriebsarzt will wissen, in welche Abteilung ich möchte. Als ich sage, „ans Band",
25 schüttelt er den Kopf. „Freiwillig ans Band? Das gibt's doch nicht." Auch hier muss ich einen Bogen ausfüllen, auf dem nach allen möglichen Krankheiten gefragt wird. Ob ich ‚nachts schwitze'? Ob ‚Glieder fehlen'? Ob ‚in einer Heil-und Pflegeanstalt behandelt' worden bin?

Ich bin angenommen worden Morgen geht's los.

30 Der erste ‚Arbeitstag' ist mit Vorträgen ausgefüllt. Zwei Fremdarbeiter werden wieder fortgeschickt. Sie müssen erst zur Polizei und eine Aufenthaltsgenehmigung beibringen. Sie sagen, dass sie dort schon waren und erst eine Arbeitsstelle nachweisen müssten, um eine Aufenthaltsgenehmigung zu bekommen.

Die vortragenden Herren betonen, dass auch sie einmal ‚von ganz unten angefangen' ha-
35 ben. „Sogar unser technischer Direktor hat als kleiner Facharbeiter begonnen. Hatte natürlich den Vorteil, dass er von USA rübergekommen ist. Typischer Selfmademan." (Dass es so etwas auch nur in der Gründerzeit der G.-Werke gab, verschweigt man wohlweislich.)

Zuletzt erscheint jemand vom Betriebsrat. Einer von uns ruft ihm das Stichwort ‚Kollege' zu, das er auch freudig aufgreift, seine Rede beginnt mit ‚Liebe Kollegen'.

40 Er erklärt, dass uns bei den G.-Werken nichts geschenkt wird. „Hier ist jeder zu 140 Prozent in die Produktion eingespannt. Acht-Stunden-Tag, schön und gut, aber wer seine acht Stunden auf dem Buckel hat, weiß auch, was er getan hat." Wir erfahren von einem Rechtsstreit zwischen der IG Metall und dem Werk. Vom Beitritt des Werkes in den Arbeitgeberverband und von einem ‚ominösen' Tarifvertrag. „Mehr darüber zu sagen erlaubt mir das
45 Betriebsverfassungsgesetz nicht." Er berichtet noch, dass der Betriebsrat zur Zeit einen innerbetrieblichen Kampf mit der Direktion führe. „In einer Halle ist die Entlüftung katastrophal. Bisher hat man unseren Antrag wegen zu hoher Kosten abgewimmelt, aber wir werden nicht lockerlassen."

Er schließt seinen Vortrag mit der Aufforderung, der Gewerkschaft beizutreten. „Der orga-
50 nisierte Arbeiter hat mehr Rechte. Er lässt nicht über seinen Kopf hinweg bestimmen."

Zwei Tage später beginne ich mit der Spätschicht. Mit einer Gruppe Italiener werde ich zur Y-Halle geführt. Ein Italiener bringt mich auch zu meinem künftigen Arbeitsplatz.

Manches ist ungewohnt für mich. Das Stempeln zum Beispiel. (Bei nur einer Minute Verspätung wird eine Viertelstunde vom Lohn einbehalten.) Oder das Öffnen und Vorzeigen der Aktentasche beim Passieren des Pförtners. (Bei verschärfter Kontrolle kann eine Art Leibesvisitation vorgenommen werden.)

„Das Band frisst Menschen und spuckt Autos aus", hatte mir ein Werkstudent gesagt, der selbst lange Zeit am Band gearbeitet hatte. Wie das gemeint war, sollte ich bald erfahren. Alle anderthalb Minuten rollt ein fertiger Wagen vom Band. Ich die es an jedem Wagen noch gibt. ‚Da ist weiter nichts dabei', denke ich anfangs, als ich sehe, wie langsam das Band vorwärtskriecht.

Eine Frau arbeitet mich ein. Sie ist schon vier Jahre am Band und verrichtet ihre Arbeit ‚wie im Schlaf' wie sie selbst sagt. Ihre Gesichtszüge sind verhärtet.

Linke Wagentür öffnen. Scharniersäule nachstreichen. Das abgeschliffene Scharnier neu streichen. Griff für die Kühlerhaube herausziehen. (Er klemmt oft.) Kühlerhaube aufklappen. Wagennummer mit Lack auslegen. Rechte Wagentür wie bei der linken. Kofferraum öffnen und nach eventuellen Lackfehlern suchen. Zusätzlich noch auf sonstige Lackfehler achten, die bei sorgfältiger Prüfung immer zu finden sind. Mit zwei Pinseln arbeiten. Der große für die Scharniersäule, die von der Wagentür halb verdeckt ist und an die man schlecht herankommt; der kleine für feinste Lackfehler zum Auslegen, was besonders viel Zeit in Anspruch nimmt. Außerdem immer wieder zu den Lacktöpfen zurücklaufen, Pinsel säubern und Farbtöpfe wechseln, weil die Wagen auf dem Band in kunterbunter Reihe erscheinen. Zusätzlich auf den Laufzetteln der Wagen meine Kontrollnummer vermerken.

Noch arbeiten wir zu zweit. Ich begreife nicht, wie die Frau allein damit fertig geworden ist. Nach zwei Tagen Einarbeiten wird die Frau versetzt, zum Wagenwaschen. Damit ist sie nicht einverstanden. Sie fürchtet um ihre Hände, die vom Benzin ausgelaugt werden Aber danach fragt keiner. Der Meister geht ihr aus dem Weg.

Ich frage sie, ob sie sich nicht an einen ‚Vertrauensmann' wenden kann, aber von dessen Existenz weiß sie nichts.

Allein werde ich mit der Arbeit nicht fertig. Ich übersehe kleine Lackschäden, aber man ist nachsichtig. „Mit der Zeit haut das schon hin."

Punkt 15.10 Uhr ruckt das Band an. Nach drei Stunden bin ich selbst nur noch Band. Ich spüre die fließende Bewegung des Bandes wie einen Sog in mir. Wenn das Band einmal einen Augenblick stillsteht, ist das eine Erlösung. Aber um so heftiger, so scheint es, setzt es sich danach wieder in Gang. Wie um die verlorene Zeit aufzuholen.

Die Bandarbeit ist wie das Schwimmen gegen einen starken Strom. Man kann ein Stück dagegen anschwimmen. Das ist erforderlich, wenn man einmal zur Toilette muss oder im gegenüberliegenden Automaten einen Becher Cola oder heißen Kaffee ziehen will. Drei, vier Wagen kann man vorarbeiten. Dann wird man unweigerlich wieder abgetrieben.

J., vom Band nebenan, 49 Jahre alt. erinnert sich an frühere Zeiten: „Da ging es noch gemütlicher am Band zu. Wo früher an einem Band drei Fertigmacher standen, arbeiten heute an zwei Bändern vier. Hin und wieder kommt der Refa-Mann[1] mit der Stoppuhr und beob-

---

1. Reichsausschuss für Arbeitszeitermittlung

achtet uns heimlich. Aber den kenne ich schon. Dann weiß ich: bald wird wieder jemand eingespart öder es kommt Arbeit dazu."

95 Aber J. beklagt sich nicht. „Man gewöhnt sich daran. Hauptsache, ich bin noch gesund. Und jede Woche ein paar Flaschen Bier."

Jeden Tag nach Schichtende, 23.40 Uhr, setzt er noch ein paar Überstunden dran und kehrt mit zwei andern unseren Hallenabschnitt aus. Ich bin nach acht Stunden erledigt. Die Frühschicht soll besser sein, hat man mir gesagt. „Man gewöhnt sich mit der Zeit an alles."

100 Einer von meinem Bandabschnitt erzählt, wie der dauernde Schichtwechsel „langsam, aber sicher" seine Ehe kaputtmacht. Er ist jungverheiratet - ein Kind -, seit drei Monaten neu am Band. „Wenn ich nach Hause komme, bin ich so durchgedreht und fertig, dass mich jeder Muckser vom Kind aufregt. Für meine Frau bin ich kaum mehr ansprechbar. Ich sehe kommen, dass sie sich scheiden lässt. Bei der Spätschicht ist es am schlimmsten. Meine Frau ist
105 jetzt für eine Zeitlang mit dem Kind zu ihrer Mutter gezogen. Das ist mir fast lieber so."

Wer am Band mein Meister ist, weiß ich nicht. Es kam einmal jemand vorbei - an seinem hellbraunen Kittel ein Schildchen: „Meister Soundso" - und fragte nach meinem Namen. Er sagte: „Ich weiß, Sie sind neu. Ich komme jeden Tag hier mal vorbei. Falls Sie was haben sollten, fragen Sie nur." Von ihm erfahre ich auch, dass ich „Fertigmacher" werden soll. Was
110 das ist, erfahre ich nicht. Und wie man so etwas wird und wie lange es dauert, verrät er auch nicht.

Die vor mir am Band arbeiten und die hinter mir, kenne ich nicht. Ich weiß auch nicht, was sie tun. Manchmal begegnen wir uns am Band im gleichen Wagen. Sie sind mit der Montage an ihrem Abschnitt nicht fertig geworden und in mein Revier abgetrieben - oder umgekehrt.
115 Dann sind wir uns gegenseitig im Weg.

Da schlägt mir einer eine Wagentür ins Kreuz, oder ich beschütte einen mit Lack. Sich entschuldigen, ist hier nicht drin. Jeder wird so von seinen Handgriffen in Anspruch genommen, dass er den andern übersieht.

Das Zermürbende am Band ist das ewig Eintönige, das Nichthaltmachenkönnen, das Aus-
120 geliefertsein. Die Zeit vergeht quälend langsam, weil sie nicht ausgefüllt ist. Sie erscheint leer, weil nichts geschieht, was mit dem wirklichen Leben zu tun hat.

Ungefähr alle zehn Minuten ein Blick auf die Hallenuhr. Wenn wenigstens jede Stunde das Band für einige Minuten stillstünde, man hätte etwas, worauf man hinarbeiten könnte. Die Zeit von 6.40 Uhr bis zur Mittagspause 12.00 Uhr und von 12.30 Uhr bis Schichtende 15.10
125 Uhr ist zu lang.

Man hat mir von einem Arbeiter erzählt, der sich auf seine Art gegen das Band zu wehren wusste. Er soll am vorderen Bandabschnitt eingesetzt gewesen sein. Um eine einzige Zigarette rauchen zu können, beging er Sabotage am Band. Statt seinen Pressluftbohrer an die vorgesehene immer gleiche Stelle der Karosserie zu halten, bohrte er kurz ins Band hinein,
130 und alles stand augenblicklich still: Tausende Mark Ausfall für das Werk, für ihn drei bis fünf Minuten Pause, die er sich nahm, weil das Werk sie ihm nicht gab. Drei- oder viermal hatte er's innerhalb von zwei Wochen getan, dann kam's heraus, und er flog.

Donnerstag nachmittag findet für alle, die mit Lack arbeiten, eine Feuerwehrübung statt. Der Werkfeuerwehrmeister weist jeden einzeln in die Bedienung der Handfeuerlöscher ein.
135 Er erklärt, dass jeder einen Brand bis zum Eintreffen der Werkfeuerwehr „beherzt und mutig, unter persönlichem Einsatz" zu bekämpfen habe, um die „kostbaren Maschinen" zu retten. Wie man unter Umständen sein Leben retten kann, erklärt er nicht. Vor einer „sehr wirkungsvollen, automatischen Löschanlage" warnt er uns: „Wenn in diesen Hallenabschnitten, wo die teuersten Maschinen montiert sind, Feuer ausbricht, schaltet sich automatisch die Lösch-
140 und Warnanlage ein. Bei einem langanhaltenden Heulton müssen Sie innerhalb von 10 bis 15 Sekunden diesen Abschnitt verlassen haben. Sonst werden Sie durch die ausströmenden Chemikalien ohnmächtig und fallen den Flammen zum Opfer."

Zum Schluss stellt er noch die Vollzähligkeit der Versammelten fest. Die Deutschen ruft er mit „Herr . . ." auf, bei den italienischen, griechischen und türkischen Arbeitern spart er sich
145 diese Anrede.

Gleich an zwei aufeinanderfolgenden Tagen stand das Band jeweils für längere Zeit still. Eine Viertelstunde vor Schichtwechsel betrete ich wie gewöhnlich die Y-Halle. Um diese Zeit beginnt immer der Endspurt. Die Männer versuchen, dem Band ein oder zwei Minuten zuvorzukommen, um den ersten Bus noch zu erreichen, der eine Minute nach Schichtende
150 abfährt.

Heute ist es in der riesigen Halle ungewöhnlich still, so weit man sehen kann, fast menschenleer. Die Neonbeleuchtung ausgeschaltet. Das Band steht still. Fast unheimlich wirkt dieses ungewöhnliche Bild. In einem Wagen entdecke ich Arbeiter und setze mich zu ihnen. Sie sind ebenso ratlos.
155 Unsere Schicht müsste längst begonnen haben, als wir den Grund für den ‚Produktionsstillstand' erfahren. „Betriebsversammlung." Nur zwei von uns haben zufällig davon gehört und teilgenommen. Die zwei Stunden, die sie dafür vorher erscheinen mussten, werden bezahlt. Die andern sind enttäuscht und wütend. „Warum hat man das nicht ausgehängt, wie man es sonst mit jedem Mist macht?" - „Das ging uns alle an. Da kommt manches zur
160 Sprache, was man sonst lieber totschweigt!" Oder: „Für Überstunden sind wir gut genug. Hier hätten wir mal unser Geld bekommen, ohne dafür schuften zu müssen." Die beiden, die teilgenommen haben, sind früher weggegangen und berichten: „Schöne und salbungsvolle Reden der Direktoren. Aber geändert wird nichts. Jedes Jahr die gleichen Sprüche. ‚Wollen Ihnen auch diesmal unseren besonderen Dank aussprechen für die geleistete Arbeit und
165 die erneute Steigerung der Produktion', worauf einer dazwischenrief: ‚Danke schön kostet nichts, wir wollen höheren Lohn, wenn das Band schon nicht langsamer läuft.' Das bekamen sogar unsere ‚Amigos[1]' am Ende vom Saal mit und trampelten Beifall. Man hat wieder die 10 Mark Urlaubsgeld pro Tag gefordert. Darauf die üblichen Versprechungen, dass man sehen will, was sich ändern lässt, tun will, was man kann, nichts als Vertröstungen." Zum
170 Schluss sagt noch einer in unserer privaten Versammlung das Wort „Streik". Es bleibt in der Luft hängen, da die Beleuchtung plötzlich aufflammt und das Band ruckartig anläuft. Am

---

1. der Freund *(spani.)*

nächsten Tag setzt das Band zum zweitenmal aus. Es lief auf vollen Touren, pausenlos, ein Wagen hinter dem anderen, ohne Lücke, wie um die verlorene Zeit von gestern wieder aufzuholen. Vielleicht ist es heißgelaufen?

175 Als ein paar Minuten vergangen sind und die Männer schon einige Wagen vorgearbeitet haben, lassen sie ihre Werkzeuge sinken und stehen erwartungsvoll da. Aber es tut sich nichts. Die Meister rennen aufgeregt umher. Langsam sickert es durch: „Das Band ist defekt. Es muss repariert werden."

Das ist eine Ewigkeit nicht mehr vorgekommen. Antonio, der mit dem Besen, erweist sich
180 als Herr der neuen Lage. Er kehrt den Besen einfach um und vollführt mit ihm Balanceakte. Er muss sonst den ganzen Tag kehren, das Band und drumherum, hat aber noch die abwechslungsreichste Arbeit von uns. Er ist auch der einzige, der manchmal bei seiner Arbeit pfeift. Die Meister wissen nicht, wie sie ihre Leute beschäftigen sollen. Einer fordert mich auf: „Sitzen Sie nicht da herum. Tun Sie wenigstens so, als ob Sie was täten. Wie sieht das sonst aus!"

185 Die Frau, die mich in den ersten beiden Tagen eingearbeitet hat und deren Namen ich nicht weiß, beklagt sich: „Ich arbeite ebensogut wie ein Mann. Kriege aber längst nicht den gleichen Stundenlohn. Wo bleibt da die Gleichberechtigung?" Sie erzählt noch, dass sie mehrmals krank war und man ihr trotz eines Attestes vom Vertrauensarzt mit der Kündigung drohte. „Der Arbeitsplatz ist schlecht gesichert. Ich bin fast fünf Jahre bei den G.-Werken,
190 und innerhalb von 14 Tagen hätte man mich ohne Angabe eines Grundes raussetzen können." Ihr Mann ist ebenfalls bei den G.-Werken als „Springer" beschäftigt. „Er ist überall und nirgends." Sie sind beide in der gleichen Halle und sehen sich dort höchstens ein- bis zweimal im Jahr.

Ein anderer, Autoelektriker, will jetzt auf einer Abendschule die Mittlere Reife nachholen,
195 um aufs Büro zu kommen; weil das Bandtempo ihn ‚kaputtmacht'.

Es dauert etwa eine Stunde, bis das Band wieder instand gesetzt ist. Danach läuft es um so schneller und hält in den folgenden Tagen nicht mehr an.

Eine Gewöhnung an die Fließarbeit tritt auch nach den ersten vier Wochen nicht ein. Nach Schichtschluss bin ich jedesmal erledigt. In dem vollgepfropften Arbeiterbus schlafe ich fast
200 im Stehen ein. Selbst die italienischen Arbeiter sind verstummt. Die Fracht Menschen im Bus ist still und apathisch.

Zu Hause brauche ich Stunden, um mich von der Arbeit auf die Freizeit umzustellen. Acht Stunden lang war ich Rädchen am Getriebe Band, jetzt will ich endlich wieder Mensch sein. Aber wenn ich nach drei Stunden halbwegs wieder zu mir gekommen bin, ist es zu spät, noch
205 etwas mit dem ‚Feierabend' anzufangen.

Die zwei Stunden von 19.00 bis 21.00 Uhr bedeuten auch nur ein Atemschöpfen, um für die Schicht am nächsten Morgen wieder fit zu sein. Den Schlaf von 21 bis 5 Uhr brauche ich dazu. Ich stumpfe bei der monotonen Arbeit mehr und mehr ab. Vielleicht ist das die Gewöhnung. Eingespannt in den Rhythmus der wechselnden Schichten, bin ich nur noch für die Ar-
210 beit da. Essen, trinken, schlafen zur Erhaltung der Arbeitskraft. Was darüber hinausreicht, ist Luxus, den man sich bei dieser Arbeit nicht oft leisten kann.

Einige Male sind größere Gruppen von Schülern und Studenten an unserem Bandabschnitt vorbeigeführt worden. Sie haben an einer Werkbesichtigung teilgenommen.

Mir ist der Zusammenhang des Produktionsablaufs fremd. Ich weiß, dass in der Y-Halle Tausende von Arbeitern beschäftigt sind. Wo und wie sie eingesetzt sind, weiß ich nicht. Ich weiß nicht einmal, was unmittelbar vor mir am Band geschieht. Durch Zufall habe ich jetzt denjenigen kennengelernt, von dem ein Teil meiner Arbeit abhängt. Er steht am Band 30 bis 50 Meter vor mir und notiert auf den Laufzetteln der Wagen Lackschäden, die ich ausbessern muss. Er ist stolz darauf, dass er nicht mehr zur „Produktion" gehört, sondern zur „Inspektion". Er muss die Wagen auf vier Bändern gleichzeitig kontrollieren. Er meint: „Praktisch ist das einfach nicht zu schaffen." Darum übersieht er auch so viele Lackschäden, nach denen ich dann suchen muss, obwohl das seine Aufgabe wäre.

Er ist bereits sieben Jahre bei den G.-Werken. Er meint: „Lieber heute als morgen würde ich hier Schluss machen. Aber wenn du so lange Zeit bei einer großen Firma bist, traust du dich nicht mehr. Kündigungsschutz, erneutes Einarbeiten und so. Als ich anfing, wurde hier doppelt soviel bezahlt wie in anderen Werken. Heute ist es im Verhältnis zur geleisteten Arbeit weniger als anderswo."

Viele wollen bei der nächsten Gelegenheit kündigen: „Noch ein Jahr, zwei Jahre, dann bin ich drei Jahre, fünf Jahre oder zehn Jahre dabei. Dann mach ich Schluss hier, eh' es zu spät ist und ich mich kaputtgearbeitet habe." So reden sie.

Alle setzen ihre Hoffnung aufs Lottospielen. „Wenn die sechs Richtigen kommen, bin ich am gleichen Tag hier weg." An die Säule über dem Feuermelder hat jemand eine Karikatur geheftet: ein Arbeiter, der aufs Fließband passt. Darunter steht: „Sechs Richtige. Ich kündige!!!"

Inzwischen bin ich dahintergekommen, was bei meiner Arbeit unbedingt zu tun ist und was sich umgehen lässt. Auf diese Schliche muss man kommen, wenn man mit seiner Arbeit fertig werden will. Die Lackierer an den Bändern neben mir haben mir Tipps gegeben. Sie haben mich auch gewarnt: „Wenn du es machst, müssen wir es nachher alle machen. " Trotzdem, wenn das Band auf Hochtouren läuft, schaffe ich oft auch das Notwendigste nicht. Ich weiß mit Sicherheit, dass das normale Bandtempo oft noch beschleunigt wird. Kein Meister gibt das zu, aber wir merken es, wenn wir trotz größter Anstrengung unsere Stellung nicht halten können und immer wieder aus unserem Bandbereich abgetrieben werden.

Dann übersehe ich manches und werde dauernd vom Meister oder Inspekteur nach vorn gerufen. Dadurch gerate ich in noch größere Zeitnot. Das Band rollt weiter. Ich muss zu meinen Lacktöpfen zurück. Zwei, drei Wagen haben in der Zeit, wo ich vorn war, meine Stelle passiert, ich muss hinterher. Meine Arbeit wird immer flüchtiger und unsauberer. Auf jeden Laufzettel ist die Parole gedruckt: „Qualität ist unsere Zukunft!

Wenn man mich jetzt noch mal nach vorn ruft, gerate ich in Panik. Vorn rollt schon der erste Wagen vom Band, an dem ich nichts gemacht habe. Ich fange an zu laufen, will ihn noch abfangen, ehe er an die Seite gefahren wird und die Reklamationen kommen. Der Lack schwappt über. Ich bekleckere mich selbst, oder, was schlimmer ist, es kommen Kleckse an den Wagen. Ich muss mit einem Lappen Verdünnung hinterherlaufen und sie wegwischen.

Wenn sie angetrocknet sind, ist es zu spät. Oder meine Handgriffe werden so mechanisch und zerfahren, dass zum Beispiel die roten Wagen einen weißen Tupfer abbekommen.

Wenn es soweit ist - es kommt mehrere Male am Tag vor _, springt der Meister ein. Obwohl er es den Vorschriften nach „nur bei unmittelbarer Gefahr" dürfte, stoppt er das Band für einen Augenblick. Wischt eigenhändig den verschütteten Lack auf oder bessert selbst die übersehenen Stellen aus. Ich habe Glück mit meinem Meister. Er schimpft nicht, sondern zeigt Verständnis. Nicht alle haben dieses Glück. Einem Inspekteur scheint es Spaß zu machen, seine Lackierer auf Trab zu bringen. Wenn er scharf pfeift, dann weiß der Betroffene gleich, dass er anzutanzen hat. Auch andere Lackierer sind unzufrieden. Einer sagt: „Ich bin von den Launen der Inspekteure abhängig. Sind sie mal gut gelaunt, brauche ich einen ganzen Tag überhaupt nicht oder nur selten nach vorn. Aber wenn sie schlechte Laune haben, lassen sie die an mir aus. Dann hänge ich andauernd vorn. Zu finden ist immer was. Bei diesem Tempo kann man unmöglich alles machen. Und sie sind zu dritt, ich bin allein. Es müsste umgekehrt sein."

Es fällt auf, dass die meisten am Band noch jung sind. Keiner ist über fünfzig (die meisten zwischen 20 und 35). Ich habe herumgefragt und keinen gefunden, der länger als fünfzehn Jahre am Band ist. Einige sind vom Band gezeichnet. Die Hände eines Türeinpassers fangen regelmäßig an zu zittern, wenn er nicht fertig wird und hinter den Wagen herlaufen muss. Ein anderer unterhält sich nur brüllend, auch wenn man dicht neben ihm steht. Er war mehrere Jahre an einem Bandabschnitt eingesetzt, wo ein solcher Lärm war, dass man sich nur mit Brüllen verständigen konnte. Er hat dieses Brüllen beibehalten. Einer erzählt mir, dass ihm das Band sogar nachts keine Ruhe lässt. Er richte sich oft im Schlaf auf und vollführe mechanisch die Bewegungen der Handgriffe, die er tagsüber stereotyp verrichten muss. In der Versehrtenabteilung sollen sich zahlreiche ‚Opfer vom Band' befinden.

Aber wir haben keinen Grund, uns über unsere Arbeit zu beklagen, meint ein Arbeiter, der im Grosslack, „Lackhölle" genannt, arbeitet. Kein Grund zur Klage, denn: unsere Arbeit sei „leicht und abwechslungsreich und vor allem nicht so gesundheitsschädlich".

Ein paar Minuten vor Schichtwechsel.

Auf dem Band gibt's eine Lücke von zwanzig Metern. Jupp, der Entbeuler, nimmt seine Chance wahr. Er klirrt sein Werkzeug, Hammer und Klatsche, wild gegeneinander und trifft den Ton der elektrischen Klingel täuschend ähnlich.

„Feierabend, keinen Pinselstrich mehr", atmet der Lackierer am Band neben mir auf und hört gleichzeitig mit der Arbeit auf. „Endlich! Geschafft! " ruft der Türeinpasser, „ich hab seit heut früh auf nichts andres gewartet", und feuert sein Werkzeug im Vorbeilaufen in die Werkzeugkiste. Kaum einer führt den Handgriff, bei dem er gerade ist, zu Ende. Auch ich schmeiße augenblicklich alles hin. Vor der Stempeluhr stauen sich die Massen. Alle warten ungeduldig auf das endgültige Klingelzeichen. Aber die Stempeluhr hält uns noch fest. „Wir stehen hier wie die Bekloppten! " empört sich ein 20jähriger Arbeiter, für den das Stempeln noch ungewohnt ist.

Endlich schrillt die elektrische Klingel. Die Stechkarte wird in den Schlitz gesteckt und

der Hebel heruntergedrückt; die von hinten schieben. Einer, der sich dazwischendrängt, um an der Tafel seine Stempelkarte herauszufingern, stößt mich unsanft zur Seite. Draußen rennen schon die ersten dem Ausgang zu. Sie versuchen, die ersten Busse zu erreichen, die eine Minute nach Schichtende abfahren, meist leer. Im Strom der nach draußen drängenden Arbeiter werde ich durch einen schmalen Gang hinausgeschwemmt. Vorher noch die Kontrolle am Tor. Ich drücke den automatischen Kontrollknopf und halte dem Pförtner die geöffnete Aktentasche hin. Die automatische Kontrolllampe leuchtet rot auf. Ich muss in eine Kabine, hinter dem Vorhang werde ich kurz abgetastet, „auf eine eventuell unter der Jacke verborgene Kurbelwelle oder auf dem Körper versteckte Motorteile hin", wie mir der Mann vom Werkschutz dabei erklärt.

Im Bus stellt der Schaffner lakonisch fest: „Man behandelt euch wie die Verbrecher!

Wer jetzt von „Freizeitplanung" redet, hat selbst noch nicht in Wechselschicht am Fließband gearbeitet. „Der Mensch lässt sich nicht in eine produzierende und eine konsumierende Hälfte aufspalten", stellt der Soziologe Walter Dirks in seinem Beitrag zu der Schrift „Gibt es noch ein Proletariat? " fest. Lässt seine Arbeit ihn leer und unausgefüllt, so bringt er umgekehrt auch die Initiative nicht auf, seine Freizeit sinnvoll auszufüllen.

Was fangen die Arbeiter mit ihrer Freizeit an? Kennen sie sich auch am Abend noch? Am Band arbeiten alle nebeneinander und nicht zusammen. Man spricht zwar von „Teamwork " und „Kooperation". Aber das besteht darin, dass eine Gruppe die Arbeit der anderen Gruppe kontrolliert und die kontrollierende Gruppe wiederum von einer darüberstehenden Instanz überprüft wird. Man weiß voneinander nicht mehr als den Vornamen und oft nicht mal den. „He, Schlosser! He, Lackierer! He, Fertigmacher!" ruft der Spitzenmann nur, wenn er einen Fehler entdeckt hat und der Betreffende nach vorn muss.

So unpersönlich und anonym der Kontakt am Arbeitsplatz ist, so kontaktarm ist man zwangsläufig auch in der Freizeit.

Während meiner dreimonatigen Zeit bei G. habe ich mir ein ziemlich genaues Bild über etwa fünfzig Arbeiter verschaffen können. Meist Arbeiter aus meinem Bandabschnitt, aber auch aus den angrenzenden, von meiner Schicht, zum Teil auch von der Gegenschicht. Ich unterhielt mich mit ihnen in der halbstündigen Pause oder vor und nach der Schicht.

Die Meister muss ich dabei ausklammern. Sie gehören nicht mehr zu den Arbeitern. Sie brauchen auch nicht zu stempeln. Sie kommen oft früher und gehen meist später. Sie spüren Verantwortung in ihrer Arbeit. Und wenn sie abends auch nur in das Produktionsbuch die Stückzahl der produzierten Wagen eintragen, die wieder erfüllt oder gar übertroffen wurde, dann sehen sie das als ihre Leistung an. Die Selbstbestätigung, die sie in ihrer Arbeit finden, überträgt sich auch auf ihre Freizeitbeschäftigung. Mein Meister zum Beispiel hat etliche Preise als Amateurfotograf erhalten. Obendrein sammelt er noch Briefmarken.

Der Superintendent, die rechte Hand des Hallenabschnittsleiters, ist Mitglied im Werkschor und schreibt noch Operetten, wie er mir erzählt. Er wirft mir einmal vor, dass ich in meiner Reportage die Bandarbeit als „monoton und abstumpfend" bezeichnet habe. „Lieber Mann, ich übernehme Ihre Arbeit jederzeit und lerne noch sechs Sprachen dabei", meint er.

„Ich war früher selbst am Band und habe noch die Noten dabei gelernt. Bis ich dann in die Grube am Ende vom Band stürzte und aufs Büro versetzt wurde." Da begann seine „Karriere" als Sänger und Komponist. Unter den fünfzig Befragten habe ich keinen entdeckt, der einem ausgesprochenen „Hobby" nachging.

„Was heißt Hobby? Nach der Arbeit ein paar Flaschen Bier und Faulenzen, das ist mein Hobby", antwortet mir ein Türeinpasser, 25 Jahre alt. Sonst nennt man mir einmal „Bierdeckelsammeln" und dreimal „Briefmarkensammeln". Über 90 Prozent dieser Gruppe besitzen einen Fernsehapparat. Unterhaltung und Sport interessiert sie allein am Fernsehen. Der Lackierer S., 50 Jahre alt, zwei Kinder: „Ohne kam ich nicht mehr aus! Seit er im Hause ist, geh ich auch nicht mehr in die Wirtschaft. Nur die schweren Filme sollte man nicht bringen. Wir wollen Zerstreuung und keine zusätzlichen Probleme."

„Ich bezahl meine Kirchensteuer, und damit hat sich's."-„Soll ich mir den Quatsch von der Kanzel anhören? Die Pfarrer glauben doch selbst nicht an den Unsinn!" -„Am Wochenende wird ausgeschlafen." - „Sollen die sich das anhören, die aufs Büro gehen. Für die ist die Predigt auch bestimmt!" sind die Antworten auf meine Frage nach religiöser Betätigung.

Ein einziger besucht sonntags noch die Messe, ein 20jähriger Katholik, der offenbar von seiner strenggläubigen Mutter dazu angehalten wird. Er bezeichnet sich selbst als „gläubig", wirft aber ein: „Was der Pastor von der Kanzel herunter predigt, ist mehr für die Reichen bestimmt. An uns redet er vorbei, weil er gar nicht weiß, wie es uns geht."

„Politik ist eine schmutzige Sache. Da soll man seine Finger davon lassen. Ich war früher in der Partei, und es hat mir nichts eingebracht", antwortet ein 52jähriger Aussiedler aus Ostpreußen.

„Die Großen machen doch immer, was sie wollen. Wir werden extra dumm gehalten und wissen gar nicht, was da oben wirklich gespielt wird. Ich gehe auch nicht mehr wählen. Die stecken doch unter einer Decke", sagt der 37jährige Fertigmacher F.

Allgemeines Desinteresse! Alle - ausgenommen der Vertrauensmann - lässt Politik völlig kalt'. Einer sagt: „Das geht nicht mehr lange gut. Die Preise steigen und steigen, und die Löhne hinken immer mehr nach. Es dauert nicht mehr lange, und die Wirtschaft kracht zusammen. Dann haben wir den Kommunismus hier. Die haben im Osten schon den Tag vorausberechnet, wo das eintritt und sie uns in die Tasche stecken können." Der Blechschlosser W. äußert sich ähnlich: „Die warten drüben nur drauf, bis bei uns die große Pleite kommt. Dann haben wir auch die Wiedervereinigung, nur anders, als wir es uns gedacht haben."

Die so sprechen, sind keine Kommunisten. Auf meine Frage, ob sie die KPD[1] wählen würden, falls sie erlaubt wäre, wehren sie ab. Aus ihren Worten spricht die große Unzufriedenheit mit ihrer jetzigen Lage. Insgeheim wünschen sie, dass alles anders wird, „egal wie". Etwa 50 Prozent bezeichnen sich selbst als „Sportler", fast alle von ihnen sind noch keine 30. Nur sechs davon betreiben auch aktiv Sport und gehören einem Verein an.

Der 22jährige Fertigmacher W.: „Früher spielte ich in der Kreisklasse Fußball. Jetzt reicht's nur noch für die Bezirksklasse. Die Wechselschicht erlaubt kein regelmäßiges Training, und

---

1. Kommunistische Partei Deutschlands

am Feierabend steht mir der Sinn meist nicht nach sportlichem Ausgleich."

Ein anderer Fußballer: „Ich würde auch lieber reiten oder Tennis spielen im Werksklub, aber das kann sich unsereins bei den hohen Beiträgen nicht leisten. Das ist ein ‚Klub der höheren Angestellten'."

375 Manche möchten gern einen Volkshochschulkursus belegen. Aber auch hier macht ihnen die Wechselschicht einen Strich durch die Rechnung. Bei einzelnen zeichnet sich ein gewisser Bildungshunger ab.

Der Schlosser H drückt es so aus: „Wenn ich bei der Arbeit bin und merke, wie ich dabei abstumpfe, nehme ich mir in dem Augenblick vor, zu Hause machst du das wett. Indem ich
380 lese und mir Englisch selbst beibringe. Aber wenn dann Feierabend ist, habe ich nicht mehr die Energie dazu. Es fällt mir schon schwer, das aufzunehmen, was täglich in der Zeitung steht."

Andere Aussprüche: „Wir sind letzten Endes nur für die Arbeit da." Oder: „Wir leben, um zu arbeiten."
385 Ich kenne keine Arbeiter, die außerhalb ihres Arbeitsplatzes Verbindung zueinander hätten. Der 56jährige T., der an dem stillstehenden Reparaturband eingesetzt ist, erzählt: „Früher war das eine andere Zeit. Da kamen wir sonntags mit den Familien zusammen. Da haben wir zu fünf Mann ein ganzes Auto zusammengebaut. Wir hatten alle denselben ‚Beruf' und waren noch was. Heute sind die Ungelernten gefragter. Die lassen alles mit sich machen." Ich er-
390 kundige mich, was er an seinem Feierabend macht, und er fängt an, von seinem Schrebergarten zu schwärmen: „Mein kleines Gärtchen möchte ich nicht mehr hergeben. Da arbeite ich jeden Abend drin und kann mich auf einer Bank ausruhen, wenn alles um mich herum blüht. Und ich bin nicht auf das teure Obst und Gemüse angewiesen. Den Urlaub verbring ich mit meiner Frau auch im Garten. Was soll ich denn groß verreisen?" Er verrät noch, dass er hin
395 und wieder aus Leichtmetallresten, die ihm ein Arbeiter vom Schrott überlässt, Spielautos für seine Enkelkinder bastelt. „Weißt du, die ganz alten Modelle, ‚Eifel' und noch früher. Als wir noch Herr übers Band waren."

Von den fünfzig machen fünfzehn keine Überstunden. Alle andern sind darauf erpicht und reißen sich regelrecht darum, wenn zusätzliche Arbeit anfällt. P., ein Spitzenmann, jungver-
400 heiratet, zwei Kinder, sagt: „Ich bin einfach gezwungen, regelmäßig Überstunden zu machen. Ich wohne in einer Werkswohnung, anderthalb Zimmer, 138 Mark. Jetzt soll die Miete auf 165 Mark erhöht werden. Hier nennt man das ‚Sozialwohnung' Ich nenn es ‚Ausnützung der Wohnungsnot' Ich kann es mir auch nicht leisten, in den Ferien zu verreisen."

Von den 50 sind 28 „Campingfreunde". 25 von ihnen sind unter 30 Jahre. Nur auf die-
405 se Weise ist es ihnen möglich, einmal aus ihrer gewohnten Umgebung herauszukommen und „etwas von der Welt zu sehen". K., ein 23jähriger „Springer" (der nur auf dem Papier Springer ist, in Wirklichkeit fest in der Produktion eingesetzt ist und für keinen Kollegen mehr einspringen kann), sagt: „Ohne Zelt verreisen, war mir schon angenehmer. Wenn das Urlaubsgeld durchkommt, können wir es uns leisten. Dann ist es auch Erholung." Ich kenne
410 einen Arbeiter des alten Schlages, der freitags einen großen Teil von seinem Lohn durch die

Kehle laufen lässt. Er sagt: „Dieses lumpige ‚Trinkgeld' taugt allein zum Versaufen!" Ein einziger aus unserem Hallenabschnitt verkörpert den deutschen „Wirtschaftswunderarbeiter". Er ist kinderlos, 45 Jahre und fährt jedes Jahr mit seiner Frau im eigenen Wagen nach Italien. Jedes Jahr, Mitte Juli, geht er zur Mülheimer Kreditbank und nimmt einen 2000-DM-Kredit
415 auf, den er das Jahr über bis zum nächsten Urlaub abstottern muss.

Heute ist Freitag. 17 Uhr. Auf dem Parkplatz vor dem siebenstöckigen Hochhaus, das sämtliche Gebäude im Osten der Stadt überragt und von den Bewohnern der umliegenden Häuser „Wolkenkratzer" genannt wird, zähle ich einundzwanzig Wagen. Fast alles Wagen aus unserem Werk, dazwischen ein VW und zwei Kleinwagen.

420 Ein Paar Beine ragen unter einem Ford hervor. Auch nebenan repariert einer seinen Wagen. Ein anderer wienert an seiner uralten Karre herum. In einer Reihe hocken 20-bis 30jährige auf dem niedrigen Geländer vor dem Bürgersteig. Sie blicken den Vorübergehenden gelangweilt nach, starren anschließend wieder vor sich hin, nebeneinander, jeder für sich. Gesprochen wird nicht. Draußen hängt ein Schild: „Jugendsozial werk e. V.", drinnen „Besucher
425 bitte bei der Heimleitung anmelden ", außerdem: „Weibliche Besucher dürfen nur in dem dafür vorgesehenen Besucherraum im Parterre empfangen werden. Es ist unter keinen Umständen gestattet, sie mit aufs Zimmer zu nehmen. " Ich war in letzter Zeit öfter hier zu Besuch. Der Heimleiter kennt mich: „Schon gut. Fahren Sie rauf. Ich sag Bescheid." Durch das Haustelefon meldet er mich im fünften Stock an. Ein Fahrstuhl erspart das Treppensteigen.
430 Auch sonst ist das Wohnheim mit allem möglichen Komfort ausgestattet. Müllschlucker auf jeder Etage. Im Heim wohnen 240 Unverheiratete, die meisten zwischen 20 und 30 Jahren. Sie sind zu dritt auf einem Zimmer unter gebracht, bezahlen dafür wöchentlich 14,50 DM, die ihnen jeweils vom Lohn einbehalten werden. Einige Einzelzimmer stehen ebenfalls zur Verfügung, für 19 DM die Woche. Auf der fünften Etage wohnen 28 Personen, vier davon in
435 Einzelzimmern. M., den ich besuche, wohnt mit zwei andern zusammen auf einem Zimmer. Er lebt seit der Gründung des Ledigenheims vor drei Jahren hier und kennt sich aus. Durch ihn habe ich auch andere Heimbewohner kennengelernt. Das „Jugendsozialwerk e. V. " hat mit Zuschüssen der G. - Werke für die freie Zeit seiner Heiminsassen gründlich gesorgt. Es gibt einen Fernsehraum mit vierzig Plätzen, die meist alle besetzt sind. Im Keller kann Tisch-
440 tennis gespielt werden. Viele tun es auch. Ein Heimschachklub hat nur wenige Mitglieder, aber immerhin. Eine feste Einrichtung ist der Filmabend freitags. Hier reichen die Plätze selten aus. Viele müssen stehen. Der Grund für die außergewöhnliche Anziehungskraft: Die gebotenen Filme sind „ausschließlich Western, Krimis und Kriegsfilme".

Auf dem Zimmer von M, wird es jetzt problematisch, als der Mitbewohner K. zum vierten-
445 mal hintereinander die neueste Beatle-Platte auflegt. Sein Plattenspieler ist neu. Er besitzt noch kein Dutzend Platten, die er dafür aber den ganzen Nachmittag über auflegt und damit M. stört, der Operetten liebt. Darum weichen wir in die Kneipe an der Ecke aus, an der ersten Ecke. Hier ist an jeder Ecke eine Kneipe.

Auch hier spielt eine Musikbox, man empfindet sie als Geräuschkulisse nicht unangenehm,
450 man kann sich dabei noch unterhalten. An der Theke stehen sie in drei Reihen, trinken viel

und sprechen kaum. Einer hält ein Mädchen umschlungen, das vergeblich versucht, ihn von der Theke weg zum Ausgang zu ziehen. Sie ist heftig geschminkt.

„Der ist bestimmt nicht vom Heim" stellt M. etwas neidisch fest und bestellt unser fünftes Bier und für die flotte Serviererin gleich, ein Asbach mit.

455 Drüben spuckt der Spielautomat, der die ganze Zeit von einem jungen Arbeiter gefüttert worden ist, seinen Gewinn aus. Mir fällt eint Stelle aus einem soziologischen Buch ein. Darin sind die Statistiken von Fragebogen an junge Arbeiter veröffentlicht. Auf die Frage „An wen wenden Sie sich, wenn Sie Sorgen oder größere Probleme haben? ", hat einer hingeschrieben „Ans Glas Bier". Die meisten trinken am Wochenende mal ein paar Bier über den Durst. An
460 den Arbeitstagen sind die Lokale an den Ecken kaum besucht.

Ebenso unpersönlich wie man nebeneinander an der Theke steht, so beziehungslos ist allgemein das Verhältnis zueinander. Es gibt im Heim keine Freundesgruppen, auch? einzelne Freundschaften sind selten.

Wer an heißen Tagen ins gegenüberliegende Baggerloch zum Schwimmen geht, geht allein
465 dorthin. In der Nähe liegen die „Vingster Alpen", ein hügeliges Stück Naturgelände. Wer da hinauswandert, geht allein spazieren. Kaum jemand gehört einem Verein an. M. kennt keinen, der außer Tischtennis aktiv Sport treibt. Passiv um so mehr. Viele „rennen zum Stadion, wenn der FC spielt". Einige fahren regelmäßig zum Nürburgring, wenn dort ein „Rennen läuft".

470 Von den 240 Heimbewohnern lesen ungefähr drei Viertel regelmäßig. Davon jedoch mindestens zwei Drittel Groschenhefte. Sie kursieren im Heim stark, man tauscht sie untereinander aus. Ich habe bei einem eine regelrechte Bibliothek davon gesehen. Er hat sie den Nummern nach geordnet in einem Regal untergebracht, drei meterreihen prall gefüllt. Der Rest liest Bücher. In der Volksbücherei in der Nähe sind einige Mitglied. Abenteuerromane,
475 aber auch populärwissenschaftliche Werke sind sehr gefragt. Die meisten wissen mit ihrer Freizeit nichts anzufangen. Sie vertreiben sich die Zeit oder „schlagen sie tot". Aber das sind nicht alle. Gerade die jungen Arbeiter dort besitzen oft noch genügend Widerstandskräfte, um sie der abstumpfenden Fließbandarbeit entgegenzusetzen. Einige nehmen an Fernkursen teil, um zum technischen Zeichner oder Diplom-Techniker zu avancieren. So wollen sie
480 dem Fließband entkommen. Auch die x-beliebige Zerstreuung ist eine Konsequenz. Man sollte an das englische Sprichwort denken: „Nur Arbeit und kein Vergnügen macht die Kinder blöd, auch die erwachsenen Kinder. "

Von den 240 Heiminsassen gehen an die 20 sonntags offiziell zur Kirche, das heißt, sie machen kein Hehl daraus. Etliche besuchen ebenfalls die Sonntagsmesse, schämen sich je-
485 doch, das den Nichtgläubigen gegenüber zuzugeben, wenn sie gefragt werden.

Nach vorsichtiger Schätzung verkehren 10 bis 15 Prozent regelmäßig, ein weitaus höherer Prozentsatz unregelmäßig mit Prostituierten. Kaum jemand hat ein festes Verhältnis oder ist verlobt, M. erklärt das so: „Wenn hier jemand ein Mädchen kennenlernt und die erfahrt, er ist aus dem Heim, lässt sie ihn laufen. Mit dem ist nichts los. Keine sturmfreie Bude. Aus
490 diesem Grunde versuchen alle, so schnell wie möglich hier wieder rauszukommen und ein

möbliertes Zimmer zu beziehen, wo dem nichts im Wege steht. "

Zu Schichtbeginn wird den Lackierern mitgeteilt: „Ein bedauerlicher Produktionsfehler hat sich irgendwo vorn am Band eingeschlichen. Der Fehler wird bereits wieder abgestellt. Aber für ein paar Stunden laufen noch die alten Wagen. Die Lackierer müssen die Schäden halt
495 hier ausbügeln. Lässt sich leider nicht anders machen. Ist auch nur am T-Modell und für einige Stunden. "

Das „Ausbügeln des Produktionsfehlers" besteht im zusätzlichen Streichen von zwei nicht lackierten und schlecht zugänglichen Stellen. Man muss dafür in jeden T reinkriechen. Erscheinen einige's hintereinander auf dem Band - das kommt alle paar Minuten vor -, schlagen wir
500 uns doppelt.

Wir geraten in „Schwimmen" und hängen dauernd vorn. „Da heißt's Zähne zusammengebissen und durchhalten, ist ja bald wieder vorüber", sagt J. nebenan und setzt zu einem Spurt an, um den ersten Wagen noch zu „packen", der gleich vom Band rollt und andern er noch nichts gemacht hat. Unsere Schicht geht zu Ende, und der Produktionsfehler läuft immer noch.
505 Auch am nächsten Tag hat er sich noch nicht wieder heraus„geschlichen". Als er auch am dritten Tag noch da ist, glauben wir nicht mehr an einen „Fehler".

Ein Wagen läuft vom Rohbau bis zu uns höchstens 16 Stunden und keine drei Tage. „Lack-Meier" neben mir an Band drei meint: „Die Gelackmeierten sind wieder mal wir. "

Auch bei den Fertigmachern ist „rationalisiert" worden. Man hat auf ihre Kosten zwei
510 Inspekteure eingespart. Jetzt müssen sie deren Arbeit noch außer ihrer eigenen verrichten. „Elektrische Anlage überprüfen und Schlüssel einstecken. Ein halber Arbeitsgang dazu. Unsere Vorgabezeit war vorher schon knapp genug. Wir mussten oft nicht, wo uns der Kopfstand. Jetzt können wir's selbst mit Hängen und Würgen kaum schaffen. "

Die meisten Arbeiter sind unzufrieden. Ich kenne keinen, der seine Arbeit als „Beruf" an-
515 sieht und sich mit ihr identifiziert. Viele haben bei der Arbeit einen nervösen, gereizten Ausdruck im Gesicht. Oder einen starren Blick. Das sind diejenigen, die meist schon jahrelang dabei und inzwischen abgestumpft sind, die nicht mehr wahrnehmen, was um sie herum vorgeht.

Auch in der halbstündigen Pause ist Thema Nr. 1 die Unzufriedenheit mit der Arbeit. Und
520 dass sich die Arbeiter betrogen fühlen. „Wir sind doch nur Handlanger der Maschine. Hauptsache, die Produktionszahlen stimmen! "

„Wer bedeutet hier schon mehr als seine siebenstellige Nummer? " (Je niedriger die Kontrollnummer, im so höher ist der Besitzer eingestuft.) Jemand klagt: „Ich war über fünf Jahre bei G., ohne einmal krank gewesen zu sein, als ich einen Unfall hatte. Dann aber schickte
525 man mir jeden dritten Tag eine neue Vorladung zum Vertrauensarzt. Bis es dem zu bunt wurde, und er sagte: ,Ob und wann Sie arbeitsfähig sind, das bestimme immer noch ich.' Es kam mir so vor, als ob diese Vorladungen schematisch von einer Maschine ausgestellt würden. Denn mein Meister kannte mich doch und wusste, dass ich nicht ohne Grund krank feierte. "

Ein anderer: „Wer alt wird und das Tempo nicht mehr mithält, bekommt einen Tritt. Er hat
530 ausgedient und seine Schuldigkeit getan. Er kann gehen oder bekommt eine schlechter be-

zahlte Arbeit."

Ein dritter hat einen schweren Unfall gehabt. „Der Werksarzt bestimmte, dass ich für einige Monate in die Versehrtenabteilung kam. Er trug mir auf: ‚Sagen Sie das Ihrem Meister.' Der Meister ließ mich aber nicht weg. In den ersten drei Tagen half mir noch jemand bei der Arbeit. Dann musste ich sie allein wie vorher machen. Die Unfallfolgen waren noch längst nicht auskuriert."

Wir haben ausgesprochene „Überstundenjäger". Sie hängen jeden Tag noch einige Stunden an, arbeiten samstags und sogar sonntags. (Jeden Montag ist das volle Reparaturband von Freitag bis auf den letzten Wagen geleert.) Die meisten reißen sich um die Überstunden, da die wenigsten mit ihrem Lohn auskommen, wenn sie Familie haben. Viele stottern so ihre Ratenkäufe ab.

Ein bevorstehender Streik wird heiß diskutiert. Die Gewerkschaft ist sich einig: „Wenn G. nicht im letzten Augenblick noch verhandelt, müssen wir streiken." Oder: „Wenn die Leute, die mit uns zusammenarbeiten und den Betrieb wirklich kennen, etwas zu sagen hätten, dann hätten wir längst ein Ergebnis erzielt." Andere zeigen sich resigniert: „Was kann groß geändert werden? Die Macht ist immer dort, wo das größte Kapital ist." Oder: „Wenn es zum Streik kommt, halten wir es ein paar Wochen bei trocken Brot aus. Ein Sparkonto haben die wenigsten von uns. Dann müssen wir uns eben was anderes suchen. Gott sei Dank gibt es noch genug Stellen."

Keiner hat gewusst, dass ich über meine Arbeit schreibe. Jetzt ist der Wirbel um so größer. Ich werde plötzlich von meinem Platz weggerufen. Mein Meister sagt: „Gehen Sie mit dem Herrn." Der fragt: „Kennen Sie mich nicht?" Ich sehe ihn mir genauer an. „Wie, Sie wissen nicht, wer ich bin?" Ich kenne ihn nicht. Er nennt seinen Namen und sagt: „Ich bin der Leiter in Ihrem Hallenabschnitt."

Er führt mich durch die riesige Y-Halle bis ans Ende, wir gehen stumm nebeneinander, eine Treppe hinauf, und plötzlich bin ich in einer anderen Welt. Der brandende Arbeitslärm wird von schalldichten Wänden geschluckt. Ein farbiger, freundlicher Raum, ein Konferenzsaal. „Nehmen Sie Platz."

Mir gegenüber sitzt der „Hallengott", der Leiter der gesamten Halle, in der 10000 Arbeiter beschäftigt sind. Der Mittvierziger wurde mehrere Jahre in den USA auf Manager trainiert. An den beiden Seiten des Konferenztisches haben noch einige würdig dreinschauende Herren Platz genommen. Das halbe „Refa-System" ist hier aufgefahren, der „A-Mann" und der „B-Mann", wie ich später vom „C-Mann" erfahre, der nicht daran teilgenommen hat. Außerdem ist noch der Chef vom „A-Mann" da.

Die Namen all dieser Spitzenleute kennt kein Arbeiter. In meiner lackbespritzten Arbeitsschürze komme ich mir schmutzig und armselig vor gegenüber den blütenweißen Hemden.

„Lassen wir es kurz und schmerzlos über die Bühne gehen", sagt mein Gegenüber, der „Hallengott". Die blütenweißen Hemden nicken.

Mein Artikel passt dem Werkleiter nicht. Er findet ihn „zumindest gewaltig übertrieben". Die Arbeiter am Band waren anderer Ansicht Sie sagten: „Sei erst mal ein Jahr hier, dann schreibst du noch ganz andere Dinger." Der Werkleiter beginnt seinen Monolog mit einem Zugeständnis: „Ich weiß ja, der bestbezahlte deutsche Automobilarbeiter bekommt noch zuwenig im Verhältnis zu seiner Leistung." Das sagt er „rein als Privatmann", überhaupt will er sich mit mir „nur ein wenig privat unterhalten". Sein Ton wird, als er das sagt, schärfer.

575 „Das Wertvollste, was wir bei G. haben, ist immer noch der Mensch. Seine Würde achten wir über alles, und Sie schreiben solche Artikel", stellt er fest. „Unser laufendes Modell hat noch nicht mal sein vorgeplantes Soll in den Produktionszahlen erreicht, und in Kürze läuft schon das übernächste Modell übers Band." Ich versuche einzuwerfen, dass man das „Soll" eben zu hoch gesteckt hat. Er unterbricht mich und weiß einen besseren Grund: „Wenn ich
580 sehe, wie alle ihren Arbeitsplatz verlassen, sobald der Getränkewagen vorfährt. Sehr blamabel, muss ich schon sagen!"

Seine „USA-Eindrücke" stellt er als Vorbild dagegen. „Dort steht und fällt die ganze Linie mit jedem einzelnen Mann. Und Krankfeiern gibt's dort auch nicht. Wenn ich daran denke, dass hier von den Krankgemeldeten über ein Drittel durchaus einsatzfähig wäre, raubt mir
585 das nachts den Schlaf." Und nun wird seine Stimme sehr laut: „Was Sie schreiben, ist diffamierende Lüge. Sie ziehen unser Firmen-Image in den Dreck. Ich werde Sie eigenhändig die Treppe runterschmeißen, als Privatmann, versteht sich."

Diese Drohung stößt er noch ein paarmal aus. Ich überlege, ob ich gehen soll. Aber ich bleibe. Eine besondere Überraschung zum Schluss kommt noch. Der Leiter vom Werkschutz
590 erscheint, trägt sehr sachlich etwas über den „Verstoß gegen die Arbeitsordnung" und „Hausfriedensbruch" vor. Vorausgegangen war, dass ich vor der Schicht am Werktor fotografiert hatte. Das verstößt gegen die Arbeitsordnung. Ich gebe den Film freiwillig zurück. Dann kann ich gehen.

Wie ideal alles vom grünen Tisch her aussieht und wie anders die Wirklichkeit ist, wird
595 mir noch klar.

Als der „Hallengott" von Menschenwürde sprach, erwähnte er unter anderem die „Hitzeerleichterung", die man den Arbeitern gestattet.

Ich berichte ihnen nachher davon. Die lachen mich aus. „Ja, zuletzt vor zwei Jahren haben wir einmal davon ‚profitiert'. Das Band stand für 10 Minuten still. Dafür lief es nachher um
600 so schneller. Hauptsache, die Stückzahl der produzierten Wagen stimmt. Solche Hitzepausen sind Mumpitz und reine Theorie", sagen die Arbeiter.

Vorgesehen sind alle drei Stunden 10 Minuten Pause, wenn das Thermometer morgens um 9 Uhr 25 Grad im Schatten zeigt. Das zuständige Thermometer hängt am Haupttor neben dem Direktionsgebäude, wo ständig ein frischer Wind vom Rhein her weht. Da sind 25 Grad
605 auch bei der mörderischsten Hitze morgens nicht drin. Ich habe jetzt während der heißen Tage die Temperatur in unserem Hallenabschnitt gemessen. Wir arbeiten zwischen zwei Lacköfen. Temperatur: 38 Grad um die Mittagsstunden. Hierher dringt kein frischer Wind vom Rhein.

[…]

(Aus: Günter Wallraff, *Industriereportagen*. Rowohlt 1970, S. 7—27.)

Arbeitsaufgaben:

1. Der Mann vom Betriebsrat sagt, »Der organisierte Arbeiter hat mehr Rechte. « (Zeile 50—51) Kann man im Textauszug Beweise dafür finden, die diese Aussage rechtfertigen?
2. Welche Aussagen werden über das Band gemacht?
3. Erläutern Sie die Aussage: »Nach drei Stunden bin ich selbst nur noch Band« (Zeile 82) und beziehen Sie gegebenenfalls auch den Film »Moderne Zeit« (Modern Times) von Charlie Chaplin in Ihre Argumentation mit ein.
4. Im »Manifest der Kommunistischen Partei« schreiben Karl Marx und Friedrich Engels: „Die Arbeit der Proletarier hat durch die Ausdehnung der Maschinerie und die Teilung der Arbeit allen selbständigen Charakter und damit Reiz für die Arbeiter verloren. Er wird ein bloßes Zubehör der Maschine, von dem nur der einfache, eintönigste, am leichtesten erlernbaren Handgriff verlangt wird." Nehmen Sie Stellung hierzu unter Einbezug der im Textauszug dargestellten Wirkung der Fließbandarbeit auf den Arbeiter.
5. Welche Einstellung zur Politik haben die Arbeiter? Was wissen Sie über die Geschichte der KPD in den 50er- und 60er-Jahren?
6. Welche Rolle spielen die Direktoren und Manager in der Fabrik?
7. Beschreiben Sie, wie die Gastarbeiter, die deutschen Arbeiter und die Frauen in der Fabrik behandelt werden. Diskutieren Sie über das gesellschaftliche Problem der Gleichberechtigung.
8. Schreiben Sie in Gruppenarbeit einen Kommentar über die überspitzte Aussage: »Das Band frisst Menschen und spuckt Autos aus« (Zeile 57).

Ganz unten
(Auszug)

[...]

Osman Tokar (22), mein türkischer Arbeitskollege, hat seine Wohnung verloren. Adler hatte ihn mit den Lohnzahlungen immer wieder vertröstet. Sein Vermieter ließ sich aber nicht mehr länger hinhalten. Osman musste ausziehen und auch seine paar armseligen Möbelstücke zurücklassen. Der Vermieter hat sie als Pfand in den Keller eingeschlossen, bis
5 Osman 620 DM an Mietrückständen bezahlt hat. Seitdem ist Osman ohne festen Wohnsitz. Mal schläft er bei einem Vetter auf einer Matratze im Flur, mal lassen ihn Freunde ein paar Tage bei sich übernachten. Längere Zeit kann er nirgendwo bleiben, da sie alle schon für sich selbst viel zu wenig Platz haben,

Einige Male hat Osman, wie er mir verschämt gesteht, auch schon auf Parkbänken im Frei-
10 en übernachtet. Ihm droht jetzt die Ausweisung, weil er keinen festen Wohnsitz nachweisen kann und auch schon mal Sozialhilfe beantragt hat. Er will nicht in die Türkei zurück. Dort war er nur hin und wieder zu Besuch. und in der kalten Fremde in Deutschland fühlt er sich mehr zuhause als in dem Heimatland seiner Eltern, wo er nur seine ersten zwei Lebensjahre verbrachte. Er spricht etwas besser Deutsch als Türkisch, beide Sprachen sind für ihn jedoch
15 Fremdsprachen geblieben. Er weiß nicht, wo er wirklich hingehört, und ihm ist, als ob man

ihm »die Seele gestohlen« hätte.

Ich biete Osman die Dieselstraße zum Wohnen an, aber er lehnt ab. Er hat sich durch die Arbeit bei Thyssen schon einen chronischen Reizhusten geholt und fürchtet sich, »im Giftbett neben der Kokerei« zu schlafen. Manchmal denkt er daran, sich umzubringen. Nachdem ich mit ihm einmal eine Schicht lang zusammen in einem Staubbunker arbeitete und wir den Dreck literweise einatmeten und erbrechen mussten, bemerkte er, als wir in der kurzen Pause ans Tageslicht zurückgekrochen waren: »Ich träum' schon mal davon, mit einem Kopfsprung in das fließende Feuer vom Hochofen, rein. Dann macht's einmal Zisch, und du spürst nichts mehr.«

Betreten schweige ich (Ali).

»Wir haben nur Angst, weil neu für uns und noch keiner gemacht«, sagt Osman. »Wie Wurm im Staub zu kriechen und dabei immer getreten zu werden, ist doch viel mehr schlimm.« Er erzählt von einem Arbeiter, der bei einem Unfall in den Hochofen fiel und sofort verglühte. Da nichts von ihm übrigblieb, wurde symbolisch ein Stahlabstich aus der Glut genommen und den Angehörigen zur »Beerdigung« übergeben. In Wirklichkeit wurde sein Körper mit dem Stahl zu Blechen gewalzt – für Autos, Töpfe oder Panzer.

Osman erzählt, dass er einen Onkel in Ulm besuchen will. Dort kann er wohnen und eine Arbeit bekommen, die mindestens genauso ungesund ist wie bei Thyssen, aber wenigstens bezahlt wird. Er will zuerst nicht recht mit der Sprache raus, um was es sich da handelt: »Bei Thyssen müssen wir Staub schlucken und viel schwer arbeiten. Bei ander Arbeit müssen wir nur schlucken und von unser Blut geben.« Osman sagt, dass für diese besondere Arbeit Türken und auch andere Ausländer, wie Indonesier, lateinamerikanische Asylanten und Pakistani zum Beispiel, sehr gefragt seien: als menschliche Versuchskaninchen für die Pharmaindustrie. Ich frage ihn, ob ich nicht an seiner Stelle an einem Versuch teilnehmen könne, der in den nächsten Tagen beginnen soll. Als Entschädigung biete ich ihm die Hälfte des ihm dadurch entgangenen Lohnes an: 1000 DM. – Er ist einverstanden. Mir kommt das gelegen, weil ich wegen meiner kaputten Schulter und der Bronchitis, die langsam chronisch wird, die schwere körperliche Arbeit bei Thyssen eigentlich längst hätte aufgeben müssen.

Osman vermittelt mich an das LAB-Institut in Neu-Ulm, ein mächtiger düsterer Bau mit dem Jugendherbergsmief der fünfziger Jahre. Als »Herbergsvater« sitzt ein fröhlich-aufgekratzter Mittzwanziger am Empfang. Er bemüht sich um eine angstfreie, entspannte Atmosphäre. Im Wartesaal ein paar Irokesenpunker[1], die schon zu den Stammkunden zählen, einige Ausländer mit sehr südländischem Aussehen, etliche arbeitslose Jugendliche. Und zwei aus dem Bahnhofsberber-Milieu, der eine hat eine leichte Fuselfahne.

Ich (Ali) lege den Zettel vor, den Osman mir gegeben hat, und frage den »Empfangschef«, ob er nicht auch einen weniger gefährlichen Versuch zu vergeben hat. Osman hat mich (Ali) gewarnt, dass der vorgesehene Test recht heftige unangenehme Nebenwirkungen hervorrufen soll. – »Nur keine Angst«, versucht man mich zu beruhigen, »hier sind bisher noch alle wieder lebend rausgekommen.« Und: »Wir machen das hier ganz locker.« – Der Herbergsvater

---

1. Irokesen: eine Gruppe von Indianernstämmen; Punker(*engl.*): Angehöriger einer jugendlichen Protestbewegung

pflegt einen betont familiären Umgangston mit seinen Versuchspersonen, duzt alle und klärt mich (Ali) auf: »Zuerst müssen wir mal sehen, ob du überhaupt zu gebrauchen bist.«

Ich (Ali) werde zum vorgeschriebenen Check geschickt. Etliche Blutproben werden mir abgezapft, Urin wird untersucht, dann kommt noch ein EKG, ich (Ah) werde vermessen und gewogen. Die Endabnahme nimmt ein Arzt vor. Zuerst erschrecke ich, denn ich halte ihn für einen Landsmann. Aber zum Glück ist er kein Türke, sondern Exilbulgare. Aber er kennt »meine Heimat« gut und unterhält sich mit mir ein wenig über die Türkei.

Er berichtet, dass es früher viel mehr türkische Probanden gegeben habe, etliche von ihnen seien aber in der letzten Zeit in die Türkei zurückgekehrt. Er meint, dass sie hier gute Erfahrungen mit meinen türkischen Landsleuten gemacht hätten, sie seien »hart im Nehmen« und würden sich nicht »wegen jedem Wehwehchen gleich beklagen«. - Er leuchtet mir (Ali) noch in die Augen und stellt dabei fest, dass ich Kontaktlinsen trage, sieht aber zum Glück nicht, dass sie tief dunkel gefärbt sind. Ich erkläre, dass ich sie für Spezial-Schweißarbeiten verschrieben bekommen habe, bei denen eine Brille ein Handicap sei.

Ali wird für tauglich befunden, das heißt, er ist soweit verwendungsfähig, sich als Gesunder möglicherweise krankmachende Medikamente in Form von Pillen oder Spritzen verabreichen lassen zu dürfen.

Ali muss eine Einverständniserklärung zu dem Versuch an sich unterschreiben und bekommt eine fünfseitige Informationsschrift auf deutsch zu sehen, in der es um die Medikamente geht, die diesmal ausprobiert werden sollen: »Probanden-Information über die Studie Vergleichende Bioverfügbarkeit bei vier verschiedenen Kombinationspräparaten mit den Inhaltsstoffen Phenobarbital und Phenytoin«. Die Namen dieser Medikamente hat er noch nie gehört, und auch der »Herbergsvater« hat Schwierigkeiten, sie flüssig auszusprechen: »Phenobarbital« und »Phenytoin«. »Nichts vergisst du schneller«, sagt er. »Die Medikamente sind auch gar nicht für eine Krankheit, die vielleicht jeder mal hat, sondern laut Informationsblatt gegen >Epilepsie< und >Fieberkrämpfe< bei Kindern.«

Von fast allen industrieunabhängigen Wissenschaftlern wird die Verwendung solcher Kombinationspräparate heftig kritisiert. Durch die starke Kombination zweier Wirkstoffe wird die oft notwendige Anpassung der Dosis an die individuellen Bedürfnisse des Patienten verhindert. Nachlässigen Ärzten kommen Kombinationspräparate aber durchaus entgegen. Sie brauchen sich noch weniger um die Patienten zu kümmern.

Der Inhaltsstoff »Phenobarbital« zählt obendrein zur chemischen Gruppe der Barbiturate, von denen man besonders schnell abhängig werden kann. Wegen der großen Suchtgefahr wurden deshalb in den letzten Jahren Hunderte von Arzneimitteln verboten, denen Barbiturate beigemengt waren. Ein Medikamentenversuch mit längst bekannten Kombinationspräparaten, die eigentlich aus dem Handel gezogen werden sollten. Niemand erklärt, warum sie dann überhaupt noch getestet werden müssen.

Der Versuch soll sich insgesamt über elf Wochen hinziehen, eingeschlossen viermalige stationäre Kasernierung über je 24 Stunden. Gesamthonorar 2000 DM. Als Nebenwirkungen, die relativ häufig auftreten, werden in der Informationsschrift angegeben: »Müdigkeit,

95 Veränderung der Stimmungslage, Bewegungsstörungen, Beeinträchtigung der Nervenfunktion und der Bluteigenschaften, Beeinflussung der Blutbildung, Veränderungen des Gesichtsfelds, allergische Reaktionen mit Hautveränderungen«. Und bei »ca. 20 Prozent der Patienten treten Wucherungen des Zahnfleischs« auf. Außerdem, wenn man Pech hat, kann es zu »jukkendem Hautausschlag, Atemnot, Hitzegefühl, Übelkeit und eventuell Erbrechen kommen«,
100 und »in seltenen Fällen« können »lebensbedrohliche Zustände mit Erstickungsanfällen und Kreislaufschocks entstehen, die sofortiges ärztliches Eingreifen erfordern«.

Das sei aber alles halb so schlimm, denn im Notfall zahle die Versicherung: »Sollte wider Erwarten im Zusammenhang mit der Teilnahme an dieser Studie eine gesundheitliche Schädigung auftreten, wird von der LAB oder deren Auftraggeber kostenfreie medizinische
105 Versorgung in unbegrenzter Höhe angeboten. « Allerdings: »Ausdrücklich ausgenommen hiervon sind Schäden, die nur mittelbar mit der Teilnahme an der Studie zusammenhängen (wie zum Beispiel Wegeunfälle«). Was also, wenn ein »Proband« mit »Kreislauf- und Bewegungsstörungen« einen Verkehrsunfall erleidet?

Nach der Unterschrift unter die Einverständniserklärung bekomme ich (Ali) einen Termin-
110 plan für die Einnahme der Medikamente und die stündlich durchzuführenden Blutentnahmen ausgehändigt.

Die Studie beginnt erst morgen, werde ich (Ali) aufgeklärt, trotzdem darf ich (Ali) das Gelände, also das Haus und den angrenzenden Hinterhof, ab sofort nicht mehr verlassen. »Freiwillige Gefangennahme.« Man händigt uns aus: Eine Decke mit Überzug, Bettlaken,
115 Kopfkissenbezug. - Im ersten Stock finden sich die »Behandlungsräume«: Labor, Raum für Blutentnahmen, Intensivstation. Im zweiten Stock der Fernsehraum und die Schlafräume.

Der Mann, der unten auf dem Etagenbett sitzt, blickt nicht auf, als ich eintrete. Zwei am Tisch lösen ihre Kreuzworträtsel weiter. Ich (Ali) gehe in den zweiten Schlafraum mit Blick auf den Hof. Links die Autowerkstatt und davor, zwischen Mauer und Müllcontainer, ein
120 paar graue Gartenmöbel aus Plastik. Rechts ein Lagerhaus mit einem Großhandel für Naturprodukte. Im Hintergrund der Güterbahnhof. Eine desolate Gegend.

Fast beschwörend betonen alle, die sich als Versuchsmenschen zur Verfügung gestellt haben, dass es überhaupt kein Risiko gibt. »Für die ist das Risiko viel größer als für uns«, sagt einer. »Denn wenn etwas passieren würde, gäbe es einen Riesenskandal. Und das können die
125 sich gar nicht leisten. « Einige machen das nicht zum erstenmal. Es gibt »Berufsprobanden «, viele Ausländer dabei, die von Institut zu Institut ziehen und sich manchmal lebensgefährlichen Doppelversuchen aussetzen. »Pharmastrich« nennt man's in der Branche. Es gibt Werber und Schlepper, die für Kopfgeld Arbeitslose, Obdachlose, Menschen in Notlagen aller Art für Versuche anheuern.

130 Zum Abendbrot treffen sich alle an einer Reihe langgezogener Tische. Vier Frauen sitzen zusammen. Sie mussten bei ihrer Aufnahme einen Schwangerschaftstest durchführen lassen. Wenn sie während der Medikamenten-Testreihen, die sich zumeist über Monate hinziehen, trotzdem schwanger werden, können beim Kind schwerste und bleibende Schäden auftreten. Für diesen Fall verspricht das LAB jedoch »medizinische und seelische Hilfe«, was auch

135 immer das heißen mag.

Durch eine Klappe bekommt jeder einen Teller zugeschoben: Brot, Butter, ein paar Scheiben Käse, eine Tomate, eine Gurke, eine Paprika. Im Fernsehraum läuft Bonny and Clyde. Die Vorhänge sind geschlossen, um den Fernseher von der Abendsonne abzuschirmen. Die Antenne ist kaputt. Einer muss sie festhalten, damit das Bild schwach erkennbar ist. Es stinkt
140 nach Asche und kaltem Rauch. Fast niemand kann schlafen, und das Fernsehprogramm ist zu Ende. Schweigend sitzen wir bis nach Mitternacht auf dem Hof, rauchen und trinken schales Wasser aus Pappbechern: das ist das einzige, was wir noch zu uns nehmen dürfen.

Die in den Betten hegen, starren gegen die Decke oder versuchen zu schlafen. Jemand ist neben seinem Transistorradio eingeschlafen - »Musik nach Mitternacht« in voller Lautstärke.
145 Niemand macht das Licht aus. Ab 2.30 Uhr »Musik bis zum frühen Morgen«. Dann schalte ich das Radio aus und lösche das grelle Neonlicht. Vom Güterbahnhof hallt pausenlos das Donnern der Waggons, die gegeneinander geschoben werden. Der Wind treibt unter dem offenen Fenster die leeren Plastikbecher über den Hof. Jemand onaniert unter der Bettdecke, immer wieder, ohne Erlösung zu finden.

150 Um 6 Uhr öffnet sich die Tür: »Aufstehen!« Schweigend, grußlos stehen wir auf. Jeder ist ganz mit sich selbst beschäftigt. Meine Urinflasche trägt die Nummer 4. Das bedeutet: 6.04 Uhr Dauerkanüle in den Arm, 7.04 Uhr Medikamenteneinnahme, 8.04 Uhr Blutentnahme, usw.

Die ersten Male stellen wir uns noch in einer Reihe an. Später kennen wir unsere Vor- und
155 Hintermänner und wissen, wann wir dran sind. Der nach mir ist soeben aus dem Gefängnis entlassen worden und konnte nirgendwo Arbeit finden. Hier fragt ihn keiner. Zwei junge Typen, die uns die Kanüle in die Armbeuge stechen, unterhalten sich über ihre nächsten Examensprüfungen. Sie haben ihr Medizinstudium noch nicht abgeschlossen. Die beiden überwachen die Medikamenteneinnahme. Unter ihren Augen muss ich zwei Kapseln schlucken.
160 Zuerst bemerke ich, wie sich mein Blickfeld etwas verkleinert. Ich versuche auf den Hof zu sehen, aber die Sonne blendet zu stark und schmerzt in den Augen. Ich liege auf dem Bett und döse. Zu den stündlichen Blutentnahmen gehe ich wie ein Schlafwandler. Alle sehen bleich und eingefallen aus. Immer häufiger fehlen Leute und müssen erst aus dem Bett geholt werden. Eine Frau klagt über Hitzewallungen, Schwindelanfälle und Kreislaufstörungen. Ihr
165 Arm sei kalt, pelzig und abgestorben.

Am nächsten Tag geht es mir miserabel. Ein an sich unsinniger Versuch, weil die Nebenwirkungen alle bekannt sind. Wir erleben sie gerade: schwerste Benommenheit, starke Kopfschmerzen, totales Wegtreten und schwere Wahrnehmungstrübungen, dazu ein ständiges Wegschlafen. Auch das Zahnfleisch blutet stark. Siebenmal Blut abgezapft bekommen und
170 sich ständig zur Verfügung halten. Auch die anderen haben starke Beschwerden.

Doch erst als es einer ausspricht, stellt sich heraus, dass fast alle Kopfschmerzen haben. Offensichtlich haben sie geschwiegen, aus Angst, zu einem anderen Versuch nicht mehr zugelassen zu werden. Ein Versuchsmensch (39), seit drei Jahren arbeitslos, erzählt mir: »Ich habe schon viel schlimmere Versuche über mich ergehen lassen. Auf der Intensivstation, an Schläuchen angeschlossen. Da haben die meisten unserer Gruppe schlappgemacht, und etliche mussten anschließend in die Betten getragen werden.« Er berichtet von einem Münchener Institut, wo besonders gefährliche Versuche über Nacht vorgenommen werden, »über die Schmerzgrenze hinaus. Die suchen immer welche«. - Ein anderer berichtet über einen »Psychobunker« in der Nähe von München, wo Versuche, oft vier Wochen lang, bei totaler Dunkelheit ablaufen. In einem Herzzentrum in München, erzählt ein Achtzehnjähriger, kann man bei gefährlichen Experimenten mitmachen und »für gutes Geld an seinem Herzen herumspielen lassen.«

Ich (Ali) entschließe mich, nach dem »ersten Durchgang«, das heißt nach vierundzwanzig Stunden, den Versuch abzubrechen. Normalerweise hätte ich (Ali) innerhalb der nächsten elf Wochen noch weitere dreimal kaserniert werden sollen. Und die Nebenwirkungen werden erfahrungsgemäß schlimmer, nicht besser, klärt man mich auf. Darüber hinaus hätte man die gesamten elf Wochen täglich- auch samstags und sonntagmorgens, um 7 Uhr zur Blutentnahme erscheinen und sämtlichen Urin der elf Wochen in Plastikbehältern sammeln müssen. Wer aus dem Versuch vorzeitig aussteigt, erhält keinen Pfennig Honorar.

Der Frankfurter Professor Norbert Rietbrock hält »etwa zwei Drittel derartiger Bioverfügbarkeitsstudien für unnötig«. »Das sind Studien, die für kommerzielle Zwecke umfunktioniert werden und bei denen Nutzen und Aufwand nicht mehr im richtigen Verhältnis zueinander stehen.«[1] Es ist bereits zu Todesfällen bei Menschenversuchen gekommen. Vor zwei Jahren zum Beispiel brach der dreißigjährige irische Berufsversuchsmensch Neill Rush während einer Versuchsreihe tot zusammen. An ihm wurde für die Kali-Chemie Hannover ein Mittel gegen Herzrhythmusstörungen erprobt. Am Tag zuvor hatte Rush bereits in einem anderen Institut das Medikament Depoxil, ein Psychopharmakon, an sich ausprobieren lassen. In der Kopplung beider Medikamente, so der Obduktionsbefund, sei die plötzliche Todesursache zu sehen. (Eine Mindestforderung wäre, die Pharma-Industrie zu zwingen, Probandenpässe auszustellen, um solche »Doppelversuche« auszuschließen.)

Einer der Versuchsmenschen der LAB hat mir (Ali) noch eine Adresse zugesteckt: BIO-DESIGN in Freiburg im Breisgau. »Die brauchen immer welche und zahlen gut. Und vor allem das Essen ist besser als der Fraß hier.« Ich (Ali) fahre dort als nächstes hin. Im Gegensatz zum leicht angegammelten LAB ist BIO-DESIGN ein blitzblankes zukunftsweisendes Institut, architektonisch einer Raumstation nachempfunden. Die Dame am Empfang stellt die gleiche vorsorgliche Frage wie auch Adler, wenn sich ein Neuer bewirbt, nur mit gesetzteren Worten: »Wer hat Sie an uns verwiesen?« - Ich (Ali) nenne den Namen des Kumpels von der LAB.

Sie haben sogleich ein verlockendes Angebot für Ali: 2500 DM für fünfzehn Tage, allerdings »voll stationär«. Sie entgegnen ihm auf seine Frage: »Und muss Steuer zahle?« -»Nee, das wird hier nicht gemeldet. Das ist ein Dienst für die Gesundheit.« Sie scheinen gerade für diesen Versuch noch um mutige Versuchsmenschen verlegen zu sein, denn sie versuchen, ihn mit einem Vorschuss zu ködern. »Sollten Sie sich entschließen, daran teilzunehmen, könnten

---

1. Stellungnahme in ZDF-Reportage am Montag »Nebenwirkungen unbedenklich« vom 26. 8. 85 von S. Matthies und B. Ebner

wir ausnahmsweise auch über einen Vorschuss reden. « Und: »Sie werden hier auch gut ver-
215 pflegt. Das Essen ist frei. « - »Und wofür so viel Geld? Was wird gemacht? « - Eine jüngere
Institutsangestellte erklärt es mir (Ali), nicht ohne hintersinniges Lächeln, wie er zu bemerken glaubt.

»Das ist ein Aldosteron[1]-Antagonist, die Substanz heißt Mesperinon. Die bewirkt, dass
krankhafte Wasseransammlungen im Körper ausgeschwemmt werden über die Niere. Dieses
220 Mineralkortikoid hat Einfluss auf den Hormonhaushalt. Was bereits im Handel ist, das gehört
in die Gruppe von Spironolacton. Bei dieser Substanz hat man festgestellt, dass sie, wenn sie
länger verabreicht wird, eine sogenannte Feminisierung bewirkt, das heißt, Brustbildung bei
Männern. Es ist bei diesem Versuch über zwei Wochen aber nicht gleich zu erwarten, dass es
dazu kommt. «

225 Ich (Ali): »Is'se sicher? «

Institutsangestellte: »Es wird nicht erwartet. Das ist ja gerade der Zweck des Versuchs.
Sicher kann man da nie sein. «

Ich (Ali): »Und wenn passiert, geht auch wieder weg?«

Institutsangestellte (beschwichtigt): »Ja, sicher, das wird sich auch wieder zurückbilden. «
230 Hier informiert sie ganz offensichtlich falsch. Eine »Gynäkomastie«, wie die Brustbildung
bei Männern in der medizinischen Fachsprache genannt wird, muss operativ entfernt werden.
Das ist jedenfalls die einhellige Auffassung von Wissenschaftlern.

In einem anderen Punkt sagt sie ebenfalls die Unwahrheit. Auf Alis Frage: »Wie is mit
Potenz. Bleibt? « Antwort: »Also, in der Hinsicht wird nichts befürchtet. « - In Wirklich-
235 keit liegen für die Anwendung von Mesperinon am Menschen noch so gut wie keine Erfahrungen vor. In einem Begleittext zu dem Versuch wird ausdrücklich hervorgehoben, dass
mit Nebenwirkungen wie »Kopfschmerz, Benommenheit, Verwirrtheit, Magenschmerzen,
Hautveränderungen« und eben bei höheren Dosierungen auch mit »Gynäkomastie bzw.
Impotenz« zu rechnen ist. BIO-DESIGN versucht, seine Versuchsmenschen unter allen
240 Umständen bei der Stange zu halten. Im Vertrag droht das »Institut«: »Im Falle einer frist-
losen Kündigung kann die BIODESIGN GmbH von dem Probanden Ersatz für den Teil der
Aufwendungen verlangen, die für die Durchführung der Prüfung an ihm entstanden sind
...« Dass dieser Knebelvertrag eindeutig sittenwidrig ist, stört BIO-DESIGN offenbar wenig. Die Versuchspersonen werden damit unter den ungeheuren Druck gesetzt, trotz aller
245 eventuellen Schmerzen und Begleiterscheinungen auf jeden Fall durchzuhalten. Hinter
der glatten, freundlichen Fassade einer Schönheitsfirma verbirgt sich ein neuzeitlicher,
eiskalter Dr. Mabuse[2], der im Auftrag großer Pharma-Konzerne in Not geratene Menschen
zur Erforschung von Verkaufsstrategien der Chemie ausliefert.

Ich bin glücklicherweise nicht von den verlockend hohen Geldsummen abhängig und kann

---

1. ein Hormon der Nebennierenrinde
2. eine literarische Verbrechergestalt, die besonders durch die Verfilmungen von Fritz Lang berühmt geworden ist ("Dr. Mabuse, der Spieler",1922, und "Das Testament des Dr. Mabuse", 1932; nach den gleichnamigen Romanen von Norbert Jacques). Er ist ein eiskalter, ausgesprochen verwandlungsfähiger Verbrecher, der sich sehr gut in die Psyche anderer vesetzen kann und hypnotische Fähigkeiten besitzt.

250 es mir leisten, dankend abzulehnen. Viele andere können das nicht. Firmen wie LAB und BIO-DESIGN profitieren von der Wirtschaftskrise, die ihnen immer mehr Menschen zutreibt.

Die Verantwortlichen reden sich auf sogenannte »Ethik-Kommissionen« heraus, in denen Wissenschaftler und sogar Geistliche sitzen. Ethik-Kommissionen sind freiwillige Kontroll-Ausschüsse, deren Votum nur in den USA und Japan gesetzlich befolgt werden muss, in der
255 Bundesrepublik aber nicht.

Ethik in diesem Zusammenhang - ein zynischer Begriff. Diese Kommissionen können von den Firmenchefs jederzeit nach Gutdünken ausgetauscht oder ganz fallengelassen werden. Und selbst wenn es sich dabei um behördliche Einrichtungen handelte, wie das in anderen Staaten schon der Fall ist: »Ethik«-Kommissionen können bestenfalls über medizinische Fra-
260 gen urteilen. Die menschliche Ethik würde aber zumindest verlangen, dass man sich mit den verzweifelten Menschen auseinandersetzt, die an den Rand der Gesellschaft gedrängt worden sind und sich nur deshalb bereit finden, als Kandidaten zum Selbstmord auf Raten aufzutreten. Mein Vorschlag:

Es sollte ein Gesetz verabschiedet werden, das die Spitzenverdiener in der Pharmaindustrie
265 verpflichtet, sich für Versuche selbst zur Verfügung zu stellen. Die Vorteile wären unübersehbar: die Leute sind körperlich meist in wesentlich besserer Verfassung als viele der ausgelaugten Berufsprobanden und könnten sich aufgrund ihres Einkommens auch einen viel längeren Urlaub und Erholungskuren leisten. Die Anzahl der Versuche würde dadurch drastisch zurückgehen und auf ein sinnvolles Minimum beschränkt werden.

270 So unernst ist der Vorschlag gar nicht gemeint. Noch vor sechzig Jahren testeten die Medikamentenforscher neue Wirkstoffe zunächst an sich selbst.

Wie häufig die angeblich so seltenen Nebenwirkungen auftreten, erlebte ich selber. Nach der Rückkehr von meiner Reise durch die Pharma-Labors begann mein Zahnfleisch am Unterkiefer anzuschwellen und zu eitern. Der Zahnarzt diagnostizierte »Zahnfleischwucherungen«
275 und vermutete gleich ganz richtig: »Nehmen Sie Medikamente, in denen Phenytoin enthalten ist?« Als ich bejahte (Phenytoin war einer der Inhaltsstoffe des Medikamentenversuchs beim LAB in Ulm), schloss der Zahnarzt sofort von der Nebenwirkung auf meine vermeintliche Krankheit: »Sind Sie Epileptiker?«

[…]

(Aus: Günter Wallraff, *Ganz unten*, Kiepenheuer & Witsch Verlag, 1985, S. 151—164.)

Arbeitsaufgaben:

1. Was sind Ihre Gefühle und Gedanken nach dem Lesen des Textes?
2. Um welches Problem geht es im Text?
3. Was ist die Intention des Autors?
4. Was will Wallraff damit erreichen, dass er dem Leser mitteilt: »In Wirklichkeit wurde sein Körper mit dem Stahl zu Blechen gewalzt - für Autos, Töpfe oder Panzer.« (Zeile 30—31)?
5. Welche Menschen werden für Testversuche angeheuert? Warum sind Türken und andere Ausländer besonders gefragt?

6. Welche Folgen hat die Teilnahme an den Testversuchen für das Leben der betroffenen Menschen?
7. Warum verwendet Wallraff den Ausdruck „Versuchsmensch" statt den eher gebräuchlichen Bezeichnungen wie „Versuchsperson" oder „Proband"?
8. Welches Verhältnis haben die Versuchspersonen zu den Testversuchen? In welchem Verhältnis stehen die Versuchspersonen selbst zueinander?
9. Warum bezeichnet Wallraff die Versuchspersonen als „Kadidaten zum Selbstmord auf Raten" (Zeile 262)?
10. Was ist Ihre Meinung zu Wallraffs Vorschlag (Zeile 263—269)?
11. Wie stehen Sie zu pharmazeutischen Testversuchen an Menschen?

Jurek Becker

Jurek Becker wurde in Polen geboren. Sein Geburtsdatum ist unbekannt, da sein Vater im Ghetto ihn als älter angab, als er war, um ihn vor der Deportation zu bewahren. Später erinnerte er sich nicht mehr an das richtige Geburtsdatum. Wahrscheinlich war Jurek Becker einige Jahre jünger, als überall verzeichnet ist.
Jurek Becker verbrachte seine Kindheit in Ghettos und von den Eltern getrennt in Konzentrationslagern. Nach Ende des Kriegs kam er mit seinem Vater, der in Auschwitz überlebt und ihn mit Hilfe einer amerikanischen Suchorganisation wieder gefunden hatte, nach Ost-Berlin. Hier machte er 1955 das Abitur und leistete anschließend zwei Jahre Militärdienst in der Nationalen Volksarmee. Außerdem wurde er Mitglied der FDJ. Gegen den Willen seines Vaters, der wollte, dass er Arzt würde, entschied er sich 1957 für das Studium der Philosophie und wurde Mitglied der SED. Nach sechs Semestern wurde er 1960 aus politischen Gründen von der Universität relegiert. Seit 1977 lebte er als freier Schriftsteller in West-Berlin.

Jakob der Lügner
(Auszug)

[...]
»Ich kann nicht mehr«, sagt Jakob.
Kowalski lässt ihm Zeit, er weiß nicht, dass Jakob die bedingungslose Kapitulation vorbereitet, das schlimmste aller Eingeständnisse. Er sieht nur sein knochiges Gesicht, auf die Hände gestützt, vielleicht etwas bleicher als sonst, womöglich etwas müder, aber doch das
5 Gesicht desselben Jakob, den man kennt wie keinen zweiten. Beunruhigt ist er, weil solche Anfälle von Trübsinnigkeit bei Jakob vollkommen ungewohnt sind, mürrisch und zänkisch ist er von Zeit zu Zeit, aber das ist ein Unterschied. Wehklagend kennt man ihn nicht, wehklagen alle anderen, Jakob war so etwas Ähnliches wie ein Seelentröster. Man ist, ob bewusst oder unbewusst, nicht selten zu ihm gegangen, um sich die eigenen Schwachheiten austrei-
10 ben zu lassen. Schon vor der Radiozeit, eigentlich sogar schon vor der Ghettozeit. Wenn ein besonders beschissener Tag vorüber war, wenn man von früh bis spät hinter der Schaufensterscheibe gestanden hat und vergeblich Ausschau nach Kunden gehalten, oder irgendeine Riesenrechnung ist gekommen, und es wollte einem im Traum nicht einfallen, aus welcher Tasche man sie bezahlen sollte, wohin ist man dann am Abend gegangen? In seine Diele,

aber nicht, weil bei ihm der Schnaps besonders gut geschmeckt hätte. Es war derselbe wie überall, dazu noch verboten, da ohne Lizenz ausgeschenkt. Man ist hingegangen, weil die Welt nach solchem Besuch ein kleines bisschen rosiger ausgesehen hat, weil er eine Kleinigkeit überzeugender als andere »Kopf hoch« sagen konnte oder »es wird schon wieder werden« oder etwas in der Art. Vielleicht auch deswegen, weil er der einzige im dünn gesäten Bekanntenkreis war, der sich überhaupt die Mühe gegeben hat, einem so etwas zu sagen. Kowalski lässt ihm Zeit.

Da fängt Jakob zu reden an, dem Schein nach zu Kowalski, denn kein anderer ist im Zimmer, den Worten nach zu einem größeren Auditorium, also einfach vor sich hin in die Luft, mit Wehmut in der leisen Stimme und mit dieser nie gehörten Resignation, die letzte einer verschwenderischen Vielzahl von Meldungen an alle. Dass sie ihm, wenn es ihre schwachen Kräfte erlauben, nicht böse sein sollen, er hat nämlich gar kein Radio, er hat nie eins besessen. Er weiß auch nicht, wo die Russen sind, vielleicht kommen sie morgen, vielleicht kommen sie nie, sie stehen in Pry oder in Tobolin oder in Kiew oder in Poltawa oder noch viel weiter entfernt, viel leicht sind sie inzwischen sogar vernichtend geschlagen, nicht einmal das weiß er. Das einzige, was er mit Gewissheit sagen kann, sie haben vor so und so langer Zeit um Bezanika gekämpft, woher die Gewissheit, das ist eine ganze Geschichte für sich, die interessiert heute keinen Menschen mehr, jedenfalls ist es die Wahrheit. Und dass er sich wohl vorstellen kann, wie bestürzend dieses Geständnis in ihren Ohren klingen muss, darum noch einmal die Bitte um Nachsicht, er wollte nur das Beste, aber seine Pläne haben sich zerschlagen.

Dann ist es lange still im Zimmer, ein König hat gewissermaßen abgedankt, Jakob versucht vergeblich, in Kowalskis Gesicht Bewegung zu entdecken, der sieht durch ihn hindurch und sitzt wie eine Salzsäule. Natürlich fallen Jakob, kaum ist das letzte Wort verklungen, Gewissensbisse an, nicht wegen der Mitteilung selbst, die war notgedrungen fällig und duldete keinen Aufschub. Aber ob man sie schonender hätte vortragen können, eventuell in einen Rückzug der Russen eingebettet, die ganze Last nicht mit einemmal auf andere Schultern abwälzen, die auch nicht breiter sind als die eigenen. Ob Kowalski unbedingt der richtige Mann war, in dessen Gegenwart der Schlussstrich gezogen werden müsse, gerade Kowalski. Wenn er es von einem Fremden gehört hätte, von einem Jakob nicht so Nahestehenden, sicher hätte er an einen Irrtum geglaubt oder an gehässige Verleumdung, nach einer Nacht voller Zweifel hätte er dir gesagt: »Weißt du, was sich die Idioten erzählen? Dass du kein Radio hast!« - »Das stimmt«, wäre dann die Antwort gewesen, sie hätte ihn auch getroffen, aber vielleicht nicht so sehr, weil er in der Nacht zuvor diese Möglichkeit zumindest erwogen hätte. Und es wäre auch irgendwie einzurichten gewesen, genau so, Kowalskis Pech, dass er ausgerechnet an diesem Abend gekommen ist.

»Du sagst nichts?« sagt Jakob.

»Was soll ich sagen.«

Aus unergründlichen Tiefen fördert Kowalski sein Lächeln, ohne dieses Lächeln wäre er nicht Kowalski, sieht Jakob auch wieder an, mit Augen zwar, die weniger lächeln als der

55 Mund, aber dennoch nicht vom Ende aller Hoffnung künden, eher pfiffig blicken, als sähen sie, wie immer, so auch diesmal hinter die Dinge.

»Was soll ich sagen, Jakob? Ich verstehe dich schon, ich verstehe dich sehr gut. Weißt du, ich bin so ziemlich das Gegenteil von einem Husaren, du kennst mich lange genug. Wenn ich hier ein Radio gehabt hätte, von mir hätte wahrscheinlich kein Mensch ein Wort erfahren.
60 Oder noch wahrscheinlicher, ich hätte es aus Angst einfach verbrannt, ich mache mir da gar nichts vor. Ein ganzes Ghetto mit Nachrichten zu beliefern! So weit wäre ich nie gegangen, weiß man, wer mithört? Wenn ich irgendwann im Leben jemand verstanden habe, dann dich jetzt.«

Solchen Flug der Gedanken konnte Jakob nicht erwarten, der durchtriebene Kowalski hat
65 sich selbst übertroffen, hat seine Berechnungen sogar da angestellt, wo es nichts zu rechnen gab. Wie willst du ihn überzeugen, dass du wenigstens jetzt die Wahrheit sagst, du kannst ihm höchstens anbieten, alle Winkel in Stube und Keller zu durchstöbern. Doch mit nach außen gekehrten Handflächen beteuern: »Wann habe ich dich je belogen?«, das kannst du nun nicht mehr. Und wenn du ihn tatsächlich aufforderst zu suchen, alle Radios, die du bei mir
70 findest, Kowalski, gehören dir, er wird dir wissend zublinkern und etwas Ähnliches entgegnen wie: »Lassen wir doch die Späße, Jakob, wozu kennt man sich vierzig Jahre?« Er wird dir zu verstehen geben, dass jedes Versteckspiel überflüssig ist. Unmögliches lässt sich durch nichts beweisen, Jakob sagt erschrocken: »Du glaubst mir nicht?«

»Glauben, nicht glauben, was heißt das schon«, sagt Kowalski, leise und abwesender als
75 erwartet, in einem ähnlichen Tonfall wie Jakob eben, bei seiner kleinen Rede an alle. Weiter sagt er nichts, vorerst, er klopft mit den Fingern ein getragenes Motiv auf den Tisch und hält den Kopf weit zurückgelehnt, in verborgene Gedanken vertieft.

Jakob erwägt weitere Rechtfertigungen, er legt Wert darauf, dass seine Verurteilung glimpflich ausfällt, dazu muss man seine Gründe für das Unternehmen kennen und auch die Gründe
80 für den plötzlichen Abbruch. Aber über die ist er sich selber noch nicht im klaren, deswegen, und weil er begreift, dass es bei all dem nicht nur um ihn geht, auch um Kowalski, schweigt er und hebt sich die Bitte um mildernde Umstände für einen späteren Zeitpunkt auf.

Dann folgt die ernüchternde Überlegung, dass es überhaupt nicht um ihn geht, kein Mensch im Ghetto ist unwichtiger als er, ohne Radio. Von Bedeutung sind nur seine Abnehmer,
85 Kowalski neben vielen anderen. Und die pfeifen auf noch so plausibel klingende Rechtfertigungen, die haben andere Sorgen, und nicht eben kleine, die wollen zum Beispiel wissen, wie es nach Pry nun weitergeht.

Kowalski beendet Geklopfe und Gegrübel, er steht auf, legt Jakob die freundschaftliche Hand auf die Schulter. Er sagt: »Keine Angst, Alter, vor mir bist du sicher. Ich werde dich
90 nicht mehr fragen.«

Er geht zur Tür, das Lächeln von neuem belebend, bevor er sie öffnet, dreht er sich noch einmal um, zwinkert tatsächlich, mit beiden Augen.

»Und ich bin dir nicht böse.«

Und geht.

95   An nächsten Morgen, nach der schlaflosesten Nacht seit langem, ist Jakob auf dem Weg zur Arbeit. Er hat, ehe er auf die Straße trat, Kirschbaums Türklinke verstohlen niedergedrückt, warum auch immer, doch die Tür war verschlossen. Der Nachbar Horowitz hat ihn am nichtssagenden Schlüsselloch ertappt und gefragt: »Suchen Sie was Bestimmtes? «

Natürlich suchte Jakob nichts Bestimmtes, nur so, menschliche Neugier, er hat sich Horowitz flüchtig erklärt und ist gegangen. Dann war da der bunte Fleck vor dem Haus, auf der Fahrbahn, wo gestern der kleine deutsche Lastwagen gestanden hatte. Ein paar Tropfen Öl waren ihm entfallen und prangten nun als dünne Fäden in allen möglichen Farben auf dem versickernden Rest eines Stausees, den Siegfried und Rafael gemeinsam dort errichtet hatten, zuerst durch die Hosenbeine, dann, als ihre Quellen versiegt waren, mit Hilfe eines Wassereimers. Unmittelbar nach Elisa Kirschbaums Abfahrt hatten sie sich an die Arbeit gemacht, denn solche Gelegenheit findet sich nicht alle Tage, bei dem Autoverkehr. Jakob stand noch mit der über die Ferkelei entrüsteten Lina hinter dem Fenster und beobachtete sie dabei.

Aber zurück auf den Weg, schon von weitem sieht Jakob eine größere Menschenansammlung, an einer Straßenecke, genau vor dem Haus, in dem Kowalski wohnt. Jakobs erster Gedanke, er vermutet Kowalski mitten in dem Haufen, der beste Freund ist bestimmt auf die Straße gekommen und hat, wie es ihm angeboren ist, den Mund nicht halten können. Entweder ist er beim nächtlichen Klären doch noch zu der Überzeugung gelangt, dass man ihm die Wahrheit gesagt hat, oder, was bei Kowalski wahrscheinlicher ist, er glaubt weiterhin nicht, tut aber so nach außen hin, denn wahre Freundschaft heißt zusammenhalten. Ist aus dem Haus getreten und hat im Handumdrehen die Juden mit der Hiobsbotschaft zu Tode erschreckt, weil er unbedingt der Erste sein muss, ob in die Hölle oder ins Paradies, Kowalski immer vorneweg. Hat einem damit alle Rückzugswege abgeschnitten, die man nach langem Erwägen zwar nicht beschreiten wollte, aber was geht das Kowalski an?

Jakob bekommt Lust zurückzugehen, erzählt er, und einen kleinen Umweg zu machen, es wird auch so schon schwer genug, auf dem Bahnhof werden sie ihn noch genug foltern. Das hier soll Kowalski alleine durchstehen, das ist seine Sache, das ist eine günstige Gelegenheit, sich nicht einzumischen. Da fällt Jakob, noch in einiger Entfernung von der Gruppe, auf, dass die Leute kaum reden, dabei müssten sie aufgeregt sein nach der vermuteten Nachricht, die meisten stehen stumm und betroffen, wie sich beim Näherkommen erweist, einige schauen nach oben. Zu einem geöffneten Fenster, an dem auf den ersten Blick nichts Absonderliches ist, einfach leer und offen. Jakob weiß nicht genau, ob es sich um Kowalskis Fenster handelt oder um eins daneben. Auf den zweiten Blick sieht er doch das Besondere, ein kurzes Stück Schnur, am Fensterkreuz und gerade fingerlang, darum so spät bemerkt.

Jakob stürzt durch den Auflauf in das Haus, er versucht zwei Stufen auf einmal, aber nur die beiden ersten gelingen ihm so, zum Glück wohnt Kowalski in der ersten Etage. Die Tür steht offen wie das Fenster, es zieht also, die drei Zimmernachbarn Kowalskis, von denen wir einen willkürlich auf den Namen Abraham getauft haben, sind nicht mehr zu Hause. Nur Kowalski ist zu Hause, und zwei Wildfremde im Zimmer, die ihn als erste der Vorübergehenden hängen sahen. Sie haben ihn abgeschnitten und auf das Bett gelegt, jetzt stehen sie hilflos

135 herum und wissen nicht, was weiter zu tun wäre. Einer von ihnen fragt Jakob: »Haben Sie ihn gekannt?«

»Was?« fragt Jakob vor dem Bett.

»Ob Sie ihn gekannt haben?«

»Ja«, sagt Jakob.

140 Als er sich nach einer Weile umdreht, ist er alleine, die Tür haben sie zugemacht. Jakob geht zum Fenster und sieht auf die Straße, nichts mehr von Menschenansammlung, nur noch Passanten. Er will das Fenster schließen, aber es klemmt, er muss vorher die doppelt verknotete Schnur vom Rahmen lösen. Dann zieht er den Vorhang zu, das wenige Licht macht ihm Kowalskis Gesicht erträglicher. Er rückt einen Stuhl heran, auf das Bett möchte er sich nicht 145 setzen, er nimmt Platz für ungewisse Zeit. Ich sage ungewiss, denn über die Länge seines Aufenthalts kann er später keine Angaben machen.

Der Anblick von Toten ist Jakob alles andere als ungewohnt, nicht selten muss man über irgendeinen die Füße heben, der verhungert auf dem Gehsteig liegt und vom Räumkommando noch nicht ausgemacht wurde. Aber Kowalski ist nicht irgendeiner, gütiger Gott, das ist er 150 nicht, Kowalski ist Kowalski. Ein Geständnis hatte seinen Tod zur Folge, dazu noch eins, das er vorgab, nicht zu glauben, warum bist du Wahnsinniger nicht gestern abend geblieben? Wir hätten alles in Ruhe beredet und uns schon das bisschen Mut zum Weiterleben verschafft. Was haben wir uns nicht schon alles verschafft, reell oder unreell, wenn es gelingt, fragt keiner hinterher nach Art und Weise, warum musstest du an deinem letzten Abend den Po-
155 kerspieler spielen? Wir hätten uns gegenseitig helfen können, aber nur du hast gewusst, wie es in uns beiden aussah, du hast dich vor deinem Freund Jakob Heym verborgen, du hast mir das falsche Gesicht gezeigt, und dabei hätten wir weiterleben können, Kowalski, an uns sollte es nicht liegen.

Von Beruf Friseur, hatte etwas Geld versteckt, wie man weiß, mit der Absicht, sich später 160 zu verändern, wäre aber vermutlich weiterhin Friseur geblieben, war ausstaffiert mit dieser und jener fragwürdigen Eigenschaft, war misstrauisch, verschroben, ungeschickt, geschwätzig, obergescheit, wenn man alles zusammenrechnet, im Nachhinein, plötzlich liebenswert, hat Jakob einmal aus einer schrecklichen Lage befreit, aus einem deutschen Klosett, legte sich aus Werbegründen den »Völkischen Landboten« zu, konnte zeitweilig sieben große Kar-
165 toffelpuffer hintereinander essen, vertrug aber kein Eis, borgte lieber als er zurückgab, wollte berechnend wirken, war es aber so gar nicht, bis auf einmal.

Wie nicht anders zu erwarten, in Jakobs Kopf überstürzen sich die Selbstvorwürfe, er hätte Kowalski auf dem Gewissen, er mit seiner kleinlichen Müdigkeit wäre schuld daran, dass Kowalski zum Strick griff, was man einmal anfängt, muss man auch durchhalten, man muss 170 seine Kräfte vorher einschätzen. Ich habe Jakob unterbrochen, ich habe ihm an dieser Stelle gesagt: »Du redest Unsinn. Du hast deine Kräfte nicht überschätzt, denn du konntest nicht wissen, dass es so lange dauert.« Und ich habe ihm gesagt: »Nicht du bist schuld an Kowalskis Tod, sondern er hatte es dir zu verdanken, dass er bis zu diesem Tag gelebt hat.« - »Ja, ja«, hat mir Jakob geantwortet, »aber das hilft alles nichts.«

175　Schließlich steht Jakob auf. Er zieht den Vorhang wieder zur Seite, lässt auch, als er geht, die Tür weit offen, damit einer der Nachbarn, wenn er von der Arbeit kommt, den Vorfall bemerkt und das Nötige in die Wege leitet. Für den Bahnhof ist es längst zu spät, man kann dem Posten am Tor schlecht sagen, man wäre unterwegs aufgehalten worden, das Mittagessen fällt unabänderlich aus. Jakob geht nach Hause, mit der einzigen Hoffnung, dass Kowalski seine Gründe für sich behalten hat, dass er ausnahmsweise einmal verschwiegen gewesen ist. Denn Jakob hat wieder sein Radio gefunden.

　　[...]

(Aus: Jurek Becker, *Jakob der Lügner.* Luchterhand Verlag, 1970, S. 238—245.)

Arbeitsaufgaben:

1. Warum sind die Menschen gern zu Jakob gegangen?
2. Was gesteht Jakob Kowalski?
3. Aus welchem Grund fällt es Jakob schwer, gegenüber Kowalski einzuräumen/zuzugeben, dass er in Wahrheit gar kein Radio besitzt?
4. Wie reagiert Kowalski auf Jakobs Eingeständnis? Warum begeht er Selbstmord?
5. Warum entschließt sich Jakob, sein imaginäres Radio wieder sprechen zu lassen?
6. Untersuchen Sie den Satzbau im letzten Abschnitt und vergleichen Sie ihn mit Jakobs Entscheidung.
7. Verfassen Sie einen Dialog zwischen Jakob und dem Ich-Erzähler, in dem Jakob seinen Entschluss zum Ausdruck bringt.
8. Was wissen Sie über das Ghetto und das Leben der Menschen dort?
9. Kennen Sie eine ähnliche Geschichte, wo eine erfundene Sache den Menschen einen inneren Halt gibt?

Botho Strauss

Botho Strauss wurde 1944 in Naumburg (Saale) geboren und wuchs in Westdeutschland auf. Er studierte in Köln und München einige Semester Germanistik, Theatergeschichte und Soziologie, brach das Studium, während dessen er als Schauspieler tätig war, jedoch ohne Abschluss ab. Zwischen 1967 und 1970 arbeitete er als Journalist und Redakteur bei der Zeitschrift »Theater heute«. Anschließend war er bis 1975 dramaturgischer Mitarbeiter der Berliner Schaubühne bzw. Dramaturg an der Schaubühne am Halleschen Ufer. Danach etablierte er sich als freier Schriftsteller.

1976 erschien sein erstes Werk »Die Hypochonder«, ein Theaterstück, das die gestörten Verhältnisse der Menschen schildert, die Hypochonder sind. 1977 erhielt er den Schiller-Preis, 1989 den Büchner-Preis und 2001 den Lessing-Preis.

Botho Strauss gehört zu den erfolgreichsten und meistgespielten zeitgenössischen Dramatikern auf deutschen Bühnen und lebt auf dem Land bei Berlin.

Die Widmung
(Auszug)

[...]

Er nahm jetzt schlechte Gewohnheiten an. Zwar rauchte er nicht und trank nach wie vor keinen Alkohol. Aber er ließ neuerdings den Schmutz zu, vergaß sich auf korrekte Kleidung, woran er bis dahin trotz Verdunkelung, Hitze und innerer Ausgangssperre festgehalten hatte. Die Pflege seines Äußeren, Sauberkeit und Wäschewechsel hatten sich ihm von der täglichen
5 Wohltat zur täglichen Pflicht entfremdet, und bald war das Tägliche nicht mehr streng beachtet worden, schließlich eines Nachts hatte er vergessen sich auszuziehen, und seitdem trug er immer dasselbe Hemd über derselben Hose. Es störte ihn nicht mehr, auf seiner Haut eine glitschige Schicht von Schweiß, Talg und Staub zu spüren. Gleichzeitig gingen ihm seltsame Missgeschicke und Unfälle von der Hand, durch die sich Schmutz und Verwahrlosung be-
10 schleunigt in seiner Wohnung verbreiteten. So stieß er einmal ein Glas Honig um, aus dem er, am Schreibtisch, ab und zu einen Löffel genoss und das er, ohne hinzusehen, auf einen schrägen Papirrstapel abgestellt hatte. Während er nun eilig schrieb, dabei laut vor sich hinredend, rann der Honig zäh über die Tischkante und tropfte in den weißen, flauschigen Teppich hinunter. Er merkte es erst, als er hineingetreten war; als er, von unschlüssigen Gedanken erregt,
15 um den Tisch lief und in der klebrigen Lache hängenblieb. Es ergriff ihn sofort ein panischer

Abscheu; außerstande, sich vernünftig zu behelfen, rannte er in die Küche, schleppte einen Pappkanister Waschmittel herbei und schüttete in vollem Strahl das weiße Pulver auf den Honigfleck. Als nächstes füllte er eine große Schüssel mit heißem Wasser und goss sie über dem Pulverhaufen aus. Nun stand er vor einer völlig nutzlosen, trübschaumigen Pfütze und sah, dass er den Schaden erst recht vergrößert und gefährlich gemacht hatte. Denn nun musste er ein Durchsickern des Wassers bis in die Decke des unteren Nachbarn befürchten. Er lief noch einmal in die Küche, um einen Putzlumpen zu holen. Als er keinen fand, riss er ein paar alte oder ihm gerade in diesem Augenblick verhasste Hemden aus dem Kleiderschrank und stopfte sie in die Teppichpfütze. Auf diese Weise konnte er die Brühe allmählich aufsaugen. Es zeigte sich aber, dass der Honigfleck Guss und Putz überstanden hatte, ohne wesentlich an Klebrigkeit zu verlieren. Dazu waren die Teppichbüschel ringsum mit ungelösten Pulverkörnern vollgekrümelt. Schließlich bedeckte er die ganze Schmutzzone mit seinem Badehandtuch und warf die nassen, zu Lumpen erniedrigten Hemden neben den überfüllten Mülleimer.

Nachdem alles vorüber war, begann er sein Verhalten zu missbilligen. Was tust du, fragte er sich, wenn du so etwas tust? Du schaffst dir bloß eine Aktion, du plusterst dich auf, eine kleine tatsächliche Störung, eine Bagatelle nur, und schon wirbelst du um die eigene Achse - dein Ungeschick greift dir dabei natürlich kräftig unter die Arme! Und du schaffst dir mehr und mehr Aktion. Was bedeutet aber Aktion in deiner Lage? Wichtigtuerei vor dir selber, und sonst gar nichts.

Aus dem nächsten Abenteuer, das er in seiner Wohnung erlebte, ging er schon sehr viel geduckter hervor. Er hatte eines Morgens zu stark oder auch nur zu ruckartig an der Kette der Klosettspülung gezogen, das Ventil in der Wasserwanne verklemmte, schloss im nötigen Augenblick nicht mehr und das Wasser begann überzulaufen. Er zurrte und riss an der Kette, aber die Sperre lockerte sich nicht. Wütend verließ er das Badezimmer, schlug die Tür hinter sich zu und wollte sich um den unwürdigen Defekt einfach nicht kümmern. Aber bei der Vorstellung, jetzt den Hausmeister heraufzubitten, schüttelte er heftig den Kopf und beschloss, mit Hammer und Zange selber zu reparieren. Diese Werkzeuge fand er nirgendwo. Endlich griff er eine lange Papierschere, die auf seinem Schreibtisch lag, und kehrte damit zurück ins Bad. Das Wasser floss ruhig über den Rand des Sammelbeckens und klatschte auf die Fliesen. »Überschwemmung«, rief er entsetzt und sah die Flut unbezwingbar steigen. Sofort brach wieder diese Panik aus und er verwandelte sich unter Zittern und Zappeln, aber auch wiederum nicht ohne Lust, in ein rasendes Kleinkind. Er klappte den Klodeckel zu und stieg auf den Rand. Der Behälter war ziemlich hoch angebracht. Bei ausgestrecktem Arm konnte er mit der Spitze der Schere gerade das Ventil erreichen. Er stieß und stocherte ungezielt in den Eisenteilen herum, aber nichts veränderte sich. Das Wasser verschüttete sich in gleichmäßigem Schwall und die Lache auf dem Boden schlich voran. Er wippte und drückte seine ganze Körperkraft in die Schere und belastete dabei den Klodeckel, der nur aus Plastik war, mit einem Frotteeüberzug verkleidet, so stark, dass er entzweibrach. Richard rutschte ab, schlug mit dem Gesicht gegen die Wand, die Brille sprang herunter, und die aus den Fingern gekippte Schere fiel mit der Spitze auf seinen Oberarm und dann zu Boden. Er richtete sich auf und stieg aus der Kloschüssel. Er wimmerte vor Schrecken. Das Wasser strömte unver-

mindert von der Höhe und über den rechten Arm rann ein dünner Streifen Blut. Etwas ruhiger geworden, holte er einen Stuhl aus der Küche, erhöhte ihn um drei dicke Atlasbände aus seiner Bibliothek und reichte nun mit den Händen an den Behälter. Er tastete im Wasser die
60 einfache Mechanik des Ventils ab und fand schnell die Stelle, wo es sich verhakt hatte. Ohne Mühe gelang es ihm, den Bolzen zurückzuziehen, das Ventil schloss glucksend und schlürfend ab.

»Mein letzter Stummfilm«, sagte Richard, kletterte, nicht unzufrieden mit sich, vom Stuhl und hob seine Brille aus der Lache. Das rechte Glas der Brille war so gut wie zerstört, zwar
65 nicht gebrochen, aber mit einer dichten Splitterung überzogen. Der Einstich auf dem Arm war oberflächlich, er stillte das Blut mit heißem Wasser und legte ein Pflaster auf. Zum Aufwischen benutzte er diesmal einen Anzug mit Weste, grauer Flanell[1], den er im Winter, regelmäßig montags und dienstags, in der Buchhandlung zu tragen pflegte. Er gefiel ihm noch, ein altmodisches Stück, aber kein Grund, ihn zu schonen, er saugte ausgezeichnet.
70 Die Fotografin, die seine letzten Passbilder gemacht hatte - da er sich nicht in Fotomaten, in diese Todesblitzzellen hineinwagte -, diese Kunstfotografin, wie es im Telefonbuch hieß, hatte ihren Mann, der ihr im Atelier assistierte, mehrfach als einen »Vernichtungstrampel« bezeichnet, in seinem Beisein, aber etwa so, als beschwere sie sich bei Richard zum ersten Mal über ihn. Von daher, aus dieser unbestimmbaren Bezichtigung, klang ihm jetzt, beim
75 Aufwischen, das Wort wieder in den Ohren. »Sie können sich nicht vorstellen, was dieser Mann mir schon alles kaputt gekriegt hat!« Sie war eine kleine, zähe Frau, die die Zipfel ihrer grauen Haare mit einer Schildpattspange zusammensteckte und dadurch wie ein vergreistes Schulmädchen aussah. Der Beschuldigte wehrte sich nicht gegen die Vorwürfe, sondern begann ganz ruhig zu erzählen, dass er Drehermeister gewesen sei, bis zu seinem zweiund-
80 fünfzigsten Lebensjahr, dann aber habe aufhören müssen. »Depressionen«, warf seine Frau ein, als müsse sie ein ekelhaftes Ungeziefer beim Namen nennen. Der Mann lächelte zu ihr hinüber, um zu zeigen, dass man seine Frau nicht nach ihren Grobheiten beurteilen dürfe. Wie sich herausstellte, hatte die seelische Erkrankung seine Fähigkeit, zu greifen, zu halten und zu tragen, vermindert und ihn gegenüber Geräten, Material, der Dingwelt insgesamt
85 zum Behinderten gemacht. Es fiel ihm schwer, einen Scheinwerfer einzurichten. Es fiel ihm schwer, eine Fotoplatte so zu transportieren, dass sie ihm nicht entglitt. Und bei all diesen überbedachten Handhabungen sah man ihm eine gleichgroße Anstrengung und Aderschwellung an, wie anderen Männern, wenn sie schwere Lasten schleppen. Manche Dinge, wenn er sie trug, schienen ein unirdisch fürchterliches Gewicht zu haben. Andere wiederum, meist
90 federleichte, Blätter oder Filter etwa, wurden viel zu stark berührt - gepackt von jener selben Kraft, mit der er gerade seine Hemmung, sie zu packen, überwunden hatte. So ging vieles kaputt. Richard konnte sich leicht ausmalen, welchen Schaden dieser Assistent im Labor und im Haushalt hinter sich ließ. Was ihn, als Besucher, Kunde, dabei verwirren musste: die Fotografin schien, nach Jahren des mitgeduldeten Ungeschicks, immer noch die Tatsache, dass
95 ihr Mann invalid war, im Grunde ihres Herzens abzustreiten. Jedenfalls sprang sie so mit ihm um, als ginge er mutwillig und mit immer neuen Absichten auf Zerstörung aus. Und als er es

---

1. weicher Wollstoff (*engl.*)

wagte, Richard gegenüber das »Psychische« zu erwähnen, wofür einer letztlich nichts könne, fuhr sie ihm heftig über den Mund. »Unsinn! « rief sie, »jeder gesunde Mensch hat sein Psychisches selber in der Hand, und du bist gesund, aber ein Tollpatsch[1]! «

100 Andererseits schimpfte sie gewissermaßen nur im allgemeinen und in der Theorie mit ihrem Mann. Wenn ihm wirklich ein Malheur[2] passierte, schimpfte sie nicht, sondern half ihm, tröstete ihn sogar. Richard gewann den Eindruck, dass sich ihr kleiner berlinischer Verstand in Wahrheit in ununterbrochen therapeutischem Einsatz befand. Indem sie ihn als Gehilfen nicht schonte und immerzu in Bewegung hielt, unter erheblichem Risiko für ihre Ausrü-
105 stung, ihre Nerven, ihr Geld, und ihn gleichzeitig mit unnachgiebiger Schärfe als Tölpel[3] bezeichnete, aber im entscheidenden Augenblick niemals als solchen behandelte, erreichte sie immerhin, dass er jede einzelne Aufgabe mit frischer Obacht und un-routiniertem Interesse in Angriff nahm. Sie durfte auch auf Erfolge stolz sein. An Depressionen litt ihr Mann nicht mehr. Seine Greifbeschwerden hingegen hatten sich nicht gebessert; die Unfähigkeit
110 zum Gegenstand, die verkümmerte Handhabung ließen sich weder durch Übung noch durch äußerste Willensanstrengung wieder rückgängig machen. Der Kampf mit dem Unbewussten trug sich hier allerdings wesentlich anders zu als in den meisten Filmgrotesken. Denn dieser Mann nahm sich der Dinge mit einer ruhigen, fast zärtlich zermalmenden Vorsicht an. Es war immer noch das ganze Feingefühl des Drehers bei der Sache, nur dass es jetzt statt an der
115 Fertigung an der umständlichen Vernichtung des Objekts wirkte.

Als Richard kam, um die fertigen Fotos abzuholen, steckte sie der Mann, der im Verkauf, im Laden mit größerer Selbständigkeit ausgestattet war, in einen weißen Briefumschlag und wollte dann die hintere Lasche nach innen einschieben. Richard starrte auf seine Finger, als gehörten sie einem Zauberkünstler. Er wollte den Trick des Ungeschicks erwischen. Aber
120 es ging alles ganz normal, wenn auch langsam zu. Und doch hielt der Mann, als er den Umschlag aushändigen wollte, plötzlich die abgerissene Lasche zwischen Daumen und Zeigefinger. Er zeigte keinerlei Reaktion. Er schien gar nicht zu ahnen, was Richard über ihn dachte. Er holte einen neuen Umschlag unter dem Ladentisch hervor, doch Richard nahm mit dem beschädigten vorlieb und dankte ihm. Nun sagte der Mann allen Ernstes: »Ich weiß nicht,
125 wie mir das passieren konnte ...«

Da erkannte Richard, worin die Lebenstechnik dieses Behinderten bestand: er hielt das Element und den Begriff der Wiederholung aus seinen Erfahrungen heraus; er beugte sich nicht ihrer Macht. Nie war er es müde geworden, sich über jeden neuen Missgriff so zu wundern, als sei es der ursprüngliche. Ebensowenig hatte seine Frau es aufgegeben, in ihm, vor
130 jedem neuen Kunden, wie zum ersten Mal den Vernichtungstrampel zu entlarven. Dies bewahrte sie beide davor, sich vor der Unheilbarkeit des Leidens zu langweilen. Denn Gleichgültigkeit vor dem Leid hätte ihre kleine selbständige Existenz schnell zugrundegerichtet.

[...]

(Aus: Botho Strauss, *Die Widmung*. Hanser-Verlag 1977, S. 71—79.)

---

1. ungeschickter Mensch
2. Unglück, Missgeschick
3. ungeschickter, einfältiger Mensch

Arbeitsaufgaben:

1. Erklären Sie das Wort »Aktion« (Zeile 30) im Textzusammenhang.
2. Was kommt Ihnen beim Wort „Stummfilm" in den Sinn? (Zeile 63)
3. Ist der Text unterhaltsam?
4. Können Sie Richards Lebenskrise nachempfinden?
5. Kann man Richard mit dem Mann der Fotografin vergleichen?
6. Wie geht die Fotografin mit ihrem Mann um?
7. Interpretieren Sie den letzten Satz (Zeile 131—132) des Textes.

Paare, Passanten
(Auszug)

[...]

Ein betrunkener Mann kommt frühmorgens in die Reinigung. Vielleicht hat er die ganze Nacht hindurch getrunken, aber er spricht noch ganz gut, steht noch gerade auf den Beinen. Nur der Verstand ist schwerflüssig und der Blick schwimmt. Er zeigt den beiden Frauen, die hinter der Annahme stehen, einen Fleck auf seinem Hosenbein. Sie möchten ihn doch bitte
5 wegputzen. Die beiden Frauen erklären, er müsse die Hose da lassen, so auf die Schnelle könne man den »Fettfleck« (war es einer? oder nur eine rasche schamhafte Definition zur Verhütung genaueren Hinsehens) nicht beseitigen. Da der Mann nach einer kleinen Weile seine Bitte im gleichen Wortlaut wiederholt, erklären die Frauen nun hinter- und durcheinander mehrere Male, dass er die Hose da lassen müsse. Sie nehmen überhaupt keine Rücksicht
10 auf die besondere Geistesverfassung des Manns. Doch indem sie den Betrunkenen wie einen nüchternen, höchstens schwerhörigen Menschen behandeln, indem sie ihn weder hinausweisen noch ihm beim Verstehen ihrer Erklärung behilflich sind, sondern ihn einfach so stehen und eine verächtliche Geduld walten lassen, wirken die beiden besonders unverschämt, obwohl sie sich doch aus Ängstlichkeit und Peinlichkeit so unentschlossen verhalten. Der
15 Betrunkene scheint tatsächlich zu erwägen, sehr zäh, sehr mühsam, ob er die Hose ausziehen soll. Aber da er nicht auf fröhliche, sondern auf eine dunkle und verschlossene Weise betrunken ist, bewahrt ihn ein dumpfer Widerstand im Gemüt davor, sich hier vor den Frauen zum Clown in Unterhosen zu machen. Er stiert noch eine Weile in die unabänderliche Lage, zuckt dann die Schultern und verlässt traurig-beleidigt den Laden. Die Frauen der Reinigung wen-
20 den sich ab und gehen in den hinteren Raum zum Bügeln und Mangeln. Sogleich nehmen sie wieder mit ganzem Eifer den Klatsch über eine gemeinsame Freundin auf, in dem sie der Betrunkene unterbrochen hat. Nicht mal ein leises Kopfschütteln oder Kichern schicken sie dem merkwürdigen Mann hinterher. Außer den Kräften der Ausbeutung und der Angst scheinen nur noch die der Nachlässigkeit und des Desinteresses die Verhältnisse der Menschen
25 untereinander zu regeln. Und nimmt man den Leuten das tiefe Desinteresse aneinander, so vermehrt man wohl bloß ihre Angriffslust.

Der Mister Minit in einem Münchner Kaufhaus, ein schmächtiges, dunkles Männlein aus dem Rheinland, einer, den es am Rand der Gesellschaft umtreibt und der jenen Burschen ähnlich sieht, die einst auf der Kirmes unsere Auto-Scooter[1]-Fahrten überwachten und die uns immer schroff behandelten, weil sie nämlich keinen Sinn für Kinder hatten und sich an unserem Vergnügen niemals erfreuten, und ein nicht kinderlieber Mensch ist in den Augen des Kindes immer ein Asozialer, ein Krimineller, meist waren es ja auch entlassene Strafgefangene genauso wie dieser Mister Minit hier, der vielleicht erst im Knast das Schusterhandwerk erlernt hat. Ein kleines Namensschild bestell ich bei ihm, für nur »kurzfristig«. »So? Nur kurzfristig? « fragt er aufgeräumt, »auch immer auf Achse woll[2]? « Da tritt ein älterer Mann an die Schuh-Bar. Im Nu verschwindet das schiefe brüderliche Lächeln; Argwohn und Scheu, plötzliche Verstumpfung im Blick des Mister Minit; unwillkürliche Angst vor Schlägen. Der Mann scheint einfach seinem Typ nach einer von denen zu sein, die immer seine Verfolger waren, die ihn immer unter irgendeinen Verdacht nahmen. Vielleicht gleicht er aber auch einem, der ihn mal verpfiffen hat oder gar einem Opfer des vormaligen Straftäters Mister Minit. Jedenfalls durchfuhr ihn irgendetwas beim Anblick dieses Kunden und er wird äußerst zurückhaltend, ohne jede leutselige Bemerkung bedient. Ganz anders ergeht es kurz darauf einer Dame, die um besonders sorgfältige Erneuerung ihrer Absätze bittet; hier stellt er sich in eigner Sache vor: »Sorgfältig klar. Die hätten mich ja sonst nicht von Norddeutschland geholt, die Arbeit hier muss sauber sein, sonst wer i fuchsteufelsnarrisch[3]. « Nicht nur das bayerische Fluchen hat er mit seinem Heimatdialekt verpfropft, überhaupt trägt der dünnhäutige Außenseiter, der Wanderer aus Schwäche einen Überwurf von Schutzmustern, ein Schuppengewand von Formeln und angepassten Gesinnungsteilen, und all seine furchtsame Gesprächigkeit ist nichts als eine vorbeugende Maßnahme gegen Verdächte, die man gegen den Schweigenden und einfach nur so Aussehenden erheben könnte. »Ich muss auf meinen guten Ruf aufpassen«, fügt er hinzu und kennt darin keine Ironie. Ein Lehrjunge ruft im Vorbeigehen herüber, ob er mal wieder einen »leeren Karton« brauche. »Ja immer«, ruft der Schuhmacher zurück, gutgelaunt, immer männlich-vergnügt, wenn einer auf sein Laster, seine eigentliche Potenz, das Trinken nämlich, eine Anspielung macht. Er schmunzelt und duzt mich gesellig: »Weißt du, was ein >leerer Karton< bedeutet? Eine Kiste mit noch einer Flasche Bier drin.« Später kommt der dicke Lehrbub mit Punkknopf im Ohr noch einmal und fragt, ob Mister Minit, der unterernährte Trinker, ihm nicht seine Stiefel reparieren könne. Er solle sie nur bringen, antwortet dieser, na klar, mach ich. Der Junge: er müsse dazu aber eine Gasmaske aufziehen. Der Trinker: »Da hab ich einen Spray, ist alles nicht so schlimm. Du: und wenn du die Stiefel abholst und mein Kollege ist da, sagst, es ist schon bezahlt, hätt zwanzig Mark gekostet. « »Alles klar. « So hat der Schmächtige seine Außenseiter-Intelligenz blitzschnell gebraucht, hat den Lehrjungen wissen lassen, welchen Wert seine umsonst erstattete Arbeit eigentlich besitzt, zwanzig Mark, Index für die entsprechende Menge an

---

1. Auf einem Auto-Scooter findet man Elektroautos, die auf Jahrmärkten (z.B. Plärrer, Oktoberfest etc.) auch von Kindern gefahren werden dürfen.
2. mundartlich: Bist sicher viel auf Reisen, viel unterwegs, viel von zu Hause weg.
3. sonst werde ich sehr ärgerlich und böse (*süddeutscher Dialekt*)

»leeren Kartons« oder für eine andere Gegenleistung, die ihm nun frei wäre. Das kam ohne
65 Schmunzeln, Zögern - instinktrein[1].

[...]

Wer es gewohnt ist, viel für sich zu sein und seine Entscheidungen allein zu treffen, wird eine sanfte Schwächung seiner Auffassungsgabe immer dann bemerken, wenn er sich in den Schutz einer Gruppe, eines beratenden Kollektivs, ja bloß einer einzelnen anderen Person
70 begibt. (Schon zu zweit auf einer Reise: Was sieht man da alles nicht, wie verringert sich die Wachsamkeit!) Auf seiner Höhe ist so jemand nur, wenn er allein und schutzlos handelt, und jeder Blick ist eine Handlung. Von allen Seiten angreifbar, muss er sich rüsten mit schärferer Wahrnehmung, muss im Erleben schneller und genauer treffen als die Verbundenen, die die Stärkeren sind. Seine Intelligenz, weder reich noch überlegen, ist enger dem Gefahreninstinkt
75 des Tiers noch verwandt als die des eingemeindeten Menschen. Dementgegen der Typ der vorstehenden Persönlichkeit, die Autorität, der Führer, der die künstlich verminderte, nach unten abgerundete Intelligenz der Kollektive braucht, ganz nötig braucht, um sich daran zu stärken und sich tatsächlich immer als der Klügere zu erweisen. Der Führer, der als Einzelgänger eine glatte Null wäre; der schon im intimen Zwiegespräch wenn nicht als Dummkopf,
80 so oft genug als glanzloser Durchschnittsgeist erscheint; nicht weil an ihm »eigentlich gar nichts dran« ist, sondern weil seine Intelligenz sich erst bei einer gewissen Temperatur von Überlegenheit zu entfalten beginnt, das heißt bei Anwesenheit nicht unter einem Dutzend gruppierter, also unterlegener Menschen. Und selbst die empfindlichsten Regungen kommen ihm nie im Stillen, sondern erst am Orte, wo er Macht ausübt. Er öffnet sich nur öffentlich.
85 [...]

(Aus: Botho Strauss, *Paare, Passanten,* Hanser-Verlag, 1981, S. 148—153)

Arbeitsaufgaben:

1. Geben Sie jedem einzelnen der vorliegenden Textauszüge eine Überschrift.
2. Welche Funktion hat der Schluss der 1. Textpassage für den Textabschnitt insgesamt?
3. Erklären Sie anhand dieses Textauszugs den Begriff »Passant«.
4. Welchen Menschentyp repräsentiert Mister Ninit?
5. Wie beurteilen Sie Mister Ninits Verhalten?
6. Sehen Sie einen Sinn in der Reihenfolge, in welcher der Erzähler über den »Führer« berichtet?
7. Inwiefern gehören die drei Abschnitte inhaltlich zusammen, obwohl kein zusammenhängendes Geschehen sie verbindet?

---

1. ohne Nachdenken sondern vom Instinkt gesteuert

Monika Maron

Monika Maron wurde im Juni 1941 in Berlin geboren. Nach dem Abitur arbeitete sie ein Jahr lang als Fräserin in einem Industriebetrieb. Danach studierte sie Theaterwissenschaft und Kunstgeschichte und versuchte sich anschließend zwei Jahre lang als Regieassistentin an der Schauspielerschule in Berlin und darauf als Reporterin für die Frauenzeitschrift »Für dich« und die »Wochenpost«. Seit 1976 lebt sie als freie Schriftstellerin in Ostberlin, seit 1988 bis 1992 auch in Hamburg.
1981 debütierte Monika Maron mit dem Roman »Flugasche«, der die Umweltkatastrophe, die das Kohlekraftwerk Bitterfeld produziert, thematisiert und daher zunächst nur in der Bundesrepublik ver-öffentlicht werden kann. Das Buch ist die erste weithin bekannt gewordene literarische Veröffentlichung zu diesem Thema.
Ihre weitere Werke sind: »Herr Aurich« (1982), »Das Missverständnis« (1982), »Die Überläuferin« (1986), »Stille Zeile Sechs« (1991), »Nach Maßgabe meiner Begreifungskraft« (1993), »Animal triste« (1996), »Pawels Briefe« (1999), »Endmoränen« (2002), »Wie ich ein Buch nicht schreiben kann und es trotzdem versuche« (2005), »Ach Glück« (2007).

Flugasche
(Auszug)

[...]

    Ach, Luise, du warst klug wie immer. Du hast gewusst, warum du mich mit Optimismus und Arbeitsfreude gepolstert hast, ehe du mich in dieses jammervolle Nest schicktest. Diese Schornsteine, die wie Kanonenrohre in den Himmel zielen und ihre Dreckladung Tag für Tag und Nacht für Nacht auf die Stadt schießen, nicht mit Gedröhn, nein, sachte wie Schnee, der
5 langsam und sanft fällt, der die Regenrinnen verstopft, die Dächer bedeckt, in den der Wind kleine Wellen weht. Im Sommer wirbelt er durch die Luft, trockener, schwarzer Staub, der dir in die Augen fliegt, denn auch du bist fremd hier, Luise, wie ich. Nur die Fremden bleiben stehen und reiben sich den Ruß aus den Augen. Die Einwohner von B. laufen mit zusammengekniffenen Lidern durch ihre Stadt; du könntest denken, sie lächeln.
10 Und diese Dünste, die als Wegweiser dienen könnten. Bitte gehen Sie geradeaus bis zum Ammoniak, dann links bis zur Salpetersäure. Wenn Sie einen stechenden Schmerz in Hals und Bronchien verspüren, kehren Sie um und rufen den Arzt, das war dann Schwefeldioxyd.

Und wie die Leute ihre Fenster putzen. Jede Woche, jeden Tag am besten. Überall saubere Fenster bei diesem gottserbärmlichen Dreck. Sie tragen weiße Hemden, weiße Strümpfe die
15 Kinder. Das musst du dir vorstellen, mit weißen Strümpfen durch schwarzes, schmieriges Regenwasser. Weiße Pullover werden hier am liebsten gekauft, hat die Verkäuferin gesagt. Fahr mal, guck mal - ich gucke mir die Augen aus dem Kopf, überall dieser Dreck. Wenn du die Zwerge aus dem Kindergarten in Reih und Glied auf der Straße triffst, musst du daran denken, wie viele von ihnen wohl Bronchitis haben. Du wunderst dich über jeden Baum, der
20 nicht eingegangen ist. Was soll ich hier, Luise, wenn ich nichts ändern kann. Jedes Wort, das ich höre, jedes Gesicht, das ich sehe, verwandelt sich in mein Mitleid. Und in meine Scham. Ich schäme mich, weil ich gewusst habe, dass es diese Stadt gibt, und gegeizt habe mit meiner Phantasie, auf die ich so stolz bin. Auf der bin ich inzwischen durch Venedig gegondelt oder hab mich in New York zu Tode gefürchtet oder habe in Marokko die Orangen von den
25 Bäumen gepflückt. Aber in dieses jederzeit betretbare B. habe ich sie nicht gelassen.

Der kleine Mann hinter dem Schreibtisch mustert mich mit traurigen Eulenaugen hinter dicken Brillengläsern, als ich ihm sage, ich wolle über den Dreck in B. schreiben und über die Leute, die darin leben. Alfred Thal ist Pressebeauftragter des Direktors. Ein unscheinbares Männchen, glattes Haar, strähnig in den Nacken gekämmt, dünne, abfallende Schultern.
30 Wenn er lacht, hält er sich die Hand vor den Mund wegen seiner schlechten Zähne.

Hätte ich nach dem Kollegen Soundso, Ordensträger, verlangt, wäre er sicher nicht erstaunt gewesen. Das passiert ihm jeden Tag, wenn meine Kollegen von Presse, Funk und Fernsehen Der Kollege Soundso auf der Suche nach dem Neuen in sein verwinkeltes Zimmerchen geraten. wkommt ihnen gerade recht. Wann gab es das schon, ein Arbeiter bekommt
35 einen Staatsorden, fährt zum Bankett in die Hauptstadt. Ihm wird die Ehre erwiesen, die der herrschenden Klasse gebührt. Noch sein Vater starb mit vierzig Jahren an einer Berufskrankheit. Der Kollege Soundso wird in der Betriebspoliklinik dispensaire[1] betreut. Seine Mutter sah als Rentnerin zum ersten Mal das Meer. Die Kinder des Kollegen Soundso fahren jedes Jahr in ein Ferienlager an die See. Glaube nicht, Luise, ich sähe das nicht oder ich wüsste
40 das nicht zu schätzen! Aber ich stelle mir vor, wie der Kollege Soundso mit seiner Frau einen schwarzen Anzug kauft, nicht zu teuer, wann braucht er ihn schon, aber auch nicht zu billig, schließlich wird an dieses Jackett der Orden gesteckt. Die alten schwarzen Schuhe machen es auch nicht mehr, besonders nicht zu dem neuen Anzug. Dann fährt der Kollege Soundso nach Berlin. Er darf sogar den großen schwarzen Wagen des Direktors benutzen. Wenn unter dem
45 Buchstaben S sein Name aufgerufen wird, laut, es klingt durch den ganzen Saal: Kollege Soundso aus dem Chemiebetrieb in B., könnte er fast weinen. Vielleicht denkt er an seinen Vater, der an einer Berufskrankheit gestorben ist, dessen Name nur einmal in der Zeitung stand: als er gestorben war. Vielleicht verzeiht er in diesem Augenblick sogar die Güterzüge voll Dreck, die ihm jeden Tag auf den Kopf rieseln. Beim Bankett läuft er unsicher am Büfett
50 entlang. Von dem Geflügel nimmt er nichts. Er fürchtet, vor Aufregung könnte er sich ungeschickt anstellen, und das Tier landete auf dem neuen Anzug; er will sich nicht blamieren.

---

1. von einer Verpflichtung befreit *(lat.)*

Er tut sich von allem wenig auf, weil er nicht unbescheiden sein will. Und zu Hause wird er erzählen, wie einmalig das alles war, der Empfang, das Büfett, Champignons, Sekt, alles da. Und wie der Minister ihm die Hand gedrückt hat. Jemand wird fragen, ob er den Minister
55 an den heißen Sommertag erinnert hat, an dem er ihre Werkhalle besichtigte, sich den heißesten Platz zeigen ließ, an dem 76 Grad gemessen wurden, die Beschaffung einiger Kisten Orangensaft für die Arbeiter anordnete und wieder verschwand. Alle werden über die Frage lachen wie über einen guten Witz. Selbstverständlich hat der Kollege Soundso nichts davon zu dem Minister gesagt, wie keiner von ihnen darüber gesprochen hätte.
60 Nein, ich werde den Kollegen Soundso verschonen.

Alfred Thal wiegt den Kopf. Selbst wenn er lächelt, sieht er traurig aus. »Sie können ins alte Kraftwerk gehn. Sehn Sie, dahinten, die vier Schornsteine, das ist es. Da kommt der Dreck her. Wir sollten längst ein neues haben, aber irgendwie waren die Mittel nie da. Und wenn sie gerade da waren, ist woanders ein Kraftwerk zusammengebrochen. Dann haben die
65 unser, neues gekriegt, und wir haben unser altes behalten. Nun kriegen wir ja eins, auf Erdgasbasis.« In Thals Stimme schwingt ein zynischer Ton. »Wann?« frage ich.

»In einem halben Jahr soll es fertig sein, aber wer weiß. Haben Sie die Baustelle nicht gesehn? Das große hellblaue Gebäude.« Thal kichert. »Hellblau war eine Empfehlung der Landschaftsgestalter. Wenn wir hier schon keinen blauen Himmel haben, dann baun sie uns
70 wenigstens ein himmelblaues Kraftwerk –«

»Und dann hört das auf mit dem Ruß?«

Thal lacht, ohne dabei seine gelben Zahnstummel zu entblößen. Aber lachen ist nicht der richtige Ausdruck für seinen gespitzten Mund und das ironische Glitzern in seinen Augen. Er kostet seinen Vorteil aus, wartet ab, bis ich Ungeduld zeige.

75 »Der bleibt«, sagt Thal, spitzt wieder den Mund und freut sich, weil ich überrascht bin. In seinem grinsenden Schweigen liegt Herausforderung. Ich soll weiterfragen, freiwillig erzählt er nichts.

»Warum?« frage ich.

»Das alte wird trotzdem gebraucht.«
80 »Wer sagt das?«

Thals Grinsen wird breit. Er macht eine Faust, stellt den Daumen senkrecht und zeigt mit ihm nach oben, wobei er den Blick an die Decke richtet, was wohl heißen soll: ganz oben.

Die Straße, die vom Kraftwerk zum Hotel führt, ist jetzt leer. Die zweite Schicht hat vor einer Stunde begonnen. Nur einige Lastwagen und Baufahrzeuge fahren mit lautem Getöse
85 über die Brücke, vorbei an der Werkmauer, die das Geräusch hart zurückschlägt auf die andere Seite der Straße, wo es weit über die ebne Baufläche hallt und sich allmählich im Sand und in der Ferne verliert. Hinter der Mauer zischt und dröhnt es, steigen Dämpfe auf, klingt dumpfes, rhythmisches Stampfen.

Wie ein Golem, denke ich, ein unheimlicher Koloss, zwar gebändigt, aber in jedem Augen-
90 blick bereit, sich loszureißen, auszubrechen und mit heißem Atem alles niederzubrennen, was ihm vor die giftgrünen Augen kommt.

Ich laufe schneller, weg hier, weg von dem Gestank, dem Dreck, weg von den gebeugten

Menschen in den Aschekammern, von dem sanftmütigen Heldentum, mit dem sie bei sengender Hitze Kohle in die aufgerissenen Feuerrachen schütten. Weg von meinem Mitleid, das in mir schwappt wie lauwarmes Wasser, das mir in den Hals steigt und in die Augen. Weg von Hodriwitzka[1], ohne den das Kraftwerk längst zusammengebrochen wäre, wie der Ingenieur gesagt hat.

Darum also hat Thal gelächelt, als er mir gestern vorschlug, das Kraftwerk zu besichtigen. Darum seine Bemerkung, länger als zwei, drei Stunden hätte es noch kein Journalist darin ausgehalten. Erbaut 1890 oder 95, was machen die fünf Jahre schon aus. Damals war es neu, jetzt ist es verschlissen, vor zwanzig Jahren heizte ein Heizer zwei Ofen, jetzt heizt er vier, und die meisten Heizer sind inzwischen Frauen. Dafür sind sie jetzt ein sozialistisches Kollektiv. Ist das der Fortschritt, Luise? Liegt darin unsere höhere Gerechtigkeit, die gerechtere Verteilung des Reichtums, der Arbeit, der Luft? Und wer wagt es, zu entscheiden, dass dieses Ungetüm nicht stillgelegt wird, obwohl das neue Kraftwerk bald steht? Wer hat das Recht, Menschen im vorigen Jahrhundert arbeiten zu lassen, weil er synthetische Pullover braucht oder eine bestimmte Art von Fliegentöter? Ich wage es nicht, ich will das Recht nicht haben, ich werde keinen Weichspüler mehr sehen können, ohne an diese brüchigen Wände zu denken, an graue Hallen, durch die der Wind pfeift, gegen den die Frauen alte Bleche aufgestellt haben. Und an die Aschekammern, die Hitze und die erdige Kohle. Und warum habe ich das alles nicht gewusst? Jede Woche steht etwas in der Zeitung über B., über ein neues Produkt, über eine Veranstaltung im Kulturpalast, über vorfristig erfüllte Pläne, über den Orden des Kollegen Soundso. Nichts über das Kraftwerk, kein Wort von den Aschekammern, die das Schlimmste sind. Warum sollen die waschwütigen Hausfrauen, die ihre Waschmaschinen schon für zwei Hemden in Gang setzen, nicht wissen, wer ihren löblichen Sauberkeitssinn bezahlt? Warum sollen die strebsamen Kleingärtner nicht daran denken, wessen Gesundheit ihre gut gedüngte Rosenzucht kostet? Vielleicht wollen sie es sogar wissen, vielleicht gingen sie vorsichtiger um mit ihresgleichen.

In zwei Stunden fährt mein Zug, und ich bin froh, B. verlassen zu können. Mir ist, als hätte ich einen Schlag vor den Kopf bekommen, jetzt ist mir schwindlig, ich muss ausruhen und nachdenken, das vor allem, nachdenken. Der Gedanke an Thals Lächeln, das beim Abschied um seinen Mund zu finden sein wird, lässt Peinlichkeit in mir aufkommen. Er wird mich entlassen wie meine Kollegen, die vor mir hier waren, die ähnlich betroffen und erschüttert abgefahren sind wie ich. Thal glaubt zu wissen, was ich schreiben werde, und er wird lächeln.

Ich sitze in meinem Sessel, eine Zigarette zwischen den klammen Fingern, den Mantel habe ich anbehalten. Im Keller brennt immer noch kein Licht, die Blumen sind verwelkt, die Butter ist ranzig.

Ich will allein leben. Als würde mich dieses Postulat wärmen. Mein Gott, nicht auszudenken, ich komme nach Hause in eine geheizte Wohnung, an einen gedeckten Tisch. Ach Liebling, da bist du endlich, würde er sagen. Ich würde mich in die Arme nehmen lassen. Es war so fürchterlich, Liebster. Er gießt mir einen Kognak ein, erhol dich erst einmal, du bist

---
[1] ein Heizer des Kraftwerks

ja ganz blass. Nach kurzer Zeit schwebe ich in einer Wolke von Wohlbefinden. Mit warmen Füßen und Kognak im Magen lässt es sich ganz anders an B. denken. Gewiss, es ist schlimm, aber die Menschen haben sich gewöhnt, und es geht eben nicht alles auf einmal, historische
135 Notwendigkeiten undsoweiter, gieß noch mal nach, Liebster, gleich geht es mir besser.

Aber ich habe keine warmen Füße, und B. steckt mir in den müden, durchfrorenen Knochen, und eingießen müsste ich selbst.

Ich vergesse langsam, wie es war, als jemand auf mich wartete. Es kostet schon Mühe, Konkretes zu erinnern aus fünf Jahren. Nachsichtige Verklärung breitet sich darüber, manch-
140 mal sogar schon der Gedanke, es könne so schlimm nicht gewesen sein, wie ich es vor drei Jahren empfunden haben muss, als ich mein Gelübde ablegte: Ich will allein leben. Ich weiß nur, ich wollte das alles nicht mehr gefragt werden: wasdenkstdu, woherkommstdu, wohingehstdu, wannkommstduwieder, warumlachstdu. Ich wollte kein siamesischer Zwilling sein, der nur zweiköpfig denken kann, vierfüßig tanzen, zweistimmig entscheiden und einherzig
145 fühlen. Aber emanzipierte Frauen frieren nicht, heulen schon gar nicht, und das Wort Sehnsucht haben sie aus ihrem Vokabular gestrichen. Ich friere, ich heule, ich habe Sehnsucht. Ich blättere in meinem Notizbuch, wem kann ich mein angeschlagenes Gemüt und meine verheulten Augen schon zumuten. Unbestreitbarer Vorzug eines Meinmanns: der muss, ob er will oder nicht. G. - Grellmann, Christian.

150 Meine Mutter nannte ihn immer einen netten Jungen und Tante Ida eine treue Seele. Noch heute behauptet Ida wehmütig, ich wäre längst eine glückliche Frau, hätte ich diesen hübschen und netten Christian geheiratet. Wie sie diesem lieben, hübschen Christian eine solche Bosheit wünschen könne, frage ich zurück. Und dann hat Ida, die an mein einsames Alter denkt, Tränen in ihren hellblauen Augen.

155 Dass ich Christian niemals heiraten würde, entschied sich an dem Tag, an dem die Schule uns entließ und wir dieses ungeheure, langersehnte Ereignis feierten. Damals liebte ich den schönen Hartmut, bester Sportler der Schule, obendrein Pianist einer erfolgreichen Jazzband. Aber Hartmut liebten viele, auch diese blassgesichtige Blondine mit weißer Spitzenbluse und schwarzem Taftrock, die er an diesem Abend siegreich in den Armen hielt. Ich saß in einer
160 Ecke und heulte. Christian brachte mich nach Hause. Es war schon hell, die S-Bahn hallte von irgendwo, auf der anderen Straßenseite hielt ein Milchauto. Ich liebte die Milchautos, die ihre Klapperkästen vor die Läden stellten, während wir noch schliefen. Sie verbreiteten eine großstädtische Geborgenheit und waren mir der Inbegriff eines romantischen Morgens. Ich hatte inzwischen aufgehört zu weinen, fühlte mich nur untröstlich und leidend in meiner
165 verlorenen Liebe. Plötzlich, kurz vor unserem Haus, streichelte mir Christian, der bis dahin geschwiegen hatte, verlegen den Kopf und sagte: »Sei nicht traurig, ich liebe dich doch.«

Christian als Ersatz für Hartmut. Diese Vorstellung machte mein Unglück perfekt, steigerte es fast zur Katastrophe. Ich rannte nach Hause, aß drei Tage nichts und fuhr dann in die Ferien.

170 Hartmut habe ich nicht wiedergesehen. Und seit damals ist entschieden, dass der sehnlichste Wunsch meiner Tante Ida sich nicht erfüllen wird. Christian studierte in Halle. Nach einem Jahr kamen wieder Briefe, dann kam er selbst. Eines Tages mit einem Mädchen. Sie

hatte kurzes, dunkles Haar, breite, etwas eckige Schultern, graue Augen, sie wirkte kräftig, obwohl sie schmal war, und alle Welt behauptete, sie sähe mir ähnlich. Später heirateten die beiden, noch später ließen sie sich scheiden, schmerzlos, sie ging weg, und Christian versuchte nicht, sie zu hindern. Seitdem lebt er allein in seiner Einzimmerwohnung, Altbau, Außentoilette. Ohne Ehe keine Wohnung, hatte die Frau vom Wohnungsamt gesagt. Über den Milchautomorgen haben wir nie gesprochen.

Christians Wohnung wirkt auf mich beruhigend. Der erste Eindruck ist chaotisch: bis zur Decke vollgestopfte Bücherregale, in den Ecken Zeitschriften und Karteikästen, Bilder an jedem Stückchen freier Wand, als Schreibtisch ein riesiges massives Bett, das von einer grellen Lampe beleuchtet wird, ein altes Plüschsofa und zwei Sessel in der Nähe des braunen Kachelofens. Bei näherem Hinsehen erweisen sich die Bücher als pedantisch geordnet, die Ecken als aufgeräumt und staubfrei, jeder Zentimeter des Zimmers ist genutzt, das Chaos hat System.

Seit jeher beneide ich Leute um ihre Fähigkeit, Harmonie und Wärme um sich zu verbreiten, innere Ausgeglichenheit auf Räume zu übertragen. Alle meine Versuche, Häuslichkeit zu schaffen, scheiterten. In anderer Zuordnung erschuf ich immer wieder die gleiche Kühle, Disharmonie und Halbheit, obwohl ich meine Unfähigkeit sogar auszugleichen suchte, indem ich andere nachahmte.

Die Heizsonne strahlt auf meine Füße, die in zu großen Filzlatschen stecken, ich löffle Gulaschsuppe aus der Büchse, erzähle über den traurigen Alfred Thal, über die weißen Kniestrümpfe und über das Kraftwerk.

»Was willst du schreiben?« fragt Christian.

»Ich weiß nicht.«

»Schreib doch zwei Varianten. Die erste, wie es war, und eine zweite, die gedruckt werden kann.«

Das sei verrückt, sage ich, Schizophrenie als Lebenshilfe - als wäre kultivierte Doppelzüngigkeit weniger abscheulich als ordinäre. Hin zynischer Verzicht auf Wahrheit. Intellektuelle Perversion.

Christian winkt ab. »Hör auf, so zu krakeelen.« Um seine Mundwinkel zuckt für einen Moment der berüchtigte Grellmannsche Spott, sanft und hochmütig. »Ist immerhin besser als deine Selbstzensur: rechts der Kugelschreiber, links der Rotstift.«

Gleich wird er mir raten, die Zeitung doch einmal zu vergessen beim Schreiben, meine eigene Logik nicht selbst zu zerstören durch mögliche Einwände des Chefredakteurs, dabei wird er mich belauern, ob der Stachel endlich sitzt. Und bei meiner ersten spürbaren Unsicherheit ändert er den Ton, zieht seinen Vorschlag zurück oder bezichtigt mich sogar der Unfähigkeit. Und schon schnappt die Falle zu. Plötzlich werde ich zum Fürsprecher seiner Idee, und er bezieht die Position des Zweiflers. Irgendwann werde ich sagen: gut, ich versuch's, und Christian wird seinen Triumph mühsam verbergen. Nein, mein Lieber, heute nicht. Was habe ich von deiner Wahrheit, wenn niemand sie erfährt. Und was sollte übrigbleiben für den verlogenen Aufguss. Ich schweige, biege verbissen an einer Büroklammer, bis sie endlich zerbricht.

    Christian gähnt, er ärgert sich über seinen Misserfolg. »Geh schlafen«, sagt er, »du siehst
215 aus wie ein Huhn. «
    Ich fühle mich auch wie ein Huhn, aber wie ein totes Huhn, kalt, gerupft und kopflos.
    Heute also nicht Schneewittchen im Sarg, sondern Huhn in der Tiefkühltruhe.
    Christian macht sein Bett auf dem Sofa. Sorgfältig zieht er das Laken glatt, bis keine Falte
mehr zu sehen ist. Ich rolle mich zusammen, wärme meine Hände an meinem Bauch, ein
220 Bein am andern.
    Das Bettzeug ist kühl. Es ist albern, in zwei Betten zu schlafen, wenn man friert.
    »Zwei Betten sind albern«, sage ich.
    Christian guckt für einen Augenblick hoch. Dann zieht er weiter an der Decke, die längst
glatt und ordentlich auf dem Sofa liegt.
225 »Sei froh, dass du ein Bett hast. Hühner schlafen nämlich auf der Stange. «
    »Ich bin aber ein totes Huhn, ohne Flügel zum Wärmen.-»Tote Hühner frieren nicht. «
    Ich drehe mich zur Wand. Er hat recht. Seit einem Milchautomorgen vor hundert Jahren
sind wir füreinander geschlechtslos. Daran ändern auch Außentemperaturen nichts.
    Und dann fließt ein warmer Strom von meiner rechten Schulter in Arm und Hals. Christian
230 liegt neben mir, und mich überfällt eine lähmende Angst. Das ist nicht mehr Christian, das
ist ein Mann, fremd wie andere. Gleich werden seine Hände prüfend über Haut und Fleisch
fahren, ob sie den allgemeinen Ansprüchen auch standhalten, wird er auf Höhepunkte warten
und wird, bleiben sie aus, das Prädikat frigide oder anorgastisch registrieren. Von mir bleibt
nichts als das Stück Frau, das unter der Decke liegt, verkrampft vor Kälte und Anspannung.
235 Christian zündet eine Zigarette an, steckt sie mir in den Mund, schiebt seinen Arm unter
meinen Hals, lacht still vor sich hin. »So ähnlich hast du ausgesehn, wenn du in Mathe an die
Tafel musstest. «
    Schon möglich. Das schneidende Gefühl im Magen, wenn mein Name aufgerufen wurde,
die vor Aufregung blauen Hände auf dem Rücken, Blessins genüssliche Stimme: »Na, Fräu-
240 lein Nadler, immer noch nicht der Groschen gefallen? «, in meinem Kopf nichts außer einem
schmerzhaften Druck. Wenn ich mich setzte, hatte ich an beiden Daumennägeln die Haut
weggerissen, dass sie bluteten. Aber ich stehe nicht an der Tafel. Ich müsste nur die Hand
ausstrecken und Christians warme Haut berühren. Ich müsste nicht einmal tun, was ich nicht
will. Statt dessen fühle ich mich missbraucht, bevor ich angerührt wurde.
245 Durch das angelehnte Fenster klingen die monotonen Stimmen Betrunkener, die Kneipe an
der Ecke schließt. »Zieh dein Hosenbein hoch, du«, lallt jemand, »ich hab gesagt, du sollst
dein Hosenbein hochziehen, damit ich dich anpissen kann. «
    Wir lachen, wohl lauter, als die Sache verdient, und ich strecke meinen Arm aus. Bei
Robert Merle habe ich gelesen, dass die Haitier spielen nennen, wozu wir miteinander schla-
250 fen sagen. Spielen ist schöner. Es erinnert an Wiese und Blumen, an Spaß und Lachen, nicht
an stickige Schlafzimmer, sentimentale Schwüre oder müden Griff neben sich kurz vor dem
Einschlafen. Komm, Christian, wir spielen, vergessen B. und Blessin, und auch dich, Luise.
Nicht Leben denken, Leben fühlen, bis zum Schmerz, bis zur Erschöpfung, alle Gedanken

wegfühlen, nur Bein und Bauch und Mund und Haut sein.
255 [...]

(Aus: Monika Maron, *Flugasche,* Fischer Verlag, 1981, S. 16—27.)

Arbeitsaufgaben:

1. Wie wird die intakte Umwelt dargestellt?
2. Welche Bilder und Vergleiche können Sie finden? Erklären Sie diese.
3. Warum wird im 5. Abschnitt so ausführlich vom »Kollegen Soundso« berichtet?
4. Die Ich-Erzählerin will den »Kollegen Soundso« nicht sprechen. Welche Entscheidung trifft sie damit?
5. Was erfährt man über das Privatleben der Ich-Erzählerin?
6. Wie charakterisiert sie sich selbst?
7. Wie wird Christina Grellmann charakterisiert?
8. Wo finden Sie eine eigenwillige Wortschöpfung der Ich-Erzählerin, und was soll diese ausdrükken?
9. Wie deuten Sie den Satz: »Seit einem Milchautomorgen vor hundert Jahren sind wir füreinander geschlechtslos.« (Zeile 227—228)?

Erwin Strittmatter

Erwin Strittmatter wurde im August 1912 in Spremberg als Sohn eines Bäckers geboren. Seine Kindheit verbrachte er in Bohsdorf nahe Spremberg in der Niederlausitz, wo seine Eltern einen Krämerladen und eine Bäckerei betrieben. Von 1924 bis 1930 besuchte Strittmatter das Reform-Realgymnasium in Spremberg. Nach der Lehrzeit war er als Bäckergeselle, Kellner, Hilfsarbeiter und Tierpfleger tätig. Im zweiten Weltkrieg wurde er Soldat und hierauf wieder Bäcker und Landarbeiter; später arbeitete er als Zeitungsredakteur in Senftenberg bei der Märkischen Volksstimme.
1949 trat Strittmatter der SED bei, besuchte eine Kreisparteischule und wurde Standesbeamter und Journalist. Es erschien sein Erstlingswerk »Ochsenkutscher« (1950). Bis 1953 arbeitete er als Assistent bei Bertolt Brecht am Berliner Ensemble. 1963 erschien »Ole Bienkopp«; dieser Roman wurde zu einem der meistgelesenen Bücher der DDR. Seine Werke wurden in ca. 40 Sprachen übersetzt.
Seit 1954 lebte Strittmatter auf dem Schulzenhof im Ruppiner Land, wo er als freier Schriftsteller bis zu seinem Tod (Januar 1994) arbeitete. Er war einer der führenden Schriftsteller der DDR. seine Bücher gehörten zum Lehrplan der DDR-Schulen; er erhielt 1953 und 1955 den Nationalpreis und 1961 den Lessing-Preis.

Der Laden
(Auszug)

[...]
Wie die schwarzen Abendkäfer kriechen die Bergleute in der Heide aus den Kohlenschächten. Die Schächte sind, damit man sie voneinander unterscheiden kann, mit Menschennamen belegt. Es gibt einen *Franz*-Schacht, einen *Luise*-Schacht, einen *Auguste*- und einen *Marga*-Schacht. Das sind die Namen von Kindern und Enkeln der Grubenbesitzer. Die Grubenbesit-
5 zer heißen von Ponçet. Sie bilden eine Familien-Aktiengesellschaft, von Ponçetsche Erben. Von den Bergarbeitern hat nie einer die Luise gesehen, in deren Schacht er steigt.
Die Kohlengruben liegen zwei, drei Kilometer hinter Bossdom. Die eine heißt Grube *Felix*, die andere heißt Grube *Konrad*. Die Bergarbeiter aus den Dörfern ringsum müssen auf dem Nachhauseweg durch unser Dorf, und es begibt sich, dass sie allda das Begehren befällt,
10 in der Schenke den Kohlenstaub aus ihren Kehlen zu spülen. Die Bergleute arbeiten drei Schichten. Wir nennen sie Schichtler. Für die Gastwirtin Bubnerka sind die *Schichtler* Brin-

geschuldner. Sie verschwendet wenig Gastwirtinnen-Freundlichkeit an sie, nein, sie zankt zuweilen mit ihnen, wenn sie ihr auf die frisch gescheuerten Dielen spucken.

Was für eine nachsichtige und unterhaltsame Frau ist meine Mutter dagegen! Bergmann
15 Nakonz steht in der Laden-Ecke und hält die Bierflasche wie einen abgebrochenen Tambourstab vor der Brust. Na, war wohl heite wieder schwer, Herr Nakonz? fragt die Mutter. Ich staune bloß, wie Se acht Stunden lang zwischen die schwarzen, schweigsamen Kohlen aushalten tun!

Die *schwarzen, schweigsamen Kohlen* sind nicht in meiner Mutter gewachsen, sie hat sie
20 sich aus einem Roman in den Kopf gelesen. Karle Nakonz fühlt sich bewundert. Er kommt am nächsten Tage wieder, und da hat meine Mutter einen Stuhl für ihn bereit: Setzen sich Se doch, Herr Nakonz, das Bier wird dadurch nich teirer! Karle Nakonz setzt sich und hats bequem, und er trinkt zwei Flaschen Bier.

Die Nakonzinne ist von der Freundlichkeit und den Zusprüchen meiner Mutter, die sie den
25 Bergleuten angedeihen lässt, nicht erbaut, weil sich durch diese Freundlichkeit der Nachhauseweg ihres Mannes je Tag um eine Stunde verlängert: Sechs Stunden in der Woche, die Karle nicht in der Grube und nicht daheim verbringt. Die Nakonzinne muss ohne Hilfe die zwei, drei Morgen Acker und das Viehzeug bewalten, während ihr Mann den Unterrock mit der gehäkelten Kante, auf den sie aus ist, im Laden meiner Mutter in Flaschenbier verwandelt.
30 Bubnerka erinnert Wilmko Koall an seine drei Wochen alte *Latte*. Wenn wirschte bezoahln, Wilmko, wenn wirschte? Wilmko antwortet nicht. Er fühlt sich beleidigt und wird mit Bubnerka verquer. Am nächsten Tag beehrt er den Laden meiner Mutter. Ich muss ihm einen Stuhl holen. Ich bringe ihm den Stuhl, und es sitzen zwei Bergleute in Mutters Laden und trinken dieses bittere, düselig machende Wasser, Bier genannt. Die Freundlichkeit meiner
35 Mutter befällt die Bergleute wie ein Bazillus.

Karle Nakonz hat sein Mützenschild bis an die Augenbrauen heruntergezogen. Er guckt im Laden umher, als wäre er noch nicht ganz aus dem Schacht heraus. Sein Nasenrücken ist dünn. Ich kann mir nicht vorstellen, wie da dicke Gerüche durchkommen.

Wilmko Koall hat ein rotes Gesicht, seine Nase liegt zwischen mohrrüben-roten Wangen,
40 deshalb kann sie nicht anders und muss auch rot sein. Wenn die Bergleute miteinander reden, gestikulieren sie mit ihren geöffneten Bierflaschen. Die weißen Porzellanverschlüsse klappern gegen das dunkelgrüne Flaschenglas: Gestern hoab ich zwee Schattenforellen gepflanzt, sagt Nakonz.

Meen Se nicht Schattenmorellen, Herr Nakonz? mischt sich meine Mutter ins Gespräch.
45 Karle lässt sich die Korrektur gefallen, von meiner Mutter lässt er sie sich bieten.

Ich pflanze nischt mehr, sagt Wilmko, ganzes pflanzen und pflanzen und andere fressens; ich bin ja meest nich za Hause. Wilmko Koalls Weg zur Grube geht durch drei Dörfer; er muss meist dreimal einkehren und spülen.

Zeitchen vergeht, da kehrt auch Hansko Zitkowiak regelmäßig zum Biertrinken in Mutters
50 Laden ein; den hat nun wieder Wilmko Koall mitgebracht, aber die Kundenfläche des Ladens ist zu klein, die Mutter kann keinen dritten Stuhl aufstellen. Sie bittet Großvater, den Deckel der Sauerkrauttonne zu einem Stuhlsitz mit Lehne umzubauen, und von da an heißt, wenn

Sauerkraut-Kundschaft kommt: Würden sich Se moal erheben und mir ans Sauerkraut lassen, Herr Zitkowiak?

Erheben ist wieder kein Wort aus dem Kopfe meiner Mutter, es ist angelesen; bei uns heißts: Stehn Se moal uff!

Solange es Tag ist, schwirrt und summt der Geschäftsgeist meiner Mutter umher, erst spät am Abend sperrt sie ihn in den Laden und lässt ihre Seele ausfliegen. Sie füttert den blauen Seelenvogel, lässt ihn Buchstaben, Wörter und Sätze aus Büchern picken und lässt sich von ihm auf die Rückseite der Welt führen und hörts von dorther säuseln: Der Mensch lebt nicht von Brot allein.

Aber am nächsten Tag, wenn die Mutter sich spät am Morgen frisiert und den falschen Zopf aufsteckt, fängt der Geschäftsgeist wieder an, in ihr zu summen und zu surren, und sie denkt darüber nach, wie sie den Bierverzehr der Bergarbeiter im Laden steigern kann. Sie soll, flüstert ihr der Geschäftsgeist ein, den Bergleuten marinierte Heringe als Sakuska, als Zuspeise zum Bier, vorsetzen.

Beim Zubereiten der Mariniertunke breitet sich ein Mischduft im Hause aus. Der Essiggeruch herrscht darin vor, die anderen Zutaten treten beim Kochen abwechselnd mit dünner Stimme nach vorn: Mal riecht es zwiebelig, mal gewürzkörnig, mal lorbeerblätterig oder sauermilchig. Teile der von weit her angereisten Gewürze flüchten in Form von Düften ins Weltall, um zu berichten, dass sie sich Zeitchen in Bossdom und im Laden von Lenchen Matt, geborene Kulka, aufgehalten haben, und einen Morgen lang werden die bei uns sonst herrschenden Gebäcksgerüche in die äußersten Ecken unseres Anwesens gedrängt.

Wenn die grau-blaue Tunke abgekühlt ist, wird sie in eine große Schüssel gegossen, und Mutter legt die gesäuberten und vorgewässerten Heringe hinein. Die dunkelblauen Rücken der Fische schimmern durch die Essigmilch, und die Heringe bleiben zwei bis drei Tage im Keller stehen. Dann sind sie reif und werden zu fünfzehn in ein rechteckiges weißes Steingut-Gefäß umgesiedelt und in den Laden gebracht. Das Steingut-Gefäß habe ich in Däben, dem Glasmacher-Ort in der Nachbarschaft, entdeckt. Ich erzähle der Mutter davon, und die Mutter kaufts in ihrem Herings-Eifer sogleich. Der Gefäßdeckel ist ein liegender blauschwarzer Steingut-Hering. Gebn mer Se moal een sauren Hering! sagt Wilmko Koall, als er die marinierten Heringe im Laden entdeckt, und der Hering erweitert Wilmkos Bierdurst.

Großvater rechnet der Mutter vor, sie verkaufe die marinierten Heringe zu billig, sie müsse die Arbeitszeit, die sie zum Marinieren verbrauche, mit in die Heringe einkalkulieren, sonst *verbuttere* sie mit der Zuspeise den Gewinst, den ihr das Flaschenbier einbringt. Een Handelsmann muss rechnen könn, am besten in Koppe.

Die Mutter wehrt den Einspruch des Großvaters ab. Sie singt zur Zeit das Lied von den marinierten Heringen, der Großvater soll sie nicht unterbrechen! Die Mutter hat eine stille Freude, wenn sich die fremden Männer bei ihr festsetzen, statt zu ihren Frauen nach Hause zu gehen. Weibliches Triumphgefühl! Ist es eine Frucht des Geschäftsgeistes oder eine Feder von Mutters blauer Seele?

Freitags ist Lohntag. Die Bergarbeiter belohnen sich für ihre Wochen-Tüchtigkeit, trinken und fangen an, mit den Frauen, die einkaufen kommen, zu schäkern: Ach, die kleene dicke Martha, und wie die Oogchen wieder glänzen!

95 Die Frauen habens gern, wenn die Männer was zu ihrem Lobe sagen, aber die Männer lobsagen nicht immer: Hast jan blaues Ooge, Gustchen, sagen sie auch, hat dir dein Alter verkloppt? sagen sie.

Gustchen hat freilich mit ihrem Manne handgemengt, aber die Ehe ist ein Sakrament; Gustchen ist einkaufen gekommen und nicht, um über ihre Häuslichkeit Auskunft zu geben.
100 Soll man hier ausgehorcht wern? fragt sie beleidigt zur Mutter hin. Die Mutter überschlägt rasch, woran sie mehr verdient, an Gustchens Wocheneinkäufen oder am Flaschenbierverzehr der Bergarbeiter, und sie kommt zu dem Schluss, dass Gustchen die Palme trägt, und sie sagt geistesgegenwärtig: Verzeihn Se, Frau Schestawitscha, Herr Nakonz hat heite Geburtstag, sagt sie.

105 *Verzeihung* ist ein großes Wort, ein städtisches Wort, ein Zeitungswort. In Bossdomer Redeweise übersetzt heißt es: Nu nehm Ses man nicht goar so krumm! *Verzeihung* - Schestawitschinne fühlt sich geehrt wie an ihrem Hochzeitstage, und sie verzeiht, und sie sagt: Denn gratulier ich ooch! Karle Nakonz hat auf diese Weise das Jahr ein zweites Mal Geburtstag.

Frau Schestawitscha verlässt den Laden. Mit dem Türwind wird eine Fliege nach draußen
110 gefächelt; sie überfliegt die sandige Dorfstraße, setzt sich auf ein Blatt der Esche am Grasgarten der Sastupeits, streicht sich mit dem dritten Hinterbein-Paar Bierdunst und Heringsgeruch vom feinbehaarten Leib und ernüchtert sich. Weilchen drauf stößt sie sich ab, wird ein summender Notenkopf und fliegt wieder zur Ladentür hin. Die Fliege ist süchtig. Der Harzer Käse hat es ihr angetan; er stinkt auf die Fliege ein und erzählt ihr, dass er einmal Quark war
115 und von einer Kuh abstammt. Das interessiert die Fliege weniger, es ist die Vermehrungs-Sucht, die ihr den stinkenden Käse sympathisch macht; er soll ihrer Brut ein saftiger Rasen sein.

Der Flaschenbier-Verkauf ist der Mutter erlaubt, aber unerlaubt ist, dass die Bergleute das Bier im Laden aus den Flaschen heraus trinken. Mutter hat keine Ausschank-Genehmigung,
120 amtlich *Konzession* genannt.

Ich trink, wo ich will - ohne Konstruktion, sagt Karle Nakonz, fuchtelt mit der Flasche und trinkt sein Bier im Laden.

Bubnerka zeigt die Mutter an, weil die Bergleute im Laden Bier trinken. Die Anzeige läuft bei Skatbruder Lehrer Rumposch ein. Rumposch kommt zu uns. Unterwegs verwandelt er
125 sich in einen Amtsvorsteher, reckt die Brust heraus und verwandelt sich: Eine Anzeige, sagt er, und die Augen quellen ihm unter den Brauen auf. Eine Anzeige, das ist für meine Mutter, als würde ihr jemand sagen: Ihr habt Läuse. Sie fängt an zu zittern, und sie setzt ihre drittstärkste Waffe ein, sie fängt an zu weinen und führt den Amtsvorsteher in die Wohnstube. Es braucht niemand zu wissen, dass wir angezeigt sind, auch Hanka nicht.

130 In der Stube setzt meine Mutter ihre zweit-stärkste Waffe ein, den Ausspruch: Das ist mir nich gesungen geworden.

Der Vater wird gerufen, und meine Mutter setzt ihre stärkste Waffe ein: Sie fällt um und ist tot, jedenfalls für eine Weile, und Rumposch denkt, was er da angerichtet hat, und sagt versöhnlich zum Vater: In Ihrer Privatwohnung könn Se soviel Bier ausschenken, als Se wolln, und hier hinten, fügt er mit Augenzwinkern hinzu, könn Se sogar den Gendarm bewirten, falls der was zu bemängeln hat.

Da erwacht meine Mutter mit Geseufz, rappelt sich und holt Bier aus dem Keller, und Rumposch macht drei Flaschen leer und sagt: Was mich betrifft, ich hab keine Biertrinker im Laden vorgefunden. Er wird die Anzeige niederschlagen, sagt er.

Niederschlagen? Wie wird Rumposch das machen? Der Gutsvogt Buderitzsch hat seine Frau niedergeschlagen, sie mußte drei Tage im Bett liegen. Großvater schlug einen Hirschkäfer nieder, und der Käfer verlor eine seiner Zangen. Was bist du so niedergeschlagen? fragt die Mutter die Anderthalbmeter-Großmutter, die unredselig und schniefend im Hause umhergeht, weil Onkel Phile ohne Lohn heimkam. Schutzkans Paule hat Koynas Ernsten, den Klarinettenspieler, mit dem Paukenschlegel niedergeschlagen, weil der ihm die Frau abspenstig gemacht hat.

Wie sieht eine Anzeige überhaupt aus? Der Anzeigestock in der Schule ist aus Holz.

Ne Anzeige is nischt wien Fetzen Papier, sagt der Großvater.

Mutter schickt die Bergarbeiter fortan in die alte Backstube, wenn sie ihr Bier unter unserm Dache trinken wollen. Hier sitzt sichs ja ooch ganz scheene, nich woahr nich? sagt sie.

Die Bergleute drehen sich und lesen sich an unserer Spruchleiste satt: *Wo Brod - keine Not, wo Brod-keine* Not, und sie drehen sich und lesen.

Weilchen drauf sitzen sie gestaffelt, wie im Theater, auf der Mehlbodentreppe, einer sieht dem andern von hinten auf den Kopf, bis Wilmko Koall sagt: Nee, das will sich mir nich! Es kummt keen richtiges Gerede zustande. Er rutscht von der Treppe und späht durchs Guckloch in den Laden, und er sieht, dass Frauen im Laden sind, die da einkaufen, und ehe sichs die Mutter versieht, sind die Biertrinker wieder im Laden.

Eines Tages erscheint der Gendarm. Er stellt sein Fahrrad an unsere Hauswand. An der Querstange des Fahrrades hängt die Akten-und Buttertasche aus Segeltuch, und zwei Klammern am Fahrrad-Rahmen halten den Schleppsäbel. Der Gendarm entklammert sein Schwert, gürtet sich, legt seinen gelben Schäferhund Treff neben dem Fahrrad ab und schließt, damit er einwandfrei amtlich wirkt, die oberen Knöpfe seiner Uniformjacke, und er öffnet die Ladentür, und er öffnet sie weit, damit die Leute merken, mit ihm tritt der ganze Staat in den Laden.

Die Bergarbeiter haben Zeit, ihre Bierflaschen verschwinden zu lassen. Der Gendarm grüßt. Die Bergarbeiter danken, sehn auf den Säbel und zwinkern einander zu.

Na, was macht ihr hier so? fragt sie der Gendarm.

Bissel verpusten, sagt Willi Wossenk, und Karle Nakonz beißt in einen Brathering.

Was ists, worauf du sitzest? fragt der Landjäger Hänschen Zitkowiak.

Uffm Sauerkraut-Fass, sagt Hänschen. Das ist Unhygiene! sagt der Gendarm.

Meine Mutter ruft, ehe es schlimmer wird, nach dem Vater, und dem Vater fällt der Wink ein, den ihm Rumposch gab: Er führt den grünen Menschen in die Wohnstube, und er fährt

Bier auf, und sie trinken, und der Vater versucht, die Gedanken des Gendarmen vom Sauerkraut-Fass wegzuführen, und er redet vom heurigen Sommer, der es gut meint, aber gerade
175 der Sommer liefert dem Gendarmen die Überleitung zu seinem Anliegen: Sommer, ja, sagt er, und die Hitze ist groß, sagt er, und leicht entfährt einem, der auf einer Krauttonne sitzt, ein Darmwind, und der richtet sich gegen das Lebensmittelgesetz.

Ja, sagt der Vater reuegewillt, da ham Se recht, und er lässt eine zweite Flasche Bier erscheinen, und der Gendarm trinkt, und der Vater wartet auf die Wirkung und ist gewillt, noch
180 eine dritte dreinzugeben, aber da sagt der Gendarm: Ich komm gelegentlich zur Nachkontrolle, sagt er, und er geht in Frieden, und eines Tages kommt er zur Nachkontrolle, und wie er reinkommt, steht Hänschen Zitkowiak neben dem Krautfass und knabbert an einer Zuckerstange, auf dem Bauch des Krautfasses aber steht mit Kreide geschrieben: *Kein Sitzplatz!*
[...]

(Aus: Erwin Strittmatter, *Der Laden,* Aufbau-Verlag, 1983, S. 102—109.)

Arbeitsaufgaben:

1. Welche sprachlichen Merkmale sind für Strittmatters Stil charakteristisch?
2. Welche Wirkung hat der hier verwendete Dialekt auf Sie? Welche Atmosphäre kommt aus dem Text?
3. Erklären Sie folgende Ausdrücke im Textzusammenhang:
    a) »Bringeschuldner« (Zeile 11)
    b) »von meiner Mutter lässt er sie sich bieten« (Zeile 45)
    c) »lässt sich von ihm auf die Rückseite der Welt führen (Zeile 59—60)
4. Warum wohl bringt Strittmatter eine Fliege in die Szene mit ein (Zeile 99—117)?
5. Welches Bild zeichnet der Ich-Erzähler von seiner Mutter?
6. Wie geht die Mutter mit anderen Menschen und Vertretern der Obrigkeit um?
7. Wofür entscheidet sie sich, »wenn sie zu dem Schluss [kommt], dass Gustchen die Palme trägt« (Zeile 102)?
8. Wie kommt der Gendarm in der Geschichte davon?
9. Führen Sie verschiedene Textstellen auf, die Ihrer Meinung nach humoristisch sind und begründen Sie Ihre Auswahl.
10. Vergleichen Sie in Gruppenarbeit Strittmatters Darstellung des dörflichen Lebens von damals mit dem von heute.

Patrik Süskind

Patrick Süskind wurde am 26. März 1949 in Ambach am Starnberger See in Bayern geboren und wuchs in dem bayrischen Dorf Holzhausen auf. Nach Grundschule, Gymnasium und Zivildienst studierte Süskind 1968-1974 mittelalterliche und moderne Geschichte in München. Ein Auslandsstudienjahr verbrachte er in Aix-en-Provence, um u.a. seine Französisch-Kenntnisse zu verbessern. In dieser Zeit schrieb er seine ersten Drehbücher und kleine Prosastücke, die zunächst nicht veröffentlicht wurden. Nach dem Studium lebte er von Gelegenheitsjobs.
Mit der Uraufführung seines einaktigen Monologs »Der Kontrabass« gelang ihm 1981 der Durchbruch. Sein Roman »Das Parfüm« machte ihn 1985 zu einem der weltweit bekanntesten und erfolgreichsten Schriftsteller der deutschsprachigen Gegenwartsliteratur. Seine weiteren Werke sind: »Die Taube« (1990), »Die Geschichte von Herrn Sommer« (1991), »Drei Geschichten und eine Betrachtung« (1995), »Rossini oder die mörderische Frage, wer mit wem schlief« (1997), »Über Liebe und Tod« (2006).
Patrick Süskind lebt heute zurückgezogen als freier Schriftsteller in München, Seeheim am Starnberger See und in Montolieu in Frankreich.

Das Parfüm

(Auszug)

[...]

Am 1. September 1753, dem Jahrestag der Thronbesteigung des Königs, ließ die Stadt Paris am Pont Royal ein Feuerwerk abbrennen. Es war nicht so spektakulär wie das Feuerwerk zur Feier der Verehelichung des Königs oder wie jenes legendäre Feuerwerk aus Anlass der Geburt des Dauphin[1], aber es war immerhin ein sehr beeindruckendes Feuerwerk. Man hatte
5 goldene Sonnenräder auf die Masten der Schiffe montiert. Von der Brücke spien sogenannte Feuerstiere einen brennenden Sternenregen in den Fluss. Und während allüberall unter betäubendem Lärm Petarden platzten und Knallfrösche über das Pflaster zuckten, stiegen Raketen in den Himmel und malten weiße Lilien an das schwarze Firmament. Eine vieltausendköpfige Menge, welche sowohl auf der Brücke als auch auf den Quais zu beiden Seiten des Flus-
10 ses versammelt war, begleitete das Spektakel mit begeisterten Ahs und Ohs und Bravos und

---

1. Titel des franz. Thronfolgers

sogar mit Vivats obwohl der König seinen Thron schon vor achtunddreißig Jahren bestiegen und den Höhepunkt seiner Beliebtheit längst überschritten hatte. So viel vermag ein Feuerwerk.

Grenouille stand stumm im Schatten des Pavillon de Flore, am rechten Ufer, dem Pont Royal gegenüber. Er rührte keine Hand zum Beifall, er schaute nicht einmal hin, wenn die Raketen aufstiegen. Er war gekommen, weil er glaubte, irgend etwas Neues erschnuppern zu können, aber es stellte sich bald heraus, dass das Feuerwerk geruchlich nichts zu bieten hatte. Was da in verschwenderischer Vielfalt funkelte und sprühte und krachte und pfiff, hinterließ ein höchst eintöniges Duftgemisch von Schwefel, Öl und Salpeter.

Er war schon im Begriff, die langweilige Veranstaltung zu verlassen, um an der Galerie des Louvre entlang heimwärts zu gehen, als ihm der Wind etwas zutrug, etwas Winziges, kaum Merkliches, ein Bröselchen, ein Duftatom, nein, noch weniger: eher die Ahnung eines Dufts als einen tatsächlichen Duft - und zugleich doch die sichere Ahnung von etwas Niegerochenem. Er trat wieder zurück an die Mauer, schloss die Augen und blähte die Nüstern. Der Duft war so ausnehmend zart und fein, dass er ihn nicht festhalten konnte, immer wieder entzog er sich der Wahrnehmung, wurde verdeckt vom Pulverdampf der Petarden, blockiert von den Ausdünstungen der Menschenmassen, zerstückelt und zerrieben von den tausend andren Gerüchen der Stadt. Aber dann, plötzlich, war er wieder da, ein kleiner Fetzen nur, eine kurze Sekunde lang als herrliche Andeutung zu riechen ... und verschwand alsbald. Grenouille litt Qualen. Zum ersten Mal war es nicht nur sein gieriger Charakter, dem eine Kränkung widerfuhr, sondern tatsächlich sein Herz, das litt. Ihm schwante sonderbar, dieser Duft sei der Schlüssel zur Ordnung aller anderen Düfte, man habe nichts von den Düften verstanden, wenn man diesen einen nicht verstand, und er, Grenouille, hätte sein Leben verpfuscht, wenn es ihm nicht gelänge, diesen einen zu besitzen. Er musste ihn haben, nicht um des schieren Besitzes, sondern um der Ruhe seines Herzens willen.

Ihm wurde fast schlecht vor Aufregung. Er hatte noch nicht einmal herausbekommen, aus welcher Richtung der Duft überhaupt kam. Manchmal dauerten die Intervalle, ehe ihm wieder ein Fetzchen zugeweht wurde, minutenlang, und jedesmal überfiel ihn die grässliche Angst, er hätte ihn auf immer verloren. Endlich rettete er sich in den verzweifelten Glauben, der Duft komme vom anderen Ufer des Flusses, irgendwoher aus südöstlicher Richtung.

Er löste sich von der Mauer des Pavillon de Flore, tauchte in die Menschenmenge ein und bahnte sich seinen Weg über die Brücke. Alle paar Schritte blieb er stehen, stellte sich auf die Zehenspitzen, um über die Köpfe der Menschen hinwegzuschnuppern, roch zunächst nichts vor lauter Erregung, roch dann endlich doch etwas, erschnupperte sich den Duft, stärker sogar als zuvor, wusste sich auf der richtigen Fährte, tauchte unter, wühlte sich weiter durch die Menge der Gaffer und der Feuerwerker, die alle Augenblicke ihre Fackeln an die Lunten der Raketen hielten, verlor im beißenden Qualm des Pulvers seinen Duft, geriet in Panik, stieß und rempelte weiter und wühlte sich fort, erreichte nach endlosen Minuten das andere Ufer, das Hotel de Mailly, den Quai Malaquest, die Einmündung der Rue[1] de Seine ...

---

1. Straße (*franz.*)

50　Hier blieb er stehen, sammelte sich und roch. Er hatte ihn. Er hielt ihn fest. Wie ein Band kam der Geruch die Rue de Seine herabgezogen, unverwechselbar deutlich, dennoch weiterhin sehr zart und sehr fein. Grenouille spürte, wie sein Herz pochte, und er wusste, dass es nicht die Anstrengung des Laufens war, die es pochen machte, sondern seine erregte Hilflosigkeit vor der Gegenwart dieses Geruches. Er versuchte, sich an irgendetwas Vergleichbares
55　zu erinnern und musste alle Vergleiche verwerfen. Dieser Geruch hatte Frische; aber nicht die Frische der Limetten oder Pomeranzen, nicht die Frische von Myrrhe oder Zimtblatt oder Krauseminze oder Birken oder Kampfer oder Kiefernnadeln, nicht von Mairegen oder Frostwind oder von Quellwasser ..., und er hatte zugleich Wärme; aber nicht wie Bergamotte, Zypresse oder Moschus, nicht wie Jasmin und Narzisse, nicht wie Rosenholz und nicht wie
60　Iris... Dieser Geruch war eine Mischung aus beidem, aus Flüchtigem und Schwerem, keine Mischung davon, eine Einheit, und dazu gering und schwach und dennoch solid und tragend, wie ein Stück dünner schillernder Seide... und auch wieder nicht wie Seide, sondern wie honigsüße Milch, in der sich Biskuit löst - was ja nun beim besten Willen nicht zusammenging: Milch und Seide! Unbegreiflich dieser Duft, unbeschreiblich, in keiner Weise einzuordnen,
65　es durfte ihn eigentlich gar nicht geben. Und doch war er da in herrlichster Selbstverständlichkeit. Grenouille folgte ihm, mit bänglich pochendem Herzen, denn er ahnte, dass nicht er dem Duft folgte, sondern dass der Duft ihn gefangengenommen hatte und nun unwiderstehlich zu sich zog.

　　Er ging die Rue de Seine hinauf. Niemand war auf der Straße. Die Häuser standen leer und
70　still. Die Leute waren unten am Fluss beim Feuerwerk. Kein hektischer Menschengeruch störte, kein beißender Pulvergestank. Die Straße duftete nach den üblichen Düften von Wasser, Kot, Ratten und Gemüseabfall. Darüber aber schwebte zart und deutlich das Band, das Grenouille leitete. Nach wenigen Schritten war das wenige Nachtlicht des Himmels von den hohen Häusern verschluckt, und Grenouille ging weiter im Dunkeln. Er brauchte nichts zu
75　sehen. Der Geruch führte ihn sicher.

　　Nach fünfzig Metern bog er rechts ab in die Rue des Marais, eine womöglich noch dunklere, kaum eine Armspanne breite Gasse. Sonderbarerweise wurde der Duft nicht sehr viel stärker. Er wurde nur reiner, und dadurch, durch seine immer größer werdende Reinheit, bekam er eine immer mächtigere Anziehungskraft. Grenouille ging ohne eigenen Willen. An
80　einer Stelle zog ihn der Geruch hart nach rechts, scheinbar mitten in die Mauer eines Hauses hinein. Ein niedriger Gang tat sich auf, der in den Hinterhof führte. Traumwandlerisch durchschritt Grenouille diesen Gang, durchschritt den Hinterhof, bog um eine Ecke, gelangte in einen zweiten, kleineren Hinterhof, und hier nun endlich war Licht: Der Platz umfasste nur wenige Schritte im Geviert. An der Mauer sprang ein schräges Holzdach vor. Auf einem
85　Tisch darunter klebte eine Kerze. Ein Mädchen saß an diesem Tisch und putzte Mirabellen. Sie nahm die Früchte aus einem Korb zu ihrer Linken, entstielte und entkernte sie mit einem Messer und ließ sie in einen Eimer fallen. Sie mochte dreizehn, vierzehn Jahre alt sein. Grenouille blieb stehen. Er wusste sofort, was die Quelle des Duftes war, den er über eine halbe Meile hinweg bis ans andere Ufer des Flusses gerochen hatte: nicht dieser schmuddelige

Hinterhof, nicht die Mirabellen. Die Quelle war das Mädchen.

Für einen Moment war er so verwirrt, dass er tatsächlich dachte, er habe in seinem Leben noch nie etwas so Schönes gesehen wie dieses Mädchen. Dabei sah er nur ihre Silhouette von hinten gegen die Kerze. Er meinte natürlich, er habe noch nie so etwas Schönes gerochen. Aber da er doch Menschengerüche kannte, viele Tausende, Gerüche von Männern, Frauen, Kindern, wollte er nicht begreifen, dass ein so exquisiter Duft einem Menschen entströmen konnte. Üblicherweise rochen Menschen nichtssagend oder miserabel. Kinder rochen fad, Männer urinös, nach scharfem Schweiß und Käse, Frauen nach ranzigem Fett und verderbendem Fisch. Durchaus uninteressant, abstoßend rochen die Menschen ... Und so geschah es, dass Grenouille zum ersten Mal in seinem Leben seiner Nase nicht traute und die Augen zuhilfe nehmen musste, um zu glauben, was er roch. Die Sinnesverwirrung dauerte freilich nicht lange. Es war tatsächlich nur ein Augenblick, den er benötigte, um sich optisch zu vergewissern und sich alsdann desto rückhaltloser den Wahrnehmungen seines Geruchssinns hinzugeben. Nun roch er, dass sie ein Mensch war, roch den Schweiß ihrer Achseln, das Fett ihrer Haare, den Fischgeruch ihres Geschlechts, und roch mit größtem Wohlgefallen. Ihr Schweiß duftete so frisch wie Meerwind, der Talg ihrer Haare so süß wie Nussöl, ihr Geschlecht wie ein Bouquet[1] von Wasserlilien, die Haut wie Aprikosenblüte und die Verbindung all dieser Komponenten ergab ein Parfüm so reich, so balanciert, so zauberhaft, dass alles, was Grenouille bisher an Parfüms gerochen, alles, was er selbst in seinem Innern an Geruchsgebäuden spielerisch erschaffen hatte, mit einem Mal zu schierer Sinnlosigkeit verkam. Hunderttausend Düfte schienen nichts mehr wert vor diesem einen Duft. Dieser eine war das höhere Prinzip, nach dessen Vorbild sich die andern ordnen mussten. Er war die reine Schönheit.

Für Grenouille stand fest, dass ohne den Besitz des Duftes sein Leben keinen Sinn mehr hatte. Bis in die kleinste Einzelheit, bis in die letzte zarteste Verästelung musste er ihn kennenlernen; die bloße komplexe Erinnerung an ihn genügte nicht. Er wollte wie mit einem Prägestempel das apotheotische Parfüm ins Kuddelmuddel seiner schwarzen Seele pressen, es haargenau erforschen und fortan nur noch nach den inneren Strukturen dieser Zauberformel denken, leben, riechen.

Er ging langsam auf das Mädchen zu, immer näher, trat unter das Vordach und blieb einen Schritt hinter ihr stehen. Sie hörte ihn nicht.

Sie hatte rote Haare und trug ein graues Kleid ohne Ärmel. Ihre Arme waren sehr weiß und ihre Hände gelb vom Saft der aufgeschnittenen Mirabellen. Grenouille stand über sie gebeugt und sog ihren Duft jetzt völlig unvermischt ein, so wie er aufstieg von ihrem Nacken, ihren Haaren, aus dem Ausschnitt ihres Kleides, und ließ ihn in sich hineinströmen wie einen sanften Wind. Ihm war noch nie so wohl gewesen. Dem Mädchen aber wurde es kühl.

Sie sah Grenouille nicht. Aber sie bekam ein banges Gefühl, ein sonderbares Frösteln, wie man es bekommt, wenn einen plötzlich eine alte abgelegte Angst befällt. Ihr war, als herrsche da ein kalter Zug in ihrem Rücken, als habe jemand eine Türe aufgestoßen, die in einen

---

1. Blumenstrauß; Duft *(franz.)*

riesengroßen kalten Keller führt. Und sie legte ihr Küchenmesser weg, zog die Arme an die Brust und wandte sich um.

Sie war so starr vor Schreck, als sie ihn sah, dass er viel Zeit hatte, ihr seine Hände um den Hals zu legen. Sie versuchte keinen Schrei, rührte sich nicht, tat keine abwehrende Bewegung. Er seinerseits sah sie nicht an. Ihr feines sommersprossenübersprenkeltes Gesicht, den roten Mund, die großen funkelndgrünen Augen sah er nicht, denn er hielt seine Augen fest geschlossen, während er sie würgte, und hatte nur die eine Sorge, von ihrem Duft nicht das geringste zu verlieren.

Als sie tot war, legte er sie auf den Boden mitten in die Mirabellenkerne, riss ihr Kleid auf, und der Duftstrom wurde zur Flut, sie überschwemmte ihn mit ihrem Wohlgeruch. Er stürzte sein Gesicht auf ihre Haut und fuhr mit weitgeblähten Nüstern von ihrem Bauch zur Brust, zum Hals, in ihr Gesicht und durch die Haare und zurück zum Bauch, hinab an ihr Geschlecht, an ihre Schenkel, an ihre weißen Beine. Er roch sie ab vom Kopf bis an die Zehen, er sammelte die letzten Reste ihres Dufts am Kinn, im Nabel und in den Falten ihrer Armbeuge.

Als er sie welkgerochen hatte, blieb er noch eine Weile neben ihr hocken, um sich zu versammeln, denn er war übervoll von ihr. Er wollte nichts von ihrem Duft verschütten. Erst musste er die innern Schotten dicht verschließen. Dann stand er auf und blies die Kerze aus.

Um diese Zeit kamen die ersten Heimkehrer singend und vivatrufend die Rue de Seine herauf. Grenouille roch sich im Dunkeln auf die Gasse und zur Rue des Petits Augustins hinüber, die parallel zur Rue de Seine zum Fluss führte. Wenig später entdeckte man die Tote. Geschrei erhob sich. Fackeln wurden angezündet. Die Wache kam. Grenouille war längst am anderen Ufer.

In dieser Nacht erschien ihm sein Verschlag wie ein Palast und seine Bretterpritsche wie ein Himmelbett. Was Glück sei, hatte er in seinem Leben bisher nicht erfahren. Er kannte allenfalls sehr seltene Zustände von dumpfer Zufriedenheit. Jetzt aber zitterte er vor Glück und konnte vor lauter Glückseligkeit nicht schlafen. Ihm war, als würde er zum zweiten Mal geboren, nein, nicht zum zweiten, zum ersten Mal, denn bisher hatte er bloß animalisch existiert in höchst nebulöser Kenntnis seiner selbst. Mit dem heutigen Tag aber schien ihm, als wisse er endlich, wer er wirklich sei: nämlich nichts anderes als ein Genie; und dass sein Leben Sinn und Zweck und Ziel und höhere Bestimmung habe: nämlich keine geringere, als die Welt der Düfte zu revolutionieren; und dass er allein auf der Welt dazu alle Mittel besitze: nämlich seine exquisite Nase, sein phänomenales Gedächtnis und, als Wichtigstes von allem, den prägenden Duft dieses Mädchens aus der Rue des Marais, in welchem zauberformelhaft alles enthalten war, was einen großen Duft, was ein Parfüm ausmachte: Zartheit, Kraft, Dauer, Vielfalt und erschreckende, unwiderstehliche Schönheit. Er hatte den Kompass für sein künftiges Leben gefunden. Und wie alle genialen Scheusale, denen durch ein äußeres Ereignis ein gerades Geleis ins Spiralenchaos ihrer Seelen gelegt wird, wich Grenouille von dem, was er als Richtung seines Schicksals erkannt zu haben glaubte, nicht mehr ab. Jetzt wurde ihm klar, weshalb er so zäh und verbissen am Leben hing: Er musste ein Schöpfer von Düften sein. Und nicht nur irgendeiner. Sondern der größte Parfumeur aller Zeiten.

170 Noch in derselben Nacht inspizierte er, wachend erst und dann im Traum, das riesige Trümmerfeld seiner Erinnerung. Er prüfte die Millionen und Abermillionen von Duftbauklötzen und brachte sie in eine systematische Ordnung: Gutes zu Gutem, Schlechtes zu Schlechtem, Feines zu Feinem, Grobes zu Grobem, Gestank zu Gestank, Ambrosisches zu Ambrosischem. Im Verlauf der nächsten Woche wurde diese Ordnung immer feiner, der Ka-
175 talog der Düfte immer reichhaltiger und differenzierter, die Hierarchie immer deutlicher. Und bald schon konnte er beginnen, die ersten planvollen Geruchsgebäude aufzurichten: Häuser, Mauern, Stufen, Türme, Keller, Zimmer, geheime Gemächer... eine täglich sich erweiternde, täglich sich verschönende und perfekter gefügte innere Festung der herrlichsten Duftkompositionen.
180 Dass am Anfang dieser Herrlichkeit ein Mord gestanden hatte, war ihm, wenn überhaupt bewusst, vollkommen gleichgültig. An das Bild des Mädchens aus der Rue des Marais, an ihr Gesicht, an ihren Körper, konnte er sich schon nicht mehr erinnern. Er hatte ja das Beste von ihr aufbewahrt und sich zu eigen gemacht: das Prinzip ihres Dufts.

[...]
185

Grenouille ging nachts. Wie zu Beginn seiner Reise wich er den Städten aus, mied die Straßen, legte sich bei Tagesanbruch schlafen, stand abends auf und ging weiter. Er fraß, was er am Wege fand: Gräser, Pilze, Blüten, tote Vögel, Würmer. Er durchzog die Provence, überquerte in einem gestohlenen Kahn die Rhone[1] südlich von Orange[2], folgte dem Lauf der
190 Ardèche[3] bis tief in die Cevennen[4] hinein und dann dem Allier[5] nach Norden.

In der Auvergne kam er dem Plomb du Cantal[6] nahe. Er sah ihn westlich liegen, groß und silbergrau im Mondlicht, und er roch den kühlen Wind, der von ihm kam. Aber es verlangte ihn nicht hinzugehen. Er hatte keine Sehnsucht mehr nach dem Höhlenleben. Diese Erfahrung war ja schon gemacht und hatte sich als unlebbar erwiesen. Ebenso wie die andere Er-
195 fahrung, die des Lebens unter den Menschen. Man erstickte da und dort. Er wollte überhaupt nicht mehr leben. Er wollte nach Paris gehen und sterben. Das wollte er.

Von Zeit zu Zeit griff er in seine Tasche und schloss die Hand um den kleinen gläsernen Flakon mit seinem Parfüm. Das Fläschchen war noch fast voll. Für den Auftritt in Grasse hatte er bloß einen Tropfen verbraucht. Der Rest würde genügen, um die ganze Welt zu be-
200 zaubern. Wenn er wollte, könnte er sich in Paris nicht nur von Zehn, sondern von Hunderttausenden umjubeln lassen; oder nach Versailles spazieren, um sich vom König die Füße küssen zu lassen; dem Papst einen parfümierten Brief schreiben und sich als der neue Messias offenbaren; in Notre-Dame vor Königen und Kaisern sich selbst zum Oberkaiser salben, ja sogar zum Gott auf Erden - falls man sich als Gott überhaupt noch salbte ...

---

1. zweitlängster, wasserreichster Strom Frankreichs
2. Stadt in Südfrankreich
3. Nebenfluss der Rhone
4. Ostrand des franz. Zentralmassivs
5. Neben- und Zwillingsfluss der Loire
6. der höchste Gipfel im Département Cantal und der Bergkette der Monts du Cantal

205　All das könnte er tun, wenn er nur wollte. Er besaß die Macht dazu. Er hielt sie in der Hand. Eine Macht, die stärker war als die Macht des Geldes oder die Macht des Terrors oder die Macht des Todes: die unüberwindliche Macht, den Menschen Liebe einzuflößen. Nur eines konnte diese Macht nicht: sie konnte ihn nicht vor sich selber riechen machen. Und mochte er auch vor der Welt durch sein Parfüm erscheinen als ein Gott - wenn er sich selbst
210　nicht riechen konnte und deshalb niemals wüsste, wer er sei, so pfiff er drauf, auf die Welt, auf sich selbst, auf sein Parfüm.

　　Die Hand, die den Flakon umschlossen hatte, duftete ganz zart, und wenn er sie an seine Nase führte und schnupperte, dann wurde ihm wehmütig, und für ein paar Sekunden vergaß er zu laufen und blieb stehen und roch. Niemand weiß, wie gut dies Parfüm wirklich ist,
215　dachte er. Niemand weiß, wie gut es gemacht ist. Die andern sind nur seiner Wirkung Untertan, ja, sie wissen nicht einmal, dass es ein Parfüm ist, das auf sie wirkt und sie bezaubert. Der einzige, der es jemals in seiner wirklichen Schönheit erkannt hat, bin ich, weil ich es selbst geschaffen habe. Und zugleich bin ich der einzige, den es nicht bezaubern kann. Ich bin der einzige, für den es sinnlos ist.

220　Und ein andermal, da war er schon in Burgund: Als ich an der Mauer stand, unterhalb des Gartens, in dem das rothaarige Mädchen spielte, und ihr Duft zu mir herüberwehte ... oder vielmehr das Versprechen ihres Dufts, denn ihr späterer Duft existierte ja noch gar nicht - vielleicht war das, was ich damals empfand, demjenigen ähnlich, was die Menschen auf dem Cours empfanden, als ich sie mit meinem Parfüm überschwemmte ... ? Aber dann verwarf er
225　den Gedanken: Nein, es war etwas anderes. Denn ich wusste ja, dass ich den Duft begehrte, nicht das Mädchen. Die Menschen aber glaubten, sie begehrten mich, und was sie wirklich begehrten, blieb ihnen ein Geheimnis.

　　Dann dachte er nichts mehr, denn das Denken war nicht seine Stärke, und er war auch schon im Orléanais[1].
230　Er überquerte die Loire bei Sully. Einen Tag später hatte er den Duft von Paris in der Nase. Am 28. Juni 1767 betrat er die Stadt durch die Rue Saint-Jacques frühmorgens um sechs.

　　Es wurde ein heißer Tag, der heißeste bisher in diesem Jahr. Die tausendfältigen Gerüche und Gestänke quollen wie aus tausend aufgeplatzten Eiterbeulen. Kein Wind regte sich. Das Gemüse an den Marktständen erschlaffte, eh' es Mittag war. Fleisch und Fische verwesten. In
235　den Gassen stand die verpestete Luft. Selbst der Fluss schien nicht mehr zu fließen, sondern nur noch zu stehen und zu stinken. Es war wie am Tag von Grenouilles Geburt.

　　Er ging über den Pont Neuf ans rechte Ufer und weiter zu den Hallen und zum Cimetière des Innocents[2]. In den Arkaden der Gebeinhäuser längs der Rue[3] aux Fers ließ er sich nieder. Das Gelände des Friedhofs lag wie ein zerbombtes Schlachtreif vor ihm, zerwühlt, zerfurcht,
240　von Gräben durchzogen, von Schädeln und Gebeinen übersät, ohne Baum, Strauch oder Grashalm, eine Schutthalde des Todes.

---

1. eine Stadt in Zentralfrankreich
2. Friedhof der Unschuldigen (*franz.*)
3. Straße (*franz.*)

Kein lebender Mensch ließ sich blicken. Der Leichengestank war so schwer, dass selbst die Totengräber sich verzogen hatten. Sie kamen erst nach Sonnenuntergang wieder, um bei Fackellicht bis in die Nacht hinein Gruben für die Toten des nächsten Tages auszuheben.

245 Nach Mitternacht erst - die Totengräber waren schon gegangen - belebte sich der Ort mit allem möglichen Gesindel, Dieben, Mördern, Messerstechern, Huren, Deserteuren, jugendlichen Desperados. Ein kleines Lagerfeuer wurde angezündet, zum Kochen und damit sich der Gestank verzehre.

Als Grenouille aus den Arkaden kam und sich unter diese Menschen mischte, nahmen sie
250 ihn zunächst gar nicht wahr. Er konnte unbehelligt an ihr Feuer treten, als sei er einer von ihnen. Das bestärkte sie später in der Meinung, es müsse sich bei ihm um einen Geist oder einen Engel oder sonst etwas Übernatürliches gehandelt haben. Denn üblicherweise reagierten sie höchst empfindlich auf die Nähe eines Fremden.

Der kleine Mann in seinem blauen Rock aber sei plötzlich einfach dagewesen, wie aus
255 dem Boden herausgewachsen, mit einem kleinen Fläschchen in der Hand, das er entstöpselte. Dies war das erste, woran sich alle erinnern konnten: dass da einer stand und ein Fläschchen entstöpselte. Und dann habe er sich mit dem Inhalt dieses Fläschchens über und über besprenkelt und sei mit einem Mal von Schönheit übergossen gewesen wie von strahlendem Feuer.

260 Für einen Moment wichen sie zurück aus Ehrfurcht und bassem Erstaunen. Aber im selben Moment spürten sie schon, dass das Zurückweichen mehr wie ein Anlaufnehmen war, dass ihre Ehrfurcht in Begehren umschlug, ihr Erstaunen in Begeisterung. Sie fühlten sich zu diesem Engelsmenschen hingezogen. Ein rabiater Sog ging von ihm aus, eine reißende Ebbe, gegen die kein Mensch sich stemmen konnte, um so weniger, als sich kein Mensch gegen sie
265 hätte stemmen wollen, denn es war der Wille selbst, den diese Ebbe unterspülte und in ihre Richtung trieb: hin zu ihm.

Sie hatten einen Kreis um ihn gebildet, zwanzig, dreißig Personen und zogen diesen Kreis nun enger und enger. Bald fasste der Kreis sie nicht mehr alle, sie begannen zu drücken, zu schieben und zu drängeln, jeder wollte dem Zentrum am nächsten sein.

270 Und dann brach mit einem Schlag die letzte Hemmung in ihnen, der Kreis in sich zusammen. Sie stürzten sich auf den Engel, fielen über ihn her, rissen ihn zu Boden. Jeder wollte ihn berühren, jeder wollte einen Teil von ihm haben, ein Federchen, ein Flügelchen, einen Funken seines wunderbaren Feuers. Sie rissen ihm die Kleider, die Haare, die Haut vom Leibe, sie zerrupften ihn, sie schlugen ihre Krallen und Zähne in sein Fleisch, wie die Hyänen
275 fielen sie über ihn her.

Aber so ein Menschenkörper ist ja zäh und lässt sich nicht so einfach auseinanderreißen, selbst Pferde haben da die größte Mühe. Und so blitzten bald die Dolche auf und stießen zu und schlitzten auf, und Äxte und Schlagmesser sausten auf die Gelenke herab, zerhieben krachend die Knochen. In kürzester Zeit war der Engel in dreißig Teile zerlegt, und ein jedes
280 Mitglied der Rotte grapschte sich ein Stück, zog sich, von wollüstiger Gier getrieben, zurück und fraß es auf. Eine halbe Stunde später war Jean-Baptiste Grenouille in jeder Faser vom

Erdboden verschwunden.

Als sich die Kannibalen nach gehabter Mahlzeit wieder am Feuer zusammenfanden, sprach keiner ein Wort. Der eine oder andere stieß ein wenig auf, spie ein Knöchelchen aus, schnalzte leise mit der Zunge, stupste mit dem Fuß einen übriggebliebenen Fetzen des blauen Rocks in die Flammen: Sie waren alle ein bisschen verlegen und trauten sich nicht, einander anzusehen. Einen Mord oder ein anderes niederträchtiges Verbrechen hatte jeder von ihnen, ob Mann oder Frau, schon einmal begangen. Aber einen Menschen aufgefressen? Zu so etwas Entsetzlichem, dachten sie, seien sie nie und nimmer imstande. Und sie wunderten sich, wie leicht es ihnen doch gefallen war und dass sie, bei aller Verlegenheit, nicht den geringsten Anflug von schlechtem Gewissen verspürten. Im Gegenteil! Es war ihnen, wenngleich im Magen etwas schwer, im Herzen durchaus leicht zumute. In ihren finstern Seelen schwankte es mit einem Mal so angenehm heiter. Und auf ihren Gesichtern lag ein mädchenhafter, zarter Glanz von Glück. Daher vielleicht die Scheu, den Blick zu heben und sich gegenseitig in die Augen zu sehen.

Als sie es dann wagten, verstohlen erst und dann ganz offen, da mussten sie lächeln. Sie waren außerordentlich stolz. Sie hatten zum ersten Mal etwas aus Liebe getan.

(Aus: Patrik Süskind, *Das Parfüm. Die Geschichte eines Mörders*. Veröffentlicht als Diogenes Taschenbuch, 1994, S. 49—58, 315—320.)

Arbeitsaufgaben:

I. für Teil I (bis Zeile 184)
  1. Wie verfolgt Grenouille das gewaltige Feuerwerk?
  2. Was versetzt ihn in helle Aufregung und bringt ihn zum Schwärmen?
  3. Wie wird der anziehende Duft beschrieben?
  4. Was will der Erzähler damit ausdrücken, wenn er das Parfum als »apotheotisch« (Zeile 116) beschreibt?
  5. Welche Formulierungen verdeutlichen am besten, dass Grenouille keinerlei Gefühle hat und keinen moralischen Skrupel kennt?
  6. Wie deuten Sie die Stelle: »Und wie alle genialen Scheusale, denen ... , wich Grenouille von dem, ... , nicht mehr ab. « (Zeile 165—167)?
  7. Wie erlebt Grenouille seinen ersten Mord?

II. für Teil II (ab Zeile 185)
  1. Warum erscheint Grenouille die Macht, die ihm sein Parfum verleiht, nicht mehr erstrebenswert?
  2. Auf welche Weise verwirklicht er sein Ziel, sich an seinem Geburtsort selbst zu zerstören?
  3. Wie reagieren die Friedhofsbesucher, all jene Landstreicher, nämlich auf seinen Wunderduft?
  4. Suchen Sie Bilder oder Vergleiche und erklären Sie deren Funktion.
  5. Worin liegt die Pointe des Romanschlusses?

Elfriede Jelinek

Jelinek wurde im Oktober 1946 in Mürzzuschlag (Steiermark/Österreich) geboren. Sie wuchs in Wien auf, wo sie auch 1964-1967 für einige Semester Theaterwissenschaft und Kunstgeschichte an der Universität Wien studierte. Danach brach sie das Studium durch Angstzustände gezwungen ab und verbrachte ein Jahr lang zu Hause in völliger Isolation. Während dieser Zeit begann sie zu schreiben. 1971 erlangte sie einen Konservatoriumsabschluss als Organistin. 1974—1991 war sie, die sie sich im Umfeld der 68er-Bewegung engagierte, Mitglied der KPÖ. Heute lebt sie in Wien und München.
Als österreichische Schriftstellerin schreibt Jelinek gegen Missstände im öffentlichen, politischen aber auch im privaten Leben der österreichischen Gesellschaft. Sie setzt in gesellschaftskritischer Absicht die klischeehafte Sprache von Comics, Medien, Werbung und Ähnliches ein und verfremdet diese bis ins Groteske. Sie gilt als exponierte Vertreterin der Frauenliteratur, besondere Bedeutung kommt in ihren Werken den Themen weibliche Sexualität und Geschlechterkampf zu. In einem Interview mit dem *Magazine littéraire* (2007) aus Anlass der französischen Übersetzung von »Die Kinder der Toten« wiederholt Jelinek die Liste ihrer großen Themen: eine bedrückende Kindheit, ihre Polemik gegen „Natur" und „Unschuld", ihren Hass auf das verdrängte Nazi-Erbe des Landes. 1998 erhielt Jelinek den Büchner-Preis. 2004 wurde ihr der Literaturnobelpreis verliehen für „den musikalischen Fluss von Stimmen und Gegenstimmen in Romanen und Dramen, die mit einzigartiger sprachlicher Leidenschaft die Absurdität und zwingende Macht der sozialen Klischees enthüllen."

Die Liebhaberinnen
(Auszug)

[...]
zwischen susi und brigitte steht eine unverrückbare demarkationshnie: die volle kaffeekanne. es ist ein scharfer schmerzhafter trennungsstrich, der beide an ihren platz verweist, der die beiden unvereinbaren charaktere trennt, wenn jedoch eine die kanne hebt und kaffee eingießt, dann sind plötzlich susi und brigitte gemeinsam und nicht getrennt.

5 ein trennungspunkt ist z. b., dass susi das gute für die ganze menschheit, für alle, groß oder klein, erreichen möchte, besonders aber für die hungernden kleinen babies in der ganzen welt, weil sie eine frau ist und bald eine mutter sein wird, hungernde babies sind für susi

eine entsetzliche Vorstellung, die frau in ihr empört sich darüber, die zukünftige mutter in ihr bäumt sich auf.

10 aus diesem grund und zu diesem zweck ist sie sogar ein bisschen in einem politischen schülerverein und sehr in einer Volkstanzgruppe, den politischen schülerverein verbirgt sie geschickt vor ihren lieben eltern, die Volkstanzgruppe trägt sie vor sich her wie ein täuberich seine taube.

brigitte will heinz. susi will in erster linie diskutieren und debattieren, ihr fallen viele worte
15 und die dazugehörigen gegenstände ein, sie gibt sie alle im augenblick des einfallens wieder von sich.

susi speit bei jedem mundöffnen eine ganze portion hungernde menschen in aller welt aus. brigitte bringt die Schlagsahne vor susis

auswurf in Sicherheit, susi lernt auch gern kochen, was man in ihrer frauenoberschule
20 lernt, damit einmal später, wenn susi verheiratet sein wird, ihr gatte und ihre kinder wenigstens nicht hungern müssen wie viele andre, die susi nennen könnte, es sind sehr viele verschiedene ausdrücke, die susi für den hunger und die Ungerechtigkeit findet, brigitte findet es nur ungerecht, dass heinz sich mit susi abgibt, susi findet es ungerecht, dass heinz satt und zufrieden ist, während viele hungern, sie sagt weiters, dass es schön ist, in einer Volks-
25 tanzgruppe volkszutanzen, dass es aber auch schön ist, gerade als kontrast zum volkstanzen, wenn man ein denkender mensch ist, der sich um das elend in der welt sorgt.

brigitte kennt nur ein einziges wort: heinz. das wort für arbeit kennt sie zwar, spricht es aber nicht aus, weil es keinen bezug zu ihr hat. sie sagt ganz stolz, dass sie niemals hunger hat und nie hunger haben wird im gegensatz zu vielen andren, die sie nicht nennen könnte,
30 denen es aber sicher recht geschieht, weil hunger unnötig ist, wenn man fleißig ist, wobei b. an heinz und dessen fleiß denkt, nicht aber an ihren eigenen fleiß.

b. gibt stolz an, dass sie immer genug hat, und dass heinz einmal sogar mehr als genug haben wird, soviel, dass sogar für sie beide mehr als genug da sein wird.

manchmal hat brigitte genug von allem, manchmal steht es ihr bis obenhin, wenn sie aber
35 heinz in solchen augenblicken betrachtet, dann hat sie gleich viel zuwenig, dann soll heinz in aktion treten, seinen motor anwerfen, und eine arbeitsleistung erbringen.

eine arbeitsleistung, die alle sehen können.

heinz ist technisch begabt, daher soll seine leistung auf dem gebiet der technik liegen, susi und brigitte sind stolz auf das, was die technik jeden tag hervorbringt, brigitte ist stolzer als
40 susi, weil heinz einer von denen ist, die sich die technik unterworfen haben, die mit ihr umzugehen verstehen, heinz und brigitte werden viele elektrogeräte verkaufen, heinz wird sie sogar reparieren können.

susi ist stolzer als brigitte, weil sie sich jede menge von diesen geräten leisten können wird, sie wird diesem heinz dann anschaffen können, was er zu reparieren hat, wenn etwas davon
45 kaputt geht.

es liegt ein großer unterschied zwischen brigittes handwerksstolz und susis besitzerstolz. brigitte ist keine handwerkerin, heinz ist der handwerker. auch heinz ist stolz.

heinz ist stolz, dass er einmal gesellen einstellen kann, die die dreckigen reparaturarbeiten

für ihn erledigen werden, heinz wird dann nur mehr das geschäft beaufsichtigen.
50 unterdessen hat susi noch immer mitleid mit leuten, denen es schlechter geht als ihr selbst.
unterdessen hat brigitte noch immer kein mitleid mit irgendjemand, weil sie sich ganz auf heinz konzentrieren muss.
susi hat kein interesse an heinz. offenbar hat susi schon alles.
susi hat auch mit brigitte mitleid.
55 brigitte hat mit susi mitleid, weil susi die qualitäten von heinz nicht zu erkennen vermag.
dennoch, obwohl sie susi auf diese qualitäten nicht aufmerksam machen möchte, obwohl sie susi den mund nicht wässrig machen möchte, spricht brigitte von nichts andrem als von den qualitäten von heinz.
susi hat noch immer mitleid mit brigitte, die nicht zu begreifen scheint, dass es bessere
60 qualitätserzeugnisse als heinz gibt.
man merkt, dass zwischen den beiden eine natürliche grenze besteht, die so stark ist, dass man sie nicht niederreißen kann.
brigitte ist mehr susis feind als susi brigittes feind ist.
heinz folgt aufmerksam dem, was susi erklärt, er schaut um sich und um sich herum und
65 sucht irgendwo einen hunger, von dem es soviel geben soll, dann sagt er spaßeshalber ich habe jetzt, bei all diesen gesprächen von hunger und elend, richtig appetit auf ein schnitzerl bekommen.
grunzend streicht heinz über seinen schmerbauch.
susi und brigitte schießen in die höhe wie von zwei taranteln gestochen, jede sucht die and-
70 re auf dem weg zur küche zu überholen, susi aus ehrgeiz, brigitte aus angst vor susis leistung.
quiekend fallen die beiden mädchen übereinander, sie schlagen sich böse wunden und blaue flecken, brigitte holt sich gar eine hautabschürfung. heinz liegt im liegestuhl und genießt das schweigen und die natur und die gerüche aus der küche. er hat jetzt wirklich appetit auf ein schönes stück wiener Schnitzel mit gurkensalat.
75 launig hört er auf das schimpfen und brüllen brigittes, die susi an den haaren vom küchenherd zurückhalten möchte, es gelingt ihr aber nicht, weil susi sportlich trainiert ist und auch tennis und basketball spielt, brigitte kriegt eins auf die finger. brigitte jault, sie heult wie ein schakal, die ganze freude an dem schönen tag löst sich im brutzelnden fett auf. susi geht derweilen ans werk.
80 susi ist so ruhig und eiskalt und überlegt wie der tod selber, wie sie die eier aufklopft.
auch die mutter horcht mit einem lachenden und einem weinenden auge auf das treiben in der küche. der vati sagt, dass diese mädchen doch immer so schnattern müssen wie hühner. das weinende auge der mutter sagt, dass sie jetzt ihren heinz an die susi verlieren wird, sie hat ihn aufgezogen, jetzt bekommt susi ihn, die aber gut für ihn und seinen bauch sorgen
85 wird, keine sorge, das lachende auge der mutter sagt, jetzt hat brigitte das nachsehn.
über das altersheim hinweg wird die heinzmutta nicht recht behalten, heinz denkt, dass sich susi bald nichts mehr um den hunger in der weit scheißen wird, wenn sie zur ganze mit seinem hunger wird beschäftigt sein müssen, susis alltag wird einmal ein ausgefüllter werden.

90 susi wird […] das familienleben fest in den köpf gepflanzt bekommen.
    heinz hält alle fäden fest in seiner hand. so, die Schnitzel sind fertig ausgebacken.
    susi hat sie vollbracht, dafür darf susi das ganze auch hineintragen, brigitte versucht, sie ihr aus der hand zu schlagen, allein die mutter von heinz ist schneller und fingerklopft brigitte, dass es widerhallt.
95 beim essen will ich meine ruhe haben, meint heinz behäbig zur brüllenden brigitte. sei ruhig, sonst bekommst du von mir auch noch eine gelangt, doppelt hält besser.
    doppelt hält besser, gleich ist brigitte still, sie denkt an ihr zweifaches glück, an das haus und an den laden für elektrogeräte. brigitte schweigt, um ihr glück nicht zu gefährden.
    susi ist ganz angeschwollen vor stolz, sie hat sehr saubere und reine gedanken.
100 der fette ferkelheinz hat sehr unsaubere gedanken, die aber jetzt vom fressen in den hintergrund gedrängt werden, obwohl susi immer geschickt verbirgt, […]
    jetzt denkt heinz an gar nichts, seine kiefer mahlen langsam aber gründlich.
    brigitte ist vom hass so aufgefressen, dass sie selber gar nichts fressen kann, sie versucht, das schnitze! von susi herabzuwerten, heinz wertet das Schnitzel von susi wieder auf. er ver-
105 schlingt die portion von brigitte gleich mit. so gut hat es geschmeckt.
    heinz hält sich für den keim der urzelle, das haben ihn seine lieben eitern gelehrt.
    heinz glaubt, dass es zwischen ihm und einer vollblutfrau wie susi die ideale Verbindung ergeben müsste.
    irgendeine Verbindung mit heinz geben könnte, susi will einen Vollblüter als mann, was
110 heinz nicht ist. für susi ist heinz ein verfressener prolet. für susi ist susi eine ausgezeichnete köchin, auch für ihren vati.
    susi versucht, weiter das elend ringsumher zu erklären, und die familie von heinz gegen dieses elend zu agitieren.
    der heinzvater sagt sehr freundlich, sie soll ihr maul halten, weil sein söhn heinz beim fres-
115 sen nichts trauriges, sondern nur heiteres hören möchte, und jetzt ist sein söhn heinz gerade wieder beim fressen, ob susi das nicht sehen könne.
    susi schweigt erschrocken, sie schämt sich für die gleichgültige öffentlichkeit, die hier im vater von heinz personifiziert ist. susi ist ruhig und beginnt zu träumen: wieder zwei stunden vergangen, und noch immer kein oberarzt in sieht.
120 heinz träumt von den kleinen dingen vor sich hin: die kleine susi mit einem kleinen schürzchen in seiner Wohnküche.
    das wird Ihnen in der ehe schon vergehen, scherzt der lebenskluge heinz, der fachmann, der das von seinen eitern her weiß, der Spezialist, heinz, der immer in allgemeinen sätzen spricht, als ob er es wüsste, gelernt hätte, oder die erfahrung gemacht hätte, dabei hat er es
125 nur von seinen eitern und arbeitskollegen erfahren, seine eitern wissen selber nichts, sonst müsste der vati nicht fernfahren, sonst müsste die mutti allerdings noch immer weiter haushalten, egal, was der mann ist, der haushält bleibt einem, heinz spricht, als ob er eine große lebenserfahrung hätte, die er nicht hat.
    susi erzählt von ihren hobbies: fremde menschen und länder. heinz der fachmann sagt, bei
130 uns ist es doch am schönsten, susi ist verächtlich, heinz weiß es trotzdem besser, heinz, der

mannesmann. brigitte zeigt indessen, wie sehr sie auf das porzellan und die löffelchen der heinzfamilie achtgibt.

brigitte schirmt das porzellan gegen fremdbeschädigung ab.

sie zeigt, wie lieb sie das blümchenporzellan hat, sie hält die tassen zwischen den fingern
135 wie ein neugeborenes küken. ganz leicht, das würde man diesen ungelernten händen nie zutrauen, den heinzeltern ist es peinlich, jetzt glaubt susi vielleicht, dass porzellan für die heinzfamilie etwas besondres ist, wo es doch nur für die arbeiterin b. etwas besondres ist. die heinzeltern versichern eilig, dass sie jeden tag nahrung aus blümchenporzellan zu sich nehmen, geht ein stück kaputt, na, dann kauft man ein neues stattdessen.

140 brigitte glaubt, dass vor soviel liebevoller fürsorge die ausländischen gedanken, die sie jetzt manchmal bei heinz bemerkt, verschwinden müssen, was sie nicht tun, weil sie inländische, von den eitern vererbte gedanken sind, irrtum brigittes.

susi greift einfach nach der kanne, als ob die aus blech wäre und schon ihr gehörte, wir sind doch nicht im gefängnis beim blech, sondern beim porzellan in der familie meines zu-
145 künftigen verlobten, verlobten! brigitte will ihr die kanne wegnehmen, abschirmen und an ihr herz drücken und wiegen wie einen säugling, damit jeder sieht, wie sie das auch schätzt, was bald ihr gehören wird, die eitern sollen das maul halten, im altersheim, da können sie dann aus dem blechnapf fressen, die tatterer.

eins von beiden mädchen ist schwer im irrtum. wie immer brigitte. brigitte und susi ma-
150 chen auf lieb und weiblich.

susi hat damit erfolg, weil sie wirklich lieb ist, was sie leicht sein kann, weil es sie nichts kostet und alle um sie herum froh macht, selbst wenn es was kosten würde, susi könnte es sich leisten.

brigitte hat damit keinen erfolg, weil sie auf dem harten weg zu heinz selbst hart und ver-
155 bittert geworden ist. bei brigitte darf es nichts kosten, nur ihre Substanz, an brigittes Substanz nagen jetzt schon ziemlich viele ungebetene gaste: das sture büstenhalterband ist der ungebetenste von allen, brigittes Substanz ist dünn wie verschlissene seide.

nur die ausdauer hält noch die festung. die liebe ist längst schlafen gegangen, keiner kann so lange aufbleiben.

160 wieder einmal musste die liebe scheitern und die brutalität gewinnen.

susi muss immer gewinnen, weil sie so lieb und gut ist. weil sie menschlich ist. brigitte ist unmenschlich.

brigitte gewinnt mit aller härte den kämpf um die kaffeekanne. susi, die weibliche weiche, muss die kanne loslassen, brigitte, die harte unweibliche, reißt die kanne triumphierend an
165 sich, die kanne ist an brigittes brüst: gewonnen, susi sagt bei uns daheim steht eine viel schönere, zu der gehe ich jetzt hin.

die heinzmutter wirft sich susi in den weg, damit sie noch bleibt, sie verspricht, dass sie die allerschönste kanne kaufen wird, wenn susi nur bleibt, sie zieht susi an ihre brüst, die vor jähren heinz gesäugt hat und spätem zu einem mann gemacht hat, der auf das wesentliche
170 schaut, und nicht auf das unwesentliche - brigitte.

die heinzmutter sagt zu susi, sie müssten weiblich gegen das unweibliche harte - brigitte -

zusammenhalten.

susi hat letzten endes die Schlacht gewonnen, durch ihre Weiblichkeit und Weichheit, bleibe weiter so, susi! lass dich nicht verhärten!

175 heinz würde brigitte am liebsten ohrfeigen, im nächsten moment ohrfeigt heinz brigitte auch schon, ein mann muss tun, was er sich vorgenommen hat. diese Ungerechtigkeit tut weh! brigitte hat schließlich die familienkanne vor einem eindringling gerettet, sie presst das porzellan noch immer an sich, das porzellan ist schon körperwarm, anders als heinz, der immer kalt gegen b. ist.

180 auf dem tischtuch ist ein großer brauner fleck, susi rast in die küche, um ihren instinkten räum zu geben, die ihr sagen: putze das tischtuch!

auftritt des nassen lappens auf der bildfläche, in einem schönen persönlichen erfolg lässt susi den läppen über das tischtuch gleiten, ich gebe die kanne nur der Schwiegermutter oder heinz, Ihnen aber nicht, sagt brigitte. doch keiner kümmert sich um sie. eine begeisterte men-
185 ge, bestehend aus heinz und dessen eitern, applaudiert susi.

brigitte ist nicht vorhanden, hielte sie nicht noch immer die kanne in den zerstochenen pfoten, keiner würde sie überhaupt sehen.

was brigitte in ihrer unweiblichkeit falsch gemacht hat, susi hat es wieder gut gemacht.

sie will dafür keinen dank, nein nein.

190 brigitte will dafür heinz.

so geht das jedenfalls nicht.

[...]

(Aus: Elfriede Jelinek, *Die Liebhaberinnen,* Rowohlt Verlag, 1975, S. 63—68.)

Arbeitsaufgaben:

1. Was fällt Ihnen an der Sprache Jelineks auf?
2. Was soll diese Sprache bewirken?
3. Wie werden Susi und Brigitte beschrieben?
4. Was ist der Unterschied zwischen diesen beiden Mädchen, und welche Gemeinsamkeiten haben sie?
5. Was bedeute „Liebe" für Heinz?
6. In »Das andere Geschlecht« äußert Simon de Beauvor, eine führende Vertreterin des französischen Existenzialismus, die Meinung: „Das Schicksal, das die Gesellschaft herkömmlicherweise für die Frau bereit hält, ist die Ehe. Auch heute noch sind die meisten Frauen verheiratet. Sie waren es. Sie bereiten sich auf die Ehe vor, oder sie leiden darunter, dass sie nicht verheiratet sind. Unter dem Gesichtspunkt der Ehe sieht sich die Ledige, mag sie um diese betrogen sein, sich gegen ihre Einrichtung auflehnen oder ihr gleichgültig gegenüberstehen ...". Diskutieren Sie über diese Ansicht in Bezug auf den hier vorliegenden Textauszug.
7. Informieren Sie sich über Jelineks Roman. Wie sehen Sie das Verhältnis zwischen Mann und Frau?

Elfriede Jelinek

Die Klavierspielerin
(Auszug)

Die Klavierlehrerin Erika Kohut stürzt wie ein Wirbelsturm in die Wohnung, die sie mit ihrer Mutter teilt. Die Mutter nennt Erika gern ihren kleinen Wirbelwind, denn das Kind bewegt sich manchmal extrem geschwind. Es trachtet danach, der Mutter zu entkommen. Erika geht auf das Ende der Dreißig zu. Die Mutter könnte, was ihr Alter betrifft, leicht Erikas
5 Großmutter sein. Nach vielen harten Ehejahren erst kam Erika damals auf die Welt. Sofort gab der Vater den Stab an seine Tochter weiter und trat ab. Erika trat auf, der Vater ab. Heute ist Erika flink durch Not geworden. Einem Schwärm herbstlicher Blätter gleich, schießt sie durch die Wohnungstür und bemüht sich, in ihr Zimmer zu gelangen, ohne gesehen zu werden. Doch da steht schon die Mama groß davor und stellt Erika. Zur Rede und an die Wand,
10 Inquisitor und Erschießungskommando in einer Person, in Staat und Familie einstimmig als Mutter anerkannt. Die Mutter forscht, weshalb Erika erst jetzt, so spät, nach Hause finde? Der letzte Schüler ist bereits vor drei Stunden heimgegangen, von Erika mit Hohn überhäuft. Du glaubst wohl, ich erfahre nicht, wo du gewesen bist, Erika. Ein Kind steht seiner Mutter unaufgefordert Antwort, die ihm jedoch nicht geglaubt wird, weil das Kind gern lügt. Die
15 Mutter wartet noch, aber nur so lange, bis sie eins zwei drei gezählt hat.

Schon bei zwei meldet sich die Tochter mit einer von der Wahrheit stark abweichenden Antwort. Die notenerfüllte Aktentasche wird ihr nun entrissen, und gleich schaut der Mutter die bittere Antwort auf alle Fragen daraus entgegen. Vier Bände Beethovensonaten teilen sich indigniert den kargen Raum mit einem neuen Kleid, dem man ansieht, dass es eben erst
20 gekauft worden ist. Die Mutter wütet sogleich gegen das Gewand. Im Geschäft, vorhin noch, hat das Kleid, durchbohrt von seinem Haken, so verlockend ausgesehen, bunt und geschmeidig, jetzt liegt es als schlaffer Lappen da und wird von den Blicken der Mutter durchbohrt. Das Kleidergeld war für die Sparkasse bestimmt! Jetzt ist es vorzeitig verbraucht. Man hätte dieses Kleid jederzeit in Gestalt eines Eintrags ins Sparbuch der Bausparkassen der österr.
25 Sparkassen vor Augen haben können, scheute man den Weg zum Wäschekasten nicht, wo das Sparbuch hinter einem Stapel Leintücher hervorlugt. Heute hat es aber einen Ausflug gemacht, eine Abhebung wurde getätigt, das Resultat sieht man jetzt: jedesmal müsste Erika dieses Kleid anziehen, wenn man wissen will, wo das schöne Geld verblieben ist. Es schreit die Mutter: Du hast dir damit späteren Lohn verscherzt! Später hätten wir eine neue Woh-
30 nung gehabt, doch da du nicht warten konntest, hast du jetzt nur einen Fetzen, der bald unmodern sein wird. Die Mutter will alles später. Nichts will sie sofort. Doch das Kind will sie immer, und sie will immer wissen, wo man das Kind notfalls erreichen kann, wenn der Mama ein Herzinfarkt droht. Die Mutter will in der Zeit sparen[1], um später genießen zu können. Und da kauft Erika sich ausgerechnet ein Kleid!, beinahe noch vergänglicher als ein Tupfer
35 Mayonnaise auf einem Fischbrötchen. Dieses Kleid wird nicht schon nächstes Jahr, sondern bereits nächsten Monat außerhalb jeglicher Mode stehen. Geld kommt nie aus der Mode.

---
1. Anspielung auf das Sprichwort: „spare in der Zeit, dann hast du in der Not"

Es wird eine gemeinsame große Eigentumswohnung angespart. Die Mietwohnung, in der sie jetzt noch hocken, ist bereits so angejahrt, dass man sie nur noch wegwerfen kann. Sie werden sich vorher gemeinsam die Einbauschränke und sogar die Lage der Trennwände aussuchen können, denn es ist ein ganz neues Bausystem, das auf ihre neue Wohnung angewandt wird. Alles wird genau nach persönlichen Angaben ausgeführt werden. Wer zahlt, bestimmt. Die Mutter, die nur eine winzige Rente hat, bestimmt, was Erika bezahlt. In dieser nagelneuen Wohnung, gebaut nach der Methode der Zukunft, wird jeder ein eigenes Reich bekommen, Erika hier, die Mutter dort, beide Reiche säuberlich voneinander getrennt. Doch ein gemeinsames Wohnzimmer wird es geben, wo man sich trifft. Wenn man will. Doch Mutter und Kind wollen naturgemäß immer, weil sie zusammengehören. Schon hier, in diesem Schweinestall, der langsam verfällt, hat Erika ein eigenes Reich, wo sie schaltet und verwaltet wird. Es ist nur ein provisorisches Reich, denn die Mutter hat jederzeit freien Zutritt. Die Tür von Erikas Zimmer hat kein Schloss, und kein Kind hat Geheimnisse.

Erikas Lebensraum besteht aus ihrem eigenen kleinen Zimmer, wo sie machen kann, was sie will. Keiner hindert sie, denn dieses Zimmer ist ganz ihr Eigentum. Das Reich der Mutter ist alles übrige in dieser Wohnung, denn die Hausfrau, die sich um alles kümmert, wirtschaftet überall herum, während Erika die Früchte der von der Mutter geleisteten Hausfrauenarbeit genießt. Im Haushalt hat Erika nie schuften müssen, weil er die Hände des Pianisten mittels Putzmittel vernichtet. Was der Mutter manchmal, in einer ihrer seltenen Verschnaufpausen, Sorgen bereitet, ist ihr vielgestaltiger Besitz. Denn man kann nicht immer wissen, wo genau sich alles befindet. Wo ist dieser quirlige Besitz jetzt schon wieder? In welchen Räumen fegt er allein oder zu zwein herum? Erika, dieses Quecksilber, dieses schlüpfrige Ding, kurvt vielleicht in diesem Augenblick irgendwo herum und betreibt Unsinn. Doch jeden Tag aufs neue findet sich die Tochter auf die Sekunde pünktlich dort ein, wo sie hingehört: zuhause. Unruhe packt oft die Mutter, denn jeder Besitzer lernt als erstes, und er lernt unter Schmerzen: Vertrauen ist gut, Kontrolle ist dennoch angebracht. Das Hauptproblem der Mama besteht darin, ihr Besitztum möglichst unbeweglich an einem Ort zu fixieren, damit es nicht davonläuft. Diesem Zweck dient der Fernsehapparat, der schöne Bilder, schöne Weisen, vorfabriziert und verpackt, ins Haus liefert. Um seinetwillen ist Erika fast immer da, und wenn sie einmal fort ist, weiß man genau, wo sie herumschwirrt. Manchmal geht Erika abends in ein Konzert, doch sie tut es immer seltener. Entweder sitzt sie vor dem Klavier und drischt auf ihre längst endgültig begrabene Pianistinnenkarriere ein, oder sie schwebt als böser Geist über irgendeiner Probe mit ihren Schülern. Dort kann man sie dann notfalls anrufen. Oder Erika sitzt zu ihrem Vergnügen, zum Musizieren und Jubilieren, beim Kammermusizieren mit Kollegen, welche gleichgesinnt sind. Dort kann man sie auch anrufen. Erika kämpft gegen mütterliche Bande und ersucht wiederholt, nicht angerufen zu werden, was die Mutter übertreten kann, denn sie allein bestimmt die Gebote. Die Mutter bestimmt auch die Nachfrage nach ihrer Tochter, was damit endet, dass immer weniger Leute die Tochter sehen oder sprechen wollen. Erikas Beruf ist gleich Erikas Liebhaberei: die Himmelsmacht Musik[1]. Die Musik füllt

---

1. Die Musik aber auch die Liebe wird im Deutschen häufig als Himmelsmacht (göttliche) Macht beschrieben.

Erikas Zeit voll aus. Keine andere Zeit hat darin Platz. Nichts macht so viel Freude wie eine musikalische Höchstdarbietung, von Spitzenkräften erzeugt.

Wenn Erika einmal im Monat in einem Cafe sitzt, weiß die Mutter in welchem und kann dort anrufen. Von diesem Recht macht sie freizügig Gebrauch. Ein hausgemachtes Gerüst
80 von Sicherheiten und Gewöhnungen.

Die Zeit um Erika herum wird langsam gipsern. Sie bröckelt sofort, schlägt die Mutter einmal mit der Faust gröber hinein. Erika sitzt in solchen Fällen mit den gipsernen orthopädischen Kragenresten der Zeit um ihren dünnen Hals herum zum Gespött der anderen da und muss zugeben: ich muss jetzt nach Hause. Nach Hause. Erika ist fast immer auf dem Heim-
85 weg, wenn man sie im Freien antrifft.

Die Mutter erklärt, eigentlich ist mir die Erika schon recht so wie sie ist. Mehr wird wohl nicht draus. Sie hätte zwar, und leicht auch noch bei ihren Fähigkeiten, wäre sie nur allein mir, der Mutter anvertraut geblieben, eine überregionale Pianistin werden können! Doch Erika geriet, wider Willen der Mutter, manchmal unter fremde Einflüsse; eingebildete männ-
90 liche Liebe drohte mit Ablenkung vom Studium, Äußerlichkeiten wie Schminke und Kleidung reckten die hässlichen Häupter; und die Karriere endet, bevor sie sich noch richtig anlässt. Aber etwas Sicheres hat man sicher: das Lehramt für Klavier am Konservatorium der Stadt Wien. Und sie hat nicht einmal für Lehr- und Wanderjahre[1] in eine der Zweigstellen, eine Bezirks-Musikschule müssen, wo schon viele ihr junges Leben ausgehaucht haben, staubgrau,
95 buckelig - flüchtiger, rasch vergehender Schwärm vom Herrn Direktor.

Nur diese Eitelkeit. Die verflixte Eitelkeit. Erikas Eitelkeit macht der Mutter zu schaffen und bohrt ihr Dornen ins Auge. Diese Eitelkeit ist das einzige, auf das zu verzichten Erika jetzt langsam lernen müsste. Besser jetzt als später, denn im Alter, das vor der Tür steht, ist Eitelkeit eine besondre Last. Und das Alter allein ist doch schon Last genug. Diese Erika!
100 Waren die Häupter der Musikgeschichte etwa eitel? Sie waren es nicht. Das einzige, was Erika noch aufgeben muss, ist die Eitelkeit. Notfalls wird Erika zu diesem Zweck von der Mutter ganz glattgehobelt, damit nichts Überflüssiges an ihr haften kann.

So versucht die Mama heute ihrer Tochter das neue Kleid aus den zusammengekrampften Fingern zu winden, doch diese Finger sind zu gut trainiert. Loslassen, sagt die Mutter, gib es
105 her! Für deine Gier nach Äußerlichkeiten musst du bestraft werden. Bisher hat dich das Leben durch Nichtbeachtung gestraft, und nun straft dich deine Mutter, indem sie dich ebenfalls nicht beachtet, obwohl du dich behängst und bemalst wie ein Clown. Hergeben das Kleid!

Erika stürzt plötzlich zu ihrem Kleiderschrank. Sie wird von einem finstren Argwohn ergriffen, der sich schon einige Male bestätigt hat. Heute zum Beispiel fehlt wieder etwas, das
110 dunkelgraue Herbst-Complet[2] nämlich. Was ist geschehen? In der Sekunde, da Erika merkt, es fehlt etwas, weiß sie auch schon die dafür Verantwortliche zu benennen. Es ist die einzige Person, die dafür in Frage kommt. Du Luder, du Luder, brüllt Erika wütend die ihr überge-

---

1. auch Walz oder Tippelei genannt, ist die Zeit, in der ein Geselle nach Abschluss seiner Lehre auf Reisen geht, um von anderen Meistern seiner Zunft zu lernen und Erfahrungen zu sammeln.
2. ein feierlicher Damenrock

ordnete Instanz an und verkrallt sich in ihrer Mutter dunkelblond gefärbten Haaren, die an den Wurzeln grau nachstoßen. Auch ein Friseur ist teuer und wird am besten nicht aufgesucht. Erika färbt der Mutter jeden Monat die Haare mit Pinsel und Polycolor[1]. Erika rupft jetzt an den von ihr selbst verschönten Haaren. Sie reißt wütend daran. Die Mutter heult. Als Erika zu reißen aufhört, hat sie die Hände voller Haarbüschel, die sie stumm und erstaunt betrachtet. Die Chemie hat diese Haare ohnehin in ihrem Widerstand gebrochen, aber auch die Natur hatte an ihnen nie ein Meisterwerk vollbracht. Erika weiß nicht gleich, wohin mit diesen Haaren. Endlich geht sie in die Küche und wirft die dunkelblonden, oft fehlfarbigen Büschel in den Mistkübel.

Die Mutter steht mit reduziertem Kopfhaar greinend im Wohnzimmer, in dem ihre Erika oft Privatkonzerte gibt, in denen sie die Allerbeste ist, weil in diesem Wohnzimmer außer ihr nie jemand Klavier spielt. Das neue Kleid hält die Mutter immer noch in der zitternden Hand. Wenn sie es verkaufen will, muss sie das bald tun, denn solche kohlkopfgroßen Mohnblumen trägt man nur ein Jahr und nie wieder. Der Kopf tut der Mutter dort weh, wo ihr die Haare jetzt fehlen.

Die Tochter kehrt zurück und weint bereits vor Aufregung. Sie beschimpft die Mutter als gemeine Kanaille, wobei sie hofft, dass die Mutter sich gleich mit ihr versöhnen wird. Mit einem liebevollen Kuss. Die Mutter schwört, die Hand soll Erika abfallen, weil sie die Mama geschlagen und gerupft hat. Erika schluchzt immer lauter, denn es tut ihr jetzt schon leid, wo die Mutti sich bis auf die Knochen und Haare aufopfert. Alles, was Erika gegen die Mutter unternimmt, tut ihr sehr schnell leid, weil sie ihre Mutti liebhat, die sie schon seit frühester Kindheit kennt. Schließlich lenkt Erika, wie erwartet, ein, wobei sie bitterlich heult. Gern, nur allzu gern, gibt die Mutti nach, sie kann ihrer Tochter eben nicht ernsthaft böse sein. Jetzt koche ich uns erst einmal einen Kaffee, den wir gemeinsam trinken werden. Bei der Jause tut Erika die Mutter noch mehr leid, und die letzten Reste ihrer Wut lösen sich im Guglhupf auf. Sie untersucht die Löcher im Haar der Mutter. Sie weiß aber nichts dazu zu sagen, genau wie sie auch nicht gewusst hat, was sie mit den Büscheln anfangen sollte. Sie weint wieder ein bisschen zur Nachsorge, weil die Mutter schon alt ist und einmal enden wird. Und weil ihre, Erikas Jugend auch schon vorbei ist. Überhaupt weil immer etwas vergeht und selten etwas nachkommt.

Die Mutter beschreibt jetzt ihrem Kind, weswegen ein hübsches Mädel sich nicht aufzuputzen braucht. Das Kind bestätigt es ihr. Diese vielen vielen Kleider, die Erika im Kasten hängen hat und wozu? Sie zieht sie niemals an. Diese Kleider hängen unnütz und nur zur Zierde des Kastens da. Das Kaufen kann die Mutter nicht immer verhindern, doch über das Tragen der Kleider ist sie unumschränkte Herrscherin. Die Mutter bestimmt darüber, wie Erika aus dem Haus geht. So gehst du mir nicht aus dem Haus, bestimmt die Mutter, welche befürchtet, dass Erika fremde Häuser mit fremden Männern darin betritt. Auch Erika selber ist zu dem Entschluss gekommen, ihre Kleider nie anzuziehen. Mutterpflicht ist es, bei Entschlüssen nachzuhelfen und falschen Entscheidungen vorzubeugen. Dann muss man später

---

[1]. hier: die Marke eines Haarfärbemittelsein feierlicher Damenrock

keine Wunden mühsam kleben, denn der Verletzung hat man nicht Vorschub geleistet. Die Mutter fügt Erika lieber persönlich ihre Verletzungen zu und überwacht sodann den Heilungsvorgang.

155 Das Gespräch ufert aus und schreitet zu dem Punkt, da Säure über jene verspritzt wird, die Erika links und rechts vorkommen oder vorzukommen drohen. Das wäre nicht nötig, man darf sie eben nicht lassen wie sie wollen! Du lässt es auch noch zu! Dabei könntest du gut als Bremserin fungieren, aber dazu bist du zu ungeschickt, Erika. Wenn die Lehrerin es entschlossen verhindert, kommt, zumindest aus ihrer Klasse, keine Jüngere hervor und macht
160 unerwünschte und außerfahrplanmäßige Karriere als Pianistin. Du selbst hast es nicht geschafft, warum sollen es jetzt andere an deiner Stelle und auch noch aus deinem pianistischen Stall erreichen?

Erika nimmt, immer noch aufschnupfend, das arme Kleid in ihre Arme und hängt es unerfreut und stumm zu den anderen Kleidern, Hosenanzügen, Röcken, Mänteln, Kostümen
165 in den Schrank. Sie zieht sie alle nie an. Sie sollen nur hier auf sie warten, bis sie am Abend nach Hause kommt. Dann werden sie ausgebreitet, vor den Körper drapiert und betrachtet. Denn: ihr gehören sie! Die Mutter kann sie ihr zwar wegnehmen und verkaufen, aber sie kann sie nicht selber anziehen, denn die Mutter ist leider zu dick für diese schmalen Hülsen. Die Sachen passen ihr nicht. Es ist alles ganz ihres. Ihres. Es gehört Erika. Das Kleid ahnt
170 noch nicht, dass es soeben jählings seine Karriere unterbrochen hat. Es wird unbenutzt abgeführt und niemals ausgeführt. Erika will es nur besitzen und anschauen. Von fern anschauen. Nicht einmal probieren möchte sie einmal, es genügt, dieses Gedicht aus Stoff und Farben vorne hinzuhalten und anmutig zu bewegen. Als fahre ein Frühlingswind hinein. Erika hat das Kleid vorhin in der Boutique probiert, und jetzt wird sie es nie mehr anziehen. Schon
175 kann sich Erika an den kurzen flüchtigen Reiz, den das Kleid im Geschäft auf sie ausübte, nicht mehr erinnern. Jetzt hat sie eine Kleiderleiche mehr, die aber immerhin ihr Eigentum ist.

In der Nacht, wenn alles schläft und nur Erika einsam wacht, während der traute Teil dieses durch Leibesbande aneinandergeketteten Paares, die Frau Mama, in himmlischer Ruhe[1] von
180 neuen Foltermethoden träumt, öffnet sie manchmal, sehr selten, die Kastentür und streicht über die Zeugen ihrer geheimen Wünsche. Sie sind gar nicht so geheim, diese Wünsche, sie schreien laut hinaus, wieviel sie einmal gekostet haben und wofür jetzt das Ganze? Die Farben schreien die zweite und dritte Stimme mit. Wo kann man so etwas tragen, ohne von der Polizei entfernt zu werden? Normalerweise hat Erika immer nur Rock und Pulli oder, im
185 Sommer, Bluse an. Manchmal schrickt die Mutter aus dem Schlaf empor und weiß instinktiv: sie schaut sich wieder ihre Kleider an, die eitle Kröte. Die Mutter ist dessen sicher, denn zu seinem Privatvergnügen quietscht der Schrank nicht mit seinen Türen.

Der Jammer ist, dass diese Kleiderkäufe die Frist ins Uferlose verlängern, bis man endlich die neue Wohnung beziehen kann, und stets ist Erika dabei in Gefahr, dass Liebesbande sie
190 umschlingen; auf einmal hätte man ein männliches Kuckucksei im eigenen Nest. Morgen,

---

1. Entlehnung aus dem weltbekannten österreichischen Weihnachtslied »Stille Nacht, heilige Nacht«

beim Frühstück, erhält Erika bestimmt eine strenge Abmahnung für Leichtsinn. Die Mutter hätte gestern an den Haarwunden direkt sterben können, am Schock. Erika wird eine Zahlungsfrist erhalten, soll sie eben ihre Privatstunden ausbauen.

Nur ein Brautkleid fehlt zum Glück in der trüben Kollektion. Die Mutter wünscht nicht, Brautmutter zu werden. Sie will eine Normalmutter bleiben, mit diesem Status bescheidet sie sich. Aber heute ist heute. Jetzt wird endgültig geschlafen! So verlangt es die Mutter vom Ehebett her, doch Erika rotiert immer noch vor dem Spiegel. Mütterliche Befehle treffen sie wie Hacken in den Rücken. Rasch befühlt sie jetzt noch ein flottes Nachmittagskleid mit Blumen, diesmal am Saum. Diese Blumen haben noch nie frische Luft geatmet, und auch Wasser kennen sie nicht. Das Kleid stammt aus einem, wie Erika versichert, erstklassigen Modehaus in der Innenstadt. Qualität und Verarbeitung sind für die Ewigkeit, die Passform hängt von Erikas Körper ab. Nicht zu viele Süßigkeiten oder Teigwaren! Erika hat gleich beim ersten Anblick des Kleides die Vision gehabt: das kann ich jahrelang tragen, ohne dass es auch nur ein Haarbreit von der Mode abweicht. Das Kleid hält sich jahrelang auf dem Pfad der Mode! Dieses Argument wird an die Mutter vergeudet. Es wird überhaupt nie altmodisch werden. Die Mutter soll streng ihr Gewissen erforschen, ob sie ein ähnlich geschnittenes Kleid nicht in ihrer Jugend selbst getragen habe, Mutti? Diese bestreitet es aus Prinzip. Erika leitet trotzdem den Schluss ab, dass sich diese Anschaffung rentiert hat; aus dem Grund, dass das Kleid nie veraltet, wird Erika das Kleid noch in zwanzig Jahren genauso tragen wie heute.

Die Moden wechseln schnell. Das Kleid bleibt ungetragen, wenn auch bestens in Schuss. Doch keiner kommt und verlangt es zu sehen. Seine beste Zeit ist nutzlos vorbeigegangen und kommt nicht mehr zurück, und wenn, dann erst in zwanzig Jahren wieder.

Manche Schüler setzen sich gegen ihre Klavierlehrerin Erika entschieden zur Wehr, doch ihre Eltern zwingen zur Kunstausübung. Und daher kann das Fräulein Professor Kohut ebenfalls die Zwinge anwenden. Die meisten Klavierhämmerer allerdings sind brav und an der Kunst interessiert, die sie erlernen sollen. Sie kümmern sich sogar um diese Kunst, wenn sie von Fremden ausgeführt wird, ob im Musikverein oder im Konzerthaus. Sie vergleichen, wägen, messen, zählen. Es kommen viele Ausländer zu Erika, jedes Jahr werden es mehr. Wien, Stadt der Musik! Nur was sich bisher bewährt hat, wird sich in dieser Stadt auch hinkünftig bewähren. Die Knöpfe platzen ihr vom weißen fetten Bauch der Kultur, die, wie jede Wasserleiche, die man nicht herausfischt, jedes Jahr noch aufgeblähter wird. Der Schrank nimmt das neue Kleid in sich auf. Eins mehr! Die Mutter sieht nicht gern, wenn Erika aus dem Hause geht. Dieses Kleid ist zu auffallend, es passt nicht zum Kind. Die Mutter sagt, irgendwo muss man eine Grenze ziehen, sie weiß nicht, was sie jetzt damit gemeint hat. Bis hierher und nicht weiter, das hat die Mutter damit gemeint.

Die Mutter rechnet Erika vor, sie, Erika, sei nicht eine von vielen, sondern einzig und allein. Diese Rechnung geht bei der Mutter immer auf. Erika sagt heute schon von sich, sie sei eine Individualistin. Sie gibt an, dass sie sich nichts und niemandem unterordnen kann. Sie ordnet sich auch nur schwer ein. Etwas wie Erika gibt es nur ein einziges Mal und dann nicht noch einmal. Wenn etwas besonders unverwechselbar ist, dann nennt man es Erika. Was sie verabscheut, ist Gleichmacherei in jeder Form, auch beispielsweise in der Schulreform, die

auf Eigenschaften keine Rücksicht nimmt. Erika lässt sich nicht mit anderen zusammenfassen, und seien sie noch so gleichgesinnt mit ihr. Sie würde sofort hervorstechen. Sie ist eben sie. Sie ist so wie sie ist, und daran kann sie nichts ändern. Die Mutter wittert schlechte
235 Einflüsse dort, wo sie sie nicht sehen kann, und will Erika vor allem davor bewahren, dass ein Mann sie zu etwas anderem umformt. Denn: Erika ist ein Einzelwesen, allerdings voller Widersprüche. Diese Widersprüche in Erika zwingen sie auch, gegen Vermassung entschieden aufzutreten. Erika ist eine stark ausgeprägte Einzelpersönlichkeit und steht der breiten Masse ihrer Schüler ganz allein gegenüber, eine gegen alle, und sie dreht am Steuerrad des
240 Kunstschiffchens. Nie könnte eine Zusammenfassung ihr gerecht werden. Wenn ein Schüler nach ihrem Ziel fragt, so nennt sie die Humanität, in diesem Sinn fasst sie den Inhalt des Heiligenstädter Testaments von Beethoven[1] für die Schüler zusammen, sich neben den Heros der Tonkunst mit aufs Postament zwängend.

Aus allgemein künstlerischen und individuell menschlichen Erwägungen heraus extrahiert
245 Erika die Wurzel: nie könnte sie sich einem Mann unterordnen, nachdem sie sich so viele Jahre der Mutter untergeordnet hat. Die Mutter ist gegen eine spätere Heirat Erikas, weil sich meine Tochter nirgends ein- und niemals unterordnen könnte. Sie ist eben so. Erika soll nicht einen Lebenspartner wählen, weil sie unbeugsam ist. Sie ist auch kein junger Baum mehr. Wenn keiner nachgeben kann, nimmt die Ehe ein schlimmes Ende. Bleibe lieber nur du sel-
250 ber, sagt die Mutter zu Erika. Die Mutter hat Erika schließlich zu dem gemacht, was sie jetzt ist. Sind Sie noch nicht verheiratet, Fräulein Erika, fragt die Milchfrau und fragt auch der Fleischhauer. Sie wissen ja, mir gefällt niemals einer, antwortet Erika.

Überhaupt stammt sie aus einer Familie von einzeln in der Landschaft stehenden Signalmasten. Es gibt wenige von ihnen. Sie pflanzen sich nur zäh und sparsam fort, wie sie auch
255 im Leben immer zäh und sparsam mit allem umgehen. Erika ist erst nach zwanzigjähriger Ehe auf die Welt gestiegen, an der ihr Vater irr wurde, in einer Anstalt verwahrt, damit er keine Gefahr für die Welt würde.

Unter vornehmem Schweigen kauft Erika ein Achtel Butter. Sie hat noch ein Mütterlein und braucht daher keinen Mann zu frei'n. Kaum ist dieser Familie ein neuer Verwandter er-
260 wachsen, wird er auch schon ausgestoßen und abgelehnt. Der Verkehr mit ihm wird abgebrochen, sobald er sich, wie erwartet, als unbrauchbar und untauglich erwiesen hat. Die Mutter klopft die Mitglieder der Familie mit einem Hämmerchen ab und sondert sie einen nach dem anderen aus. Sie sortiert und lehnt ab. Sie prüft und verwirft. Es können auf diese Weise keine Parasiten entstehen, die dauernd etwas haben möchten, das man behalten will. Wir bleiben
265 ganz unter uns, nicht wahr, Erika, wir brauchen niemanden.

Die Zeit vergeht, und wir vergehen in ihr. Unter einer gläsernen Käseglocke sind sie miteinander eingeschlossen, Erika, ihre feinen Schutzhüllen, ihre Mama. Die Glocke lässt sich nur heben, wenn jemand von außen den Glasknopf oben ergreift und ihn in die Höhe zieht. Erika ist ein Insekt in Bernstein, zeitlos, alterslos. Erika hat keine Geschichte und macht
270 keine Geschichten[2]. Die Fähigkeit zum Krabbeln und Kriechen hat dieses Insekt längst verlo-

---

1. ein Text des Komponisten Ludwig van Beethoven (1770-1827), in dem er den Verlust seines Gehörs beklagt
2. hier: Probleme bereiten

ren. Eingebacken ist Erika in die Backform der Unendlichkeit. Diese Unendlichkeit teilt sie freudig mit ihren geliebten Tonkünstlern, doch an Beliebtheit kann sie es mit jenen beileibe nicht aufnehmen. Erika erkämpft sich einen kleinen Platz, noch in Sichtweite der großen Musikschöpfer. Es ist ein heißumkämpfter Ort, denn ganz Wien will ebenfalls hier zumindest
275 eine Schrebergartenhütte[1] aufstellen. Erika steckt sich ihren Platz des Tüchtigen ab und fängt an, die Baugrube auszuheben. Sie hat sich diesen Platz durch Studieren und Interpretieren ehrlich verdient! Schließlich ist auch der Nachschöpfer noch eine Schöpferform. Er würzt die Suppe seines Spiels stets mit etwas Eigenem, etwas von ihm selber. Er tropft sein Herzblut hinein. Auch der Interpret hat noch sein bescheidenes Ziel: gut zu spielen. Dem Schöpfer des
280 Werks allerdings muss auch er sich unterordnen, sagt Erika. Sie gibt freiwillig zu, dass das für sie ein Problem darstellt. Denn sie kann und kann sich nicht unterordnen.

Ein Hauptziel hat Erika jedoch mit allen anderen Interpreten gemeinsam: Besser sein als andere!
[...]

(Aus: Elfriede Jelinek, *Die Klavierspielerin,* Rowohlt Taschenbuch Verlag, 2005, S. 7—18.)

Arbeitsaufgaben:

1. Aus welchen ursprünglichen sprachlichen Wendungen ist der Satz kombiniert: »Sofort gab der Vater den Stab an seine Tochter weiter und trat ab« (Zeile 6—7)?
2. »Vertrauen ist gut, Kontrolle ist dennoch angebracht« (Zeile 62—63) ist ein abgewandeltes Sprichwort. Wie heißt es eigentlich, und warum wurde das ursprüngliche Sprichwort abgewandelt?
3. In Zeile 82 ist vom »Gipsern der Zeit um Erika herum« die Rede; erklären Sie dieses Bild.
4. Der Kuckuck ist eine Vogelart, die ihre Eier in fremde Nester legt. Wie deuten Sie die Stelle »auf einmal hätte man ein männliches Kuckucksei im eigenen Nest« (Zeile 191)?
5. Könnte man die Beschreibung des Kleides (Zeile 888) zu Erikas Leben in Beziehung setzen?
6. Wie müssen Sie sich nach Schilderung der Autorin die Mutter und die Tochter vorstellen?
7. Wie ist die Beziehung zwischen Mutter und Tochter?
8. Warum kommt es zum Streit zwischen ihnen?
9. Die Mutter ist gegen eine spätere Heirat Erikas. Warum hat Erika bisher immer noch nicht geheiratet?
10. Was will der Vergleich mit dem Insekt im Bernstein (Zeile 270) ausdrücken?

---

1. Der Schrebergarten ist eine Anlage von Gartengrundstücken, die von Vereinen (Kleingartenvereinen) verwaltet und günstig an Mitglieder verpachtet werden. Sie sollen der Erholung in der Natur dienen und Stadtbewohnern den Anbau von Obst und Gemüse ermöglichen.

Zoë Jenny

Zoë Jenny wurde im März 1974 in Basel geboren und wuchs in Basel, in Griechenland und in Carona im Tessin auf. Sie ist eine Schweizer Schriftstellerin. Sie war Kolumnistin für »Die Zeit«, die »Financial Times« und die »Schweizer Illustrierte«. Sie zählt zu den großen Nachwuchsautorinnen der deutschsprachigen Gegenwartsliteratur. Ihr fulminantes Romandebüt »Das Blütenstaubzimmer« wurde weltweit in zahlreiche Sprachen übersetzt und mit mehreren Preisen bedacht, darunter dem Aspekte-Literaturpreis. Sie erhielt das 3sat-Stipendium beim Ingeborg-Bachmann-Wettbewerb in Klagenfurt und wurde mit dem Literaturpreis der Jürgen-Ponto-Stiftung 1997 ausgezeichnet.

Zoë Jenny unternahm ausgedehnte Vortragsreisen in die USA, nach China und nach Japan. Sie lebte einige Zeit in Griechenland und im Tessin und zeitweise in New York und in Berlin. Seit 2003 lebt sie in London.

Das Blütenstaubzimmer

(Auszug)

[...]

Lucy[1] ist in der Küche und bereitet das Abendessen für Vito[2] vor. Wie festgefroren warte ich im Garten darauf, dass sie nach mir ruft, damit ich ihr beim Kochen helfe. Ich warte auf ihre Stimme, aber sie ruft mich nicht, ich vernehme nur ihre Schritte auf dem Steinboden und das Klappern von Pfannen. Mit offenen Augen versinke ich in einen Traum, in dem ich mir
5 vorstelle, dass ich viel jünger bin und meine Mutter in der Küche steht und das Abendessen für uns zubereitet, während ich die Schulaufgaben mache. Die Geräusche, die sie im Haus macht, sind die Kulisse, vor der ich mich bewege; ihre Geräusche sind auch ein Band, das sich durch das Ohr in mich hineinbohrt. An einer bestimmten Stelle meines Innern ist jedes einzelne ihrer Geräusche konserviert, damit ich, wenn ich jemals allein sein sollte, sie abru-
10 fen und mich an ihr Gesicht erinnern könnte und mit ihr reden, auch wenn sie gar nicht da wäre. Das grelle Schrillen der Türklingel dringt bis hinaus in den Garten. Ich höre, wie sie in der Küche scheppernd etwas hinstellt und die Treppe hinuntereilt. Sie führt ihn durchs Haus, seine eisenbeschlagenen Schuhe klingen hohl auf dem Fußboden. Vitos Lachen hallt in Alois'

---

1. die Mutter der Ich-Erzählerin
2. der neue Freund der Mutter

leergeräumter Bibliothek. Im Gang vor dem Fenster bleiben Lucy und Vito stehen und blik-
15 ken hinunter in den Garten. Sie schauen in meine Richtung, ohne mich zu bemerken, obwohl
ich ihnen zuwinke. Reglos stehen sie am Fenster. Ich erkenne den Umriss seines Kopfes, der
zu groß wirkt im Verhältnis zu seinen schmalen Schultern. Das Haar glänzt und ist glatt nach
hinten gekämmt. So hatte auch Alois[1] einmal hier gestanden. Ich traf auf ihn, als ich, aus der
Küche kommend, in mein Zimmer gehen wollte. Er hatte die Arbeitskleider an und einen
20 Pinsel in der Hand, den er aufs Fensterbrett legte. Der Pinsel war voll frischer Farbe.
»Glaubst du, ein Haus kann plötzlich in sich zusammenstürzen, so, wie ein alter Mensch
zusammenbricht?« fragte er, ohne sich zu mir umzudrehen. Alois hatte mich noch nie etwas
gefragt, und ich glaubte, er verwechselte mich mit Lucy. »Vielleicht«, sagte ich unsicher, auf
den Pinsel blickend, aus dem es gelb auf den Boden tropfte.
25 Lucy öffnet weit die Gartentür für Vito. Er bemerkt mich, Lucy bleibt neben dem Ro-
senbusch stehen und zwinkert mir verschwörerisch zu, als er, »Aha, die kleine Schwester«
rufend, mit ausgestreckter Hand über die Distanz von der Gartentür bis zum Liegestuhl eilig
auf mich zusteuert. Er überschüttet mich gleich mit Fragen, während er mit kaum spürba-
rem Druck meine Hand hält und mich anblickt mit kleinen, von unzähligen winzigen Falten
30 umgebenen Augen. Lucy hat den Tisch im Garten gedeckt und trägt das Essen in großen
Schüsseln heran. Vito will wissen, was ich arbeite. Da ich auf solche Fragen nicht vorbereitet
bin, sage ich geradeheraus, ich sei bei der Post und sortiere Briefe. Seine Augen scheinen dabei noch kleiner zu werden, scheinen beinahe zu verschwinden in einem Nest aus winzigen
Falten. Lucy schöpft das Essen in die Teller und sagt lachend, das mit der Post sei nur vor-
35 übergehend, denn ich würde nächstes Jahr mit dem Studium beginnen. »Natürlich«, sagt Vito
und lächelt jetzt, und wir stoßen an mit dem Wein, der viel zu warm ist, weil sich an diesem
Abend die Hitze angestaut hat, schwer in der Luft lagert, nirgendwohin entweichen kann und
die Haut und alles, was man anfasst, mit einem feuchten klebrigen Film überzieht. Die roten
Geranienköpfe hängen von der Brüstung des Klosters herunter, obwohl sie vor wenigen Mi-
40 nuten bewässert wurden. Vito erzählt, er sei Hotelier und ungeheuer beschäftigt, er baue gerade eine Kette von neuen Hotels für das Jahr zweitausend, in dem die hunderttausend Pilger
erwartet werden. Einige der Hotels seien schon jetzt ausgebucht, bevor sie überhaupt stün-
den. »Für diese Menschenströme müssen wir gerüstet sein«, sagt er immer wieder und atmet
dabei wie ein schnaubendes Flusspferd durch die Nase. Vito und Lucy reden während des
45 ganzen Essens so viel und schnell, dass ich bald, zugeschüttet von ihren Wörtern, taubstumm
am Tisch sitze und aufgebe, der Unterhaltung zu folgen. Vito öffnet beim Reden den Mund,
dass man die Vorderzähne sehen kann, eine Reihe kleiner weißer Stummel. Ununterbrochen
fällt er Lucy ins Wort, was sie aber überhaupt nicht zu stören scheint, denn jedesmal nickt sie
dabei voller Zustimmung, lässt sich bereitwillig einlullen von seiner Stimme und dem sau-
50 beren hellen Klang seines in regelmäßigen Abständen aufschnappenden Feuerzeuges. Kleine
glitzernde Schweißtröpfchen haben sich auf Vitos Stirn und Nasenspitze gebildet. Plötzlich
rückt er seinen Stuhl näher zu Lucy und sitzt nun direkt vor den Friedhofspappeln, die hinter

---

1. der verstorbene Freund der Mutter

ihm aufragen, als wüchsen sie aus seinem Kopf. Hastig stehe ich auf, räume den Tisch ab und verschwinde so schnell wie möglich.

55 In der Küche höre ich von fern ihre Stimmen, ihre immer lauter und aufgeregter werdenden Stimmen, die sich allmählich einpuppen und gemeinsam einen Kokon aus Wörtern bilden. Und Lucys Kichern in Vitos Lachen hinein, in dieses hingeworfene Lachen, das keine Freude in sich birgt; nur eingepflanzte, satt gewordene Zufriedenheit.

[...]

60

Nicola[1] bittet uns, im Auto zu warten, bis er sich für die Party umgezogen hat. Er geht an dem Spielplatz vorbei zu einem der Betongebäude, die dahinter, eng nebeneinanderstehend, eine große geschlossene Mauer bilden. Der Spielplatz besteht aus einer Mulde mit schwarzem Sand und rostigen Kletterstangen. Zwei kleine Jungen hängen daran, ihre Körper bau-
65 meln träge in der Luft und wippen von Zeit zu Zeit leicht hin und her. Obwohl sie noch klein sind, sind ihre Stirnen mit Pickeln übersät. Nachdem sie uns bemerkt haben, lassen sie sich wie schwere Bündel in den Sand fallen und blicken feindselig zu uns herüber. Bald darauf zeigen sie mit den Fingern auf uns. »Mein Gott, siehst du, wie süß Kinder sind«, sagt Rea[2] in übertriebenem Tonfall, »ich will unbedingt einen ganzen Haufen davon haben. « Sie schüttelt
70 sich angewidert, während die Jungen beginnen, schwarze Sandkugeln mit ihren Händen zu formen und in unsere Richtung zu werfen. Plötzlich öffnet Rea die Wagentür und schreit, die Faust in der Luft, höllisch laut, so dass ich zusammenzucke und die beiden Jungen gleichzeitig in die Höhe springen: »Verpißt euch, ihr kleinen Scheißer! « Zuerst rennen sie verängstigt ein paar Meter über den Rasen, dann blicken sie zurück, mit geweiteten Augen, als hätte man
75 sie gerade aus dem Tiefschlaf gerissen, aber ihr Blick ist trotzig und voller Abscheu. Dann trotten sie, ohne sich nochmals nach uns umzublicken, dicht aneinandergedrängt zum Gebäude, wie Tiere in ihren Bau. Als Nicola zurückkommt, ist es schon Abend. Er trägt einen weißen Overall und eine Gletscherbrille, die sein halbes Gesicht bedeckt. Die Dunkelheit ist rasch hereingebrochen, scheinbar ohne Übergang. Wir rasen über die Autobahn, vorbei an
80 gespenstisch leerstehenden Fabrikgebäuden. Es ist eine sternenklare Nacht. Rea streckt den Kopf aus dem Fenster. Sie sagt:

»Habe noch nie einen Kometen gesehen. Möchte einmal einen Kometen sehen. «[3] Sie hat jetzt die Stimme eines launischen Mädchens, und die Blumenohrringe aus PVC[4] baumeln wie Weihnachtskugeln an ihren Ohrläppchen.
85 »Wenn du deine Brille mal herunternehmen würdest, könntest du vielleicht was sehen«, sagt Nicola belustigt und grinst mich durch den Innenrückspiegel an. In dem Overall sieht er wie ein Astronaut aus. »Du verstehst einfach überhaupt nichts. « Beleidigt kurbelt Rea das Fenster zu. Ich rutsche auf dem Sitz herum und kratze mich mit beiden Händen, weil das Kunstfaserkleid, das Rea mir für die Party geliehen hat, auf der nackten Haut schlimmer

---

1. Reas Freund
2. ein Mädchen, dem sich die Ich-Erzählerin anschließt
3. Wenn man einen Kometen sieht, kann man einen Wunsch äußern, der in Erfüllung gehen möge
4. ein umweltbelastender Kunststoff

90 juckt als Wolle.

»Ich schmeiß jetzt einen Herzöffner, wer will, kann nehmen. « Nicola hält die geöffnete Hand hin, darauf liegen drei kleine Pillen. Ich stecke automatisch eine davon in den Mund und lasse sie auf der Zunge zergehen. Ich habe etwas Süßes erwartet, aber was ich im Mund habe, ist bitter und zugleich sauer, und ich spucke den Rest der Pille in ein Taschentuch, das
95 ich zwischen den Autositzen verschwinden lasse. Dummerweise nicht ohne von Nicola im Spiegel beobachtet worden zu sein. Ich werde rot im Gesicht und erwarte, dass er etwas sagt, er sagt aber nichts, sieht mich nur im Spiegel an. Ich drücke mich in den Sitz hinein und rutsche ganz an den äußeren Rand, aber das Augenpaar verfolgt jede meiner Bewegungen. Ich drehe mein Gesicht zum Fenster und spüre seinen Blick an meinem Hinterkopf kleben, bis
100 wir endlich auf einem Kiesplatz vor einem großen Backsteingebäude anhalten.

Aus dem Innern des Gebäudes dröhnen schnelle dumpfe Schläge. Rea trägt einen grünen Mini und ein gelbes T-Shirt, das in der Dunkelheit fluoresziert; ich folge ihren hochgeschnürten Lederstiefeln, die über den Platz zum Eingang stapfen. Über dem Eingang hängt ein Transparent mit der Aufschrift Tarne dich.

105 Drinnen herrscht eine tropische Hitze, und in der Halle, in der die Leute tanzen, ist ein Nebel, dass ich sofort die Orientierung verliere. »Schlachthof!« schreit mir Rea ins Ohr und zeigt mit dem Finger an die Decke, wo noch die Haken zu sehen sind, an denen einst Tierleiber hingen. »You are the greatest ravers of this planet! « ruft der Dj[1] durchs Mikrofon, der gehetzt hinter einer erhöhten Anlage mit farbig blinken-den Lämpchen hin und her rennt.
110 Auf jede Seite seines Gesichtes ist ein Schmetterlingsflügel gemalt. Die Tonströme, die der Schmetterlingsmensch auf uns herunterjagt, hüpfen wie tausend kleine Gummibällchen in meinem Bauch. Im Licht des Stroboskops sehe ich nur noch einzelne Körperteile. Auch die von Rea müssen darunter sein, aber ich kann sie nicht mehr erkennen. Ich selbst bin Teil einer großen Körpermaschine, die zittert und die sich aufbäumt und einen hysterischen Lärm
115 veranstaltet, gegen die schreckliche Stille im Kopf. Hinter meinem Rücken bläst jemand in eine Trillerpfeife. Als ich mich umdrehen will, umklammern mich zwei Hände, verschränken sich über meinem Bauch. Ich blicke auf sie hinunter; es sind Männerhände. Ein Körper in einem Plastikanzug drückt sich wie ein Fisch an mich. Er schreit mir etwas ins Ohr, aber ich verstehe nichts und beiße in sein von einem Ring durchstochenes Ohrläppchen. Das Me-
120 tall schmeckt nach kalter Milch. Ich behalte den Ohrring eine Weile im Mund; bis Rea mit schweren Schritten auf uns zu kommt und mich aus der Umklammerung fortreißt. In der Nähe des Ausgangs lehnen wir uns an die Mauer. »Gehen wir«, sagt sie, »diese Musik bringt mich um, ohne Ecstasy kann ich nicht tanzen. «

Als wir auf den Ausgang zugehen, stellt sich der Junge vor uns hin. Der nasse Ohrring
125 glänzt. Er hebt und senkt die Arme. Die Iris rollt in seinen Augen, als wolle sie herausspringen. Rea öffnet ihr Täschchen, nimmt einen Schnuller heraus und steckt ihn ihm in den Mund. Dann verschwindet er nuckelnd zwischen den Lichtblitzen. Von der Lärmmaschine in die Nacht gespuckt, stehen wir halb blind und taub auf dem Parkplatz. »Was ist mit Nicola?

---

1. Abkürzung für Diskjockey

« frage ich, Reas energischen Schritten folgend.

130 »Den lassen wir hier. Er hat mir die Schlüssel gelassen. Nach der Party ist der viel zu tot, um sein Auto zu suchen«, sagt sie und schließt die Autotür auf.

Erst jetzt bemerke ich die Kette, die am Innenrückspiegel hängt. Ein kleines goldenes Medaillon baumelt daran. Ich klappe es auf. Auf der Innenseite ist das Foto einer Frau. »Zeig her«, Rea nimmt den Anhänger.

135 »Sicher seine Mutter. Damit sie ihm Glück bringt und bei ihm ist, wenn er einen Unfall baut und durch die Scheibe fliegt.«

Ich frage Rea, ob Nicola und sie zusammengehören und ein richtiges Paar sind. Sie zieht die Schultern hoch.

»Sex ist völlig aus der Mode gekommen«, sagt sie, »kenne niemand, der wirklich noch
140 Spaß daran hat. Lügen doch alle.«

Ich weiß dazu nichts zu sagen und kichere nur blöd, weil ich mir vorstelle, wie sie es im Schwimmbecken miteinander treiben und wie der Neptun aus Mosaik dabei unter den Wellen eine hässliche Fratze schneidet und mit dem Dreizack ihre Hinterteile malträtiert. Rea verlässt die Autobahn: auf einer asphaltierten Straße fahren wir durch einen Wald, der in einen
145 Parkplatz mündet. Vor uns ist ein Rastplatz mit Tischen, Bänken und Abfalleimern. Weiter hinten stehen Dolmen in einer Reihe. In einem der Gräber flackert das Licht einer kleinen Kerze. Rea kurbelt das Fenster auf und beugt sich hinaus, um besser zu sehen. »Dort pennt ja einer!« ruft sie, worauf sich der Deckenberg leicht bewegt und der hervorschauende verfilzte Haarschopf unter der Decke verschwindet, als ziehe eine verschreckte Schildkröte reflexartig
150 ihren Kopf ein. Flaschen und Zeitungen liegen um das Grab herum. Hinter der Windschutzscheibe, zwischen den Flecken aufgeklatschter Insekten, strahlt der Mond in einem weißen Kreis. Es muss doch andere Orte geben, überlege ich, ganz andere als diesen hier. Im Klassenzimmer hing eine Weltkarte. Immer wieder hatte ich sie angeschaut, diese weißen, blauen und grünen Flächen, Zacken, mäandernden Linien und Ausbuchtungen, ich wusste, dass
155 diese Karte ein Lüge war, denn die Erde hatte längst eine ganz andere Oberfläche erhalten. Der Erdkundelehrer fuhr mit dem Stab auf der Karte herum, er gab sich Mühe, so zu tun, als handle es sich dabei um ein Geheimnis, das darauf warte, von uns erkundet zu werden, aber mitunter huschte ihm ein gequältes Lächeln über die Lippen, wir wussten schließlich alle, dass wir es mit einem bis zur Unkenntlichkeit entstellten Planeten zu tun hatten, den eigent-
160 lich niemand mehr haben will.

Schemenhaft spiegelt sich Reas Gestalt in der Scheibe, ihre Haut ist durchsichtig gläsern. Plötzlich fürchte ich, dass sie früh sterben muss.

»Wir sollten von hier weggehen, Rea. In ein anderes Land.«

»Wozu, ist nirgendwo anders.« Sie schüttelt sich fröstelnd.

165 »Aber wie willst du das wissen? Zum Beispiel Milwaukee[1]. Hast du das schon mal gehört. Dort ist doch kein Mensch, oder?«

»Mil-wau-kee.« Rea rollt das Wort im Mund herum wie eine Speise, die man auf ihren Ge-

---

1. größte Stadt von Wisconsin, USA

schmack testet.

»Meine Mutter muss ich ohnehin in ein Heim bringen«, sage ich, »wir könnten jederzeit
170 aufbrechen. «

Ich stelle mir vor, wie wir die geistesgestörte Lucy in eine Klinik fahren würden, an einem warmen wolkenreichen Tag. Eine Schwester würde sie am Ellbogen durch einen langen Gang in ihr Zimmer führen. Lucy würde zurückblicken, und ihre aufgerissenen Augen würden sagen: Warum tust du mir das an, warum schiebst du mich hierhin ab?

175 »Es ist besser so«, würde ich ihrem immer kleiner werdenden Rücken zurufen und mir ganz sicher sein.

»Warum lassen wir uns nicht gleich auf den Mond schießen? « Rea ist plötzlich aufgeregt, richtet sich auf und drückt die Nase gegen die Windschutzscheibe, um den Mond besser zu sehen. »Stell dir vor, nur wir zwei. Und den Leuten auf der Erde würden wir Postkarten
180 schicken: Ganz schön kalt hier oben, aber das Leben gefällt uns. Die Kinder sind glücklich und hüpfen in den Kratern herum. Manchmal binden wir sie an ein Seil und lassen sie wie Ballons im All herumschweben. Abends setzen wir uns auf einen Hügel und blicken zu euch hinunter. Von hier aus macht die Erde einen zerbrechlichen Eindruck, solltet euch vielleicht gelegentlich mal nach was anderem umsehen. Hier gibt es leider keinen Platz mehr. «

185 Im Traum ist der Mond schon fast aufgegangen, als ich Rea schlottern höre. Sie winkelt die Beine auf dem Sitz an und legt den Kopf auf die Knie. Es hat zu regnen begonnen. Das Licht der Kerze beim Dolmengrab wird immer schwächer. Der Parkplatz ist jetzt ein glänzendes Viereck. Hoffentlich kommen am Wochenende keine Familien hierher, überlege ich. Die Kinder würden sich auf den Clochard stürzen, der unter den Decken im Grab liegt und
190 schläft. Sie würden an seinen Haaren ziehen und versuchen, ihn fortzujagen. Die Eltern, die auf den Bänken sitzen und Würste auf die Bratspieße stecken, würden ihre Kinder nicht davon abhalten. Im Gegenteil, sie würden die Bratspieße wie Fahnen in der Luft hin und her schwenken und sie mit Zurufen und Gelächter anspornen.

Die toten Insekten gleiten jetzt eine nach der anderen die Scheibe hinunter. »Fahr nicht
195 weg«, murmelt Rea im Halbschlaf, »der Parkplatz ist vielleicht ein Riesenmaul, das zuschnappt, wenn wir versuchen wegzufahren. «

[...]

(Aus: Zoë Jenny, *Das Blütenstaubzimmer*. Goldman Verlag, 1999, S. 47—50, 90—97.)

Arbeitsaufgaben:

I. für Teil I (bis Zeile 60)
1. Worum geht es in diesem Textauszug.
2. Welche Figuren kommen vor? Wie handeln Sie?
3. Was fällt Ihnen an sprachlich-stilistischen Mitteln auf?
4. Wie wird Vito von der Ich-Erzählerin beschrieben? Was ist ihr Eindruck von ihm?
5. Wie charakterisiert sich Vito selbst?
6. Wo finden Sie Assoziationen der Ich-Erzählerin? Was drücken diese aus?

7. Welche Erkenntnis der Ich-Erzählerin wird im letzten Abschnitt (Zeile 56—59) zum Ausdruck gebracht?

II. für Teil II (ab Zeile 61)
1. Was wissen wir über Rea, Nicola und die Ich-Erzählerin?
2. Ist die Ich-Erzählerin auf den Besuch der Techno-Party vorbereitet? In welchen Textstellen wechselt die Erzählerin zur Innensicht und beschreibt ihre Gefühle und Gedanken in Bezug auf die Disko-Umgebung?
3. Welche sprachlichen Wendungen und Bilder fallen Ihnen auf, die die besondere Atmosphäre in der Disko zum Ausdruck bringen?
4. Was für ein Lebensgefühl resümiert Reas Einschätzung »Sex ist völlig aus der Mode gekommen« (Zeile 139)?
5. In Zeile 58 ist von einem »gequältes Lächeln« die Rede; erklären Sie diesen Ausdruck.
6. Im Textauszug wird die Autoscheibe immer wieder erwähnt. Ist sie nur ein realer Fahrzeugbestandteil oder hat sie darüber hinaus noch eine bestimmte Funktion?
7. Kritiker bezeichnen die Literatur von jungen deutschen Autoren/Autorinnen der 90er-Jahre oft als so genannter „Impressionsprosa". Informieren Sie sich hierüber und diskutieren Sie diese Etikettierung im Hinblick auf den Textauszug.

Bernhard Schlink

Bernhard Schlink ist ein deutscher Professor für Rechtswissenschaften und Romanautor. Er wurde im Juli 1944 in Bielefeld geboren und wuchs in Heidelberg auf, wo er seine Kindheit verbrachte. Nach dem Abitur studierte er in Heidelberg und Berlin Rechtswissenschaften. Als wissenschaftlicher Assistent war er dann an den Universitäten in Darmstadt, Bielefeld und Freiburg tätig. Nach diesen Assistentenjahren promovierte er 1975 in Heidelberg und habilitierte sich im Jahr 1981 in Freiburg.
1982 übernahm Schlink zunächst an der Universität Bonn eine Professur für Verfassungs- und Verwaltungsrecht und wurde 1987 Richter des Verfassungsgerichtshofes des Landes Nordrhein-Westfalen. 1991 wechselte er zur Universität in Frankfurt am Main und ging 1992 schließlich nach Berlin an die Humboldt-Universität, wo er bereits seit 1990 als Gastprofessor tätig war. Als Gastprofessor lehrte er 1993 und 1997/98 auch an der Yeshiva-Universität in New York.
Zu diesen Aufgaben kommen schriftstellerische Tätigkeiten hinzu. 1987 erscheint sein erster Kriminalroman. 1988 und 1992 folgen zwei weitere. Mit dem Roman »Der Vorleser« aus dem Jahr 1995 wird Schlink einem breiten Publikum bekannt. Er hält zahlreiche internationale Literaturpreise und belegt, nachdem das Buch in Oprah Winfreys Literatur-Talk-Show enthusiastisch gelobt wurde, über Wochen den ersten Platz der US-Bestsellerlisten.

Der Vorleser
(Auszug)

[...]
Warum macht es mich so traurig, wenn ich an damals denke? Ist es die Sehnsucht nach vergangenem Glück - und glücklich war ich in den nächsten Wochen, in denen ich wirklich wie blöd gearbeitet und die Klasse geschafft habe und wir uns geliebt haben, als zahle sonst nichts auf der Welt. Ist es das Wissen, was danach kam und dass danach nur ans Licht kam,
5 was schon da war?
Warum? Warum wird uns, was schön war, im Rückblick dadurch brüchig, dass es hässliche Wahrheiten verbarg? Warum vergällt es die Erinnerung an glückliche Ehejahre, wenn sich herausstellt, dass der andere die ganzen Jahre einen Geliebten hatte? Weil man in einer solchen Lage nicht glücklich sein kann? Aber man war glücklich! Manchmal hält die Erin-

10 nerung dem Glück schon dann die Treue nicht, wenn das Ende schmerzlich war. Weil Glück nur stimmt, wenn es ewig hält? Weil schmerzlich nur enden kann, was schmerzlich gewesen ist, unbewusst und unerkannt? Aber was ist unbewusster und unerkannter Schmerz?

Ich denke an damals zurück und sehe mich vor mir. Ich trug die eleganten Anzüge auf, die ein reicher Onkel hinterlassen hatte und die an mich gelangt waren, zusammen mit mehreren
15 Paaren zweifarbiger Schuhe, schwarz und braun, schwarz und weiß, Wild- und glattes Leder. Ich hatte zu lange Arme und zu lange Beine, nicht für die Anzüge, die meine Mutter herausgelassen hatte, aber für die Koordination meiner Bewegungen. Meine Brille war ein billiges Kassenmodell und mein Haar ein zauser Mop[1], ich konnte machen, was ich wollte. In der Schule war ich nicht gut und nicht schlecht; ich glaube, viele Lehrer haben mich nicht recht
20 wahrgenommen und auch nicht die Schüler, die in der Klasse den Ton angaben. Ich mochte nicht, wie ich aussah, wie ich mich anzog und bewegte, was ich zustande brachte und was ich galt. Aber wieviel Energie war in mir, wieviel Vertrauen, eines Tages schön und klug, überlegen und bewundert zu sein, wieviel Erwartung, mit der ich neuen Menschen und Situationen begegnet bin.

25 Ist es das, was mich traurig macht? Der Eifer und Glaube, der mich damals erfüllte und dem Leben ein Versprechen entnahm, das es nie und nimmer halten konnte? Manchmal sehe ich in den Gesichtern von Kindern und Teenagern denselben Eifer und Glauben, und ich sehe ihn mit derselben Traurigkeit, mit der ich an mich zurückdenke. Ist diese Traurigkeit die Traurigkeit schlechthin? Ist sie es, die uns befällt, wenn schöne Erinnerungen im Rückblick
30 brüchig werden, weil das erinnerte Glück nicht nur aus der Situation, sondern aus einem Versprechen lebte, das nicht gehalten wurde?

Sie - ich sollte anfangen, sie Hanna zu nennen, wie ich auch damals anfing, sie Hanna zu nennen - sie freilich lebte nicht aus einem Versprechen, sondern aus der Situation und nur aus ihr.

35 Ich fragte sie nach ihrer Vergangenheit, und es war, als krame sie, was sie mir antwortete, aus einer verstaubten Truhe hervor. Sie war in Siebenbürgen[2] aufgewachsen, mit siebzehn nach Berlin gekommen, Arbeiterin bei Siemens geworden und mit einundzwanzig zu den Soldaten geraten. Seit der Krieg zu Ende war, hatte sie sich mit allen möglichen Jobs durchgeschlagen. An ihrem Beruf als Straßenbahnschaffnerin, den sie seit ein paar Jahren hatte,
40 mochte sie die Uniform und die Bewegung, den Wechsel der Bilder und das Rollen unter den Füßen. Sonst mochte sie ihn nicht. Sie hatte keine Familie. Sie war sechsunddreißig. Das alles erzählte sie, als sei es nicht ihr Leben, sondern das Leben eines anderen, den sie nicht gut kennt und der sie nichts angeht. Was ich genauer wissen wollte, wusste sie oft nicht mehr, und sie verstand auch nicht, warum mich interessierte, was aus ihren Eltern geworden war,
45 ob sie Geschwister gehabt, wie sie in Berlin gelebt und was sie bei den Soldaten gemacht hatte. »Was du alles wissen willst, Jungchen!«

Ebenso war es mit der Zukunft. Natürlich schmiedete ich keine Pläne für Heirat und Fami-

---
1. eine zerzauste Frisur
2. Siebenbürgen bildet geographisch das Zentrum und den Nordwestteil Rumäniens mit einer deutschsprachigen Minderheit.

lie. Aber ich nahm an der Beziehung von Julien Sorel zu Madame de Renal mehr Anteil als an der zu Mathilde de la Mole[1]. Ich sah Felix Knill[2] am Ende gern in den Armen der Mutter
50 statt der Tochter. Meine Schwes-ter, die Germanistik studierte, berichtete beim Essen von dem Streit, ob Herr von Goethe und Frau von Stein[3] eine Liebesbeziehung hatten, und ich verteidigte es zur Verblüffung der Familie mit Nachdruck. Ich stellte mir vor, wie unsere Beziehung in fünf oder zehn Jahren aussehen könne. Ich fragte Hanna, wie sie es sich vorstellte. Sie mochte nicht einmal bis Ostern denken, wo ich mit ihr in den Ferien mit dem Fahrrad
55 wegfahren wollte. Wir könnten als Mutter und Sohn ein gemeinsames Zimmer nehmen und die ganze Nacht zusammenbleiben.

Seltsam, dass mir die Vorstellung und der Vorschlag nicht peinlich waren. Bei einer Reise mit meiner Mutter hätte ich um das eigene Zimmer gekämpft. Von meiner Mutter zum Arzt oder beim Kauf eines neuen Mantels begleitet oder von einer Reise abgeholt zu werden er-
60 schien mir meinem Alter nicht mehr gemäß. Wenn sie mit mir unterwegs war und wir Schulkameraden begegneten, hatte ich Angst, für ein Muttersöhnchen gehalten zu werden. Aber mich mit Hanna zu zeigen, die, obschon zehn Jahre jünger als meine Mutter, meine Mutter hätte sein können, machte mir nichts aus. Es machte mich stolz.

Wenn ich heute eine Frau von sechsunddreißig sehe, finde ich sie jung. Aber wenn ich heu-
65 te einen Jungen von fünfzehn sehe, sehe ich ein Kind. Ich staune, wieviel Sicherheit Hanna mir gegeben hat. Mein Erfolg in der Schule ließ meine Lehrer aufmerken und gab mir die Sicherheit ihres Respekts. Die Mädchen, denen ich begegnete, merkten und mochten, dass ich keine Angst vor ihnen hatte. Ich fühlte mich in meinem Körper wohl.

Die Erinnerung, die die ersten Begegnungen mit Hanna hell ausleuchtet und genau festhält,
70 lässt die Wochen zwischen unserem Gespräch und dem Ende des Schuljahrs ineinander verschwimmen. Ein Grund dafür ist die Regelhaftigkeit, mit der wir uns trafen und mit der die Treffen abliefen. Ein anderer Grund ist, dass ich davor noch nie so volle Tage gehabt hatte, mein Leben noch nie so schnell und dicht gewesen war. Wenn ich mich an das Arbeiten in jenen Wochen erinnere, ist mir, als hätte ich mich an den Schreibtisch gesetzt und wäre an ihm
75 sitzen geblieben, bis alles aufgeholt war, was ich während der Gelbsucht versäumt hatte, alle Vokabeln gelernt, alle Texte gelesen, alle mathematischen Beweise geführt und chemischen Verbindungen geknüpft. Über die Weimarer Republik und das Dritte Reich hatte ich schon im Krankenbett gelesen. Auch unsere Treffen sind mir in der Erinnerung ein einziges langes Treffen. Seit unserem Gespräch waren sie immer am Nachmittag: wenn sie Spätschicht hatte,
80 von drei bis halb fünf, sonst um halb sechs. Um sieben wurde zu Abend gegessen, und zunächst drängte Hanna mich, pünktlich zu Hause zu sein. Aber nach einer Weile blieb es nicht bei den eineinhalb Stunden, und ich fing an, Ausreden zu erfinden und das Abendessen auszulassen.

---

1. Julien Sorel, Madame de Rênal und Mathilde de la Mole sind Figuren aus dem Roman »Rot und Schwarz« des frz. Schriftstellers Stendhal (1783-1842).
2. Titelfigur des Romans »Felix Krull« von Thomas Mann (1875-1955)
3. Charlotte von Stein (1742-1827); die Liebesbeziehung zwischen Goethe und der sieben Jahre älteren Charlotte von Stein ist in zahlreichen Gedichten dokumentiert.

Das lag am Vorlesen. Am Tag nach unserem Gespräch wollte Hanna wissen, was ich in der Schule lernte. Ich erzählte von Homers Epen[1], Ciceros Reden[2] und Hemingways Geschichte vom alten Mann[3] und seinem Kampf mit dem Fisch und dem Meer. Sie wollte hören, wie Griechisch und Latein klingen, und ich las ihr aus der Odyssee und den Reden gegen Catilina[4] vor.

»Lernst du auch Deutsch? «

»Wie meinst du das? «

»Lernst du nur fremde Sprachen, oder gibt es auch bei der eigenen Sprache noch was zu lernen? «

»Wir lesen Texte. « Während ich krank war, hatte die Klasse »Emilia Galotti« und »Kabale und Liebe« gelesen, und demnächst sollte darüber eine Arbeit geschrieben werden. Also musste ich beide Stücke lesen, und ich tat es, wenn alles andere erledigt war. Dann war es spät, und ich war müde, und was ich las, wusste ich am nächsten Tag schon nicht mehr und musste ich noch mal lesen.

»Lies es mir vor! «

»Lies selbst, ich bring's dir mit. «

»Du hast so eine schöne Stimme, Jungchen, ich mag dir lieber zuhören als selbst lesen. «

»Ach, ich weiß nicht. «

Aber als ich am nächsten Tag kam und sie küssen wollte, entzog sie sich. »Zuerst musst du mir vorlesen. «

Sie meinte es ernst. Ich musste ihr eine halbe Stunde lang »Emilia Galotti« vorlesen, ehe sie mich unter die Dusche und ins Bett nahm. Jetzt war auch ich über das Duschen froh. Die Lust, mit der ich gekommen war, war über dem Vorlesen vergangen. Ein Stück so vorzulesen, dass die verschiedenen Akteure einigermaßen erkennbar und lebendig werden, verlangt einige Konzentration. Unter der Dusche wuchs die Lust wieder. Vorlesen, duschen, lieben und noch ein bisschen beieinanderliegen — das wurde das Ritual unserer Treffen.

Sie war eine aufmerksame Zuhörerin. Ihr Lachen, ihr verächtliches Schnauben und ihre empörten oder beifälligen Ausrufe ließen keinen Zweifel, dass sie der Handlung gespannt folgte und dass sie Emilia[5] wie Luise[6] für dumme Gören hielt. Die Ungeduld, mit der sie mich manchmal bat weiterzulesen, kam aus der Hoffnung, die Torheit müsse sich endlich legen. »Das darf doch nicht wahr sein! « Manchmal drängte es mich selbst weiterzulesen. Als die Tage länger wurden, las ich länger, um in der Dämmerung mit ihr im Bett zu sein. Wenn sie auf mir eingeschlafen war, im Hof die Säge schwieg, die Amsel sang und von den Farben der Dinge in der Küche nur noch hellere und dunklere Grautöne blieben, war ich vollkom-

---

1. Homer ist der älteste, namentlich bekannte griechische Dichter. Berühmt geworden ist er als Dichter zweier der frühesten erzählenden Epen der Weltliteratur, der »Ilias« und der »Odyssee«.
2. Marcus Tullius Cicero (106-43 v.u.Z.), römischer Redner, Jurist, Politiker und Philosoph, sprichwörtlich der berühmteste Redner Roms.
3. das Prosawerk »Der alte Mann und das Meer« des amerikanischen Schriftstellers Ernest Miller Hemingway (1899-1961)
4. Eine der berühmtesten Werke Ciceros ist die Rede »In Catilinam I–IV « (»Gegen Catilina I–IV «).
5. Hauptfigur des Stücks »Emilia Galotti« von Gotthold Ephraim Lessing (1729-1781)
6. eine Hauptfigur des Trauerspiels »Kabale und Liebe« von Friedrich Schiller (1759-1805)

men glücklich.

Am ersten Tag der Osterferien stand ich um vier auf. Hanna hatte Frühschicht. Sie fuhr um Viertel nach vier mit dem Fahrrad zum Straßenbahndepot und um halb fünf mit der Bahn nach Schwetzingen[1]. Auf der Hinfahrt sei, so hatte sie mir gesagt, die Bahn oft leer. Erst auf der Rückfahrt werde sie voll.

Ich stieg bei der zweiten Haltestelle zu. Der zweite Wagen war leer, im ersten stand Hanna beim Fahrer. Ich zögerte, ob ich mich in den vorderen oder den hinteren Wagen setzen sollte, und entschied mich für den hinteren. Er versprach Privatheit, eine Umarmung, einen Kuss. Aber Hanna kam nicht. Sie musste gesehen haben, dass ich an der Haltestelle gewartet hatte und eingestiegen war. Deswegen hatte die Bahn gehalten. Aber sie blieb beim Fahrer stehen, redete und scherzte mit ihm. Ich konnte es sehen.

Bei einer nach der anderen Haltestelle fuhr die Bahn durch. Niemand stand und wartete. Die Straßen waren leer. Die Sonne war noch nicht aufgegangen, und unter weißem Himmel lag alles blass in blassem Licht: Häuser, parkende Autos, frisch grünende Bäume und blühende Sträucher, der Gaskessel und in der Ferne die Berge. Die Bahn fuhr langsam; vermutlich war der Fahrplan auf Fahr- und Haltezeiten angelegt und mussten die Fahrzeiten gestreckt werden, weil die Haltezeiten entfielen. Ich war in der langsam fahrenden Bahn eingeschlossen. Zuerst saß ich, dann stellte ich mich auf die vordere Plattform und versuchte, Hanna zu fixieren; sie sollte meinen Blick in ihrem Rücken spüren. Nach einer Weile drehte sie sich um und sah mich angelegentlich an. Dann redete sie wieder mit dem Fahrer. Die Fahrt ging weiter. Hinter Eppelheim[2] waren die Gleise nicht in, sondern neben der Straße auf einem geschotterten Damm verlegt. Die Bahn fuhr schneller, mit dem gleichmäßigen Rattern einer Eisenbahn. Ich wusste, dass die Strecke durch weitere Orte und schließlich nach Schwetzingen führte. Aber ich fühlte mich ausgeschlossen, ausgestoßen aus der normalen Welt, in der Menschen wohnen, arbeiten und lieben. Als sei ich verdammt zu einer ziel- und endlosen Fahrt im leeren Wagen.

Dann sah ich eine Haltestelle, ein Wartehäuschen auf freiem Feld. Ich zog die Leine, mit der die Schaffner dem Fahrer signalisieren, dass er anhalten soll oder losfahren kann. Die Bahn hielt. Weder Hanna noch der Fahrer hatten auf das Klingelzeichen hin nach mir geschaut. Als ich ausstieg, war mir, als sähen sie mir lachend zu. Aber ich war nicht sicher. Dann fuhr die Bahn an, und ich sah ihr nach, bis sie zuerst in einer Senke und dann hinter einem Hügel verschwand. Ich stand zwischen Damm und Straße, ringsum waren Felder, Obstbäume und weiter weg ein Gärtnereibetrieb mit Gewächshäusern. Die Luft war frisch. Sie war erfüllt vom Zwitschern der Vögel. Über den Bergen leuchtete der weiße Himmel rosa.

Die Fahrt in der Bahn war wie ein böser Traum gewesen. Wenn ich das Nachspiel nicht in so deutlicher Erinnerung hätte, wäre ich versucht, sie tatsächlich für einen bösen Traum zu halten. An der Haltestelle stehen, die Vögel hören und die Sonne aufgehen sehen war wie aufwachen. Aber das Aufwachen aus einem bösen Traum muss einen nicht erleichtern. Es

---

1. eine Stadt im Nordwesten Baden-Württembergs
2. eine Stadt im Nordwesten Baden-Württembergs

kann einen auch erst richtig gewahr werden lassen, was man Furchtbares geträumt hat, vielleicht sogar welcher furchtbaren Wahrheit man im Traum begegnet ist. Ich machte mich auf den Weg nach Hause, mir liefen die Tränen, und erst als ich Eppelheim erreichte, konnte ich aufhören zu weinen.

160 Ich machte den Weg nach Hause zu Fuß. Ein paarmal versuchte ich vergebens zu trampen. Als ich die Hälfte des Wegs geschafft hatte, fuhr die Straßenbahn an mir vorbei. Sie war voll. Ich sah Hanna nicht.

Ich erwartete sie um zwölf auf dem Treppenabsatz vor ihrer Wohnung, traurig, ängstlich und wütend.

165 »Schwänzst du wieder Schule?«

»Ich habe Ferien. Was war heute Morgen los? « Sie schloss auf, und ich folgte ihr in die Wohnung und in die Küche.

»Was soll heute morgen los gewesen sein? « »Warum hast du getan, als kennst du mich nicht? Ich wollte...«

170 »Ich habe getan, als kenne ich dich nicht? « Sie drehte sich um und sah mir kalt ins Gesicht. »Du hast mich nicht kennen wollen. Steigst in den zweiten Wagen, wo du doch siehst, dass ich im ersten bin. «

»Warum fahre ich am ersten Tag meiner Ferien um halbfünf nach Schwetzingen? Doch nur weil ich dich überraschen wollte, weil ich dachte, du freust dich. In den zweiten Wagen bin
175 ich...«

»Du armes Kind. Warst schon um halb fünf auf, und das auch noch in deinen Ferien. « Ich hatte sie noch nie ironisch erlebt. Sie schüttelte den Kopf. »Was weiß ich, warum du nach Schwetzingen fährst. Was weiß ich, warum du mich nicht kennen willst. Ist deine Sache, nicht meine. Würdest du jetzt gehen? «

180 Ich kann nicht beschreiben, wie empört ich war. »Das ist nicht fair, Hanna. Du hast gewusst, du musstest wissen, dass ich nur für dich mitgefahren bin. Wie kannst du dann glauben, ich hätte dich nicht kennen wollen? Wenn ich dich nicht hätte kennen wollen, wäre ich gar nicht mitgefahren. «

»Ach, lass mich. Ich hab dir schon gesagt, was du machst, ist deine Sache, nicht meine. «
185 Sie hatte sich so gestellt, dass der Küchentisch zwischen uns war, ihr Blick, ihre Stimme und ihre Gesten behandelten mich als Eindringling und forderten mich auf zu gehen.

Ich setzte mich aufs Sofa. Sie hatte mich schlecht behandelt, und ich hatte sie zur Rede stellen wollen. Aber ich war gar nicht an sie herangekommen. Statt dessen hatte sie mich angegriffen. Und ich begann, unsicher zu werden. Hatte sie vielleicht recht, nicht objektiv,
190 aber subjektiv? Konnte, musste sie mich falsch verstehen? Hatte ich sie verletzt, ohne meine Absicht, gegen meine Absicht, aber eben doch verletzt?

»Es tut mir leid, Hanna. Alles ist schiefgelaufen. Ich habe dich nicht kränken wollen, aber es scheint...«

»Es scheint? Du meinst, es scheint, du hast mich gekränkt? Du kannst mich nicht kränken,
195 du nicht. Und gehst du jetzt endlich? Ich habe gearbeitet, ich will baden, ich will meine Ruhe haben. « Sie sah mich auffordernd an. Als ich nicht aufstand, zuckte sie mit den Schultern,

drehte sich um, ließ Wasser in die Wanne und zog sich aus.

Jetzt stand ich auf und ging. Ich dachte, ich gehe für immer. Aber nach einer halben Stunde stand ich wieder vor der Wohnung. Sie ließ mich herein, und ich nahm alles auf mich. Ich
200 hatte gedankenlos, rücksichtslos, lieblos gehandelt. Ich verstand, dass sie gekränkt war. Ich verstand, dass sie nicht gekränkt war, weil ich sie nicht kränken konnte. Ich verstand, dass ich sie nicht kränken konnte, dass sie sich mein Verhalten aber einfach nicht bieten lassen durfte. Am Ende war ich glücklich, als sie zugab, dass ich sie verletzt hatte. Also war sie doch nicht so unberührt und unbeteiligt, wie sie getan hatte.

205 »Verzeihst du mir?«

Sie nickte.

»Liebst du mich?«

Sie nickte wieder. »Die Wanne ist noch voll. Komm, ich bade dich.«

Später habe ich mich gefragt, ob sie das Wasser in der Wanne gelassen hatte, weil sie wus-
210 ste, dass ich wiederkommen würde. Ob sie sich ausgezogen hatte, weil sie wusste, dass mir das nicht aus dem Sinn gehen und dass es mich zurückbringen würde. Ob sie nur ein Machtspiel hatte gewinnen wollen. Als wir uns geliebt hatten und beieinanderlagen und ich ihr erzählte, warum ich in den zweiten statt den ersten Wagen gestiegen war, neckte sie mich. »Sogar in der Straßenbahn willst du's mit mir machen? Jungchen, Jungchen!« Es war, als sei
215 der Anlass unseres Streits eigentlich ohne Bedeutung.

Aber sein Ergebnis hatte Bedeutung. Ich hatte nicht nur diesen Streit verloren. Ich hatte nach kurzem Kampf kapituliert, als sie drohte, mich zurückzuweisen, sich mir zu entziehen. In den kommenden Wochen habe ich nicht einmal mehr kurz gekämpft. Wenn sie drohte, habe ich sofort bedingungslos kapituliert. Ich habe alles auf mich genommen. Ich habe Feh-
220 ler zugegeben, die ich nicht begangen hatte, Absichten eingestanden, die ich nie gehegt hatte. Wenn sie kalt und hart wurde, bettelte ich darum, dass sie mir wieder gut ist, mir verzeiht, mich liebt. Manchmal empfand ich, als leide sie selbst unter ihrem Erkalten und Erstarren. Als sehne sie sich nach der Wärme meiner Entschuldigungen, Beteuerungen und Beschwörungen. Manchmal dachte ich, sie triumphiert einfach über mich. Aber so oder so hatte ich
225 keine Wahl.

Ich konnte mit ihr nicht darüber reden. Das Reden über unser Streiten führte nur zu weiterem Streit. Ein- oder zweimal habe ich ihr lange Briefe geschrieben. Aber sie reagierte nicht, und als ich nachfragte, fragte sie zurück: »Fängst du schon wieder an?«

[...]

(Aus: Bernhard Schlink, *Der Vorleser*. veröffentlicht als Diogenes Taschenbuch, 1997, S. 38—49.)

Arbeitsaufgaben:

I. für Teil I (bis Zeile 118)
1. Im ersten, zweiten und vierten Abschnitt philosophiert der Ich-Erzähler über Traurigkeit. Notieren Sie seinen Gedankengang in einer Gliederungsskizze.
2. Charakterisieren Sie Hanna und den jungen Ich-Erzähler in wenigen Worten.

3. Beschreiben Sie die Beziehung zwischen den beiden.
4. Was will der Erzähler ausdrücken, wenn er das Treffen mit Hanna ein »Ritual« (Zeile 109) nennt?
5. Welche Wirkung hat das Zusammensein mit Hanna auf den jungen Ich-Erzähler?
6. Geben Sie dem Textauszug eine Überschrift.

II. für Teil II (ab Zeile 119)
1. Was ereignet sich am ersten Tag der Osterferien? Fassen Sie den Inhalt des Textteils in etwa 5 Sätzen zusammen.
2. Wie beschreibt der Autor den Gemütszustand des jungen Ich-Erzählers, als dieser mit der Straßenbahn fährt?
3. Welche Erfahrung muss der junge Ich-Erzähler aus dem Vorfall machen?
4. Ist es als wahr anzunehmen, dass Hanna den Streit tatsächlich nur deswegen sucht, um eine Machtprobe zu gewinnen, wie dies der Ich-Erzähler andeutet?
5. Wie funktioniert die Kommunikation zwischen dem jungen Ich-Erzähler und Hanna?
6. Geben Sie dem Textauszug eine Überschrift.

Ingo Schulze

Ingo Schulze wurde 1962 in Dresden geboren. Nach dem Abitur 1981 absolvierte er den Grundwehrdienst in der NVA und studierte von 1983 bis 1988 klassische Philologie an der Universität Jena. Anschließend war er als Dramaturg am Landestheater Altenburg, dann in einer Zeitungsredaktion tätig. Er schrieb journalistische Texte für eine Wochenzeitung und gründete ein Anzeigeblatt, dessen Geschäfte er bis Ende 1992 leitete. Anfang 1993 ging er im Auftrag eines Geschäftsmannes nach Russland, wo er in Sankt Petersburg ein ähnliches Blatt mitaufbauen half. Danach lebt er als freier Autor in Berlin.

Für sein erstes literarisches Buch, »33 Augenblicke des Glücks«, wurde Ingo Schulze 1995 mit dem Alfred-Döblin-Förderpreis, dem Ernst-Willner-Preis des Ingeborg-Bachmann-Wettbewerbs sowie dem Aspekte-Literaturpreis ausgezeichnet. Seine 1998 veröffentlichten »Simple Storys« spielen im thüringischen Altenburg, wo Schulze gelebt und gearbeitet hatte. In diesem Jahr erhielt er für sein Gesamtwerk den Berliner Literaturpreis samt Johannes-Bobrowski-Medaille.

Simple Storys
(Auszug)

[...]

Ein Gespräch im Parkkrankenhaus Dösen. Wie Renate und Martin Meurer die kurze Geschichte des Ernst Meurer erzählen. Dr. Barbara Holitzschek schreibt mit. Was aus der Liebe wird. Eine verunglückte Ehefrau und eine verliebte Tramperin.

»Wieso denn?« fragte Renate Meurer, atmete ein, als wolle sie weitersprechen, hielt die
5 Luft an-ihre aneinandergelegten Hände steckten zwischen den Knien. »Nein, nicht überrascht. Ich hab es sogar erwartet. Dafür muss man kein Hellseher sein, das nun wirklich nicht. Nur...« Sie sah zur Seite. »Na ja«, sagte sie. »Ist schon komisch, dass erst was passieren muss, bevor sich jemand rührt. Dass solche Gesetze...«

»Ich weiß«, sagte Dr. Holitzschek. »Aber wir müssen uns daran halten. Und außerdem...
10 Wie wollen Sie es anders machen?«

Martin lächelte. »Das Kind muss in den Brunnen fallen, damit es jemand herausholen kann.«

»Na ja«, sagte Renate Meurer. »Das haben wir ja nun gelernt.«

Sie bog die Schultern zurück und blieb gerade sitzen. »Ich wüsst nur nicht, was er anstel-

15 len würde, aber dass da was kommt, das war so sicher wies Amen in der Kirche. « Sie trank einen Schluck Mineralwasser und stellte das Glas auf dem Schreibtisch vor ihr ab. »Jetzt find ichs direkt logisch. Etwas völlig Idiotisches musste es sein, nichts, was wirklich mit ihm zu tun hat. Was anderes passt nicht ins Schema, in die Ordnung, was weiß ich, in die Gesetze. Sonst reagiert eben keiner. Nur deshalb bin ich froh, dass Ernst diesen Blödsinn gemacht hat.
20 Und dass niemandem was passiert ist. Er war ein guter Mann. «
»Er war ein guter Mann? « fragte Martin. »War er wirklich!«
»Du sagst, er war ein guter Mann. Ernst lebt. «
»Natürlich lebt er. Aber ich kann doch trotzdem sagen, dass Ernst ein guter Mann gewesen ist. Was ist daran wieder so Schreckliches? «
25 »Nichts«, sagte Martin.
»Ein >guter Mensch<, wie die Russen sagen. Gefällt dir das besser? Martin ist neuerdings unzufrieden mit mir. «
Ohne sich abzuwenden, nahm Dr. Holitzschek ihre Strickjacke von der Stuhllehne und zog sie über den kurzärmeligen Arztkittel, der ihr ein oder zwei Nummern zu groß war.
30 »Mit siebenundzwanzig habe ich zum zweiten Mal geheiratet«, sagte Renate Meurer. »Ernst mochte Kinder sehr. Martin war acht und Pit sechs. Mehr Kinder wollte ich nicht. Das hat er akzeptiert, obwohl sein Sohn aus erster Ehe nicht mehr lebte. Nur eine Bedingung hatte Ernst, dass wir keine Verbindung zu meinem ersten Mann haben. Wenn uns Hans schrieb, schickten wirs zurück, auch Pakete. Ich fand, dass ich das Ernst schuldig war. Er durfte keine
35 Westkontakte haben. «
»Ihr erster Mann ist...«
»Er dachte«, sagte Martin, »wenn er erst mal drüben ist, kommen wir nach. «
»Wer wegbleibt, hat sich auch gegen die Kinder entschieden, war immer Ernsts Meinung. Anfangs dacht ich, Ernst will mich nur, weil er den Auftrag dazu hat, damit wir nicht rüber-
40 gehen. Aber ich wollt nicht weg. Er hat mir gefallen. Und ganz unrecht hatte er ja nicht. «
»Womit nicht unrecht? « fragte Martin.
»Du weißt schon, wie ich das meine. Musst nicht wieder...« Sie sah auf die Tischplatte vor sich. »Geld ist manchmal schlimmer als Partei. An solchen wie Ernst hat es bestimmt nicht gelegen. Und wenn du was ändern willst, hat er gesagt, dann kannst du dich nicht raushalten,
45 dann musst du in die Partei. Hätte ja auch richtig sein können... Darf ich das nicht sagen? «
»Ihre Mutter...«
»Ja doch«, sagte Martin. »Ich mein doch nicht, entschuldige, aber...«
»Als Schulleiter ist man halt keine Privatperson. Das ist nirgendwo so. Da gibt es eben Dinge, die man durchsetzen muss, auch wenn es einem nicht passt. «
50 »Bestreitet doch niemand«, sagte Martin und wandte sich an Dr. Holitzschek. »Was meinten Sie vorhin damit, dass er jetzt erst mal... Haben Sie ihn - ruhiggestellt? «
»Wir haben bisher nichts gemacht. Er wurde letzte Nacht so eingeliefert. « Sie zog an ihrer Strickjacke.
»Und was glauben Sie...«
55 »Ich kann noch nichts sagen. «

»Aber...«

»Gar nichts. Das geht jetzt erst mal über den Amtsarzt und das Amtsgericht. Und dann werden wir sehen. Ich weiß nur, dass er kein Einzelfall ist. Das ist alles.«

»Er wird hier bleiben?«

60 »Ein paar Tage, sicher.«

»Tage?« fragte Renate Meurer.

»Und dann? Kann man...« Martin verstummte, als sie den Kopf schüttelte. »Verstehe«, sagte er.

»Ist doch alles klar«, sagte Renate Meurer. »Wir sollten uns nichts vormachen. Ich weiß
65 doch, was mit ihm los ist. Das macht es ja so schwer. Das ist das schlimmste, dass ich genau weiß, wies bei ihm drin aussieht, hier drin. Das weiß ich genau.«

»Entschuldigung«, sagte Dr. Holitzschek, als es klopfte, und öffnete die angelehnte Tür. Sie sprach leise und nickte dabei. Ihr Pferdeschwanz, den drei Samtringe im gleichen Abstand voneinander zusammenhielten, pendelte auf ihrem Rücken.

70 »Wie findest dus?« flüsterte Renate Meurer. »Wenigstens renoviert«, sagte Martin. »Ja, alles tip top.«

»Entschuldigung«, sagte Dr. Holitzschek und setzte sich. »Ich hab Sie unterbrochen ...«

»Ich habs miterlebt, Stück für Stück.« Renate Meurer zeichnete ein paar Stufen in die Luft. »Tag für Tag. Ich dachte nur, es hört irgendwann auf.« Ihre Hand fiel herab. »Die ande-
75 ren habens doch auch geschafft.«

»Sie haben ihn vors Loch geschoben«, sagte Martin. »Das hat er immer mit sich machen lassen. Er hat nie nein gesagt, wenn sie was wollten.«

»Nein gesagt hat er, Martin. So wars nicht. Wenn er nicht nein gesagt hätte...«

»Aber er hat sich vors Loch schieben lassen, immer wieder.«

80 »Als es 89 losging, bekam er den Auftrag, einen Leserbrief zu schreiben«, sagte Renate Meurer.

»Und Genosse Meurer schrieb«, sagte Martin.

»Nur was er dachte. Er schrieb von Ungarn 56 und von Prag 68 und dass Demonstrationen nichts ändern und Provokateure nicht mit Milde rechnen dürften. Als die dann auch hier
85 rumliefen mit ihren Kerzen und Sprüchen, gabs ein Plakat: ›Keine Milde für Meurer‹. Und dann erschien in der Zeitung ausgerechnet ein Foto, auf dem das Plakat zu sehen war. Ich hatte Angst. Ich hab ihn bewundert, dass er am nächsten Tag in die Schule ist. Ich dachte, irgendwann stehn sie bei uns vor der Tür. Als Martin fragte, ob ich mit nach Leipzig käme, dass ich es mir wenigstens mal anschauen sollte, hat Ernst ihn rausgeschmissen, Hausverbot
90 sozusagen. Und was macht Martin, was machen er und Pit? Schenken uns eine Busreise nach Italien. Im Februar 90 sind wir illegal nach Italien.«

»Zum zwanzigsten Hochzeitstag, fünf Tage Venedig, Florenz, Assisi«, sagte Martin. »Damit sie mal auf andere Gedanken kommen.«

»Und?« fragte Dr. Holitzschek, als sie nicht weitersprachen.

95 »Das musst du erzählen, Mutter.«

»Ohne Italienreise, ohne Leserbrief wärs anders gekommen. Wenigstens denk ich das

manchmal. Er hat mal einen Lehrer entlassen, weil ein Schüler ›Ex oriente Bolschewismus[1]‹ auf sein Hausaufgabenheft geschrieben hatte. Dem Lehrer warfen sie vor, dass er davon wusste im selben Heft war nämlich die Einladung zum letzten Elternabend von ihm abgezeich-
100 net. Achtundsiebzig ist das gewesen, so etwa. Die CDU hatte in Dresden einen Parteitag, und auf ihrem Plakat stand: ›Ex oriente lux[2]‹ oder ›pax[3]‹, is ja egal. Da musste Ernst handeln, Auftrag von oben, von ganz oben! Er war nie ein Scharfmacher. Und ausgerechnet dieser Schubert fährt mit.«

»Zeus?« fragte Dr. Holitzschek und kniff ein Auge zu.
105 Renate Meurer nickte.
»Ach«, sagte Dr. Holitzschek. »Ist der nicht vor ein, zwei Jahren gestorben?«
»Ihm hat die Sache damals nicht mal geschadet. Er fand ...«
»Wieso nicht geschadet, Mutter? Drei Jahre in der Braunkohle. Bewährung in der Volkswirtschaft!«
110 »Andere machen das ihr Leben lang... Danach ist er ans Museum, Museumspädagogik. Das hat er immer gewollt, hast du selbst gesagt. Er und Martin kennen sich.«
»Ich sah ihn ab und zu. Er war ja überall, bei jeder Eröffnung. Hier kennt doch jeder jeden.«
»Entschuldigung, aber mit Zeus, mit Herrn Schubert, was ist da passiert?«
115 Renate Meurer schüttelte den Kopf.
»Vor Assisi«, sagte Martin, »hatte der Bus eine Panne. Da ist Zeus ausgerastet. Giotto[4] war für ihn das Größte. Und dann ist Assisi zum Greifen nah, und er muss kehrtmachen. Er ist durchgedreht, Kulturschock würde ich sagen. Gibts doch, oder? DDR-Mentalität, als käme er nie wieder in seinem Leben dorthin.«
120 »Er hat Ernst runtergeputzt, nach Strich und Faden, vor allen. Es war so sinnlos.« Renate Meurer rieb vorsichtig ihr rechtes entzündetes Ohrläppchen. »Am schlimmsten aber war, dass Tino, sein Enkel, ihn abgelehnt hat. Ernst war ein völlig vernarrter Opa. Tino ist schwierig, ganz schwierig.«
»Mein Sohn«, sagte Martin.
125 »Tinos Mutter ist verunglückt, Oktober 92. Und seither-seither redet Tino nur mit Kindern, mit Kindern und mit seiner Tante. Auf andere reagiert er nicht, nicht mal auf Martin. Wenn er jetzt in die Schule kommt - das kann heiter werden.«
»Mit dem Fahrrad? Ist sie ... ist Ihre Frau mit dem Fahrrad ...?«
»Erinnern Sie sich?« fragte Renate Meurer. »Es stand in der Zeitung, Fahrerflucht.«
130 »Sie hatte gerade erst Radfahren gelernt«, sagte Martin. »Martin macht sich nämlich Vorwürfe...«
»Mutter...«

---

1. Aus dem Osten (kommt) der Bolschewismus (*lat.*); das Schlagwort wird von dem Schüler hier wohl ironisch-negativ gebraucht.
2. Aus dem Osten (kommt) das Licht (*lat.*)
3. der Frieden (*lat.*)
4. Giotto di Bondone (1266?-1337), berühmter italienischer Maler

»... bei Genickbruch ist man doch auf der Stelle tot! Aber er macht sich Gedanken, dass man sie hätte retten...«

135 »Wenn es bei Ihrer Frau Genickbruch war. Da ist man auf der Stelle tot, von einem Moment auf den anderen. «

»Siehst du, auf der Stelle. «

»Wenn Sie sich da Gedanken machen...«, sagte Dr. Holitzschek und drehte an einem Knopf ihrer Jacke. Dann drückte sie sich den Kittelausschnitt mit einer Hand an die Brust, lehnte
140 sich über den Tisch, nahm die randlose Brille von einer Zeitschrift, setzte sie auf, schlug eine Seite in dem Ringhefter vor ihr um und begann zu schreiben.

»Martin hat Tino einen Hund geschenkt, einen Foxterrier«, sagte Renate Meurer. »Ernst dachte, wir wollten den Jungen gegen ihn aufhetzen und hätten nur deshalb einen Hund gekauft, weil er eine Allergie hat, gegen Hundehaare. «
145 Dr. Holitzschek schrieb.

»Erzähl doch mal der Reihe nach, Mutter. Das war alles viel später! «

»Die Zeitung hat ihn ausgeschmiert«, sagte Renate Meurer. »Da steckte Zeus dahinter, ganz sicher. Die haben die Geschichte mit Zeus aufgewärmt, aber so, als hätte es keine Partei gegeben, als hätte Ernst sich alles selbst ausgedacht und entschieden. Das erschien 90, in der
150 Woche vor Ostern. Dann gabs eine Untersuchungskommission, vor die er musste. Da drin saßen die größten Ganoven. Einer nach dem andern musste zurücktreten. Anonyme Briefe kamen. Das schlimmste waren die Solidaritätserklärungen, auch anonym. «

»Er hat einen Fehler gemacht«, sagte Martin. »Er hat nämlich selbst gekündigt. Nach dem Artikel hat er seine Kündigung geschrieben und gehofft - vermute ich -, dass jemand was
155 dagegen unternimmt, dass jemand sagt, wie es wirklich gewesen ist. Natürlich hat sich keiner gerührt, auch klar. Ernst hat für einen Augenblick die Beherrschung verloren. Wenn er die Vertrauensfrage gestellt hätte - damit wäre er durchgekommen, bin ich mir ziemlich sicher. Dann aber dachten alle, dass er Stasi war. Warum sollte einer sonst zurücktreten, freiwillig. Rums, saß er da, arbeitslos, und jeder hat einen Bogen um ihn gemacht. Und aus der Partei
160 ist er ausgetreten, weil die ihren Mund auch nicht aufgemacht haben. Völlig logisch, dass die sich nicht selbst anklagen. Er hätte nur warten müssen. Der neue Kreisschulrat, der hätte ihn rausgehauen, und wenn nicht, hätt er Ernst in Vorruhestand geschickt. Ernst hat sich das alles selbst vermasselt. «

»Das stimmt überhaupt nicht, Martin. Du weißt doch selbst, was nach dem Artikel los war.
165 Dir hat man doch auch Prügel angedroht. Wieso erzählst du denn so was? Die haben Ernst nach Strich und Faden fertiggemacht, freigegeben zum Abschuss. Da hat niemand eingegriffen. Alle haben geschwiegen. «

»Hat er sich gewehrt? Hat Ihr Mann irgendwas unternommen? «

»Was sollte er denn unternehmen. Das ging so schnell, und plötzlich war Schluss. Plötzlich
170 interessierte das keinen mehr. Hauptsache, Geld und Arbeit und Wohnung und EC[1]-Karte und dass man sich auskennt mit Gesetzen und Formularen. Was anderes interessiert nicht,

---
1. elektronisches Bargeld

nicht die Bohne. Das gab ihm den Rest. Das und Tino.« Renate Meurer putzte sich die Nase.

»Möchten Sie noch einen Schluck Wasser? « fragte Dr. Holitzschek. »Und Sie?« Ohne den Kuli aus der Hand zu legen, schraubte sie mit der Linken den Verschluss auf und füllte beide Gläser abwechselnd, bis die Flasche leer war.

»Danke«, sagte Renate Meurer. »Ich hab nach meiner Entlassung aus der Textima bei einem gearbeitet, der ist bis zum Ende ... ich sag lieber nicht, was er war, ein Apparatschik[1] eben – und nun hat er ein Steuer- und Buchhaltungsbüro, nicht allein, aber er ist der Chef. Der ist intelligent und hat sich reingekniet, aber richtig, so nach der Devise: Kleinvieh macht auch Mist. Der Neugebauer hat nur gefeixt, als sie von Seilschaft redeten, weil er mich genommen hatte – denn eigentlich bin ich ja Statistikerin. Der hat mich eingestellt und gefeixt, bis Ernst begann, ihn zu erpressen. Ernst verfertigte ein Schreiben über sich selbst, über Neugebauer und ein paar andere, er kannte ja alle. Alle sollten unterschreiben, und ein Exemplar an jede Zeitung. Ich erfuhr es von Neugebauer. Ich verstand erst gar nicht, was Neugebauer von mir wollte, was ich überhaupt verhindern sollte. Peinlich nur, dass er uns sein Wochenendhaus im Harz angeboten hatte, für den ganzen Sommer, kostenlos. Ich fand das nett. Ich dachte, da kommt Ernst mal raus. Er saß ja nur zu Hause rum. Wenn ich da war, hing er mir am Rockzipfel. Wir sind zusammen hingefahren, ich musste zurück – am nächsten Tag stand er wieder vor der Tür, maulte rum und spielte den Beleidigten, als hätte ich ihn abschieben wollen. Danach hat er unseren Garten gekündigt, der lief auf seinen Namen. Wir sollten die Natur sich selbst überlassen, hat er gesagt. Ich heulte, wegen der Erdbeeren, eine Oase ist das gewesen. Spätestens da hab ich kapiert, dass er einen Knacks hat. Ich dachte nur, Zeit heilt alles. «

»Ich muss Sie mal unterbrechen«, sagte Dr. Holitzschek. »Die Zeitungen haben damals nichts gebracht? «

»Was denn? Wenn der letzte FDJ[2]-Chef reich wird, weil er Aufträge für Baufirmen vermittelt, der kennt halt Tod und Teufel. Alles erfolgreiche Unternehmer, die Arbeitsplätze schaffen und Anzeigen bringen. Warum solln die Zeitungen den Mund aufreißen? Vorbei ist vorbei! « sagte Renate Meurer. »Neugebauer wollte wissen, ob ich gegen eine Kündigung aus betriebswirtschaftlichen Gründen klagen würde. So bekam ich wenigstens gleich Arbeitslosengeld. Ernst begrüßte mich zu Hause mit Sekt. Da wollte ich mich scheiden lassen. Nach zwei Monaten fand ich was Neues, bei Stuttgart. Ernst nannte mich Verräterin. Er meinte das nicht politisch. Er rief täglich an, zweimal, dreimal – sechshundert, siebenhundert Mark pro Monat, völlig verrückt. Dabei hätte er Arbeit bekommen können. Die ›Schülerhilfe‹ wollte ihn. Sein Unterricht ist immer gut gewesen, da gibts nichts, hat auch nie jemand was anderes behauptet. Aber Bewerbungen schreiben war unter seiner Würde. Überhaupt hatte ers plötzlich mit Würde und Stolz. Alle Formulare vom Sozialamt habe ich ausgefüllt. Jedes Jahr neu. Die machen einen nackig, kann ich Ihnen sagen, absolut nackig. Die wollten sogar wissen, was sein Vater verdient – der ist doch im Krieg geblieben. Den hat er nie gesehn! Am

---

1. abwertend für eine Führungsfigur in einem totalitären Staatsapparat
2. Freie Deutsche Jugend, Jugendorganisation in der DDR

210 Ende wissen die mehr als die Stasi.«

»Mutter«, sagte Martin. »Nur weil sie jetzt im selben Haus sitzen wie die früher...«

»Na, das kommt ja dazu. Sitzen auch noch in der Stasivilla. Und dann seine Krankheiten, Rheuma, Ohrensausen, Fieber. Als er vom Arzt kam, sah er mich nur an, waidwund sozusagen. Krebs, dachte ich, irgend so was. Kein Wunder, dass es ihn zerfressen hat. Und
215 da sagt Ernst: ›Gesund. Nicht mal was mit der Lunge.‹ Er war beleidigt, als ich ihn zum Psychiater schicken wollte.« Renate Meurer blickte auf das Papiertaschentuch zwischen ihren Händen.

»Wir spielen Schach miteinander«, sagte Martin, »einmal pro Woche. Er will nur Schach spielen, sonst nichts.«

220 »Keine Gespräche?«

»Belangloses. Ich will bei ihm an nichts rühren und er bei mir, obwohls da nichts gibt. Nur als ich mich taufen ließ. Für ihn war das wie CDU oder so, als würde ich überlaufen - zu den ›Siegern der Geschichte‹.«

»Sie haben ihn gar nichts gefragt?«

225 »Wonach gefragt?«

»Was hat er denn verbrochen?« fragte Renate Meurer. »Im Treppenhaus vom Arbeitsamt, wo sie das Netz aufgespannt haben - da liegt ein roter Schal drin, damit auch wirklich jeder sieht und gar nicht erst versucht -, da sind wir uns mal in die Arme gelaufen, der Schubert und er - ich hab Ernst oft begleitet, als er noch zum Arbeitsamt musste. Aufs Sozialamt geht
230 er überhaupt nicht allein. Da muss ich sowieso immer mit.«

»Ihr Mann hat Herrn Schubert angesprochen?«

»War ja nicht möglich. Schubert ist weggelaufen. Der wollte als »politisch Verfolgter« anerkannt werden mit Titel und Urkunde. Wussten wir ja nicht. Der wollte gar nicht mehr reden. War schon komisch, wen man da alles traf. Ich denk immer an das Treppenhaus, wenn
235 ich was vom sozialen Netz höre.«

»Von der Hängematte«, sagte Martin.

»Anschließend sind wir zu ›Volkstädt‹ zum Kaffeetrinken, Erdbeerschnitte oder grünen Stachelbeerkuchen mit Baiser. ›Volkstädt‹ war der einzige Luxus. Danach gings immer gleich zurück. Und trotzdem hat Ernst wieder angefangen, einen Terminkalender zu führen.
240 Alles wollte er um Monate voraus wissen. Ich habe mich mit ihm wie mit einem Kind hingesetzt, das mir seinen Stundenplan erklären will. Wenn ich ihn was fragte, hat er erst seinen Terminkalender geholt und nachgesehen. »Passt«, sagte er dann und trug Uhrzeit, Adresse, Vor- und Familiennamen ein, selbst wenn er zu Martin ging. Ich hab Ernst mal gefragt, ob es nicht auch nach 89 etwas gäbe, woran er sich gern erinnert. Er schaute mich an und sagte:
245 »Ich hab mich noch nie an etwas gern erinnert, was ich allein erlebt hab« - als gäbe es die Kinder und mich, als gäbe es uns alle überhaupt nicht.«

»Interessiert ihn etwas im Fernsehen? Liest er, geht er spazieren? Oder was macht er?«

»Früher hat er den Kindern immer Fallada[1] vorgelesen, die »Geschichten aus der Murkelei

---

1. deutscher Schriftsteller (1893-1947)

« oder »Fridolin, der freche Dachs«. Ich hab ihm zwei Wellensittiche zum Geburtstag geschenkt. Er wollte ihnen Sprechen beibringen. Wahrscheinlich sind sie schon zu alt dafür. Er nimmt das persönlich. Absolut alles nimmt er persönlich. Einmal gingen die Tulpen nicht auf, die ich mitgebracht hatte. Da hab ich heimlich neue gekauft, weil er sonst denkt, das liegt an ihm. Und pingelig ist er geworden. Kaum war das Abendbrot zu Ende, deckte er den Tisch fürs Frühstück, und wehe, ich wusch danach ein Glas, das ich benutzt hatte, nicht gleich ab. Und seine Kaugeräusche ... Er schnurpste und schniefte. Das ist früher nicht so gewesen. Und dann die Sanierung. Wahrscheinlich hat ihm die Sanierung den Rest gegeben. Wir verhängten alles mit Laken. Sah aus wie in Lenins Arbeitszimmer. Ernst hat noch Witze gemacht. In den ersten Tagen stand er nur im Weg rum. Als aber die Zeit um war, die sie veranschlagt hatten, begann er sich zu beschweren. Ernst verlangte, dass die Handwerker die Schuhe ausziehen, wischte alle fünf Minuten hinter ihnen her und öffnete schließlich nicht einmal mehr die Wohnungstür. Sie hatten den nächsten Aufgang bereits fertig, da fehlten bei uns noch drei Fenster. Ich musste Urlaub nehmen, damit sie in unsere Wohnung konnten. Und als das vorbei war, behauptete er, die Leute, die nach der Sanierung eingezogen wären, liefen über unseren Abtreter. Er lauerte hinterm Spion und riss die Tür auf, wenn jemand vorbeiging. Die Kinder warfen Müll und tote Mäuse durchs Fenster oder auf den Balkon, die hatten Angst vor ihm. «

Das Telefon klingelte. Dr. Holitzschek sagte mehrmals: »Ja« und »Ist gut« und nach dem Auflegen: »Entschuldigung«.

»Die über uns sind nicht böswillig«, sagte Renate Meurer, »nur den ganzen Tag zu Hause, junge Leute eben. Sie haben mich sogar reingebeten. Die Musik war nicht laut. Die Bässe machens. Wenn man bei uns die Hände auf den Esstisch legt, dann spürt mans. Ernst hockt den ganzen Tag in seiner Höhle und reagiert wie ein Tier, das man reizt. Irgendwann greifts an. Ich versteh das. Da muss man kein Hellseher sein. «

»Ich kenne nur den Polizeibericht«, sagte Dr. Holitzschek. »Sie haben die Wohnung gestürmt. Fünf Mann mit kugelsicheren Westen und all das, regelrecht gestürmt. «

»Nur weil sie eine Gaspistole nicht von einer richtigen unterscheiden können«, sagte Martin.

»Hat Sie niemand angerufen? «

»Danach«, sagte er.

»Und Sie?«

Renate Meurer schüttelte den Kopf.

»Die Polizei hat Sie nicht angerufen? «

»Nein«, sagte Renate Meurer.

»Was steht da drin, in dem Bericht? « fragte Martin.

»Er hat im Treppenhaus einen Schuss aus der Gaspistole abgefeuert, gedroht, sich seine Ruhe notfalls mit Gewalt zu verschaffen, und sich verkrochen«, sagte Dr. Holitzschek. »Zum Glück hat er keinen Widerstand geleistet. «

»Ich kann doch wegen ihm nicht alles aufgeben. Ich muss noch mindestens sieben Jahre arbeiten, vielleicht sogar zwölf. Wenn ich aus Stuttgart zurückkäme, würde ich Ernst recht

290 geben. Ich kann doch nicht wegen ihm kündigen. Das ist es, was er will. Er muss merken, dass es so nicht geht. Niemand benimmt sich wie er, niemand. Ich bin seine Frau, keine Kindergärtnerin. Wenn er das nicht endlich kapiert, lass ich mich scheiden.«

»Sie sagten, Frau Meurer, dass Sie ihn verstehn?«

»Natürlich, ja. Ich versteh ihn, gerade deshalb. Aber es muss doch weitergehn.«

295 »Das heißt«, sagte Dr. Holitzschek, »wenn er entlassen wird…«

»Wann?« fragte Renate Meurer.

»… dann wird er wochentags alleine wohnen, zunächst einmal?«

Renate Meurer starrte wieder auf ihr Taschentuch und schwieg.

»Gut«, sagte Dr. Holitzschek. »Er kann zu mir«, sagte Martin.

300 »Nein, Martin. Das ist dumm. Das war wirklich dumm. Damit hilfst du ihm nicht. Du musst dich um Arbeit kümmern. Du kannst nicht zu Hause hocken und auf Ernst aufpassen. Außerdem wird ers gar nicht wollen, und Tino kommt dann überhaupt nicht mehr.«

»Viele wohnen allein«, sagte Dr. Holitzschek. »Das heißt ja nicht, dass sich niemand kümmert. Er wird nicht allein gelassen.«

305 »Ich hab doch nur gesagt, dass Ernst bei mir wohnen kann, wenn er will.«

»Gut«, sagte Dr. Holitzschek und schrieb. »Martin…«

»Hier ist alles drin«, sagte er und zeigte auf die Tasche. »Waschzeug, Wäsche, Bademantel, Brieftasche und so.«

»Keine Gürtel, Scheren, Feilen, Taschenmesser, kein Rasierzeug?«

310 »Liegt er allein?« fragte Renate Meurer.

»Nein.«

»Er muss gar nicht wissen, dass ich hier war. Die Blumen sind von Martin.« Das Telefon klingelte. »Sie sagen ihm nicht, dass ich hiergewesen bin?«

»Wenn Sie nicht wollen.«

315 »Und wann kann man ihn sprechen?« fragte Martin. Er legte das Necessaire und den Rasierapparat auf den Tisch.

»Morgen, übermorgen vielleicht. Aber vorher noch mal anrufen.«

Martin nickte. Er knüllte das Blumenpapier, das neben seinem Stuhl lag, zusammen. Das Telefon klingelte weiter.

320 Als weder Martin noch Renate Meurer aufstanden, sagte Dr. Holitzschek: »Also gut« und erhob sich. Sie zog einen Vorhang, der ein Waschbecken verdeckte, zur Seite, wusch sich die Hände, trocknete sie lange ab und tupfte sich etwas Parfüm hinter die Ohrläppchen.

Auf dem Bodenbelag des Flurs quietschten Martins Sohlen. Die Schritte der beiden Frauen waren nicht zu hören. Um die kleinen Tische saßen Patienten, normal gekleidet, in Haus-

325 oder Turnschuhen. Dazwischen ein Pfleger im Kittel, der ›Mensch ärgere dich nicht‹ mitspielte. Dr. Holitzschek schob die Stationstür mit der Schulter auf und blieb davor stehen.

»Bis bald«, sagte sie und ließ die beiden an sich vorbeigehen.

»Danke«, sagte Renate Meurer und hielt ihr die Hand hin. Dr. Holitzschek nahm erst ihre, dann Martins. »Ich muss da hoch«, sagte sie. Die Hände in den Kitteltaschen, eilte sie hinauf.

330 Auf den Steinstufen hallten ihre Absätze. Die Stationstür schloss sich mit einem leisen Klak-

ken.

»Du hättest das nicht sagen sollen, Martin, das mit den Siegern der Geschichte. Ihr Mann sitzt doch im Landtag...«

Nebeneinander liefen sie durch den Park des Krankenhauses in Richtung Haupteingang.

335 »Entweder sind die Leute hier jung oder alt«, sagte Renate Meurer. »Dazwischen is nix, oder?«

»Deine Wellensittiche quatschen den ganzen Tag«, sagte Martin. » >Guten Morgen, Renate<-> Guten Appetit, Renate<.«

»Wirklich?«

340 »Guten Tag, gute Nacht, gut geträumt? Was machen wir heut? Renate, Renate, Renate. Den ganzen Tag geht das so. «

»Komisch«, sagte sie und blieb stehen. »Und sonst?« Sie nahm aus ihrem Portemonnaie einen rubinroten Ohrring und befestigte ihn an ihrem entzündeten Ohrläppchen.

»Musst dich einhörn«, sagte Martin, der das Blumenpapier auf Eigröße zusammengepresst
345 hatte. Eine Frau mit schwarzrot karierter Tasche kam ihnen entgegen.

»Der nächste Bus fährt erst Viertel sechs, musst nicht rennen«, sagte Martin. Er warf den Papierklumpen hoch und fing ihn mit der anderen Hand auf.

»Verachtest du mich? « fragte sie, ohne ihn anzusehen. »Du bist so streng geworden - deshalb? « Sie zupfte an einer Haarsträhne.

350 »Weil du sie färbst? «

»Weil ich der Holitzschek nichts gesagt habe ... wegen ... Der Ohrring ist von ihm. «

»Steht dir aber. Wie heißt denn der große Unbekannte? « »Wer? - Hubertus.«

»Willst du dich wirklich scheiden lassen? «

»Ich denk immer, ich mach was falsch. Ich werd unsicher, wenn du mich so beobachtest.
355 Findest du mich lächerlich? «

»Renn doch nicht. Der Bus kommt erst in vierzig Minuten. «

»Martin?« Sie hakte sich bei ihm unter und versuchte, ihren Schritt seinem anzupassen. » Ich muss dich mal was fragen, Martin. « Sie sah zu ihm auf. »Bist du - homosexuell? Lach doch nicht! Ich werde ja wohl mal fragen dürfen. Warum suchst du dir dann keine Frau? Du
360 bist der einzige Mann, den ich kenne, der überhaupt keine Anstalten macht, und Danny...«

»Danny?«

»Ich dachte wirklich, als sie von diesem Edgar weglief... das war nur, um bei dir einziehen zu können, da bin ich mir ganz sicher. Deshalb hat sie sich auch die Haare abgeschnitten, weil sie dachte, dass dir das besser gefällt. Und die in ihrem dünnen Kittel, die Holitzschek.
365 Die hat dir auch Augen gemacht. Hast du gemerkt, als ich das mit Andreas Unfall sagte, wie rot sie wurde, und ihre Augen, hast du das nicht gesehn? Ist doch unnormal, jemand wie du ... Pit ist da anders. « Martin lachte. Sie drückte seinen Arm an sich. »Pit versucht es jedenfalls. Du machst so gar keine Anstalten. Dabei gibts nichts Schöneres, als verliebt zu sein, absolut nichts! «

370 »Ich weiß«, sagte Martin.

»Findest du mich albern? Ich vertrage das Metall von diesem Ohrring nicht. Die Liebe ist eine Himmelsmacht, sagt er immer. Das liegt doch auf deiner Linie, hm?«

»Wer... Ach so...«

»Lass Ernst wo er ist, Martin. Du weißt nicht, was du dir aufhalst. Wer will dich dann
375 noch? Sich freiwillig so einen Klotz ans Bein binden! Lach doch nicht dauernd! « Sie umklammerte seinen angewinkelten Arm. »Soll er in Tinos Zimmer oder wohin? Wir sind kein Familienclan, keine Steinzeitgroßfamilie. « Sie lehnte ihren Kopf an Martins Schulter.

»Vielleicht heirate ich ja bald«, sagte er, als sie durch die Pforte gingen.

»Ist das ein Witz? «

380 »Nee. Wir können uns dorthin setzen. « Martin zeigte auf die überdachte Haltestelle gegenüber der Einfahrt. Sie überquerten die Straße.

»Na ja«, sagte Renate Meurer und zog ihn weiter.

»Wohin denn noch? « fragte er.

Sie ließ ihn los. Er blieb an der Haltestelle stehen. Sie trat auf die Straße zurück. »Ich denk,
385 der Bus kommt erst...«

»Mutter! « rief Martin, als sie mit ausgestrecktem Arm zu winken begann. Der Wagen, ein roter viertüriger Audi, bremste ab, beschleunigte dann wieder und raste vorbei.

»Lass doch! Wir warten! « Martin bückte sich nach dem Papierklumpen, der ihm vor die Füße gefallen war.

390 »Wolln wir wetten? « rief Renate Meurer, ohne sich nach ihrem Sohn umzusehen. »Jede Wette, dass der jetzt anhält?« Sie ging langsam weiter, schwenkte ihren Arm, fixierte einen heranpreschenden dunkelblauen Wagen und flüsterte: »Bitte, bitte! «

[...]

(Aus: Ingo Schulze, *Simple Storys. Ein Roman aus der ostdeutschen Provinz.* Deutscher Taschenbuchverlag 2001, S. 228—244.)

Arbeitsaufgaben:

1. Der Satz »Das Kind muss in den Brunnen fallen, damit es jemand herausholen kann« (Zeile 11—12) ist eine umgemünzte Redensart. Kennen Sie sie?
2. Was will die Redewendung besagen: »Kleinvieh macht auch Mist« (Zeile 179—180)?
3. Untersuchen Sie Renate Meurers Ausdrucksweise und charakterisieren Sie diese Person.
4. Wo spricht sie möglicherweise mit einem ironischen Unterton?
5. Ingo Schulze nennt seinen Roman »Simple Storys«. Ist die erzählte „Geschichte" für Sie tatsächlich „einfach"? Notieren Sie Fragen, die sich aus Andeutungen und Auslassungen im Textauszug für Sie ergeben.
6. Verfassen Sie nach allen Informationen, die Sie im Textauszug finden, die Geschichte des Ernst Meurer.
7. Der Textauszug trägt in Schulzes Buch eine eigene Kapitelüberschrift: »Vorbei ist vorbei«. Erläutern Sie, wie diese Überschrift zum Inhalt des Textes passt.
8. Was wissen Sie über die Osterdemonstration 1989 in Leipzig und die „Wende" im Jahr 1990?

Arno Geiger

Arno Geiger wurde am 22.7.1968 in Bregenz geboren und wuchs in Wolfurt in Vorarlberg auf. Er studierte ab 1987 Germanistik, Komparatistik und Alte Geschichte in Innsbruck und Wien. Von 1986 bis 2002 arbeitete er in der Sommersaison als Videotechniker bei den Bregenzer Festspielen. Seit 1994 ist er freier Schriftsteller und lebt in Wolfurt und Wien.
Arno Geiger, der 1997 mit dem Roman »Kleine Schule des Karussellfahrens« debütierte, schreibt über Menschen, die - mehr oder weniger erfolgreich - vor sich selbst weglaufen, und über verlorene Lieben. 1998 wurde ihm der New Yorker „Abraham Woursell Award" verliehen. »Es geht uns gut« ist sein vierter Roman, am dem er vier Jahre lang gearbeitet hat. Für dieses Buch erhält Arno Geiger den 2005 zum ersten Mal vergebenen Deutschen Buchpreis für den besten deutschsprachigen Roman des Jahres.

Es geht uns gut
(Auszug)

[...]

Er hat nie darüber nachgedacht, was es heißt, dass die Toten uns überdauern. Kurz legt er den Kopf in den Nacken. Während er die Augen noch geschlossen hat, sieht er sich wieder an der klemmenden Dachbodentür auf das dumpf durch das Holz dringende Fiepen horchen. Schon bei seiner Ankunft am Samstag war ihm aufgefallen, dass am Fenster unter
5 dem westseitigen Giebel der Glaseinsatz fehlt. Dort fliegen regelmäßig Tauben aus und ein. Nach einigem Zögern warf er sich mit der Schulter gegen die Dachbodentür, sie gab unter den Stößen jedesmal ein paar Zentimeter nach. Gleichzeitig wurde das Flattern und Fiepen dahinter lauter. Nach einem kurzen und grellen Aufkreischen der Angel, das im Dachboden ein wildes Gestöber auslöste, stand die Tür so weit offen, dass Philipp den Kopf ein Stück
10 durch den Spalt stecken konnte. Obwohl das Licht nicht das allerbeste war, erfasste er mit dem ersten Blick die ganze Spannweite des Horrors. Dutzende Tauben, die sich hier eingenistet und alles knöchel-und knietief mit Dreck überzogen hatten, Schicht auf Schicht wie Zins und Zinseszins, Kot, Knochen, Maden, Mäuse, Parasiten, Krankheitserreger (Tbc[1]? Salmo-

---
1. Tuberkulose

nellen[1]?). Er zog den Kopf sofort wieder zurück, die Tür krachend hinterher, sich mehrmals
vergewissernd, dass die Verriegelung fest eingeklinkt war.

Johanna kommt vom Fernsehzentrum, das schiffartig am nahen Küniglberg liegt, oberhalb des Hietzinger Friedhofs und der streng durchdachten Gartenanlage von Schloss Schönbrunn. Sie lehnt das Waffenrad, das Philipp ihr Vor Jahren überlassen hat, gegen den am Morgen gelieferten Abfallcontainer.

Ich habe Frühstück mitgebracht, sagt sie: Aber zuerst bekomme ich eine Führung durchs Haus. Na los, beweg dich.

Er weiß, das ist nicht nur eine Ermahnung für den Moment, sondern auch eine Aufforderung in allgemeiner Sache.

Philipp sitzt auf der Vortreppe der Villa, die er von seiner im Winter verstorbenen Großmutter geerbt hat. Er mustert Johanna aus schmal gemachten Augen, ehe er in seine Schuhe schlüpft. Mit Daumen und Zeigefinger schnippt er beiläufig (demonstrativ?) seine halb heruntergerauchte Zigarette in den noch leeren Container und sagt:

Bis morgen ist er voll.

Dann stemmt er sich hoch und tritt durch die offenstehende Tür in den Flur, vom Flur ins Stiegenhaus, das im Verhältnis zu dem, was als herkömmlich gelten kann, mit einer viel zu breiten Treppe ausgestattet ist. Johanna streicht mehrmals mit der flachen Hand über die alte, aus einer porösen Legierung gegossene Kanonenkugel, die sich auf dem Treppengeländer am unteren Ende des Handlaufs buckelt.

Woher kommt die? will Johanna wissen.

Da bin ich überfragt, sagt Philipp.

Das gibt's doch nicht, dass die Großeltern eine Kanonenkugel am Treppengeländer haben, und kein Schwein weiß woher.

Wenn allgemein nicht viel geredet wird -. Johanna mustert ihn:

Du mit deinem verfluchten Desinteresse.

Philipp wendet sich ab und geht nach links zu einer der hohen Flügeltüren, die er öffnet. Er tritt ins Wohnzimmer. Johanna hinter ihm rümpft in der Stickluft des halbdunklen Raumes die Nase. Um dem Zimmer einen freundlicheren Anschein zu geben, stößt Philipp an zwei Fenstern die Läden auf. Ihm ist, als würden sich die Möbel in der abrupten Helligkeit ein wenig bauschen. Johanna geht auf die Pendeluhr zu, die über dem Schreibtisch hängt. Die Zeiger stehen auf zwanzig vor sieben. Sie lauscht vergeblich auf ein Ticken und fragt dann, ob die Uhr noch funktioniert.

Die Antwort wird dich nicht überraschen. Keine Ahnung.

Er kann auch den Platz für den Schlüssel zum Aufziehen nicht nennen, obwohl anzunehmen ist, dass ihm der Aufbewahrungsort einfallen würde, wenn er lange genug darüber nachdächte. Er und seine Schwester Sissi, der aus dem Erbe zwei Lebensversicherungen und ein Anteil an einer niederösterreichischen Zuckerfabrik zugefallen sind, haben in den siebziger Jahren zwei Monate hier verbracht, im Sommer nach dem Tod der Mutter, als es sich nicht

---

1. Bakterien, die Darmkrankheiten bewirken

anders machen ließ. Damals war das Ministerium des Großvaters längst in anderen Händen und der Großvater tagelang mit Wichtigtuereien unterwegs, ein Graukopf, der jeden Samstagabend seine Uhren aufzog und dieses Ritual als Kunststück vorführte, dem die Enkel beiwohnen durften. Grad so, als sei es in der Macht des alten Mannes gestanden, der Zeit beim Rinnen behilflich zu sein oder sie daran zu hindern.

Philipp betrachtet zwei Fotos, die links und rechts der Pendeluhr arrangiert sind, ebenfalls über dem Schreibtisch. Johanna öffnet derweil den Uhrenkasten, um hineinzuschauen (wie eine Katze in eine finstere Stiefelöffnung schaut). Hinterher zieht sie am Aufbau des Schreibtischs kleinere Schubladen heraus.

Wer ist das? fragt sie zwischendurch.

Das rechts ist Onkel Otto.

Zum linken Foto sagt Philipp nichts, Johanna muss auch so Bescheid wissen. Aber er nimmt das Foto von der Wand, damit er es aus der Nähe betrachten kann. Es zeigt seine Mutter 1947, elfjährig, abseits der Dreharbeiten zum Film Der Hofrat Geiger, wie sie der Donau beim Fließen zusieht. Ein Ausflugsboot steuert flussabwärts, hinter Dieselqualm. Im Off singt Waltraud Haas zur Zither Mariandl-andl-andl.

Wollte deine Mutter auch später noch Schauspielerin werden? fragt Johanna.

Ich war zu jung, als sie starb, dass ich mich mit ihr darüber unterhalten hätte.

Und er weiß auch nicht, wen er statt seiner Mutter fragen soll, denn sein Vater schaut ihn großäugig an, und er selbst besitzt nicht die Entschiedenheit, weiter zu bohren, vermutlich, weil er gar nicht bohren will. Zu unangenehm ist es ihm, dass er von seiner Mutter das allermeiste nicht weiß. Jedes Nachdenken Stümperei, beklemmend, wenn er sich den Aufwand an Phantasie ausmalt, der nötig wäre, sich auszudenken, wie die Dinge gewesen sein könnten.

Er wischt den Gedanken weg und sagt, damit Johanna ihn reden hört:

Mir kommt trotzdem vor, ein wenig waren sie alle Schauspielerinnen. Alle dieser Waltraud-Haas-Typus, blond, nett und optimistisch. Nur die Männer waren nicht wie die Männer im Heimatfilm. Ich nehme an, das war die spezielle Tragik.

Und weiter?

Dazu habe ich längst alles gesagt. Die Ehe meiner Eltern war nicht das, was man glücklich nennt. Ein ziemlich lausiges Weiter.

Er macht eine Pause und benutzt die Gelegenheit, seine Hand in Johannas Nacken zu schieben.

Ich finde es ausgesprochen sinnlos, hier etwas nachholen zu wollen. Da denke ich lieber über das Wetter nach.

Philipp küsst Johanna, ohne auf Widerstand oder Erwiderung zu stoßen.

Über das Wetter vom Tag, das Johanna in ihren Haaren mitbringt, über das Wetter der kommenden Tage, das aus den Ausdrucken, den Tabellen und Computersimulationen in ihrer Tasche zu erschließen sein müsste.

Über das Wetter statt über die Liebe statt über das Vergessen statt über den Tod.

Sonst fällt dir nichts ein? fragt Johanna, die Meteorologin, halb lachend, wobei sie ungnädig-gnädig den Kopf schüttelt. Und weil das etwas ist, was Philipp an ihr kennt, fühlt er sich

ihr einen Moment lang näher. Ebenfalls halb lachend, aber säuerlich, hebt er die Schultern,
95 wie um sich zu entschuldigen, dass er nichts Besseres anzubieten hat oder anbieten will.

Aber was rede ich, fügt Johanna hinzu, familiäre Unambitioniertheit ist bei dir ja nichts Neues.

Andererseits hat Philipp schon öfters versucht, ihr beizubringen, dass sie die Sache nicht ganz von der richtigen Seite betrachtet. Schließlich ist es nicht seine Schuld, dass man ver-
100 gessen hat, ihn in puncto¹ Familie rechtzeitig auf den Geschmack zu bringen.

Ich beschäftige mich mit meiner Familie in genau dem Maß, wie ich finde, dass es für mich bekömmlich ist.

Schaut aus wie Nulldiät.

Wonach immer es ausschaut.

105 Er hängt das Foto, das seine Mutter als Mädchen zeigt, an den Nagel zurück, als Hinweis, dass er es vorziehen würde, den Rundgang durchs Haus in einem anderen Zimmer fortzusetzen. Er geht zur Tür. Als er sich nach Johanna umblickt, schüttelt sie den Kopf. Missbilligend? Frustriert? Na ja, er weiß aus eigener Erfahrung, manchmal redet man wie gegen eine Wand. Schluck's runter, denkt er. Johanna fixiert ihn für einen Moment, dann will sie wissen,
110 ob sie die Pendeluhr geschenkt haben könne.

Meinetwegen.

Liegt dir vielleicht doch an dem Zeug?

Nein. Nur hab ich nicht einmal Lust, es zu verschenken.

Dann lass es, mein Gott, ich muss die Uhr nicht unbedingt haben.

115 Weil du schon eine hast.

Weil ich schon eine habe, stimmt genau.

Und wieder das Stiegenhaus, Herrenzimmer, Nähzimmer, die Veranda, Stiegenhaus, die teppichbelegte Treppe, zwei Hände beim flüchtigen Polieren einer Kanonenkugel, die in jeder anständigen Familie den Punkt markieren würde, bis zu dem man sich zurückerinnern
120 kann.

Was Philipp jetzt einfällt, ist, dass ihn die Großmutter während einer der wenigen Begegnungen zurechtgewiesen hat, bei der nächsten Ungezogenheit werde man ihn auf die Kanonenkugel setzen und zu den Türken zurückschicken. Eine Drohung, die ihm deutlich im Gedächtnis geblieben ist, sogar mit dem großmütterlichen Tonfall und einer Ahnung ihrer
125 Stimme.

Sie gehen das Obergeschoß ab, den Nachgeschmack von Streitereien im Mund, flüchtig und ohne viel zu reden, was sie voreinander mit dem Hinweis rechtfertigen, sie seien hungrig geworden. Also wieder nach unten. Johanna hilft in der Küche den Tisch abräumen, der noch genauso ist, wie Philipp ihn vorgefunden hat, samt dem durchgefaulten Apfel in der hell-
130 blauen Obstschale. Doch anschließend besteht Johanna darauf, draußen zu frühstücken, auf der Vortreppe. Dort ist es mittlerweile noch wärmer geworden (in dieser befremdlich heilen Gegend aus Villen und unbegangenen Bürgersteigen). Johanna holt sich trotzdem ein Kissen

---

1. wegen, hinsichtlich (*lat.*)

zum Unterlegen. Da sitzen sie, Philipp mit lang ausgestreckten, Johanna mit eng angezogenen Beinen, und Philipp versucht den abweisenden Eindruck, den er während des Rundgangs
135 erweckt hat, abzumildern, indem er von den halbvermoderten Stühlen erzählt, die an mehreren Stellen entlang der Gartenmauer postiert sind. Sehr mysteriös. Ein Stuhl zu jedem Nachbargrundstück, damit man hinübersehen kann. Philipp berichtet, wieviel Honig es im Keller gebe und wie viele Sorten selbstgemachter Marmelade.

Ich mag keine Marmelade, schmollt Johanna, die aufs Reden nicht mehr scharf ist.

140 Sie spuckt Olivenkerne in den Abfallcontainer. Sie horcht dem hallenden Geräusch hinterher, das die Kerne beim Aufprall auf dem schrundigen Metall erzeugen. Philipp indes, voller Unruhe, die er sich nicht zugeben will, vertreibt sich die Zeit, indem er die Tauben beobachtet, die Kurs auf die Kunstdenkmäler der Bundeshauptstadt nehmen oder auf den Dachboden, der neuerdings ihm gehört. Reges Kommen und Gehen.

145 Ein Wahnsinn, murmelt er nach einiger Zeit. Und noch mal, nickend:

Ein Wahnsinn. Ist doch irre, nicht?

Wenig später verabschiedet sich Johanna. Sie küsst Philipp, bereits mit einer Wäscheklammer am rechten Hosenbein, und verkündet, dass es so mit ihnen nicht weitergehen könne.

Typisch, fügt sie hinzu, nachdem Philipp aufgesehen hat, als wolle er zu einer Antwort
150 ansetzen, dann aber nichts herausbrachte: Keine Antwort, somit auch kein Interesse, nicht anders als für deine Verwandtschaft.

Dann haben wir das auch besprochen.

Er sieht nicht ein, worüber Johanna sich beklagen will. Immerhin ist sie es, die es nicht schafft, sich von Franz zu trennen. Sie ist es auch, die einen gewissen Stolz an den Tag legt,
155 wenn sie behauptet, in einer der bestgeführten zerrütteten Ehen Wiens zu leben. Er braucht keine Geliebte, die nur jedes zweite Mal mit ihm schläft. Und das wiederum hält Philipp Johanna vor.

Sie zieht die Brauenbögen spöttisch hoch, verabschiedet sich nochmals, diesmal ohne Kuss, als wolle sie so den Kuss von vorhin zurücknehmen. Sie will losfahren, doch in dem
160 Moment hebt Philipp das Hinterrad am Gepäckträger hoch, so dass Johanna ins Leere tritt. Die Fahrt ist leicht und ohne Wegweiser, ohne Anfang und ohne Ende, auf der allerstabilsten Straße, die man sich vorstellen kann. Immer geradeaus. Nicht zu verfehlen. Es kümmert Philipp nicht, dass Johanna sich beschwert:

Lass los! Lass los, du Idiot!

165 Er lässt nicht los, er spürt den Rhythmus ihrer Tritte wie einen Pulsschlag in den Händen.

Was für eine schöne Reise am Fleck! Man wird nie wissen wohin!

Johanna klingelt wie verrückt.

Lass los! schreit sie: Du Idiot!

Er sieht auf ihren hin und her rutschenden Hintern. Er denkt, er denkt an vieles, an ihren
170 Körper und daran, dass sie auch diesmal nicht gevögelt haben und dass sie auf der Stelle treten, und wenn nicht beide, dann wenigstens er.

Schau doch! Wie leer die Straßen sind, die Grundstücke, die Bahnsteige! Die Hände, die Taschen, die Tage!

Ich muss zu meinem Termin! Ich muss die Bilder von der Karottenernte schneiden! Für die Vorhersage am Abend! Es ist ganz nutzlos, was du machst! Denk über das Wetter nach! Mein Gott! Aber nicht, dass du dich übernimmst! Und mich lass! Lass looos!

Wenn man sich etwas vorgenommen hat, das ist Philipps Meinung, darf man sich trotzdem nicht daran klammern, so schwer es auch fällt. Also setzt er das Hinterrad ab und schiebt Johanna kräftig an, indem er hinter ihr herläuft. Sie verliert beinahe das Gleichgewicht und korrigiert mehrfach den Kurs. Die Briefträgerin tritt beiseite, als Philipp und Johanna durch das offene Tor auf die Straße biegen. Doch in Wahrheit klingelt Johanna nur für ihn.

Komm wieder! ruft er, als er mit ihrem Tempo nicht mehr Schritt halten kann. Er winkt ihr hinterher. Die Speichen ihres Rades blitzen in der Sonne. Johanna sticht klingelnd in die erste Seitengasse und klingelt noch, während Philipp sich eine Zigarette ansteckt und überlegt, warum sie ihn besucht hat. Warum? Warum eigentlich? Er kommt zu keinem Ergebnis. Einerseits will er sich keine falschen Hoffnungen machen (sie hält ihn für nett, aber harmlos und hat sich deswegen schon einmal für einen anderen entschieden). Andererseits will er nicht unhöflich sein (er hat Besseres zu tun, als an einem vom Wetter begünstigten Montag unhöflich zu sein). Also setzt er sich zurück auf die Vortreppe, über den Schenkeln die großmütterliche Post, die nach wie vor einlangt, obwohl die Adressatin schon seit Wochen tot ist, und wechselt in Gedanken das Thema.

Er malt sich ein fiktives Klassenfoto aus, mit vierzig Kindern in den Bänken, lauter Sechs- und Siebenjährige, die weder von den Jahren, in denen sie geboren, noch von den Orten, an denen sie aufgewachsen sind, zusammenpassen. Einer der Buben hat als Erwachsener im zweiten Türkenkrieg gekämpft und von dort eine Kanonenkugel mitgebracht, ein anderer, dritte Reihe türseitig, ist Philipps Vater noch mit Milchzähnen. Auch dessen Mutter sitzt als Mädchen in derselben Klasse. Einer wird später ein erfolgreicher Ringkämpfer, Albert Strouhal, ein anderer, Juri, ist der Sohn des sowjetischen Stadtkommandanten. Philipp geht die Reihen durch und fragt sich: Was ist aus ihnen geworden, aus all diesen Toten, die täglich mehr werden? Das Mädchen mit den Zöpfen, die Kleine, die wie die andern Kinder ihre weißen Hände vor sich auf dem Pult liegen hat? Sie hat sich nie getraut aufzuzeigen, wenn sie aufs Klo musste. Sie heißt Alma. Als junge Frau hat sie einen Verwaltungsjuristen in der Elektrizitätswirtschaft und späteren Minister geheiratet. Aus der Ehe sind zwei Kinder hervorgegangen. Das eine, der Bub, ist 1945 im Alter von vierzehn Jahren in der Schlacht um Wien umgekommen, das jüngere, ein Mädchen, hatte in dem Hans-Moser- und Paul-Hörbiger-Film Der Hofrat Geiger einen kleinen Auftritt. Auch das Mädchen ist eine reizende Mitschülerin. Auf dem Foto sitzt sie in der zweiten Reihe an der Wand. Sie hat sich sehr jung für einen sechs Jahre älteren Burschen entschieden und sich dessentwegen mit ihren Eltern überworfen. Der Bursch? Den hatten wir schon, ebenfalls türseitig, in der Bank dahinter. Ein netter Kerl, wenn auch nicht ganz der richtige zum Heiraten. Als junger Mann hat er Spiele erfunden und mit diesen Spielen bankrott gemacht, obwohl eines dieser Spiele ganz erfolgreich war: Wer kennt Österreich?

Und der da, in der ersten Bank der Fensterreihe: Das bin ich. Ich bin auch einer von ihnen. Aber was soll ich über mich sagen? Was soll ich über mich sagen, nachdem ich über all die

215 andern nachgedacht habe und dabei nicht glücklicher geworden bin.
[...]

(Aus: Arno Geiger, *Es geht uns gut*. Carl Hanser Verlag, 2005, S. 7—16.)

Arbeitsaufgaben:

1. Informieren Sie sich über den Roman und überlegen Sie, was der erste Satz des Textauszugs bedeuten könnte: »Er hat nie darüber nachgedacht, was es heißt, dass die Toten uns überdauern« (Zeile 1).
2. Was erfährt man im Textauszug?
3. Wie erscheint Ihnen Philipp? Wie wird Johanna beschrieben?
4. Wie ist die Beziehung zwischen Philipp und Johanna?
5. Was will Johanne mit dem Ausdruck »familiäre Unambitioniertheit« (Zeile 96) sagen?
6. Welche Art von Ambiente wird durch die Beschreibung der Villa vermittelt? (Zeile 29—33, 40—46, 117—120)?
7. Warum passen die vierzig Kinder in der Klasse nicht zusammen?
8. Beschreiben Sie die im Textauszug verwendete Sprache. Welche sprachlichen Besonderheiten fallen Ihnen auf?
9. Welche Funktion haben die in Klammern gesetzten Fragen, die sich Philipp stellt?

Thomas Brussig

Thomas Brussig wurde 1965 in Berlin geboren und wuchs im Ostteil der Stadt auf. Dort ging er zur Schule. Es folgte dann eine Ausbildung zum Baufacharbeiter mit Abitur. Danach „jobbte" er bis 1990 in verschiedenen Berufen, u.a. als Möbelträger, Museumpförtner und Hotelportier. Dazwischen leistete er seinen Wehrdienst. Später begann Thomas Brussig ein Soziologie-Studium an der Freien Universität Berlin, das er nicht abschloss. 1993 folgte ein Dramaturgie-Studium an der Filmhochschule in Potsdam-Babelsberg. Seit 1995 lebt Thomas Brussig als freiberuflicher Schriftsteller in Berlin.

Sein erster Roman »Wasserfarben« (1991) erschien noch unter dem Pseudonym Cordt Berneburger im Aufbau-Verlag. Das Manuskript hatte Brussig bereits 1989 abgegeben. Der Durchbruch gelang Thomas Brussig mit seinem in zahlreiche Sprachen übersetzten Roman »Helden wie wir« aus dem Jahr 1995. Sein Adoleszenzroman »Am kürzeren Ende der Sonnenallee« wurde 1999 gleichfalls zum Bestseller. Diesen Roman schrieb er nach erfolgreicher Premiere des Films »Sonnenallee« (1999), für den er zusammen mit Leander Haußmann den Drehbuchpreis der Bundesregierung erhielt. Es folgten das Stück »Heimsuchung« (2000) und der Band »Leben bis Männer« (2001). 2004 erschien mit »Wie es leuchtet« erneut ein Roman über die Wende-Jahre. Thomas Brussig wurde mit dem Hans-Fallada-Preis und der Carl-Zuckmayer-Medaille ausgezeichnet.

Am kürzeren Ende der Sonnenallee
(Auszug)

[...]

Es gibt im Leben zahllose Gelegenheiten, die eigene Adresse preiszugeben, und Michael Kuppisch, der in Berlin in der Sonnenallee wohnte, erlebte immer wieder, dass die Sonnenallee friedfertige, ja sogar sentimentale Regungen auszulösen vermochte. Nach Michael Kuppischs Erfahrung wirkt Sonnenallee gerade in unsicheren Momenten und sogar in gespannten
5 Situationen. Selbst feindselige Sachsen wurden fast immer freundlich, wenn sie erfuhren, dass sie es hier mit einem Berliner zu tun hatten, der in der Sonnenallee wohnt. Michael Kuppisch konnte sich gut vorstellen, dass auch auf der Potsdamer Konferenz im Sommer 1945, als Josef Stalin, Harry S. Truman und Winston Churchill die ehemalige Reichshauptstadt in Sektoren aufteilten, die Erwähnung der Sonnenallee etwas bewirkte. Vor allem bei Stalin;

10 Diktatoren und Despoten sind bekanntlich prädestiniert dafür, poetischem Raunen anheimzufallen. Die Straße mit dem so schönen Namen Sonnenallee wollte Stalin nicht den Amerikanern überlassen, zumindest nicht ganz. So hat er bei Harry S. Truman einen Anspruch auf die Sonnenallee erhoben — den der natürlich abwies. Doch Stalin ließ nicht locker, und schnell drohte es handgreiflich zu werden. Als sich Stalins und Trumans Nasenspitzen fast berühr-
15 ten, drängte sich der britische Premier zwischen die beiden, brachte sie auseinander und trat selbst vor die Berlin-Karte. Er sah auf den ersten Blick, dass die Sonnenallee über vier Kilometer lang ist. Churchill stand traditionell auf seiten der Amerikaner, und jeder im Raum hielt es für ausgeschlossen, dass er Stalin die Sonnenallee zusprechen würde. Und wie man Churchill kannte, würde er an seiner Zigarre ziehen, einen Moment nachdenken, dann den
20 Rauch ausblasen, den Kopf schütteln und zum nächsten Verhandlungspunkt übergehen. Doch als Churchill an seinem Stumpen zog, bemerkte er zu seinem Missvergnügen, dass der schon wieder kalt war. Stalin war so zuvorkommend, ihm Feuer zu geben, und während Churchill seinen ersten Zug auskostete und sich über die Berlin-Karte beugte, überlegte er, wie sich Stalins Geste adäquat erwidern ließe. Als Churchill den Rauch wieder ausblies, gab er Stalin
25 einen Zipfel von sechzig Metern Sonnenallee und wechselte das Thema.

So muss es gewesen sein, dachte Michael Kuppisch. Wie sonst konnte eine so lange Straße so kurz vor dem Ende noch geteilt worden sein? Und manchmal dachte er auch: Wenn der blöde Churchill auf seine Zigarre aufgepasst hätte, würden wir heute im Westen leben.

Michael Kuppisch suchte immer nach Erklärungen, denn viel zu oft sah er sich mit Dingen
30 konfrontiert, die ihm nicht normal vorkamen. Dass er in einer Straße wohnte, deren niedrigste Hausnummer die 379 war - darüber konnte er sich immer wieder wundern. Genauso wenig gewöhnte er sich an die tägliche Demütigung, die darin bestand, mit Hohnlachen vom Aussichtsturm auf der Westseite begrüßt zu werden, wenn er aus seinem Haus trat - ganze Schulklassen johlten, pfiffen und riefen »Guckt mal, 'n echter Zoni« oder »Zoni, mach mal
35 winke, winke, wir wolln dich knipsen!«. Aber all diese Absonderlichkeiten waren nichts gegen die schier unglaubliche Erfahrung, dass sein erster Liebesbrief vom Wind in den Todesstreifen getragen wurde und dort liegenblieb — bevor er ihn gelesen hatte.

Michael Kuppisch, den alle Micha nannten (außer seine Mutter, die ihn von einem Tag auf den anderen Mischa nannte) und der nicht nur eine Theorie darüber hatte, wieso es ein
40 kürzeres Ende der Sonnenallee gab, hatte auch eine Theorie darüber, warum seine Jahre die interessanteste Zeit wären, die es je am kürzeren Ende der Sonnenallee gab oder geben würde: Die einzigen Häuser, die am kürzeren Ende der Sonnenallee standen, waren die legendären Q3a-Bauten mit ihren winzigen engen Wohnungen. Die einzigen Leute, die bereit waren, dort einzuziehen, waren Jungvermählte, von dem Wunsch beseelt, endlich gemeinsam
45 unter einem Dach zu leben. Doch die Jungvermählten kriegten bald Kinder — und so wurde es in den engen Wohnungen noch enger. An eine größere Wohnung war nicht zu denken; die Behörden zählten nur die Zimmer und erklärten die Familien für »versorgt«. Zum Glück passierte das in fast allen Haushalten, und als Micha begann, sein Leben auf die Straße auszudehnen, weil er es in der engen Wohnung nicht mehr aushielt, traf er genügend andere, denen
50 es im Grunde so ging wie ihm. Und weil fast überall am kürzeren Ende der Sonnenallee fast

dasselbe passierte, fühlte sich Micha als Teil eines Potentials. Wenn seine Freunde meinten »Wir sind eine Clique«, sagte Micha »Wir sind ein Potential«. Was er damit meinte, wusste er selbst nicht genau, aber er fühlte, dass es was zu bedeuten hatte, wenn alle aus der gleichen Q3a-Enge kamen, sich jeden Tag trafen, in den gleichen Klamotten zeigten, dieselbe Musik
55 hörten, dieselbe Sehnsucht spürten und sich mit jedem Tag deutlicher erstarken fühlten - um, wenn sie endlich erwachsen sind, alles, alles anders zu machen. Micha hielt es sogar für ein hoffnungsvolles Zeichen, dass alle dasselbe Mädchen liebten.

[...]

60 Dieses Mädchen hieß Miriam, ging in die Parallelklasse und war ganz offensichtlich die Schulschönste. (Für Micha war sie natürlich auch die Weltschönste.) Sie war das Ereignis der Sonnenallee. Wenn sie auf die Straße trat, setzte ein ganz anderer Rhythmus ein. Die Straßenbauer ließen ihre Presslufthammer fallen, die Westautos, die aus dem Grenzübergang gefahren kamen, stoppten und ließen Miriam vor sich über die Straße gehen, auf dem Wacht-
65 turm im Todesstreifen rissen die Grenzsoldaten ihre Ferngläser herum, und das Lachen der westdeutschen Abiturklassen vom Aussichtsturm erstarb und wurde durch ein ehrfürchtiges Raunen abgelöst.

Miriam war noch nicht lange an der Schule, in die auch Micha, Mario und die anderen gingen. Niemand wusste etwas Genaues über sie. Miriam war für alle die fremde, schöne,
70 rätselhafte Frau. Strenggenommen war Miriam ein uneheliches Kind, aber auch das wusste keiner. Sie war ein uneheliches Kind, weil ihr Vater mit dem Auto einmal zu früh abgebogen war. Er war auf dem Weg zum Standesamt, wo er Miriams Mutter treffen wollte, die im achten Monat schwanger war. Die Hochzeit sollte in Berlin stattfinden, und in Berlin kannte sich Miriams Vater kaum aus. Er kam aus Dessau und bog falsch vom Adlergestell ab, fuhr
75 die Baumschulenstraße hinunter und stand plötzlich mit seinem Trabi[1] im Grenzübergang in der Sonnenal-lee. Er verstand überhaupt nicht, dass er an einem Grenzübergang war. deshalb schimpfte er herum, stieg aus und lief aufgeregt umher. »Ich will da aber durch!« rief er immer wieder. Es kam öfter vor, dass sich Autos in so einen Grenzübergang verirrten, und meist wurden sie ohne viel Aufhebens zurückgeschickt. Aber Miriams cholerischer Vater hatte ein
80 solches Fass aufgemacht, dass sich die Grenzer gründlicher mit ihm beschäftigten. Er wurde so lange verhört, dass er den Termin auf dem Standesamt nicht mehr schaffte, und ehe es zu einem neuen Termin kam, wurde Miriam geboren. So war Miriam ein uneheliches Kind.

Als Miriams kleiner Bruder geboren wurde, war Miriam bereits klar, dass sich ihre Eltern trennen würden. Ihr Vater war nicht ganz dicht - wenn er mal ausgesperrt wurde, trat er die
85 Wohnungstür ein oder er veranstaltete auf der Straße ein Riesengeschrei, was Miriam und ihrer Mutter wegen der Nachbarn unglaublich peinlich war. Als sich Miriams Eltern endlich trennten, wollte sich Miriams Mutter vor den belästigenden Nachstellungen von Miriams verrücktem Vater sicher fühlen - und so zog sie ans kürzere Ende der Sonnenallee. Sie vermutete ganz richtig, dass Miriams Vater diese Gegend sorgfältig meiden wird.

---

1. ein in der DDR produziertes Auto

90 Miriams Verhältnis zu Jungs und zu Männern war völlig undurchsichtig. Brille sagte, Miriam verhalte sich wie jedes normal deformierte Scheidungskind — diskret, ziellos, pessimistisch. Sie wurde öfter gesehen, wie sie auf ein Motorrad stieg, das just in dem Moment vorfuhr, als sie aus dem Haus kam. Die Maschine war eine AWO, also das Renommier-Motorrad. Die AWO war das einzige Viertakter-Motorrad im gesamten Ostblock, und sie ge-
95 wann obendrein durch ihren Seltenheitswert, denn sie wurde seit den frühen sechziger Jahren nicht mehr gebaut. Dass Miriam auf eine AWO stieg, machte denen vom Platz klar, dass sie sich schon in einer ganz anderen Welt bewegte. Weder Micha noch Mario, Brille oder der Dicke hatten ein Motorrad oder wenigstens ein Moped; nur Wuschel hatte ein Klapprad. Und wenn einer von ihnen ein Moped oder gar ein Motorrad gehabt hätte, dann nur einen dieser
100 aufdringlich knatternden Zweitakter. Selbst eine 350er Jawa, die immerhin zwei Zylinder hatte, kam längst nicht an den tiefen und ruhigen Sound der AWO heran. Der AWO-Sound musste etwas Unwiderstehliches haben.

Wenn Miriam die Maschine vor ihrem Haus grummeln hörte, lief sie hinaus, begrüßte den Fahrer mit einem raschen Kuss - und weg war sie. Den AWO-Fahrer bekamen die vom Platz
105 niemals zu Gesicht, denn er trug immer eine Motorradbrille.

»Vielleicht ist er gar nicht ihr Freund«, sagte Micha einmal. »Vielleicht ist es nur ...« Ihm fiel niemand ein, der täglich das schönste Mädchen abholt, sich von ihr mit einem Kuss begrüßen lässt und nicht ihr Freund ist.

»Vielleicht ist es nur ihr Onkel«, sagte Mario spöttisch. Mario war auch in Miriam ver-
110 knallt, aber im Gegensatz zu Micha romantisierte er sie nicht. »Willst du mit ihr gehen, oder willst du sie anbeten?« fragte er Micha einmal, und Micha antwortete wahrheitsgemäß: »Also erst mal will ich sie nur anbeten.« - »Aha, erst mal. Und dann, wenn erst mal vorbei ist?« fragte Mario. »Dann ... Dann will ich für sie sterben«, erwiderte Micha. Er dachte betrübt daran, dass er noch längst nicht so weit war, mit einem Mädchen etwas anzufangen,
115 wenn er sie nur anbeten und hernach für sie sterben will.

Über Wochen und Monate brachte er es nie fertig, Miriam anzusprechen, und wenn sich die Gelegenheit hätte ergeben können, zum Beispiel bei der Schulspeisung, wenn sie plötzlich vor ihm in der Schlange stand, dann verkrümelte er sich wieder.

[...]
120 Einmal, in einer echten Zwangslage, hat Micha dann doch versucht, Miriams Aufmerksamkeit auf sich zu lenken.

Die »Zwangslage« bestand darin, dass er zu einem Diskussionsbeitrag verdonnert worden war. Sein Freund Mario hatte die Parole DIE PARTEI IST DIE VORHUT DER ARBEITERKLASSE!, die in großen Lettern im Foyer der Schule prangte, an der richtigen Stelle um ein
125 A bereichert. Mario wurde dafür verpetzt; eine Petze, die jeden verpetzte, fand sich immer. Leider stand Mario auf so einer Art Abschussliste. »Noch so ,n Ding, und du bist fällig«, hieß es beim letztenmal, und da wurde er nur beim Rauchen erwischt. Und jetzt war er fällig - was immer das heißen sollte. Mario wollte Abitur oder mindestens eine Lehrstelle als Kfz-Mechaniker, aber plötzlich blühte ihm eine Karriere als Betonbauer, Zerspaner oder Facharbeiter für
130 Umformtechnik. Doch als Marios Freund hat nun Micha das mit dem A auf sich genommen;

vielleicht spielte dabei auch eine Rolle, dass sie gerade Schillers Bürgschaft durchgenommen hatten. Ganz sicher jedoch hätte Micha gern in dem Ruf gestanden, verwegene Taten zu vollbringen. Und ein A an der richtigen Stelle in einer roten Parole anzubringen war eine verwegene Tat. Leider wusste weder Mario noch Micha, dass die Parole auf Lenin zurückging.
135 Der Strick, der einem Übeltäter um den Hals gelegt werden sollte, wurde wie folgt gedreht: Wer Lenin beleidigt, beleidigt die Partei. Wer die Partei beleidigt, beleidigt die DDR. Wer die DDR beleidigt, ist gegen den Frieden. Wer gegen den Frieden ist, muss bekämpft werden – und wie es aussah, hatte Micha Lenin beleidigt. Deshalb wurde er von seiner Direktorin, die mit dem Namen Erdmute Löffeling gestraft war, zu einem Diskussionsbeitrag verdonnert.
140 Diskussionsbeiträge waren eine echte Strafe, obwohl sie eigentlich eine echte Ehre waren. Niemand wollte einen Diskussionsbeitrag halten. Jeder redete sich heraus. Dabei musste durchklingen, dass man wirklich gern würde, aber leider, leider durch widrige Umstände daran gehindert sei. »Ich habe Hemmungen vor so vielen Menschen.« »Es gibt bestimmt Bessere.« »Mir fällt nichts ein, was würdig genug wäre.« »Ich bin kein guter Redner.« »Ich hab
145 keine Zeit, um mich vorzubereiten, meine Mutter ist krank.« »Ich durfte schon im letzten Jahr« »Ich bin bestimmt heiser.« Micha allerdings konnte sich nicht herausreden. Er hatte gesündigt und musste Reue zeigen. Sein Diskussionsbeitrag sollte heißen »Was uns die Zitate der Klassiker des Marxismus-Leninismus heute sagen«. Miriam hatte noch nie mit Micha zu tun gehabt. Er befürchtete, für Miriam »der mit der roten Rede« zu werden, wenn sie ihn
150 ausgerechnet mit dieser Rede das erstemal wahrnimmt. Micha musste sich noch vorher bei Miriam in Szene setzen. Darin bestand die Zwangslage.
Er hatte zwei Wochen Zeit, und in diesen zwei Wochen war auch die Schuldisco. Die Schuldisco fand in den ersten Wochen jedes Schuljahrs statt, wenn noch niemand so viele schlechte Zensuren hatte, dass er nicht mehr ausgelassen sein konnte. Trotzdem kam nie
155 Stimmung auf, denn die Disco endete schon um neun, und nur in der letzten halben Stunde war es in der Aula dunkel wie in einer Disco. Trotzdem hielt Micha die Schuldisco für die einzige günstige Gelegenheit, sich bei Miriam in Szene zu setzen.
Natürlich war die Schuldisco die ungünstigste Gelegenheit. Es kamen alle Jungs der oberen Klassen, und alle hatten ungefähr dasselbe vor. Wer allerdings nicht kam, war Miriam.
160 Erst als Micha, Mario, Wuschel, Brille und der Dicke aus Langeweile schon die Etiketten an den Colaflaschen abgepopelt hatten, kam Miriam. Sie setzte sich neben ihre Freundin, und die beiden begannen zu schnattern, als hatten sie sich zehn Jahre nicht gesehen. Miriams Freundin wurde hinter vorgehaltener Hand »das Schrapnell« genannt, weil irgendein Lästermaul mal gesagt hat, dass ein Schrapnell ihr Gesicht verwüstet haben muss. Micha wusste,
165 dass es ausgeschlossen war, jemanden zu finden, der mit ihm im Doppel auftritt und mit dem Schrapnell tanzt. Nicht mal Mario war dazu bereit; lange bevor Miriam kam und sich neben das Schrapnell setzte, sagte er zu Micha: »Ich weiß, dass du was gut hast bei mir – aber komm nicht auf die Idee, dass ich die betanzen muss.«
Micha blieb gar nichts anderes übrig, als sich ein Herz zu fassen und das zu tun, was ein
170 Mann tun muss. In der Pause, bevor ein neuer Titel begann, stand er auf und legte den ganzen endlosen Weg quer durch die Disco zurück. Sowie die erste Note zu hören war, fragte er Mi-

riam: »Tanzenwa?« Er gab sich die allergrößte Mühe, lässig zu wirken. Aber plötzlich fuhr Micha ein Schreck in die Knochen, und er wusste, dass er sich auf das erbärmlichste blamiert hatte - der Song war ein Ostsong der übelsten Sorte. Gemeinster, allergemeinster Tschechen-
175 akzent. Die Tanzfläche leerte sich schlagartig. Miriam und das Schrapnell unterbrachen für einen Augenblick ihr Geschnatter, musterten Micha verstohlen aus den Augenwinkeln und prusteten los. Die ganze Schule war Zeuge dieser Blamage. Micha blieb eisern stehen, aber Miriam und das Schrapnell schnatterten schon weiter, als gäbe es ihn gar nicht. So musste er wieder quer durch die Disco, und die ganze Schule glotzte ihn an. Wuschel sagte: »Das ist 'n
180 tapferer Mann.« Und damit war gesagt, was alle dachten. Micha war der erste, der es gewagt hatte, Miriam zum Tanzen aufzufordern.

   Micha saß von nun an wie betäubt auf seinem Stuhl, bis plötzlich etwas geschah - eine Unruhe griff um sich. Mario stieß Micha an, um ihn aus seiner Lethargie zu holen. Brille nahm seine Brille ab und putzte sie nervös, und dem Dicken klappte der Unterkiefer runter. »Das
185 gibt's doch gar nicht.« Miriam tanzte, und sie tanzte nicht mit dem Schrapnell. Sie tanzte mit jemandem. Diesen Jemand kannte niemand. Er war einfach so hereingekommen, mit ein paar Freunden, und hatte Miriam aufgefordert. Seine Freunde haben die anderen Mädchen aufgefordert, nur die besseren. Und dazu hatten sie sogar einen langsamen Titel. Einen langen langsamen Titel. Den langen langsamen Titel schlechthin. Wem je das Glück zuteil wird,
190 zu diesem Titel zu tanzen, der wird es nie vergessen und fortan die Menschheit einteilen in die, die das erlebt haben, und die, die es nicht erlebt haben. Die einen sind die Begnadeten, Erleuchteten, die anderen sind arme Kreaturen, vom Schicksal verstoßen, betrogen um ein kosmisches Erlebnis.

   Miriam tanzte nicht nur mit dem Fremden, sie begann auch, mit ihm rumzuknutschen, und
195 zwar heftig. Micha sah es, die Clique sah es, alle sahen es. Bis plötzlich das Licht anging und Erdmute Löffeling im Saal stand. Der Knutscher trug ein T-Shirt vom John-F.-Kennedy-Gymnasium: Miriam hatte sich mit einem Westberliner rumgeknutscht. Erdmute Löffeling machte eine Riesenszene. Der Westberliner wurde auf der Stelle rausgeschmissen, Miriam zu einem Diskussionsbeitrag verdonnert, und Micha war damit der Mann der Stunde.
200 In den folgenden Tagen setzten bei allen Jungs aus den Neunten und Zehnten fieberhafte Aktivitäten ein, die nur ein Ziel kannten: Jeder wollte sich ebenfalls zu einem Diskussionsbeitrag verdonnern lassen. Doch das war von vornherein zum Scheitern verurteilt; mit zwei Sündenböcken war ein Limit erreicht. Es waren nämlich immer ein paar Berufsjugendliche von der FDJ-Kreisleitung bei den Wahlen, und die hätten womöglich die Schule für einen
205 einzigen Sauhaufen gehalten, wenn auf den FDJ-Wahlen nur von Verfehlungen und vom Ich-gelobe-mich-zu-Bessern die Rede wäre. Trotzdem gab es in den kommenden Tagen ständig Vorkommnisse, für die jeder Schüler unter normalen Umständen zu einem Diskussionsbeitrag verdonnert worden wäre. Wuschel antwortete im Physikunterricht, als er nach drei Verhaltensmaßregeln bei Atombombendetonationen gefragt wurde: »Erstens: Hinsehen,
210 denn so was sieht man nur einmal. Zweitens: Hinlegen und zum nächsten Friedhof robben, aber - drittens: Langsam, damit keine Panik entsteht.« Er bekam eine Fünf, aber zu einem Diskussionsbeitrag wurde er nicht verdonnert. Mario warf im Sportunterricht beim Handgra-

natenweitwurf nur vier Meter weit. Das war pazifistisch gemeint, aber Mario musste fünfzig Liegestütze, davon zehn mit Klatschen machen, damit er mehr Körner bekommt. Zu einem Diskussionsbeitrag wurde auch er nicht verdonnert. Der Dicke ließ sich erwischen, als er am Fahnenständer hantierte. Fahnen abhängen grenzte an Terrorismus, aber der Dicke wurde nur dazu verdonnert, am 7. Oktober die große Fahne zu tragen, »das Banner« genannt, was sich als eine echte Strafe herausstellte, denn am 7. Oktober goss es in Strömen. Während sich alle anderen kurz blicken ließen und alsbald verkrümelten, konnte sich der Dicke mit dem Banner nicht einfach verkrümeln. Und das Banner, das ohnehin schon schwer war, wurde im Regen noch schwerer. So schwer, dass es nicht mehr flatterte und deshalb gesenkt gehalten werden musste. Dadurch gestalteten sich die Hebelverhältnisse für den Bannerträger schwierig. Es war für den Dicken ein echter Kraftakt, das klatschnasse Banner so vor sich herzutragen, dass das Emblem zu sehen war.

Micha blieb also der einzige, der zu einem Diskussionsbeitrag verdonnert wurde. Außer Miriam natürlich.

Die Begegnung der beiden fand im Dunkeln statt, hinter der Bühne der Aula. Miriam war, wie immer, zu spät, die Versammlung lief schon eine ganze Weile. Die Petze hielt einen endlos langen Rechenschaftsbericht, der von Prozentangaben nur so strotzte. Die Zahlen waren mehr oder weniger deutlich über einhundert; manche Angaben waren auch knapp unter einhundert Prozent. Die Petze konnte alles in Prozenten erfassen: Russischzensuren, Vorverpflichtungen für drei, zehn oder fünfundzwanzig Jahre Wehrdienst, Solispenden, Mitgliedschaften in FDJ, DSF, DTSB und GST, Klassenfahrten, Subbotniks, Messe der Meister von morgen, Bibliotheksfrequentierungen ... Als die Petze anfing, auch die Beteiligung bei der Pausenmilchversorgung in Prozenten darzulegen (»Siebzehn Komma vier Prozent der Schüler in Klassenstufe neun trinken Vollmilch mit zwei Komma acht Prozent Fett, das ist ein Anstieg von zwei Komma zwei Prozent ...«), schliefen die ersten ein. Der einzige, der bei dieser Rede nicht mit dem Schlaf kämpfen musste, war Micha —aber der wartete hinter der Bühne.

Dann kam Miriam, kichernd und ohne FDJ-Hemd, und flüsterte: »Au weia, ich bin spät, ich bin spät. Bin ich hier überhaupt richtig?« Micha war so überwältigt, dass er ihr sagen wollte, sie sei überall richtig, doch da er vor Aufregung kaum sprechen konnte, hauchte er nur: »Ja. Richtig.« Es war dunkel und eng. Noch nie war er ihr so nah. Miriam sah Micha einen Moment an. drehte ihm dann den Rücken zu und zog sich das T-Shirt aus. Sie hatte nichts drunter. »Nicht schmulen!« flüsterte sie kichernd, und Micha vergaß zu atmen, so gebannt war er. Miriam zog ihre FDJ-Bluse aus einer Tüte und streifte sie über. Sie hatte noch nicht alle Knöpfe geschlossen, als sie sich wieder zu Micha umdrehte. Der war noch immer wie gelähmt.

»Und«, flüsterte Miriam, »hast du auch was ausgefressen?«

»Wie?« fragte Micha, der nicht verstand, was sie meinte.

»Na wegen irgendwas werden sie dich doch verdonnert haben.«

»Ach so, ja, natürlich!« sagte Micha, wobei er plötzlich nicht mehr flüsterte, sondern so laut sprach, dass ihn jeder im Saal hören konnte, der ein bisschen die Ohren spitzte. »Ich habe Lenin angegriffen, dazu auch noch die Arbeiterklasse und die Partei. Kannst dir ja vorstellen, was da los war.«

255 Je mehr Micha versuchte, sich bei Miriam in Szene zu setzen, desto gelangweilter schien sie zu reagieren. »Sooo ein Fass haben die aufgemacht, und beinahe hätten sie mich sogar ...«
»Die im Westen küssen ganz anders«, unterbrach sie ihn mit einem romantischen Timbre in der Stimme, und Micha schluckte und verstummte. »Ich würd's ja gern mal jemandem zeigen«, flüsterte sie und kicherte. Dann hörte sie auf zu kichern - als wäre ihr eben eine Idee
260 gekommen. Micha ahnte, welche Idee ihr gekommen war. Hinter der Bühne war es so eng, dass Micha keinen Fußbreit mehr zurückweichen konnte. In der Dunkelheit sah er ihre vollen Lippen feucht glänzen. Sie näherten sich ihm langsam, er spürte, dass sich in der FDJ-Bluse zwei aufregend volle Brüste hoben und senkten, und er roch ihren sanften, blumigen Geruch. Er schloss die Augen und dachte Das glaubt mir keiner...

265 Ausgerechnet in diesem Augenblick wurde die Petze mit ihrer Rede fertig und Miriam ans Rednerpult gerufen. Zwar war es dunkel hinter der Bühne, aber nicht so dunkel, dass Miriam nicht Michas entgeisterten Blick wahrnehmen konnte. »Irgendwann zeig ich's dir!« sagte sie mit einem letzten Kichern, ging auf die Bühne und hielt eine Rede, in der sie bekannte, dass sie besonders jene Jungs für männlich hält, die drei Jahre zur Armee gehen. Einem solchen
270 Mann würde sie natürlich auch drei Jahre treu bleiben. Erdmute Löffeling wiegte wohlwollend den Kopf. Nur Micha konnte sehen, dass Miriam hinterm Rücken die Finger gekreuzt hatte.

Micha war von Miriams Beinahe-Kuss hinter der Bühne so berauscht, dass er schon nach wenigen Sätzen seiner Rede vom vorbereiteten Manuskript abkam. »Liebe FDJlerinnen und
275 FDJler, ich möchte heute über die Bedeutung der Kenntnis der Schriften der Theoretiker der wissenschaftlichen Weltanschauung sprechen. Ihre Gedanken waren durchdrungen von einer großen, unsterblichen Liebe« —und in dem Augenblick, in dem Micha dieses Wort aussprach, begannen seine Augen zu leuchten, und er wurde von einer Euphorie ergriffen, unter der er völlig die Kontrolle verlor. »Einer Liebe, die sie stark und unbesiegbar machte und sie
280 wie Schmetterlinge aus dem Kokon schlüpfen ließ, in dem sie eingesponnen waren, auf dass sie frei und glücklich über diese herrliche Welt flatterten, über prachtvolle Wiesen voller duftender Blumen, die in den schönsten Farben blühten...« Der Dicke sah sich besorgt um und fragte leise: »Hat dem einer was ins Essen getan?« Mario flüsterte zurück: »Wenn ja, dann hätte ich auch gern was davon.«

285 Michas Hochstimmung hatte zur Folge, dass Erdmute Löffeling in ihrer kurzen Grußansprache die Frage stellte: »Darf ein Revolutionär leidenschaftlich sein?«, um gleich darauf die Antwort zu geben: »Ja, ein Revolutionär darf auch leidenschaftlich sein.«

Mario musste Micha festhalten, sonst wäre der aufgesprungen und hätte mit leuchtenden Augen in den Saal gerufen: »Ja! Ja! Seien wir doch alle etwas leidenschaftlicher!«

290 Nach der Versammlung ging Micha auf Miriam zu und sagte ihr so, dass es niemand hören konnte: »Ich habe gesehen, wie du bei deiner Rede die Finger gekreuzt hast.«

»Ja?« erwiderte Miriam. »Dann haben wir jetzt ein gemeinsames Geheimnis.« Sie ließ Micha stehen und lief schnell zum Ausgang.

Micha glaubte, das AWO-Gebrumm zu hören. Er lief Miriam schnell hinterher, aber er

295 sah sie nur noch als Beifahrerin auf der AWO verschwinden. Seiner guten Laune konnte das nichts anhaben, auch nicht, dass der ABV seinen Personalausweis kontrollierte.

Sie hat mir einen Kuss versprochen, sie hat mir einen Kuss versprochen, jubelte es in ihm auf dem ganzen Nachhauseweg. Aber weil er wusste, dass ihn seine Mutter vom Küchenfenster aus sieht, versuchte er sich nichts anmerken zu lassen.

[...]

(Aus: Thomas Brussig, *Am kürzeren Ende der Sonnenallee*. Verlag Volk & Welt,1999, S. 7—31.)

Arbeitsaufgaben:

I. für Teil I (bis Zeile 58)
  1. Wissen Sie, wann die DDR gegründet und wann die Berliner Mauer gebaut wurde? Welche Gründe hierfür wurden damals von Seiten des DDR-Regimes angeführt?
  2. Wie wird die Jugendclique vom Autor beschrieben?

II. für Teil II (ab Zeile 59)
  1. Was erfährt der Leser über das Mädchen Miriam?
  2. Warum kommt Micha der Weg quer durch die Disco so »endlos« (Zeile 170) vor?
  3. Micha gibt sich viel Mühe, um Miriams Aufmerksamkeit zu gewinnen. Was hilft ihm dabei, ihr näherzukommen?
  4. Was für ein gemeinsames »Geheimnis« haben Micha und Miriam? Wissen Sie, welche besondere Bedeutung das »Geheimnis« allgemein hat?
  5. Wo wird die Sprache des Erzählers ironisch, witzig bzw. humorvoll? Suchen Sie die betreffenden Stellen heraus und erklären Sie diese.
  6. Was meinen Sie, unterscheiden sich die im Textauszug dargestellten Probleme und Interessen der deutschen Teenager von denen chinesischer?

Daniel Kehlmann

Daniel Kehlmann wurde 1975 in München geboren. 1981 zog er mit seiner Familie nach Wien, wo er später Literaturwissenschaft und Philosophie studierte.
1997 erschien Kehlmanns Debütroman »Beerholms Vorstellung«, 1998 der Erzählband »Unter der Sonne«, 1999 der Roman »Mahlers Zeit«, 2001 »Der fernster Ort«. Seinen internationalen Durchbruch als Schriftsteller schaffte er 2003 mit seinem vierten Roman »Ich und Kaminski«. Sein bisher ambitioniertester Roman »Die Vermessung der Welt« (2005) ist bei Kritik und Lesepublikum höchst erfolgreich. Das Buch war für den Deutschen Buchpreis 2005 nominiert.
Kehlmann schreibt auch Rezensionen und Essays für verschiedene Zeitungen, unter ihnen die *Süddeutsche Zeitung,* die *Frankfurter Rundschau,* die *Frankfurter Allgemeine Zeitung, Volltext* und *Literaturen.*

Die Vermessung der Welt
(Auszug)

[...]

Im September 1828 verließ der größte Mathematiker des Landes zum erstenmal seit Jahren seine Heimatstadt, um am Deutschen Naturforscherkongress in Berlin teilzunehmen. Selbstverständlich wollte er nicht dorthin. Monatelang hatte er sich geweigert, aber Alexander von Humboldt war hartnäckig geblieben, bis er in einem schwachen Moment und in der Hoff-
5 nung, der Tag käme nie, zugesagt hatte.

Nun also versteckte sich Professor Gauß im Bett. Als Minna ihn aufforderte aufzustehen, die Kutsche warte und der Weg sei weit, klammerte er sich ans Kissen und versuchte seine Frau zum Verschwinden zu bringen, indem er die Augen schloss. Als er sie wieder öffnete und Minna noch immer da war, nannte er sie lästig, beschränkt und das Unglück seiner spä-
10 ten Jahre. Da auch das nicht half, streifte er die Decke ab und setzte die Füße auf den Boden.

Grimmig und notdürftig gewaschen ging er die Treppe hinunter. Im Wohnzimmer wartete sein Sohn Eugen mit gepackter Reisetasche. Als Gauß ihn sah, bekam er einen Wutanfall: Er zerbrach einen auf dem Fensterbrett stehenden Krug, stampfte mit dem Fuß und schlug um sich. Er beruhigte sich nicht einmal, als Eugen von der einen und Minna von der anderen
15 Seite ihre Hände auf seine Schultern legten und beteuerten, man werde gut für ihn sorgen, er werde bald wieder daheim sein, es werde so schnell vorbeigehen wie ein böser Traum. Erst

als seine uralte Mutter, aufgestört vom Lärm, aus ihrem Zimmer kam, ihn in die Wange kniff und fragte, wo denn ihr tapferer Junge sei, fasste er sich. Ohne Herzlichkeit verabschiedete er sich von Minna; seiner Tochter und dem jüngsten Sohn strich er geistesabwesend über den Kopf. Dann ließ er sich in die Kutsche helfen.

Die Fahrt war qualvoll. Er nannte Eugen einen Versager, nahm ihm den Knotenstock ab und stieß mit aller Kraft nach seinem Fuß. Eine Weile sah er mit gerunzelten Brauen aus dem Fenster, dann fragte er, wann seine Tochter endlich heiraten werde. Warum wolle die denn keiner, wo sei das Problem?

Eugen strich sich die langen Haare zurück, knetete mit beiden Händen seine rote Mütze und wollte nicht antworten.

Raus mit der Sprache, sagte Gauß.

Um ehrlich zu sein, sagte Eugen, die Schwester sei nicht eben hübsch.

Gauß nickte, die Antwort kam ihm plausibel vor. Er verlangte ein Buch.

Eugen gab ihm das, welches er gerade aufgeschlagen hatte: Friedrich Jahns[1] Deutsche Turnkunst. Es war eines seiner Lieblingsbücher.

Gauß versuchte zu lesen, sah jedoch schon Sekunden später auf und beklagte sich über die neumodische Lederfederung der Kutsche; da werde einem ja noch übler, als man es gewohnt sei. Bald, erklärte er, würden Maschinen die Menschen mit der Geschwindigkeit eines abgeschossenen Projektils[2] von Stadt zu Stadt tragen. Dann komme man von Göttingen in einer halben Stunde nach Berlin.

Eugen wiegte zweifelnd den Kopf.

Seltsam sei es und ungerecht, sagte Gauß, so recht ein Beispiel für die erbärmliche Zufälligkeit der Existenz, dass man in einer bestimmten Zeit geboren und ihr verhaftet sei, ob man wolle oder nicht. Es verschaffe einem einen unziemlichen Vorteil vor der Vergangenheit und mache einen zum Clown der Zukunft.

Eugen nickte schläfrig.

Sogar ein Verstand wie der seine, sagte Gauß, hätte in frühen Menschheitsaltern oder an den Ufern des Orinoko nichts zu leisten vermocht, wohingegen jeder Dummkopf in zweihundert Jahren sich über ihn lustig machen und absurden Unsinn über seine Person erfinden könne. Er überlegte, nannte Eugen noch einmal einen Versager und widmete sich dem Buch. Während er las, starrte Eugen angestrengt aus dem Kutschenfenster, um sein vor Kränkung und Wut verzerrtes Gesicht zu verbergen.

In der Deutschen Turnkunst ging es um Gymnastikgeräte. Ausführlich beschrieb der Autor Vorrichtungen, die er sich ausgedacht hatte, damit man auf ihnen herumklimmen könne. Eine nannte er Pferd, eine andere den Balken, wieder eine andere den Bock.

Der Kerl sei von Sinnen, sagte Gauß, öffnete das Fenster und warf das Buch hinaus.

---

1. Friedrich Ludwig Jahn (1778-1852), der „Turnvater", wurde 1810 Lehrer in Berlin und eröffnete, um durch die Turnkunst zur inneren Erneuerung Preußens beizutragen, 1811 einen Turnplatz in der Hasenheide. Das Buch »Deutsche Turnkunst« gab er mit einem anderen Autor zusammen 1816 heraus. Jahn forderte die deutsche Einheit in einem Rechtsstaat mit Verfassung und kritisierte scharf die deutschen politischen und staatlichen Verhältnisse.

2. das Geschoß (*franz.*)

Das sei seines gewesen, rief Eugen.

Genau so sei es ihm vorgekommen, sagte Gauß, schlief ein und wachte bis zum abendlichen Pferdewechsel an der Grenzstation nicht mehr auf.

Während die alten Pferde ab- und neue angeschirrt wurden, aßen sie Kartoffelsuppe in einer Gastwirtschaft. Ein dünner Mann mit langem Bart und hohlen Wangen, der einzige Gast außer ihnen, musterte sie verstohlen vom Nebentisch aus. Das Körperliche, sagte Gauß, der zu seinem Ärger von Turngeräten geträumt hatte, sei wahrhaftig die Quelle aller Erniedrigung. Er habe es immer bezeichnend für Gottes bösen Humor gefunden, dass ein Geist wie seiner in einen kränklichen Körper eingesperrt sei, während ein Durchschnittskopf wie Eugen praktisch nie krank werde.

Als Kind habe er schwere Pocken gehabt, sagte Eugen. Er habe es fast nicht überlebt. Hier sehe man noch die Narben!

Ja richtig, sagte Gauß, das habe er vergessen. Er wies auf die Postpferde vor dem Fenster. Eigentlich sei es nicht ohne Witz, dass reiche Leute für eine Reise doppelt so lange bräuchten wie arme. Wer Tiere der Post verwende, könne sie nach jeder Etappe austauschen. Wer seine eigenen habe, müsse warten, bis sie sich erholt hätten.

Na und, fragte Eugen.

Natürlich, sagte Gauß, komme das einem, der nicht ans Denken gewohnt sei, selbstverständlich vor. Ebenso wie der Umstand, dass man als junger Mann einen Stock trage und als alter keinen.

Ein Student führe einen Knotenstock mit, sagte Eugen. Das sei immer so gewesen, und das werde so bleiben.

Vermutlich, sagte Gauß und lächelte.

Sie löffelten schweigend, bis der Gendarm von der Grenzstation hereinkam und ihre Pässe verlangte. Eugen gab ihm seinen Passierschein: ein Zertifikat des Hofes, in dem stand, dass er, wiewohl Student, unbedenklich sei und in Begleitung des Vaters preußischen Boden betreten dürfe. Der Gendarm betrachtete ihn misstrauisch, prüfte den Pass, nickte und wandte sich Gauß zu. Der hatte nichts.

Gar keinen Pass, fragte der Gendarm überrascht, keinen Zettel, keinen Stempel, nichts?

Er habe so etwas noch nie gebraucht, sagte Gauß. Zum letztenmal habe er Hannovers Grenzen vor zwanzig Jahren überschritten. Damals habe er keine Probleme gehabt.

Eugen versuchte zu erklären, wer sie seien, wohin sie führen und auf wessen Wunsch. Die Naturforscherversammlung finde unter Schirmherrschaft der Krone statt. Als ihr Ehrengast sei sein Vater gewissermaßen vom König eingeladen.

Der Gendarm wollte einen Pass.

Er könne das ja nicht wissen, sagte Eugen, aber sein Vater werde verehrt in entferntesten Ländern, sei Mitglied aller Akademien, werde seit früher Jugend Fürst der Mathematiker genannt.

Gauß nickte. Man sage, Napoleon habe seinetwegen auf den Beschuss Göttingens verzichtet.

Eugen wurde blass.

Napoleon, wiederholte der Gendarm.

Allerdings, sagte Gauß.

95 Der Gendarm verlangte, etwas lauter als zuvor, einen Pass.

Gauß legte den Kopf auf seine Arme und rührte sich nicht. Eugen stieß ihn an, doch ohne Erfolg. Ihm sei es egal, murmelte Gauß, er wolle nach Hause, ihm sei es ganz egal.

Der Gendarm rückte verlegen an seiner Mütze.

Da mischte sich der Mann am Nebentisch ein. Das alles werde enden! Deutschland werde
100 frei sein, und gute Bürger würden unbehelligt leben und reisen, gesund an Körper und Geist, und kein Papierzeug mehr brauchen.

Ungläubig verlangte der Gendarm seinen Ausweis.

Das eben meine er, rief der Mann und kramte in seinen Taschen. Plötzlich sprang er auf, stieß seinen Stuhl um und stürzte hinaus. Der Gendarm starrte ein paar Sekunden auf die of-
105 fene Tür, bevor er sich fasste und ihm nachlief.

Gauß hob langsam den Kopf. Eugen schlug vor, sofort weiterzufahren. Gauß nickte und aß schweigend den Rest der Suppe. Das Gendarmenhäuschen stand leer, beide Polizisten hatten sich an die Verfolgung des Bärtigen gemacht. Eugen und der Kutscher wuchteten gemeinsam den Schlagbaum in die Höhe. Dann fuhren sie auf preußischen Boden.

110 Gauß war nun aufgeräumt, fast heiter. Er sprach über Differentialgeometrie. Man könne kaum ahnen, wohin der Weg in die gekrümmten Räume noch führen werde. Er selbst begreife erst in groben Zügen, Eugen solle froh sein über seine Mittelmäßigkeit, manchmal werde einem angst und bange. Dann erzählte er von der Bitternis seiner Jugend. Er habe einen harten, abweisenden Vater gehabt, Eugen könne sich glücklich schätzen. Gerechnet habe er noch
115 vor seinem ersten Wort. Einmal habe der Vater beim Abzählen des Monatslohns einen Fehler gemacht, darauf habe er zu weinen begonnen. Als der Vater den Fehler korrigiert habe, sei er sofort verstummt.

Eugen tat beeindruckt, obgleich er wusste, dass die Geschichte nicht stimmte. Sein Bruder Joseph hatte sie erfunden und verbreitet. Inzwischen musste sie dem Vater so oft zu Ohren
120 gekommen sein, dass er angefangen hatte, sie zu glauben.

Gauß kam auf den Zufall zu sprechen, den Feind allen Wissens, den er immer habe besiegen wollen. Aus der Nähe betrachtet, sehe man hinter jedem Ereignis die unendliche Feinheit des Kausalgewebes. Trete man weit genug zurück, offenbarten sich die großen Muster. Freiheit und Zufall seien eine Frage der mittleren Entfernung, eine Sache des Abstands. Ob er
125 verstehe?

So ungefähr, sagte Eugen müde und sah auf seine Taschenuhr. Sie ging nicht sehr genau, aber es musste zwischen halb vier und fünf Uhr morgens sein.

Doch die Regeln der Wahrscheinlichkeit, fuhr Gauß fort, während er die Hände auf seinen schmerzenden Rücken presste, gälten nicht zwingend. Sie seien keine Naturgesetze, Ausnah-
130 men seien möglich. Zum Beispiel ein Intellekt wie seiner oder jene Gewinne beim Glücksspiel, die doch unleugbar ständig irgendein Strohkopf mache. Manchmal vermute er sogar, dass auch die Gesetze der Physik bloß statistisch wirkten, mithin Ausnahmen erlaubten: Gespenster oder die Übertragung der Gedanken.

Eugen fragte, ob das ein Scherz sei.

135 Das wisse er selbst nicht, sagte Gauß, schloss die Augen und fiel in tiefen Schlaf.

Sie erreichten Berlin am Spätnachmittag des nächsten Tages. Tausende kleine Häuser ohne Mittelpunkt und Anordnung, eine ausufernde Siedlung an Europas sumpfigster Stelle. Eben erst hatte man angefangen, prunkvolle Gebäude zu errichten: einen Dom, einige Paläste, ein Museum für die Funde von Humboldts großer Expedition.

140 In ein paar Jahren, sagte Eugen, werde das hier eine Metropole sein wie Rom, Paris oder Sankt Petersburg.

Niemals, sagte Gauß. Widerliche Stadt!

Die Kutsche rumpelte über schlechtes Pflaster. Zweimal scheuten die Pferde vor knurrenden Hunden, in den Nebenstraßen blieben die Räder fast im nassen Sand stecken. Ihr Gast-
145 geber wohnte im Packhof Nummer vier, in der Stadtmitte, gleich hinter der Baustelle des neuen Museums. Damit sie es nicht verfehlten, hatte er mit dünner Feder einen sehr genauen Lageplan gezeichnet. Jemand musste sie von weitem gesehen und angekündigt haben, denn wenige Sekunden nachdem sie in den Hof eingefahren waren, flog die Haustür auf, und vier Männer liefen ihnen entgegen.

150 Alexander von Humboldt war ein kleiner alter Herr mit schlohweißen Haaren. Hinter ihm kamen ein Sekretär mit aufgeschlagenem Schreibblock, ein Bote in Livree[1] und ein backenbärtiger junger Mann, der ein Gestell mit einem Holzkasten trug. Als hätten sie es geprobt, stellten sie sich in Positur. Humboldt streckte die Arme nach der Kutschentür aus.

Nichts geschah.

155 Aus dem Inneren des Fahrzeugs hörte man hektisches Reden. Nein, rief jemand, nein! Ein dumpfer Schlag ertönte, dann zum dritten Mal: Nein! Und eine Weile nichts.

Endlich klappte die Tür auf, und Gauß stieg vorsichtig auf die Straße hinab. Er zuckte zurück, als Humboldt ihn an den Schultern fasste und rief, welche Ehre es sei, was für ein großer Moment für Deutschland, die Wissenschaft, ihn selbst.

160 Der Sekretär notierte, der Mann hinter dem Holzkasten zischte: Jetzt!

Humboldt erstarrte. Das sei Herr Daguerre, flüsterte er, ohne die Lippen zu bewegen. Ein Schützling von ihm, der an einem Gerät arbeite, welches den Augenblick auf eine lichtempfindliche Silberjodidschicht bannen und der fliehenden Zeit entreißen werde. Bitte auf keinen Fall bewegen!

165 Gauß sagte, er wolle nach Hause.

Nur einen Augenblick, flüsterte Humboldt, fünfzehn Minuten etwa, man sei schon recht weit fortgeschritten. Vor kurzem habe es noch viel länger gedauert, bei den ersten Versuchen habe er gemeint, sein Rücken halte es nicht aus. Gauß wollte sich loswinden, aber der kleine Alte hielt ihn mit überraschender Kraft fest und murmelte: Dem König Bescheid geben!
170 Schon war der Bote fortgerannt. Dann, offenbar weil es ihm gerade durch den Kopf ging: Notiz, Möglichkeit einer Robbenzucht in Warnemünde prüfen, Bedingungen scheinen günstig, mir morgen vorlegen! Der Sekretär notierte.

Eugen, der erst jetzt leicht hinkend aus der Kutsche stieg, entschuldigte sich für die späte

---

1. uniformartige Dienertracht (*franz.*)

Stunde ihrer Ankunft.

175 Hier gebe es keine frühe oder späte Stunde, murmelte Humboldt. Hier gebe es nur Arbeit, und die werde getan. Zum Glück habe man noch Licht. Nicht bewegen!

Ein Polizist betrat den Hof und fragte, was hier los sei.

Später, zischte Humboldt mit zusammengepressten Lippen.

Dies sei eine Zusammenrottung, sagte der Polizist. Entweder man gehe sofort auseinander,
180 oder er werde amtshandeln.

Er sei Kammerherr, zischte Humboldt.

Was bitte? Der Polizist beugte sich vor.

Kammerherr, wiederholte Humboldts Sekretär. Angehöriger des Hofes.

Daguerre forderte den Polizisten auf, aus dem Bild zu gehen.

185 Mit gerunzelter Stirn trat der Polizist zurück. Erstens könne das nun aber jeder sagen, zweitens gelte das Versammlungsverbot für alle. Und der da, er zeigte auf Eugen, sei offensichtlich Student. Da werde es besonders heikel.

Wenn er sich nicht gleich davonmache, sagte der Sekretär, werde er Schwierigkeiten bekommen, die er sich noch gar nicht vorstellen könne.

190 So spreche man nicht mit einem Beamten, sagte der Polizist zögernd. Er gebe ihnen fünf Minuten.

Gauß stöhnte und riss sich los.

Ach nein, rief Humboldt.

Daguerre stampfte mit dem Fuß auf. Jetzt sei der Moment für immer verloren!

195 Wie alle anderen, sagte Gauß ruhig. Wie alle anderen.

Und wirklich: Als Humboldt noch in derselben Nacht, während Gauß im Nebenzimmer so laut schnarchte, dass man es in der ganzen Wohnung hörte, die belichtete Kupferplatte mit einer Lupe untersuchte, erkannte er darauf gar nichts. Und erst nach einer Weile schien ihm ein Gewirr gespenstischer Umrisse darin aufzutauchen, die verschwommene Zeichnung von
200 etwas, das aussah wie eine Landschaft unter Wasser. Mitten darin eine Hand, drei Schuhe, eine Schulter, der Ärmelaufschlag einer Uniform und der untere Teil eines Ohres. Oder doch nicht? Seufzend warf er die Platte aus dem Fenster und hörte sie dumpf auf den Boden des Hofes schlagen. Sekunden später hatte er sie, wie alles, was ihm je misslungen war, vergessen.

205 [...]

(Aus: Daniel Kehlmann, *Die Vermessung der Welt*. Rowohlt Verlag, 2005, S. 7—17.)

Arbeitsaufgaben:

1. Informieren Sie sich über die historischen Persönlichkeiten Alexander von Humboldt und Carl Friedrich Gauß.
2. Welche detaillierten Informationen bekommt man in der Eingangssequenz des Textauszugs? Welche Funktion haben sie für den Text?
3. Wie wird Gauß charakterisiert? Wie wird seine Beziehung zu seiner Frau und zu seinem Sohn

dargestellt?

4. Warum wirft Gauß Ihrer Meinung nach das Buch »Deutsche Turnkunst« aus dem Wagenfenster?
5. Wie deuten Sie den Satz: »Es verschaffe einem einen unziemlichen Vorteil vor der Vergangenheit und mache einen zum Clown der Zukunft.« (Zeile 40—41)?
6. Wie erscheint Eugen? Wie erscheint Humboldt?
7. Wo wirkt die Sprache des Autors besonders komisch bzw. witzig?
8. Daniel Kehlmann gestaltet die Dialogführung der Protagonisten in der Form der indirekten Rede. Was sollte diese Darstellungsform leisten?
9. In welcher Weise hängt der Textauszug mit seiner eigenen Überschrift »Die Reise« mit Kehlmanns Buch insgesamt zusammen?